新时代大学素质教育系列教材

"湖北省高校人文社会科学重点研究基地——民办大学素质教育研究中心"资助出版

大学生健康教育

主 编 王丽君 赵 燕 董艳燕 王洪涛
副主编 陈 梅 王海峰 陈 雯

WUHAN UNIVERSITY PRESS
武汉大学出版社

图书在版编目(CIP)数据

大学生健康教育/王丽君等主编.—武汉:武汉大学出版社,2022.7(2023.9 重印)
新时代大学素质教育系列教材
ISBN 978-7-307-23126-9

Ⅰ.大… Ⅱ.王… Ⅲ.大学生—健康教育—高等学校—教材 Ⅳ.G647.9

中国版本图书馆 CIP 数据核字(2022)第 102717 号

责任编辑:詹 蜜 责任校对:李孟潇 版式设计:韩闻锦

出版发行:**武汉大学出版社** (430072 武昌 珞珈山)
(电子邮箱:cbs22@ whu.edu.cn 网址:www.wdp.com.cn)
印刷:湖北金海印务有限公司
开本:787×1092 1/16 印张:15.5 字数:368 千字 插页:1
版次:2022 年 7 月第 1 版 2023 年 9 月第 2 次印刷
ISBN 978-7-307-23126-9 定价:45.00 元

新时代大学素质教育系列教材
编委会

《大学生健康教育》
编写编委会

主　编：王丽君　赵　燕　董艳燕　王洪涛

副主编：陈　梅　王海峰　陈　雯

编写人员：

杨　静　谭润芳(文华学院)

闫成龙　付　炜(武汉华夏理工学院)

徐　思　王桂萍　何兆菊　薛顺娟　朱　琼　陈晓群(黄冈科技职业学院)

沈　非　乔琬华　刘任田(湖北职业技术学院)

王　钰(武昌职业学院)

总　　序

为深入学习贯彻党的十九大精神，落实立德树人根本任务，发展素质教育，推进教育公平，培养德智体美劳全面发展的社会主义建设者和接班人。湖北省素质教育研究会高等教育分会、湖北省高等教育学会民办教育分会于2021年5月在武昌理工学院民办大学素质教育研究中心举行了“新时代大学素质教育系列教材”编写座谈会。来自湖北省内近30所高校的领导、专家学者参加了座谈会。与会领导、专家学者围绕“如何落实立德树人根本任务，发展素质教育”“新时代大学素质教育的内涵、路径与措施”“素质教育对建设高等教育强国的意义”等主题进行交流。大家一致认为：发展素质教育，需要各高校在课程、教学等核心领域和教材、考试及评价等关键环节有新突破，并就“新时代大学素质教育系列教材”的“共编、共讲、共研”方案达成了重要共识。“新时代大学素质教育系列教材”计划出版12部，分3年出齐。其中，2022年出版4部，包括《大学生劳动教育》《大学生美育》《大学生健康教育》《大学生职业生涯规划》。我们期许“新时代大学素质教育系列教材”能为发展素质教育、培养担当民族复兴大任的时代新人发挥应有的作用；我们有信心，通过坚持不懈的努力，为素质教育的进一步发展做出更多、更大的贡献。

“新时代大学素质教育系列教材”编委会

2022年3月

前　言

为了深入贯彻落实《“健康中国 2030”规划纲要》对学校健康教育提出的工作要求，加强高校健康教育，提高高校学生健康素养和体质健康水平，教育部先后印发了关于《普通高等学校健康教育指导纲要》《教育部等五部门关于全面加强和改进新时代学校卫生与健康教育工作的意见》等文件，充分显示了大学生健康教育的重要性。

本教材的编写正是基于进一步推动和落实高校健康教育工作，聚焦人才培养目标，增进大学生自我保健意识，提高大学生健康教育知识水平这一基本要求。本着健康教育的发展趋势和大学生的现时需要相结合的特点，本教材内容融入了长期从事大学生健康教育教师的经验，通过普及生活方式与健康、环境与健康、常见病的预防、科学应对心理危机、掌握简单急救技能等知识，增强大学生维护自身健康的意识，提高健康素质，逐步养成健康的行为和生活方式。本教材强调系统性、科学性、实用性和可读性，是紧密结合当代大学生健康行为习惯，密切关注大学生身心健康发展状况，适应大学生健康教育需求的基础教材。

本教材由湖北省素质教育研究会高等教育分会和湖北省高校人文社科重点研究基地——民办大学素质教育研究中心组织发起，并组成编委会，拟定编写大纲，分工落实编写任务，由多所高校共同编写完成。其中，文华学院负责第一章和第四章中第四节的编写，黄冈科技职业学院负责第二章的编写，湖北职业学院负责第三章和第五章中第一、第二节的编写，武昌理工学院负责第四章中第一、第二和第三节的编写，武昌职业学院负责第五章第三节和第六章中第一节、第四节的编写，武汉华夏理工学院负责第六章中第二节和第三节的编写。在此，编委会和编写组对各编写学校团队的辛勤付出表示由衷的感谢！

本教程在编写过程中，得到了湖北省素质教育研究会高等教育分会以及武汉大学出版社编辑的指导和支持，同时也并参考和借鉴了国内外部分专家学者的研究成果，在此一并表示谢意。

由于时间仓促、能力所限，不足之处在所难免，敬请广大专家学者及读者朋友们批评指正。

《大学生健康教育》编者组

目　　录

第一章　健康与健康教育

☞【名言导语】

有规律的生活原是健康与长寿的秘诀。——巴尔扎克

健康的身体乃是灵魂的客厅，有病的身体则是灵魂的禁闭室。——培根

不要用珍宝装饰自己，而要用健康武装身体。——欧洲谚语

要成为德、智、体兼优的劳动者，锻炼身体极为重要。身体健康是求学和将来工作之本。运动能治百病，能使人身体健康，头脑敏捷，对学习有促进作用。——吴耕民

健康的价值，贵重无比。它是人类为了追求它而唯一值得付出时间、血汗、劳动、财富——甚至付出生命的东西。——蒙田

健康是人生的第一财富。——爱默生

健康是智慧的条件，是愉快的标志。——爱默生

良好的健康状况和由之而来的愉快的情绪，是幸福的最好资金。——斯宾塞

请热爱劳动吧，即使不是靠它吃饭，也可为了身体的缘故而爱它，它可以增进身心健康，免除怠惰之果。——佩恩

你直截了当地问我，我从生活中得到什么乐趣以及我为何继续不断地工作。我继续不断地工作跟母鸡继续不断地下蛋是一个道理。凡是有生命的东西，隐隐之中都有一种积极活动的强烈冲动。生命本身逼着人活下去。不活动，除非作为激烈活动之间恢复体力的措施，对于健康的肌体来说，是件痛苦而危险的事——实际上几乎是不可能的。只是垂死的人才能真正无所事事。——门肯

有健康的身体，才有健康的精神。——洛克

健康是为我们的事业和我们的福利所必需的，没有健康，就不可能有什么福利，有什么幸福。——洛克

成功的条件在于勇气和自信，而勇气和自信乃是由健全的思想和健康的体魄而来。——科伦

良好的健康状况和高度的身体训练，是有效的脑力劳动的重要条件。——克鲁普斯卡娅

科学的基础是健康的身体。——居里夫人

健康的人未察觉自己的健康，只有病人才懂得健康。——卡莱尔

真理诚然是一个崇高的字眼，然而更是一桩崇高的业绩。如果人的心灵与情感依然健康，则其心潮必将为之激荡不已。——黑格尔

保持健康，这是对自己的义务，甚至也是对社会的义务。——富兰克林

尊重生命尊重他人也尊重自己的生命，是生命进程中的伴随物，也是心理健康的一个条件。——弗洛姆

民主教育应该是整个生活的教育。他应该是工以养生，学以明生，团以保生。他应该是健康、科学、艺术、劳动与民主组成之和谐的生活，即和谐的教育。——陶行知

学校向来是把传统的财富从一代传到下一代的最重要的手段。与过去相比，这种情况更加适合于今天。由于经济生活现代化的发展，作为传统和教育的传递者的家庭已消弱了。因此，比起以往来，人类社会的延续和健康，要在更高程度上依靠学校。——爱因斯坦

我们都知道，儿童发展的时期是一生最重要的时期。道德的营养不良和精神的中毒对人的心灵的危害正如身体的营养不良对于身体健康的危害一样。所以，儿童教育是人类展重要的一个问题。——蒙台梭利

幼儿教育是教好后一代的基础的基础，它关系到进入青少年时期德育、智育、体育的健康发展。所以说幼儿教育是一项重要的工作，是非常细致耐心的工作，也是一项极其光荣的工作，做好这个工作，首先是要求搞幼儿教育工作的同志自身要有高尚的共产主义的道德修养，热爱自己的专业，专心致志，钻研业务，对培养好幼儿具有高度的责任感。——徐待立

关心儿童的健康，是教育者最重要的工作。儿童的精神生活、世界观、智力发展、知识的巩固性、对自己力量的信心，都取决于他的生命的活力和精力充沛的程度。——苏霍姆林斯基

我们深信健康是生活的出发点，也就是教育的出发点。——陶行知

我们应该为培养健康的一代而奋斗，我们应该培养从年轻的时候起就身强力壮的一代人。——克鲁普斯卡娅

精力充沛和它带来的饱满情绪，既然比任何其他事情在幸福中占较重要的地位，教人保持良好健康和饱满情绪就比什么都重要。——斯宾塞

有秩序的健康生活必须是教育的基础，同样也是教育的最初准备。——赫尔巴特

在我们这样的生活中身体既是心智的基础，发展心智就不能使身体吃亏。——斯宾塞

身体上的东西和心理上的东西是不可分割的，只有健康的身体才能产生健全的精神。——克鲁普斯卡娅

忽略健康的人，就是等于在与自己的生命开玩笑。——陶行知

我们要能工作，要有幸福，必须先有健康。——洛克

以无节制的行为违反健康而行事，这就是以自己的情欲背叛了健康。——德谟克利特

我们只有固有的健康法则。这些法则却很少有人注意，往往直到临死时，才注意到，然而悔之晚矣。假若人人都知道适当的健身法，不消说，生命就可以大大延长。——培根

创造力是每一个人都有可能发展的一种能力。把创造力限制在少数科学家、文学家和艺术家的多产创作上是一种陈腐的观念。……创造性是每一个人作为人类的一员都具有天赋潜能，它和心理健康的发展密切相关，在心理健康发展的条件下，人人都可以表现出创造性。——马斯洛

所用的培养方法应该能够引起内在快乐的活动；不是因为能够得外来奖励而快乐，而

是因为它本身有益健康。——斯宾塞

民主是在静脉和动脉中循环的健康血液，肌体的正常功能靠它维持，但它决不应出轨，就像血不能流出脉管一样——柯尔律治

身体的健康在很大程度上取决于精神的健康。——约翰·格雷

愉快可以使你对生命的每一跳动，对于生活的每一印象易于感受，不管躯体或精神上的愉快都是如此，可以使身体发展，身体强健。——巴甫洛夫

如果确有神圣的东西存在，那就是人的躯体。——惠特曼

体者，载知识之车寓道德之所以也。——毛泽东

有规律的生活原是健康与长寿的秘诀。——巴尔扎克

人类所能犯的最大的错误就是拿健康来换取其他身外之物！——叔本华

人类的幸福只有在身体健康和精神安宁的基础上，才能建立起来。——欧文

健康的开始在于知道自己的疾病，在于愿意服医生开给他的处方。——塞万提斯

最穷苦的人也不会为了金钱而放弃健康，但是最富有的人为了健康甘心情愿放弃所有的金钱。——柯尔顿

第一财富是健康，第二财富是美丽，第三财富是财产。——柏拉图

人人都应该祈求自己具有存在于一个健康的身体里面的一个健康的心灵。——夸美纽斯

没有健康，便没有生活上真正的快乐。——卢梭

像为了保持健康需要体操一样，为了保持精神的健全，也需要艺术的教训。——柏拉图

读书可启发心灵，就像运动有助身体健康。——斯帝勒

健康胜于富贵——柯蒂斯

健康的身体富于健康的体魄——欧洲

在地球上没有什么收获比得上健康——司各特

要快乐首先要健康——斯宾塞

只有身体好才能学习好、工作好，才能均衡地发展。——周恩来

早睡早起，使人健康、富有、明智。——富兰克林

预防胜于治疗。——狄更斯

有规律的生活原是健康与长寿的秘诀。——巴尔扎克

忧伤足以致命。——莎士比亚

健康是这样一个东西，它使你感到现在是一年中最好的时光。——亚当斯

健康是最好的天赋，知足为最大的财富，信任为最佳的品德。——释迦牟尼

健全的精神，寓于健全的体格。——朱文奴

快乐首先在于有健康的身体。——柯蒂斯

快乐最利于健康。——爱迪生

理想的人是品德、健康、才能三位一体的人。——[日]木村久一

人的健全，不但靠饮食，尤靠运动。——蔡元培《运动的需要》

身勤则强，逸则病。——蔡锷《序及按语》

生活就是运动。人的生活就是运动。——[俄]列夫·托尔斯泰

生命在于运动。——[法]伏尔泰

一个人的身体，绝不是个人的，要把它看作是社会的宝贵财富。凡是有志为社会出力，为国家成大事的青年，一定要十分珍视自己的身体健康。——徐特立

一个人无法不变老，但是他可以抵制衰老。——塞缪尔

疾病是可以感觉到的，但健康则完全不觉得。——富勒

好静不好动，眼花耳朵聋。——佚名

常用的刀不锈，常练的人不病。——佚名

常动则筋骨竦，气脉舒。——清·颜元《习斋言行录》

必须从年轻时期就打好基础，随时随地去锻炼身体。——徐特立

保持健康是做人的责任。——[荷兰]斯宾诺莎

☞【学习目标】

1. 通过学习，了解健康、亚健康、健康教育等的基本概念、特点、意义等。
2. 通过学习，助力学生构建健康相关的宏观知识体系，促成健康认知观的形成。
3. 通过学习，深入思考健康在人生价值实现中的重要性。

健康是一切存在的根本。我国大教育家、思想家陶行知说过：“我们深信健康是生活的出发点，也就是教育的出发点。”健康不仅从生活出发，更要从教育出发。2016年，中共中央政治局通过了《“健康中国2030”规划纲要》，并把“普及健康生活”列为《“健康中国2030”规划纲要》的五大重点领域中的头一项，《纲要》明确提出“加大学校健康教育力度。将健康教育纳入国民教育体系，把健康教育作为所有教育阶段素质教育的重要内容”。健康是青少年全面发展的基础，加强高校健康教育、提升学生健康素养；是贯彻落实党的教育方针，全面实施素质教育、促进学生全面发展、加快推进教育现代化的必然要求；是贯彻落实《“健康中国2030”规划纲要》，建设健康中国、全面提升中华民族健康素质的重要内容。

第一节　健康概述

一、健康的内涵

人类的健康观念是随着社会的发展和生活水平的提高而不断变化。也就是说，特定的历史阶段和社会发展水平局限了人们对健康的认识，近年来，人们对健康的理解和认识亦在不断地深入。

“健康”一词最早在20世纪30年代由健康教育专家鲍尔和霍尔提出，当时它是指人们在身体、心情、精神方面都自觉良好、活力充沛的状态。1978年，世界卫生组织（WHO）在国际初级卫生保健大会上所发表的《阿拉木图宣言》中指出：健康不仅是没有疾病或不虚弱，而是身体的、精神的健康和社会适应良好的总称。该宣言还指出：健康是基

本人权，达到尽可能的健康水平，是世界范围内一项重要的社会性目标。1984 年，世界卫生组织又在其《宪章》中再次明确界定健康新概念："健康不仅仅是没有病和不虚弱，而且是身体上、心理上和社会适应能力上三方面的完美状态。"1989 年世界卫生组织深化了健康的概念，将健康定义为"一个人只有在身体健康、心理健康、社会适应性良好和道德等四个方面都健全，才算是完全健康的人"。将健康划分为躯体健康、心理健康、社会适应良好和道德健康，对健康的评价不再局限于医学、生物学的范畴，而是扩大到了心理学和社会学的领域。此概念的提出不仅是对生物学、医学模式下的健康观念的有力补充和发展，更是考虑到了人的自然属性和社会属性，从而摆脱了人们对健康的片面认识，其具体含义如下：

一是躯体健康(生理健康)。躯体健康是指身体结构和功能正常，具有生活的自理能力。

二是心理健康。心理健康是指个体能够正确认识自己，及时调整自己的心态，使心理处于良好状态以适应外界的变化。心理健康有广义和狭义之分，狭义的心理健康主要是指无心理障碍等心理问题的状态；广义的心理健康还包括心理调节能力，发展心理效能能力。

三是社会适应良好。较强的适应能力是心理健康的重要特征。心理健康的大学生，应能与社会保持良好的接触，对于社会现状有清晰、正确的认识。既有远大的理想和抱负，又不会沉湎于不切实际的幻想与奢望，注重现实与理想的统一。对于现实生活中所遇到的各种困难和挑战，不怨天尤人，用切实有效的办法去解决。当发觉自己的理想和愿望与社会发展背道而驰时，能够迅速地进行自我调节，以求与社会发展一致，而不是逃避现实，更不妄自尊大和一意孤行了。

四是道德健康。道德健康是指能够按照社会规范的细则和要求来支配自己的行为，能为国家做贡献，表现为思想高尚，有理想、有道德、守纪律。

二、健康的标准

1948 年，联合国世界卫生组织(World Health Organization，WHO)提出了衡量健康的十条标准：

①精力充沛，能从容不迫地应付日常生活和工作而不感到过分紧张；
②处事乐观，态度积极，乐于承担任务和责任而不挑剔；
③善于休息，睡眠良好；
④应变能力强，能适应各种环境的变化；
⑤对一般感冒和传染病有一定的抵抗能力；
⑥体重适当，体态匀称，站立时头、肩、臀比例协调；
⑦眼睛明亮，反应敏锐，眼睑不发炎；
⑧牙齿清洁，无缺损，无疼痛，牙龈颜色正常，无出血；
⑨头发光洁，无头屑；
⑩肌肤有光泽，有弹性，走路轻松，有活力。

以上标准可见，健康不仅仅是指没有疾病或病痛，而且是一种身体层面、精神层面和社会层面的完全良好状态。也即，健康的人要有强壮的体魄和积极乐观向上的精神状态，并能与其所处的社会及自然环境保持和谐的关系和良好的素养。

1999 年，联合国世界卫生组织(WHO)根据“健康”三要素定义，提出了一个人的身心健康的标准可以用“五快三良”来衡量，具体标准如下所示：

“五快”的标准：

①食得快。吃饭有很好的胃口，能快速地吃完一餐饭而不挑剔食物，食欲与进餐的时间基本一致。但要注意，食得快并不是狼吞虎咽，而是不挑食、不偏食，没有难以下咽的饮食感觉。

②便得快。有便意时，能很快排泄大小便，且感觉轻松自如，既不泻肚，又不便秘，而且在精神上有一种良好的感觉，这说明胃肠及消化功能良好。

③睡得快。晚间就寝能定时且有自然睡意，上床后能很快入睡，而且睡得沉；醒后头脑清醒，精神饱满。睡得快，最重要的是睡眠质量，如果睡眠时间过多，噩梦纠缠，醒来后仍感到精神恍惚，神志不清，这就是一种身心病态的表现。从生理上讲，一个人睡得快，说明他的中枢神经系统兴奋、抑制功能协调，无内脏病理信息干扰。

④说得快。说话流畅，语言表达准确，说话内容有中心，合乎逻辑。一个人声音洪亮，头脑清楚，思维敏捷，说明他中气充足，心肺功能正常。反之，说话声音低沉，语气时常停顿，语无伦次，思维反应迟钝，这都说明中枢神经功能紊乱。

⑤走得快。行动自如，步履轻松，转身敏捷，动作流畅，这说明身体和四肢状况良好，精力充沛，脏腑功能健康。反之，感到四肢乏力，腿脚沉重，行动不协调，这些都是身心不健康的标志。

“三良”的标准：

①良好的个性。性格温和，言行举止协调。能够适应环境并充分发挥自己的个性特点，心里没有压抑感和不安全感。

②良好的处世能力。看待问题客观现实，具有自我控制能力，与他人交往的行为方式能被大多数人所接受。

③良好的人际关系。有与他人交往的浓厚愿望，待人接物能大度和善，既能善待自己，自尊自爱，又能宽以待人，对他人的问题与人际矛盾不斤斤计较、小肚鸡肠。日常生活中，能助人为乐，与人为善，善于沟通。

三、亚健康及其形成

(一)亚健康概念

亚健康状态是指机体没有发生器质性病变，但呈现出机体活力降低，适应呈不同程度减退的一种生理状态，即机体结构退化，机体各系统生理功能减退的低质与心理失衡状态所导致的介于健康与疾病之间的状态，又叫慢性疲劳综合征或“第三状态”。

亚健康状态由四大要素构成：排除疾病原因的疲劳和虚弱状态；介于健康与疾病之中间状态或疾病前状态；在生理、心理、社会适应能力和道德上的欠完美状态；以及与年龄不相称的组织结构和生理功能的衰退状态。

以世界卫生组织(WHO)四位一体的健康新概念为依据，亚健康可划分为：

①躯体亚健康。主要表现为不明原因或排除疾病原因的体力疲劳、虚弱、周身不适、性功能下降和月经周期紊乱等。

②心理亚健康。主要表现为不明原因的脑力疲劳、情感障碍、思维紊乱、恐慌焦虑、自卑以及神经质、冷漠、孤独、轻率，甚至产生自杀念头等。

③社会适应性亚健康。突出表现为对工作、生活、学习等环境难以适应，对人际关系难以协调，即角色错位和不适应是社会适应性亚健康的集中表现。

④道德方面的亚健康。主要表现为世界观、人生观和价值观上存在着明显的损人害己的偏差。

按照亚健康概念的构成要素分类：

①身心上有不适感觉；

②某些疾病的临床前期表现(疾病前状态)；

③一时难以明确其病理意义的“不明原因综合征”，如更年期综合征、神经衰弱综合征、疲劳综合征等；

④某些病原携带状态：如乙肝病原携带者、结核菌携带者、某些病毒携带者等；

⑤某些临床检查的高、低限值状态，如血脂、血压、心率等偏高状态和血钙、血钾、铁等偏低状态等；

⑥高致病危险因子状态，如超重、吸烟、过度紧张、血脂异常、血糖、血压偏高等。

按身体的组织结构和器官系统又可以分为神经精神系统、心血管系统、消化系统、骨关节系统、泌尿生殖系统、呼吸系统、特殊感官等亚健康状态。

(二)亚健康的形成

亚健康形成的原因主要有以下几个方面：

1. 过度紧张和压力

长时期的紧张和压力对健康有四害：①引发急慢性应激，直接损害心血管系统和胃肠系统，造成应激性溃疡和血压升高、心率增快、加速血管硬化进程和心血管事件发生；②引发脑应激疲劳和认知功能下降；③破坏生物钟，影响睡眠质量；④免疫功能下降，导致感染机会增加。

2. 不良生活方式和习惯

不规律的生活作息、饮食等不良生活习惯，如高盐、高脂和高热量饮食，大量吸烟和饮酒及久坐不动等都是造成亚健康的最常见的原因。时间久了，会慢慢地诱发某些疾病或癌症的发生。

3. 环境污染的不良影响

如水源和空气污染，噪声、微波、电磁波及其他化学、物理因素污染是防不胜防的健康隐性杀手，如长期处于高污染、强辐射等的不良环境中，会导致身体功能的失常或障碍，亦会诱发很多疾病。

4. 不良精神、心理因素刺激

这是心理亚健康和躯体亚健康的重要因子之一。如人体生物周期中的低潮时期，比如女性在经期表现出的烦躁、不安或激动等。

四、健康的意义

生命在于运动，运动促进健康。健康是人之为人存在的前提，更是修身、齐家、治国、平天下的根本。卢梭说过“没有健康，便没有生活上真正的快乐”，富兰克林说过“健康是对于自己的义务，也是对于社会的义务”，居里夫人说过“科学的基础是健康的身体”，徐特立说过“一个人的身体，绝不是个人的，要把它看作社会的宝贵财富，凡是有志为社会出力，为国家成大事的青年，一定要十分珍视自己的身体健康”……

健康是人们生活、学习和工作的基础，是生活质量的保证，更是人类社会发展追求的终极目标。健康不仅要讲究机体内外能量与物质输出输入的一种均衡状态，还要在心理需求层面、社会适应层面和道德建设层面上追求一种和谐愉悦的状态。健康是一种动态的平衡，要求健康的个体与昼夜合，与四时合，与大自然合。没有健康，一切归零。因此，健康的意义之于生命根本的存在，之于人类价值的实现。作为当代大学生，作为祖国未来建设的中坚骨干力量，我们不仅要关爱自己的健康，关爱他人的健康，更要关爱社会的健康，关爱人类发展的健康。

第二节 健康教育概述

一、健康教育的含义及特点

(一)健康教育的含义

健康教育是依据“健康第一”指导理念，有计划地应用循证的教学原理与技术，为学习者提供获取科学的健康知识、树立健康观念、掌握健康技能的机会，帮助他们作出有益健康的决定和有效且成功地执行有益健康的生活行为方式的过程。①

健康教育是有计划、有组织、有系统的社会教育活动，使人们自觉地采纳有益于健康的行为和生活方式，消除或减轻影响健康的危险因素，预防疾病，促进健康，提高生活质量，并对教育效果作出评价。

健康教育既是引导人们自愿采取有益健康行为而设计的学习机会，也是帮助人们达成知行合一的实践活动，其核心是教育人们树立健康意识、促使人们改变不健康的行为生活方式，养成良好的行为生活方式，以减少或消除影响健康的危险因素。通过健康教育，能帮助人们了解哪些行为是影响健康的，并能自觉地选择有益于健康的行为生活方式。因此，健康教育应该从小学开启，不同学段开设不同深度的健康教育教育课，让学生形成身体健康、人格健全、心理健康的完整社会人，才是一个全面发展的劳动者。

(二)健康教育的特点

健康教育不仅可以助力人们全面的健康认知，还可以强化人们健康的行为习惯，促进人们身心的健康发展。健康教育主要是围绕“健康第一”理念展开的系列教育活动或教育

① 马骁：健康教育学国家卫生和计划生育委员会“十三五”规划教材[M]. 北京：人民卫生出版社，2006.

课程，在高等学校，针对大学生群体的现状和未来发展，构建适合大学生群体的健康教育课程体系，是教育的必须，是时代的必须，也是人的发展的必须。《“健康中国 2030”规划纲要》明确提出“加大学校健康教育力度。将健康教育纳入国民教育体系，把健康教育作为所有教育阶段素质教育的重要内容”。其中，明确提出开展高校健康教育应遵循的基本原则：

①问题导向与健康需求相衔接。围绕学生的健康需求，针对学生的主要健康问题及其影响因素，合理科学选择健康教育的内容和形式，确保健康教育取得实效。

②知识传授与行为养成相促进。健康行为是维护和促进健康的关键。健康知识和技能是促进健康行为形成的前提。要以健康行为养成为出发点，传播健康知识和技能，提升学生健康素养。

③课堂教学与课外实践相协调。课堂教学是传授健康知识和技能的主要渠道。课外实践是践行健康知识和技能的主要场域。要结合课堂教育教学内容，合理安排健康实践活动，促进学生健康知识的运用与行为的形成。

④维护个体健康与增强社会责任相统一。个体健康是全民健康的基础，促进全民健康需要每个人的共同努力。既要提升学生的健康素养，也要增强学生在维护和促进全民健康方面的社会责任感和示范引领作用。

⑤总体要求与地方实际相结合。各地学生面临的健康问题及影响健康的危险因素不尽相同，各地应在国家有关健康教育的总体规划和原则指导下，结合本地实际，对健康教育的内容进行合理安排，并适当调整补充。

根据以上原则可见，健康教育应主要呈现以下特点：

其一，授课群体广泛性。

高等健康教育的授课群体主要是针对大学生。但大学生作为即将步入社会的群体，其健康的认知和健康的行为是未来社会健康发展的标杆，大学生是传播健康理念、引领健康生活方式的重要人群。因此，健康教育建设应在满足大学生需求的基础上，更应走向社会，满足社会不同层次的人群的需求。

其二，课程建设系统性。

高等教育阶段是高校学生身心成长成熟、健康素养形成的重要时期。高校健康教育重在增强学生的健康意识、提高学生的健康素养和健全学生的人格品质。因此，高校健康教育课程建设应依据大学生的身体需求、心理需求、社会需求等，由浅及深，由表及里，逐层深入的设计课程体系，形成初级、中级、高级等的系列教程。

其三，教育目的针对性。

健康教育以“健康”为核心，以“教育”为依托，培养大学生的“全人”健康意识的发展和养成。因此，课程教育目标要针对大学生的身体状况、心理状况、社会需求、道德建设构建适合于不同个体发展的目标，从而达到提高和维护健康，预防非正常死亡、疾病和残疾的发生，改善人际关系，增强健康理念等的教育目标。

其四，组织形式多样性。

高校健康教育相对中小学健康教育，有着相对自由的时间和管理模式。因此，健康教育的组织形式可以围绕课堂教学展开，可以组建大学生健康协会，协助教师组织管理课外相关健康活动，还可以以网络互动或问卷调查，与社区互动等形式，组织适用于大学生且有利于大学生健康发展的组织形式等。

二、健康教育的意义

健康是青少年全面发展的基础，加强高校健康教育、提升学生健康素养，是贯彻落实党的教育方针，全面实施素质教育、促进学生全面发展、加快推进教育现代化的必然要求；是贯彻落实《“健康中国2030”规划纲要》，建设健康中国、全面提升中华民族健康素质的重要内容，对大学生个体的成长、家庭的幸福、学校和社会的发展都具有重要的价值和意义。

(一)开展学校健康教育是保证学生全面发展的重要条件

大学生是身心成长成熟、健康素养形成的重要时期。当前的教育模式是全人教育，教育方针是使受教育者在德、智、体、美、劳等各方面全面发展。学校的健康教育与“五育”关系密切，彼此之间相互渗透，互相促进，为学生的全面发展提供了重要条件。

(二)开展学校健康教育是实现全民基础保健的有效途径

青少年时期的良好行为、习惯养成和生活方式的可塑性极大，是“动力定型”的关键时期，围绕青少年时期的身体、心理、社会关系和道德培养四个方面，逐层有针对性的开展有利于大学生身心发展的健康教育，将对他们一生的行为和身心健康产生深远的影响。因此，做好学校健康教育与健康促进是实现和促进全民基础保健、提高群体素质的有效途径。

(三)开展学校健康教育是助力家庭、社会和整个人群发展的最重要途径

大学生的成长与发展与家庭、社会有着天然而广泛的联系。此群体在社会群体中是传播健康理念、引领健康生活方式的重要人群，如果大学生能够系统地获得一定的卫生知识、健康技能和价值观，良好的道德风尚和健康的生活方式，可从根本上改变社会的卫生面貌，推进社会的进步和精神文明的建设。因此，学校开展健康教育不仅有助于学生个体的健康成长，还有助于大学生明确健康对人的存在与社会价值实现的重要性，养成能促进个人健康和社会发展的健康、科学、文明的行为习惯，从而促进家庭、邻里、社会的良好关系的发展。

每个人都是自己健康的第一责任人。尤其是大学生这个特殊成年群体，是一个身体成熟心智尚需成长的一个的社会群体，健康的饮食、规律的生活、情绪的管理与控制、性的认知、突发应急事件的防范与处理、运动损伤防范与急救等，都是大学生需要深入学习和系统了解的，因此，学校开设规范、系统的健康教育课程不仅有助于大学生身心健康的发展，还有助于大学生健康素养的提高，有助于社会形态的良好发展和全民素质、健康中国总目标的实现。

三、大学生健康教育的目标和内容

《普通高等学校健康教育指导纲要》指出：“高校健康教育是中小学健康教育的延续和深化，是全民健康教育的重要组成部分。”因此，大学生健康教育的目标和内容将依据《普通高等学校健康教育指导纲要》，包括健康生活方式、疾病预防、心理健康、性与生殖健

康、安全应急与避险五个方面，具体目标和核心内容如下。

(一)健康生活方式

目标：树立现代健康意识，掌握健康管理和健康决策的基本方法，养成文明健康的生活方式，提高自觉规避、有效应对健康风险的能力。

核心内容：现代健康的概念；高校学生面临的主要健康问题和影响因素；健康决策和健康管理的基本原则；饮食行为与健康，中国居民膳食指南及其应用，日常生活常见的食品安全隐患与防范(食品安全五要素)；睡眠与健康，睡眠不足与睡眠障碍的危害，劳逸结合，规律作息，预防网络成瘾；运动与健康，科学锻炼原则及方法、运动负荷的自我监测；烟草危害及戒烟策略，毒品(新型毒品)危害及禁毒，物质滥用(酗酒、滥用镇静催眠药和镇痛剂等成瘾性药物等)的危害及防范；环境卫生与健康。

(二)疾病预防

目标：增强防病意识，掌握常见疾病的预防原则和常规措施，提高防控传染病和慢性非传染性疾病的能力。

核心内容：常见传染病(如流感、结核病、病毒性肝炎等)的预防；慢性非传染性疾病(如高血压、糖尿病、肿瘤等)的基本知识、预防原则和常规措施；抗生素滥用对健康的危害，在医生指导下使用抗生素；定期进行健康体检的意义和项目选择；常用的健康指标、正常范围，测定身体健康状况的常用方法(如测量腋温和脉搏、血压等)；正确选择必要、有效的保健与保险服务。

(三)心理健康

目标：树立自觉维护心理健康的意识，掌握正确应对学业、人际关系等方面的不良情绪和心理压力必需的相关技能，提高心理适应能力。

核心内容：心理健康的概念；心理健康与身体健康的关系；学生心理发展特点和相关社会因素；抑郁症和焦虑症的表现，自我心理调适与技能，促进积极情绪与缓解不良情绪的基本方法；维护良好人际关系与有效交流的方法；心理咨询与服务利用，常见心理问题或危机的辨识与求助；珍爱生命。

(四)性与生殖健康

目标：树立自我保健意识，掌握维护性与生殖健康的知识和技能，提高维护性与生殖健康的能力。

核心内容：性与生殖健康的基本知识；友谊、爱情、婚恋、家庭与伦理道德；优生优育与适宜有效的避孕方法；非意愿怀孕和应对措施；常见生殖健康问题与自我保健方法；无保护性行为对生殖健康的影响；常见性传播疾病和预防；艾滋病的传播、流行与控制，易感染艾滋病的高危行为和预防措施，艾滋病咨询检测和服务，不歧视艾滋病感染者和病人；预防性侵害的方法和技能。

(五)安全应急与避险

目标：树立安全避险意识，掌握常见突发事件和伤害的应急处置方法，提高自救与互救能力。

核心内容：突发事件与个人安全防范，意外伤害(触电、溺水、中暑、中毒、运动创伤等)的预防、自救与互救的基本原则和方法；无偿献血基本知识，无偿献血是公民的义务；休克、晕厥、骨折等急症的现场救护原则，心肺复苏、创伤救护(止血、包扎、固定、搬运)等院前急救技能；动物(犬、猫、蛇等)抓伤、咬伤后的应急处置；防范网络安全风险，甄别不科学、不健康信息的技能与方法；实验、实习等场所安全要求与防护技能，注意个人防护，避免职业伤害；旅行卫生保健的基本要求，规避旅行中的健康与安全风险的基本措施和策略。

☞【导入案例】

王同学，男，21岁，大三，沉迷网络游戏，不喜欢运动，有抽烟史达3年。自己担心身体出了问题，一个人到医院就诊。

主诉：头晕、无食欲，耳鸣1个月余。

现病史：最近两年经常疲劳。吸烟量不断增加，现在每天吸一包。近两周失眠，情绪低落，不愿与人说话交流，每天打游戏至凌晨5点。体重下降，面色枯黄。

既往史：两年前学校体检显示身高1.72m，体重76kg，BMI=25.6。最近一次是1年前的体格检查，血压为155/95mmHg，血总胆固醇为6.9 mmol/L。

问诊结束，医生感觉与王同学的交流中，他欲言又止，疑惑似乎并未解决。

在本案例中，医生可以感受到王同学的疑虑和未解之忧，从表面上看，他是由于头晕就诊，实则是他还有其他健康问题。你觉得是哪些呢？

失眠？

体重下降？

面色枯黄？

吸烟量增加至每天1包？

每天打游戏至凌晨5点？持续静坐少动？

以前体检血压为155/95mmHg，现在是高血压？

情绪低落？

为什么一个人来就诊？

你觉得以上列出的是王同学的健康问题吗？还有其他问题需要了解吗？

本案例中头晕、无食欲很可能并不是困扰他的主要原因。类似的情况时有发生，成千上万的人去医院看病，其中有很多人如果能在早期认识和评估潜在的健康危险因素并采取一定的预防措施就能够阻止某些疾病的发生、减缓疾病的进程、防患过早死的发生。在预防医学中，在病人还未发生危及生命的特定疾病时，进行健康风险评估，及早干预，防患于未然，意义重大，这项工作不能仅靠预防医学专业人员来做，工作在第一线的广大临床医师，凭借其与病人的接触机会，可以适时的进行健康管理。高校健康教育课程，可以涉及相关的健康风险管理和评估，助力大学生健康积极规律的运动行为和生活习惯。

☞【训练营地】

1. 健康或亚健康的相关问卷？

2. 针对性的问卷？

比如：全人群体力活动准备问卷，具体内容如下：

规律的体力活动带来的健康益处已得到公认，应该鼓励更多的人每天进行体力活动。体力活动对大多数人来说是非常安全的，此问卷会告诉你是否有必要在开始进一步的运动前向医生或注册运动专家进行咨询。

<table>
<tr><td colspan="4">常规健康问题</td></tr>
<tr><td colspan="2">请认真阅读以下 7 个问题，并根据真实情况，选择“是”或“否”。</td><td>是</td><td>否</td></tr>
<tr><td>1</td><td>是否曾经听医生说过你有心脏病☐或高血压☐？</td><td>☐</td><td>☐</td></tr>
<tr><td>2</td><td>在日常生活中或进行体力活动时是否出现过胸痛？</td><td>☐</td><td>☐</td></tr>
<tr><td>3</td><td>在过去的 12 个月中，是否因为头晕而失去平衡或失去知觉？
如果你的头晕与过度通气(包括进行较大强度运动时)有关，请回答“否”。</td><td>☐</td><td>☐</td></tr>
<tr><td>4</td><td>是否确诊患有其他慢性疾病(除心脏病或高血压外)？
请填写疾病名称：</td><td>☐</td><td>☐</td></tr>
<tr><td>5</td><td>是否正在服用治疗慢性疾病的药物？
请填写药物名称及其治疗的疾病：</td><td>☐</td><td>☐</td></tr>
<tr><td>6</td><td>目前(或在过去的 12 个月内)是否存在运动时加重的骨、关节或软组织(肌肉、韧带或肌腱)问题？
如果你过去有问题，但现在并不影响你开始进一步的运动，请回答“否”。
请填写存在的问题：</td><td>☐</td><td>☐</td></tr>
<tr><td>7</td><td>是否曾经听医生说过你只能在医务监督(有专业人士监督或仪器监测)下进行体力活动？</td><td>☐</td><td>☐</td></tr>
<tr><td colspan="4"></td></tr>
<tr><td>☑</td><td colspan="3">如果以上问题你的回答都为“否”，说明你可以安全地参加进一步的体力活动。
你可以跳过第 2 页和第 3 页，直接在第 4 页的“参与者声明”中签名。
▷应循序渐进地开始进一步的运动。
▷根据国际体力活动指南对应年龄的推荐(www.who.int/dietphysica lactivity/en/)进行运动。
▷可以进行健康和体适能评估。
▷如果你的年龄超过 45 岁且没有规律的较大强度到最大强度运动的习惯，请在参加这类强度较大的运动前咨询注册运动专家。
>>如果你有其他问题，请联系注册运动专家。</td></tr>
<tr><td></td><td colspan="3">如果以上问题你有一个或多个回答为“是”，请继续填写第 2 页或第 3 页。</td></tr>
<tr><td></td><td colspan="3">如果有以下任何情形，请暂缓开始进一步的运动：
☑急性疾病期间，如：严重感冒或发烧，请在病情缓解后再开始运动。
☑妊娠期，请在开始进一步的运动前咨询医生、注册运动专家，并填写 ePARmed-X+问卷(www.eparmedx.com)。
☑如果你的健康状况发生改变，请在开始任何一种体力活动前填写此问卷的第 2 页和第 3 页，并咨询医生或注册运动专家。</td></tr>
</table>

续表

2014 PAR-Q+疾病补充问题			
1	是否有关节炎、骨质疏松或腰背问题？ 如果回答为“是”，继续回答问题 1a~1c；如果回答为“否”，跳到问题 2	是□	否□
1a	是否在药物或其他医学治疗后仍然无法很好地控制病情？ （如果你目前并没有服用药物或进行其他治疗，请回答“否”）	是□	否□
1b	是否有引起疼痛的关节问题、近期骨折或由骨质疏松症或癌症引起的骨折、椎体移位（如：华佗），和/或峡部裂/峡部缺陷（脊柱背侧的椎骨弓裂纹）？	是□	否□
1c	是否定期注射或服用类固醇药物超过 3 个月？	是□	否□
2	是否患有癌症？ 如果回答为“是”，继续回答问题 2a~2b；如果回答为“否”，跳到问题 3	是□	否□
2a	是否有已确诊的肺部/支气管、多发性骨髓瘤（血癌）、头部或颈部的癌症？	是□	否□
2b	目前是否正在接受癌症治疗（如：化疗和放疗）？	是□	否□
3	是否有心脏或心血管疾病？包括冠状动脉疾病、心力衰竭、确诊的心律失常。 如果回答为“是”，继续回答问题 3a~3d；如果回答为“否”，跳到问题 4	是□	否□
3a	是否在药物或其他医学治疗后仍然无法很好地控制病情？ （如果你目前并没有服用药物或进行其他治疗，请回答“否”）	是□	否□
3b	是否存在需要治疗的心律失常？（如：心房颤动、室性早搏）	是□	否□
3c	是否有慢性心力衰竭？	是□	否□
3d	是否有确诊的冠状动脉（心血管）疾病，且在最近的 2 个月中没有参加规律的体力活动？	是□	否□
4	是否有高血压？ 如果回答为“是”，继续回答问题 4a~4b；如果回答为“否”，跳到问题 5	是□	否□
4a	是否在药物或其他医学治疗后仍然无法很好地控制血压？ （如果你目前并没有服用药物或进行其他治疗，请回答“否”）	是□	否□
4b	无论服药与否，安静血压是否都大于 160/90mmHg？ （如果不知道安静血压是多少，请回答“是”）	是□	否□
5	是否患有代谢性疾病？包括 1 型和 2 型糖尿病、糖尿病前期。 如果回答为“是”，继续回答问题 5a~5e；如果回答为“否”，跳到问题 6	是□	否□
5a	是否在饮食控制、药物治疗或其他医学治疗后仍然经常无法很好地控制血糖水平？	是□	否□
5b	是否经常在运动和/或日常生活活动后出现低血糖症状和体征？低血糖的症状包括颤抖、紧张、异常烦躁、异常出汗、眩晕或轻度头晕、精神错乱、说话困难、虚弱或嗜睡。	是□	否□

续表

5c	是否有糖尿病并发症的症状或体征？如心脏或心血管疾病和/或眼部、肾脏并发症，或足部感觉障碍？	是□	否□
5d	是否有其他代谢性疾病(如：当前存在的妊娠糖尿病、慢性肾脏病或肝脏问题)？	是□	否□
5e	近期是否打算参加对你来说强度非常高(或较大强度)的运动？	是□	否□
6	是否有精神问题或学习障碍？包括老年痴呆症、痴呆、抑郁症、焦虑症、饮食紊乱、精神异常、智力残疾、唐氏综合征。 如果回答为“是”，继续回答问题 6a~6b；如果回答为“否”，跳到问题 7	是□	否□
6a	是否在药物或其他医学治疗后仍然无法很好地控制病情？ (如果你目前并没有服用药物或进行其他治疗，请回答“否”)	是□	否□
6b	你有唐氏综合征或影响神经、肌肉的背部问题吗？	是□	否□
7	你有呼吸道疾病吗？包括慢性阻塞性肺病、哮喘、肺高压。 如果回答为“是”，继续回答问题 7a~7d；如果回答为“否”，跳到问题 8	是□	否□
7a	是否在药物或其他医学治疗后病情仍然无法控制？ (如果你目前并没有服用药物或进行其他治疗，请回答“否”)	是□	否□
7b	是否曾经听医生说过你的血氧水平在休息或运动时偏低？和/或你需要进行支持性吸氧治疗？	是□	否□
7c	如果你有哮喘，现在是否有胸闷、喘息、呼吸困难、持续咳嗽(超过 2d/wk)的症状，或者你在最近的一周是否用过两次以上的抢救药物？	是□	否□
7d	是否曾经听医生说过你的肺部血管血压高？	是□	否□
8	是否有脊髓损伤？包括四肢瘫和截瘫。 如果回答为“是”，继续回答问题 8a~8c；如果回答为“否”，跳到问题 9	是□	否□
8a	是否在药物或其他医学治疗后仍然无法很好地控制病情？ (如果你目前并没有服用药物或进行其他治疗，请回答“否”)	是□	否□
8b	是否经常出现安静血压偏低并引起头晕、眩晕或晕厥的情况？	是□	否□
8c	是否曾经听医生说过你有突发性高血压(自主神经功能紊乱)？	是□	否□
9	是否发生过中风？包括短暂性脑缺血发作(TIA)或脑血管事件。 如果回答为“是”，继续回答问题 9a~9c；如果回答为“否”，跳到问题 10	是□	否□
9a	是否在药物或其他医学治疗后仍然无法很好地控制病情？ (如果你目前并没有服用药物或进行其他治疗，请回答“否”)	是□	否□
9b	是否有步行或活动障碍？	是□	否□
9c	在过去 6 个月内是否有过中风或神经/肌肉损害？	是□	否□
10	是否有以上未列出的疾病，或是否有两个或两个以上的疾病？ 如果回答为“是”，继续回答问题 10a~10c；如果回答为“否”，直接阅读第 4 页的推荐	是□	否□
10a	在过去的 12 个月内，是否发生过由头部受伤导致的晕厥、晕倒、或失去知觉的情况？或最近 12 个月内是否曾经确诊过脑震荡？	是□	否□

续表

10b	是否有未列出的疾病(如：癫痫、神经系统疾病、肾脏问题)？	是□	否□
10c	目前是否同时存在两个或两个以上的疾病？ 请填写疾病及其治疗药物的名称：	是□	否□
请阅读第 4 页：基于你的健康状况的推荐，并在“参与者声明”中签字。			
2014 PAR-Q+			
☑	如果所有的疾病补充问题你的回答都为“否”，说明你可以安全地参加进一步的体力活动，请在下面的“参与者声明”中签字。 ▷咨询注册运动专家，请他帮你制订一个安全、有效的体力活动计划以达到目的。 ▷循序渐进；从每周 3~5 次的 20~60 分钟低到中等强度的有氧运动和力量训练开始。 ▷逐步增加到每周 150 分钟或更长时间的中等强度运动。 ▷如果你的年龄超过 45 岁，且没有规律的较大强度到最大强度运动的习惯，请在参加这类强度较大的运动前咨询注册运动专家。		
◎	如果疾病补充问题中你有一个或多个回答为“是”。 在参加进一步的体力活动或体适能评估之前咨询专家。填写专门设计的筛查问卷并进行运动咨询：如填写 www.eparmedx.com 上的 ePARmed-X+问卷，和/或在注册运动专家的帮助下填写该问卷并获得更多的帮助。		
▲	如果有以下任何情形，请暂缓开始进一步的运动： ☑急性疾病期间，如严重感冒或发烧，请在病情缓解后再开始运动。 ☑妊娠期：在开始运动前咨询医生、注册运动专家，并填写 ePARmed-X+问卷。 ☑如果你的健康状况改变，请在开始任何体力活动前咨询医生或注册运动专家。		
●	使用该问卷时应完全遵照完整的原文，不允许进行任何改变。		
●	问卷作者和合作方、合作组织及其代理机构不承担体力活动者和/或使用 PAR-Q+和 PARmed-X+问卷者的责任。如果对问卷填写有疑问，请在开始体力活动前咨询医生。		
参与者声明			
●	完成 PAR-Q+问卷者，请阅读下面的声明并签字确认。		
●	未达到法定年龄者需要进行咨询或得到医生许可，请父母、监护人和医生同时在下方签字。		
	本人已阅读、完全理解并认真填写此问卷，认可此声明自签署之日起 12 个月内有效，当本人健康状况改变时失效。本人知晓委托人(如雇主、社团/体适能中心、医生或其他签名者)可同时得到该问卷的复印件存档。因此，委托人必须遵守地方、国家的个人健康信息存储法规，确保委托人对私人信息进行保密，并不会滥用或错误公开此信息。		
	姓名：　　　　日期：		
	签名：　　　　证明人：		
	父母/监护人/医生签名：		
版权归 2014PAR-Q+合作方 OSHF 所有			

☞【思考讨论】

社会进步，科技发展，人们追求健康的指数越来越高，可为什么静坐少动的人群却越来越多？尤其是青少年群体，躺平、玩手机等，请问如果是你，如何看待此现象？请从健康在人生价值实现中的重要性角度回答此问题。

第二章　健康生活方式

☞【名言导语】

“人的生命和身体健康是最重要。为了人的生命和身体健康，我们可以不惜一切代价。因为人的话从事一切的工作，它的载体是人，那么这个载体必须是健康，你才能做别的。”

——“共和国勋章”获得者钟南山院士

钟南山院士对健康一直非常重视，他在《钟南山谈健康》一书中强调，人应该学会关爱自身的健康。

他曾在美食论坛上晒出自己的早餐食谱：一块加奶酪的面包、鸡蛋、牛奶麦片、一碗红豆粥、两个橙子。他表示，早餐应该占全天热量的30%。显然，具有优质蛋白质的饮食更利于我们人体的健康发展。2021年，钟南山院士已经是一位85岁的老人，但他的身材挺拔而健硕，他表示：“运动对我保持身体健康起到了关键作用。”早在1959年，他就作为一名非职业运动员参加首届全国运动会，在400米栏项目中以54.2秒的成绩打破了当时的全国纪录。日常繁忙工作之余，钟南山每周都要抽出三四天时间进行锻炼，每次保持在40~50分钟，“主要是先跑步25分钟左右，锻炼下肢和内脏；然后做杠上撑，一口气20个，还有一口气10个引体向上以及仰卧起坐，锻炼上肢力量。”

钟南山院士的健康体魄令人羡慕，你有没有下定决心按照钟南山院士的建议，养成健康的生活方式呢？

☞【学习目标】

熟悉现代健康理念，树立现代健康意识，掌握健康管理与健康策略的方法；做好日常起居与健康生活，形成健康生活方式，正确处理健康与学习、生活和工作的关系。

第一节　现代健康理念

一、现代健康概念

健康是促进人的全面发展的必然要求，是经济社会发展的基础条件。2016年中央印发《“健康中国2030”规划纲要》，2019年国务院发出《关于实施健康中国行动的意见》，无不体现我国建设“健康中国”的决心与信心。大学生是祖国的希望和未来，在大学生群体中展开现代健康教育至关重要。

（一）现代健康的定义

世界卫生组织（WHO）最早在1947年就初步定义了健康的概念：健康指的是包括生理、心理和社会适应等三个方面的一种完好状态，而不单单指身体没有疾病或者身体不虚弱。1989年世界卫生组织更新了此前对于健康的定义，增加包括道德健康的内容。在健康定义中完善社会层面的道德健康标准，符合现代社会对于健康的要求。这是基于当前生物、心理以及社会综合考量的医学模式，符合现代社会人类生存与发展面临的复杂情形。因为人类在具备自然的生理和心理属性之外，还特别具有社会属性。所以，现代健康定义为躯体健康、心理健康、道德健康以及社会适应良好的整体良善发展的状态。

（二）现代健康的内容

现代健康的内容包括躯体健康、心理健康、道德健康和社会适应良好。

1. 躯体健康

躯体健康也可称为生理健康，表现为身体各项指标上的正常，也就是身体结构和功能状况的正常。怎样衡量一个人是否健康，世界卫生组织给出了10条标准：①精力充沛，从容不迫地应对日常生活和工作，不会有过分紧张和疲劳的表现；②态度乐观，积极应对人生事物，敢于承担各种责任；③休息良好，具有充足的睡眠时间；④应变能力较强，适应外界环境及其各种变化；⑤抵抗力较强，抵抗一般性感冒和传染病；⑥身材匀称，体重适当，体态正常；⑦双眼明亮，能够清晰视物；⑧牙齿清洁，没有出现蛀牙、疼痛和出血现象；⑨头发有光泽；⑩皮肤弹性良好。对于个体而言，健康的躯体是我们开展日常生活工作所必须具备的基本条件。

2. 心理健康

心理健康指的是个体内在表现为精神饱满、情绪稳定以及意识清晰的良好状态，个体对于自身能有正确的认识，针对当前心态及时作出调整，使心理处于良好而稳定的状态，从而对外界变化达到适应的效果。心理健康的标准涵盖了非常广泛的内容，分别是：智力正常，具有符合年龄阶段的观察力、注意力、想象力、思维力和实践活动能力；情绪稳定协调，能够根据周边环境积极调整自身情绪；意志坚定明确，能够专注于自身目标，并且屏蔽干扰目标达成的其他因素；人际关系和谐，既乐于与人交流，又保持独立人格；环境适应自如，能够保持积极的处世态度；人格发展完善，能够培养健全人格；明确自身能力，能够对事物做出正确判断；具有与年龄特征一致的行为表现；具有与环境协调的心理活动；具有符合社会要求的行为规范。根据以上标准，可以判断心理是否处于健康状态。

3. 道德健康

道德健康要求个体在道德方面表现出积极向上，既具有内在的德性，又能将德行外显，正确处理好个人自身、个人与他人、个人与社会的关系。道德健康的衡量标准是：能否以符合社会普遍要求的行为准则、约定规范以及自然规律来要求自身，能否积极适应并改造自我与周围的环境，能否达到身心健康、人际关系和谐和自我实现的积极状态。

4. 社会适应健康

社会适应健康是指在一定社会环境下，个人为承担一定社会责任与义务，从而所应当具有参与某些必要社会活动的能力。社会性是人类根本属性，能否良好地与自身周边社会相处，是判断一个人是否健康的重要一环。

要做到社会适应健康，首先，能处理好自身的社会关系，如与家庭成员间相亲相爱、融洽和睦，与同辈朋友间能表达亲密感情，寻求对方帮助并能做到和谐交流，与陌生群体能做到不怯于接触与认识，并能在新环境下展开合作等；其次，能够具备社会价值，顺应社会发展趋势，敢于去改造自己面临的生存环境，最终实现完善自我与贡献社会双目标；最后，能积极投身社会实践，能够清楚认识自身价值，并通过力所能及的劳动实践来获得社会层面和自我层面的认可。

（三）影响现代健康的因素

一般来说，现代健康主要受到生物遗传、自然和社会环境、医疗卫生发展水平以及个体生活行为习惯等因素的制约和影响，其中，生物遗传起着决定性作用。随着时代的发展，社会环境对个人健康的影响与日俱增，同时，现代医疗卫生发展水平的迅速提高也能极大改善社会群体的健康状况，与之相背离的则是不良生活行为习惯给人类健康带来的前所未有的挑战。

1. 生物遗传因素

从遗传学的角度看，一个人的遗传基因决定了他的身高、体重、体质，是否具有疾病，是否具备疾病抵御力，精神状态是否良好等，这些都是个人无法决定也无法控制的，对个人的身体健康情况起着至关重要的作用。

从生物学的角度看，任何生命都经历着从出生、成长到成熟，然后衰老到死亡的这一发展规律。生命所处的不同阶段表现出的健康状况也呈现阶段性的特点，在个人出生到成长的初期，身体比较脆弱，经常会关注到健康问题；当我们发展到身体成熟的阶段，健康状态一般正处在最强盛的状态；随着年岁增长，我们身体逐步走向衰老之后，身体健康问题又会时常影响到我们，严重时会危害到生命安全，最终难免走向死亡的终点。

2. 自然和社会环境

自然环境是人类生存所处的客观物质环境，包括水质、空气、土壤、气候等。由于周围的自然环境情况是我们人类赖以生存的物质基础，所以在很大程度上，自然环境会影响到人类的健康情况。按照性质可以划分为生物环境因素、物理环境因素和化学环境因素，生物环境因素有动植物、微生物，物理环境因素有光、热、气和辐射等，化学环境因素有化学元素和化合物，当超出一定的安全范畴，这些因素可能都会对人类健康产生危害。

社会环境是人类生产生活所面临的外在环境，包括社会安定状况、政治制度、经济状况、人口规模、教育水平、法治程度、文化氛围等。社会安定状况影响着整个社会的健康水平，并且随着经济发展的水平和政治制度的发展程度逐步提升，人口规模、教育水平、法治程度、文化氛围等因素同时制约着人们的健康观念和健康维护的水平。

3. 医疗卫生服务水平

医疗卫生服务是以维护和促进人类健康为目的的实践活动，既包括诊断、治疗服务，也包括预防、保健服务。社会提供及时且有效的诊断、治疗服务是人们治愈疾病、获得健康的有效手段，同时预防及保健服务也能有效降低遭受疾病的风险，为人类健康创造有益条件。

4. 个体生活行为习惯

人们在长期的生活中，受到家庭及周边环境影响，形成了一系列生活意识及习惯。第一是生活方式，一般涉及饮食习惯、运动习惯、个人喜好等，个体是否具有良好的生活方式会影响其健康状况的好坏；第二是工作学习方式，过大的学习压力或过重的工作压力都会波及个人的健康状况，考虑到每个人都将经历学习和工作，我们应当合理调整学习与工作的强度，在不伤害身体健康的情况下做到可持续发展；第三是休闲习惯，研究表明良好的休闲习惯能促进人体和精神的放松，对健康大有裨益，而成瘾性的休闲习惯如刷手机、抽烟、喝酒等则会损害身体健康。

二、现代健康意识

（一）现代健康意识的定义

现代健康意识是建立在现代生物—心理—社会医学模式基础上的，是对健康全新的、本质性的认识。要培养健康的习惯，首先要有健康意识，只有充分认识到健康的重要性，意识到健康至上的人，才会时时刻刻关注自己的健康，才会把健康当作生活中的准则，当成一种生活习惯。要获得健康就不能单纯依赖医生的治疗，也不仅仅是偶尔的运动，而是树立较强的健康意识。健康意识作为一种社会化的观念直接影响高校大学生参与健康活动的态度和行为，加强和提高学生的健康意识不仅有利于人的身心发展，更有利于社会发展。

我国经济已由高速增长阶段转向高质量发展阶段，社会对人们的文化专业水平、健康水平、综合素质等要求越来越高。大学生正处于青春发育后期，他们的学习模式、生活习惯和道德情操都将在这一阶段成型。根据这一时期可塑性较强的特点进行现代健康教育，帮助他们培养现代健康意识，提高自我保健能力，纠正不良生活方式，加强维护自我健康的责任感和自觉性，十分必要。

（二）当代大学生面临的主要健康问题和影响因素

1. 大学生健康知识不足

大学生获得健康相关知识的途径及信息多为碎片化，缺乏系统性、完整性。另外有些高校开设健康教育课程的内容单一，纯理论化，学生不感兴趣，这也是学生健康知识不足的一个重要原因。

2. 饮食习惯不健康

（1）不吃早餐。很多学生喜欢赖床，有的起床晚，不吃早餐。然而早餐提供的能量约占全天能量的30%，不吃早餐的学生，其精神状态、注意力、想象力和身体发育等方面均会受到影响。

（2）偏爱零食。大学生中喜欢吃零食的现象非常普遍，尤其是女生。零食所提供的能量、营养素不如正餐均衡、全面，而且多数零食味道浓厚，过于香甜或咸鲜，脂肪和糖盐的含量较高，添加剂多，既影响大学生进食正餐的胃口，又容易造成钙、铁、锌、碘、维生素等多种营养素的缺乏。

（3）偏爱油炸食品。汉堡、薯条、炸鸡等油炸食品以其鲜美酥脆的口感，深受大学生青睐。但是此类食品经高温烹饪可产生大量有害物质，所以不宜多食。

(4)外卖食品。外卖食品种类繁多，购买便捷，大学生很是喜爱。然而很多外卖点条件简陋、消毒不规范、卫生不达标，存在食品安全隐患，而且外卖食品多油高脂，长期食用会造成营养不良，导致身体出现疾病。

(5)白开水饮用量偏少。多数学生没有主动饮水的习惯，导致每日饮水量不足。有的学生甚至常常以饮料代替白开水，白开水里含有多种对人体有益的矿物质和微量元素，而且不需要消化就能被人体吸收。

(6)水果蔬菜摄入量少。究其原因是因为平时的饮食习惯所导致。蔬菜和水果中含有丰富的膳食纤维，通过胃肠道的刺激和吸水膨胀，在预防和治疗便秘方面的功效非常突出，它所含的矿物质对于情绪和心理方面的调节也非常明显。

(7)饮食不规律。高校大学生晚睡晚起的现象比较严重。生活作息不规律就会导致饮食不规律：有的不吃早饭，有的半夜再点夜宵。长期的饮食不规律会导致消化系统紊乱，引发各种疾病。

3. 生活方式不良

(1)吸烟。目前，高校大学生中不乏吸烟行为，且这种行为受同伴影响很大，通常同一个宿舍中有吸烟者，舍友跟随吸烟的概率就加大。吸烟对人体健康会产生极大的危害：影响睡眠质量、影响生育功能、损伤神经系统，会导致肺部疾病、诱发心血管疾病及癌症等。为了学生的身体健康，可以劝导戒烟，循序渐进，给他们身体一个适应的过程。

(2)酗酒。大学生酗酒的现象屡见不鲜，有同学过生日等庆祝的事情、情感出现问题时就会出现饮酒的现象，他们认为饮酒能缓解紧张，改善情绪，使人忘却烦恼，令人心情舒畅，还能增加社交活动和节日中的欢聚喜庆气氛，但是很多大学生无法把控喝酒的尺度。过量饮酒不仅危及自己的健康和家庭的幸福，对社会也会造成种种危害。

(3)熬夜。大学生熬夜的现象非常普遍，因为晚上的时间对他们而讲更加充沛自由，想玩游戏、想娱乐，他们宁可减少睡眠的时间，也要尽情玩乐。长期睡眠不足会出现疲劳、头晕、健忘、视力下降、学习成绩下降等状况。

(4)过度上网。很多大学生上网没有节制、过度沉溺于虚拟的网络世界无法自拔，刷抖音、看小视频、打游戏等，长时间使用电子产品会影响人的身体健康，如头痛、精神紧张、睡眠差、手腕痛、性格暴躁、颈椎病以及腰椎间盘突出等。

(5)缺乏运动。现在很多大学生从小生活环境优渥，不能吃苦，不爱运动，一直以“升学”“高分”为目标，从而忽略了运动的重要性，由此失去了对运动的兴趣，逐渐放弃了体育锻炼。

(三)培养当代大学生健康意识的措施

1. 普及健康理论知识

在普通高等院校开设健康教育课程，开展健康知识讲座。积极引导大学生系统地学习健康知识，从理论上了解什么是健康以及健康的标准。让他们逐渐树立自我保健意识，建立自觉学习健康的知识观念，从理论上了解我国相关健康教育的方针政策，明确学校健康教育要达到的目标，逐步培养健康理念。

2. 发挥教师指导作用

将“健康教育”引入大学校园，教师向学生强调健康的重要性，传授正确有效的锻炼方法，引导学生制订可行的健康计划，并付诸实践，让学生在每次锻炼后都有新的收获。

3. 养成健康生活方式

大学生精力旺盛，又处于长身体、学知识的阶段，健康的生活方式是确保顺利、成功度过大学阶段的一个重要基础。为了达到身心健康的目的，从进入大学开始，就应该重视这个问题。要养成健康的生活方式就要做到以下5点：①安排好作息时间；②每天进行适当的体育锻炼；③养成良好的饮食习惯；④不沉溺于电子产品或网络游戏；⑤远离烟酒。

三、健康管理与健康管理策略

(一)健康管理的基本内涵

1. 健康管理的定义

健康是人生的最大财富，是每个人终生追求的目标，完美的家庭、和谐的社会，以人们的健康为基石，建设社会主义现代化强国，也必须重视和加强健康建设。

健康管理是指以现代健康理念，运用医学、管理学等相关学科的理论、技术与方法，对个体或群体的健康进行监测、分析、评估，对影响健康的危险因素进行及时干预、管理，提供连续有效服务的行为活动及过程。其目的是调动个人、群体和社会的积极性，有效利用有限资源，达到以最小成本预防和控制疾病，提高生命质量，提高健康期望寿命。

认识健康管理必须认识什么是疾病。疾病是指一定原因造成的生命存在的一种状态，在这种状态下，人体的形状或功能发生一定程度的变化，正常的生命活动受到限制或破坏，这种状态的结果可能康复，也可能长期存在，还可能导致死亡。因此，要树立正确的健康理念，认识健康危险因素，运用健康风险评估，及时开展疾病干预和治疗，从而提高个体和全社会的健康水平，增强人们的获得感和安全感。

认识健康管理必须了解健康管理的基本特点。健康管理是对慢性非传染性疾病的有效干预和管理。慢性非传染性疾病发展过程较长，且该类疾病的危险因素大多属于可控制性因素，这为健康管理的可行性提供基本前提和重要基础，也决定了健康管理具有以下基本特点：一是前瞻性。对引起疾病的风险可以进行准确预测、评估和干预，从而防止或延缓疾病的发生和发展，同时也有效降低了社会医疗成本。二是综合性。综合运用医学、管理学的知识和方法，对疾病及其危险因素进行分析和干预，制定安全的干预措施，建立切实可行的健康管理方案，实现准确、有效的健康干预。三是全程性。对个体的健康实现全程关注，做到未病先防，既病防变，愈后防复，实现健康维护的全过程管理。

2. 健康管理的基本内容

健康管理的基本内容包括以下三个方面。

(1)帮助服务对象科学全面认识健康状况。在健康管理理念下采用现代医学和管理学方法，对个体或群体的健康进行监测、分析、评估，并及时反馈给服务对象，让服务的个体或群体科学全面地了解自我健康状况，找出患病的风险及主要危险因素等，为健康管理提供依据和参考。

(2)帮助服务对象牢固树立健康理念。健康管理人员根据服务对象的健康状况，有针对性地为服务对象提供健康咨询、交流与健康教育等手段，帮助其树立正确的健康理念，鼓励服务对象建立健康的生活方式和习惯，自觉加强自我健康管理。

(3)帮助服务对象积极践行健康行为。健康管理的服务对象在健康管理人员的帮助下，在认识健康状况、树立健康理念的基础上，根据自己的实际健康状况，改变自己的生活方式与习惯，在科学方法的指导下，戒除不良习惯，选择健康的生活方式，减少危害健康的风险因素。

3. 开展健康管理的基本步骤

健康管理是一种前瞻性的卫生服务模式，其目的是以最少的投入获取最大的健康效应，从而提高医疗服务的效益，提高医疗保险的覆盖面，增强医疗保障体系的承受能力。开展健康管理，注意以下三个步骤。

(1)为服务对象全面科学了解健康基本状况。通过问卷调查、健康体检、健康信息采集等方式，为服务对象找出危险因素，为下一步制订健康管理计划、实施有效的健康维护，提供依据和参考，做好各项工作准备。

(2)为服务对象进行健康风险评估和健康评价。综合运用医学、社会学和管理学等学科的知识和方法，采用数学模型和现代信息技术等手段对服务对象的健康状况及未来患病或死亡的危险性进行量化评估。其主要目的是帮助个体综合认识健康风险，鼓励和帮助人们纠正不健康的行为和习惯，制定个性化的健康干预措施并对其效果进行评估。患病危险性评估是慢性病健康管理的技术核心，由此可根据评估的结果预估服务对象在一定时间内发生疾病或某种健康状况的可能性。

(3)为健康对象进行健康干预。在健康风险评估的基础上，为服务对象制订健康计划，及时提供有针对性的健康咨询与指导，进行有计划的干预和管理健康。如个人健康咨询、个人健康管理后续服务、专项健康与疾病管理服务等。

4. 健康管理的主要模式

健康管理模式是指在完成健康管理过程中，政府、事业单位、企业和公益机构构建的组织结构、组织制度和组织场所等。健康管理模式主要有以下几种：

(1)医院健康管理模式。医院具有良好的医疗技术条件。医院健康管理模式主要是依靠医院的有利条件控制慢性病，进行人群健康筛查，开展患者教育，降低人群危险因素，减少慢性病的患病率和死亡率。医院管理模式具有较强的专业性和针对性，使疾病防治达到最佳的服务水平。

(2)社区健康管理模式。社区是以社区居民为服务对象，对全社区居民的生命过程进行系统的监控、指导和维护服务，以社区为基础的健康管理模式内容丰富，针对社区健康人群、亚健康人群、慢性病患者、残障人士、心理疾病患者等人群，均可实行社区健康管理模式及急性流行病期间的健康管理。由于社区人群类型广泛，提供的服务较为基础，但跟踪随访方便，所需医疗成本较低。

(3)学校健康管理模式。它是对学生的健康危险因素进行全面管理的过程，以健康教育为主，培养学生的健康观念、健康习惯、健康行为。

(4)工作场所健康管理模式。它是促使工作场所提高对影响健康的因素的控制能力，以及改善工作场所所有成员健康的过程。这些地方工作环境复杂、人员来往频繁，对员工的生理健康和心理健康影响比较大。

(5)体检机构健康管理模式。它是人们健康管理的必要补充，它可以帮助人们“治病于未病”，为及时了解健康状况、提前预防和治疗提供条件。以体检中心为基础的健康管理，可为参加体检的个人或单位提供前置的健康资料，对健康状况作出预见性的评估，对健康危险因素作出评判，建立完整的健康档案，为健康管理服务。

(二)健康管理策略

健康管理策略是以预防疾病、促进健康为目标而制定的管理策略，可以从宏观和微观两个方面去理解。宏观的健康管理策略是指国家医疗及健康服务的总体方向、工作目标和工作重点，以及国家对健康资源的宏观管理。微观的健康管理策略主要以个体或群体为对象，针对他们存在的健康问题制定的促进健康、预防疾病的管理方案。本节讨论的主要是微观健康管理策略。

1. 微观健康管理策略

(1)常见疾病管理策略。常见疾病管理策略主要是为患有特定慢性疾病的个体或群体提供需要的医疗与健康服务。常见疾病管理着眼于某种特定的疾病如糖尿病、冠心病等，为患者或患者群提供合适的医疗与健康服务，其目标是建立一个实施医疗保健与健康干预和人群间沟通，与强调患者自我保健重要性相协调的系统。该系统可以通过实施良好的医患关系和医疗保健计划，达到满足管理对象的医疗保健需求的目的。疾病管理强调利用循证医学指导和增强个人能力来预防疾病恶化或出现并发症，以改变患者健康为基本标准来评价临床、社会和经济效果。

(2)致残事故管理策略。致残事故管理策略是从雇主角度出发，在事故发生前，尽可能减少工作地点发生致残事故的频率和费用代价；在事故发生后，根据伤残程度，尽量减少因残疾所造成的个体劳动和生活能力下降。具体目标有防止残疾恶化，注重残疾人功能性能力的恢复而不仅仅是疼痛的缓解，设定残疾人实际康复和返工的期望值，说明残疾人今后行动的限制事项和可行事项，帮助残疾人和雇主进行有效的沟通，实行有效的健康循环管理。

(3)灾难性病伤管理策略。灾难性病伤管理决策是为患灾难性疾病或重大损伤的患者及家庭提供的各种医疗服务，关注的是对健康危害十分严重医疗卫生花费巨大的“灾难性”疾病，是疾病管理策略中的一种特殊类型的管理方式。管理重点是通过帮助协商“灾难性”疾病医疗活动和管理多维化的治疗方案，综合利用患者和家属的健康教育，患者自我保健的选择和多学科的管理，使医疗需求复杂的患者在临床、经济和心理上获得最优的结果。

(4)健康需求管理策略。健康需求管理策略以个体或群体为基础，通过帮助健康消费者维护健康以及寻求适当的医疗保健方式来控制健康消费支出和改善对医疗和健康服务的利用。健康需求管理通过指导服务对象正确利用各种医疗保健服务自身健康需求，减少医疗和卫生保健资源的浪费，节约医疗保健服务成本，提高医疗保健服务质量。

(5)生活方式管理策略。生活方式管理策略主要关注个体的行为和生活习惯可能带来的健康风险，以及这些行为影响他们对医疗和健康管理服务的需求。生活方式管理主要是帮助个体作出最佳的健康行为选择来减少健康风险因素，调动个体对自己健康的责任心，并通过采取行动来降低健康风险、促进健康行为，预防疾病和伤害的发生。生活方式管理的效果，取决于如何使用生活行为干预技术来激励个体或群体的健康行为，可以是其他健康管理策略的基本组成成分。

综合群体健康管理策略是通过协调以上不同健康管理决策，以群体健康状况改善为核心，为人群中的个体提供更为全面、有效的健康管理。这些策略的综合应用，建立在分析人群健康状况的基础上，以人群的主要疾病和主要健康危险因素为重点，有针对性地实施有效的保健措施以改善群体的健康状况，从而提高群体的健康水平。

2. 健康管理策略的干预因素

影响微观健康管理策略的干预因素主要有营养、运动、睡眠和心理等方面。

(1)营养对健康的影响。食物是人类维持生命及活动的重要能量和营养素来源，食物营养、食品安全与人们生活息息相关。随着我国社会经济的发展和人民生活水平的提高，人们日渐重视营养与健康，科学饮食、合理营养、食品安全等已成为社会的基本需求。人体从外界摄入的营养，可以分为糖类、脂类、蛋白质、矿物质、维生素、水和膳食纤维。这些营养素为人类维持个体生命提供能量。合理营养与膳食平衡是人体健康的物质基础，通过平衡膳食达到合理营养目标，就能促进人体健康，提高机体免疫力，减少疾病，增强体质，延长寿命，改善生命质量。

(2)运动对健康的影响。运动是影响健康的重要因素。近年来，单纯性肥胖发生率不断上升，运动不足是其中的重要因素。运动不足是多种慢性病发生的危险因素，包括心血管病、糖尿病、高血压、骨和关节疾病等。运动对减肥、降血压、改善血脂环境、提高胰岛素敏感性等方面，都发挥着重要作用。增加运动量对于降低疾病风险十分重要。

(3)睡眠对健康的影响。睡眠是一种重要的生理现象，睡眠问题会引起一系列心理与生理疾病发生。随着现代生活节奏加快和生活方式改变，各种睡眠觉醒障碍日益成为社会广泛关注的公共卫生话题。睡眠良好是健康的标志，改善睡眠、提高睡眠质量十分重要。

(4)心理对健康的影响。心理是人脑的高级功能，是个体与环境相互作用的精神活动。可以从心理过程和个性两个方面分析心理现象或心理活动。心理过程包括认知过程、情感过程和意志过程；个性是人与人心理上的差别，包括需要、动机、兴趣、人生观等个性倾向性，个性能力、气质、人格等心理特征，自我认识、自我体验、自我调节等自我意识。应当重视心理过程和个性对健康的影响和作用，努力保持个体良好的生理、心理、社会功能和道德方面的状态，维持良好的心理健康。

第二节　日常起居与健康

一、饮食行为与健康

(一)饮食行为的定义

饮食又称膳食，是指我们通常所吃的食物和饮料。人们通过饮食获得各种营养素和能量，维护自身健康。只有合理的饮食、充足的营养，才能提高人体的健康水平，预防多种疾病的发生，延长寿命。饮食行为是指人们习惯性的摄食活动，包括食物的选择与购买、食用频率、食用数量、食用方式、饮食场所等。

人体健康取决于多种因素，如遗传、体力活动、心理状态、生活习惯、食物营养、环境状况等，其中最重要的因素是食物营养。正确的饮食行为才能保障人体获得充足的食物营养，其对生长发育、衰老、慢性疾病、心理、行为都有着重要的影响。

现代生活物质丰富，人们生活水平不断提高，大学生能选择的食物更具多样性。但由于缺乏营养知识以及自律性较差，导致学生在校期间形成了很多不健康的饮食行为，比如：不吃早餐、偏爱零食和油炸食品、过分依赖外卖、不吃水果蔬菜、不按时吃饭等。这些导致了两个较突出的问题：其一，由于营养不足导致缺铁性贫血和钙摄入不足；其二，由于“营养过剩”导致的肥胖问题。这些问题的出现，一方面是食物供应的原因，另一方面是对营养知识的不了解和不健康的饮食行为所致。因此，为了改善当代大学生的健康状况，加强营养知识的学习和形成良好的饮食行为显得十分必要。

(二)中国居民膳食指南及应用

1. 膳食指南的概况

膳食指南是根据营养学的原则，针对我国居民的营养需要及膳食中存在的主要缺陷，结合国情而制定的，是教育人民采用平衡膳食，以摄取合理营养促进健康的指导性意见，又称膳食指导方针。膳食指南是合理选择与搭配食物的陈述性建议，其目的是帮助人们合理选择食物，获取合理营养，得以改善人们的营养和健康状况，减少或预防慢性疾病的发生，提高我国居民的健康素质。

中国营养学会组织专家对《中国居民膳食指南(2016)》进行了修订，经过两年多的努力，依据营养科学原理和最新科学证据，结合当前疫情常态化防控和制止餐饮浪费等有关要求，形成了《中国居民膳食指南研究报告(2021)》，并在此基础上完成了《中国居民膳食指南(2022)》。最新的膳食指南将在落实健康中国行动中发挥着不可替代的重要作用。

2. 一般人群膳食指南

(1)准则一：食物多样，合理搭配。

坚持谷类为主的平衡膳食模式。
每天的膳食应包括谷薯类、蔬菜水果、畜禽鱼蛋奶和豆类食物。
平均每天摄入 12 种以上食物，每周 25 种以上，合理搭配。
每天摄入谷类食物 200~300g，其中包含全谷物和杂豆类 50~150g；薯类 50~100g。

人类需要的基本食物一般能分为谷薯类、蔬菜水果类、畜禽鱼蛋奶类、大豆坚果类和油脂类五大类，不同食物中的营养素及有益膳食成分的种类和含量不同。除供 6 个月内婴儿的母乳外，没有哪一种食物可以满足人体所需的能量及全部营养素。所以，只有多种食物组成的膳食才能满足人体对能量和各种营养素的需要，达到膳食平衡。而谷类为主是平衡膳食的基本保证，谷物食物含有丰富的碳水化合物，是提供人体所需能量的最经济和最重要的食物来源，也是提供 B 族维生素、矿物质、膳食纤维和蛋白质的重要食物来源，在维持人体健康方面有着重要作用。

(2)准则二：吃动平衡，健康体重。

各年龄段人群都应天天进行身体活动，保持健康体重。

食不过量，保持能量平衡。

坚持日常身体活动，每周至少进行5天中等强度身体活动，累计150分钟以上；主动身体活动最好每天6000步。

鼓励适当进行高强度有氧运动，加强抗阻运动，每周2~3天。

减少久坐时间，每小时起来动一动。

“吃”“动”平衡：通过合理的“吃”和科学的“动”，能使人体能量代谢达到能量摄入与能量消耗的平衡，这种平衡能使机体保持健康并胜任必要的社会活动。对于成人来说，轻体力劳动者每天能量摄入量男性为2250kcal，女性为1800kcal；中、重体力劳动者或活动量大的人，每天能量摄入应适当增加300~500kcal。

健康体重：体重是由脂肪体重和去脂体重构成的，是客观评价人体营养和健康状况的重要指标。健康体重，指维持机体各项生理功能正常进行，充分发挥身体功能的体重，其体重构成的各组分比例恰当。体重过低或过高，或体重构成的组分比例失衡(如体脂过高，去脂体重过低)都是不健康的表现。通常采用体质指数(BMI)来判断体重是否健康，我国成人正常的BMI应在18.5~23.9，如果小于18.5为体重过低，如果大于23.9为超重，大于等于28为肥胖。BMI的计算方式是体重(kg)除以身高(m)的平方。

每个人可根据自身体重的变化情况适当调整食物的摄入量和身体运动量。如发现体重持续增加或减轻，就应引起重视，随时调整“吃”与“动”的平衡。身体活动消耗的能量至少应占总能量的15%，对普通人群来说，也就是240~360千卡。除日常家务、职业活动之外，还需要再加体育锻炼每周150分钟以上，且要达到快步走6000步的运动量。鼓励高强度有氧运动，加强抗阻运动(力量训练)，每周至少2~3天，并且减少久坐时间，每小时都要起来动一动。

(3)准则三：多吃蔬果、奶类、全谷、大豆。

蔬菜水果、全谷物和奶制品是平衡膳食的重要组成部分。

餐餐有蔬菜，保证每天摄入不少于300g的新鲜蔬菜，深色蔬菜应占1/2。

天天吃水果，保证每天摄入200~350g的新鲜水果，果汁不能代替鲜果。

吃各种各样的奶制品，摄入量相当于每天300ml以上液态奶。

经常吃全谷物、大豆制品，适量吃坚果。

多吃蔬菜水果、天天吃奶类、常吃豆制品，对一个人的健康非常重要，也是实现膳食平衡的关键，要达到这个标准，需要做到：

①餐餐有蔬菜。

每餐吃蔬菜，其中深色蔬菜占的 1/2；巧妙地烹调，保持蔬菜营养。

②天天吃水果。

选择多种多样时令鲜果，每天至少一个。

③选择多种多样的奶制品。

把牛奶当作膳食组成的必需品。市场上常见的奶制品，比如：液态奶、酸奶、奶酪、奶粉，可以多品尝，丰富饮食多样性。

④常吃大豆和豆制品。

我国有上百种的大豆制品，比如豆腐、豆干、豆浆、豆芽都是不错的选择。还可以变换烹调方式、口味，既能丰富膳食，又能满足营养需求。

⑤坚果有益健康但不能过量。

坚果是人们非常喜爱的食物，是很好的零食和饮料原料。坚果的营养非常丰富，常食用对健康有很大帮助。但是坚果是高能量食物，所以应该适量食用，使用量最好一周在 50~70 克。

(4)准则四：适量吃鱼、禽、蛋、瘦肉。

鱼、禽、蛋类和瘦肉摄入要适量，平均每天 120~200g。

每周最好吃鱼 2 次或 300~500g，蛋类 300~350g，畜禽肉 300~500g。

少吃深加工肉制品。

鸡蛋营养丰富，吃鸡蛋不弃蛋黄。

优先选择鱼，少吃肥肉、烟熏和腌制肉制品。

①适量摄入。

把握好"适量摄入"的关键，控制摄入总量是最重要的。成人每周摄入鱼和畜禽肉的总量不超过 1. 1kg，鸡蛋不超过 7 个。要将这些食物分散到一日三餐中，避免集中食用。最好是每餐都有肉，每天吃一个蛋，这样也能更好地发挥蛋白质互补作用。

②多吃鱼肉和禽类。

鱼类，脂肪含量相对较低，并且含有较多的不饱和脂肪酸，有些鱼类富含二十碳五烯酸(EPA)和二十二碳六烯酸(DHA)，对预防血脂异常和心血管疾病等有一定作用；禽类脂肪含量也相对较低，其脂肪酸组成优于畜类脂肪。所以，应该优先选择鱼、禽肉。

③吃鸡蛋不要弃蛋黄。

鸡蛋的各种营养成分比较齐全，营养价值非常高。蛋黄，是蛋类中的维生素和矿物质的主要来源，尤其富含磷脂和胆碱，对健康十分有益，尽管胆固醇含量较高，但若不过量摄入，对人体健康不会产生影响，所以吃鸡蛋不要只吃蛋白，丢弃蛋黄。

④少吃肥的畜肉、烟熏和腌制的肉制品。

肥肉脂肪含量较多，能量密度高，摄入过多往往是肥胖、心血管疾病和某些肿瘤发生的危险因素，但瘦肉脂肪含量较低，矿物质含量丰富，利用率高，因此应当选吃瘦肉，少吃肥肉。烟熏和腌制肉是人们喜爱的食品，但由于在熏制和腌制过程中，易遭受多环芳烃类和甲醛等多种有害物质的污染，过多摄入可增加某些肿瘤的发生风险，所以都应少吃。

⑤适量吃动物内脏如肝、肾等。

动物内脏含有丰富的脂溶性维生素、B族维生素、铁、硒和锌等，适量摄入可弥补日常膳食的不足，可定期食用，建议每月可食用动物内脏食物2~3次，每次25g左右。

(5)准则五：少盐少油，控糖限酒。

培养清淡饮食习惯，少吃高盐和油炸食品。成年人每天摄入食盐不超过5g，烹调油25~30g。

控制添加糖的摄入量，每天不超过50g，最好控制在25g以下。

反式脂肪酸每天摄入量不超过2g。

不喝或少喝含糖饮料。

儿童青少年、孕妇、乳母以及慢性病患者不应饮酒。成年人如饮酒，一天饮用的酒精量不超过15g。

盐：大多菜肴以咸作基础味，是食盐让我们享受到了食物的美味。但高血压流行病学调查证实，人群的血压水平和高血压的患病率均与食盐的摄入量密切相关。中国营养学会建议健康成年人一天食盐(包括酱油和其他食物中的食盐量)的摄入量是不超过5克。

油：饮食离不开油，烹饪油包括植物油和动物油，除了可以增加食物的风味，还是人体必需脂肪酸和维生素e的重要来源，并且有助于食物中脂溶性维生素的吸收利用。但是过多脂肪摄入会增加慢性疾病发生的风险。烹饪油的摄入量最好控制在每天25~30g。

糖：添加糖是纯能量食物，过多摄入可能造成龋齿，并引发超重、肥胖的风险。建议每天摄入添加糖提供的能量不超过总能量的10%，最好不超过总能量的5%，也就是摄入量不超过50g，最好控制在约25g以下。

酒：酒虽然是我们饮食文化的一部分，但是从营养学的角度看，酒中没有任何营养元素。有许多科学证据证明酒精是造成肝损伤、胎儿酒精综合征、痛风、结直肠癌、乳腺癌、心血管疾病的危险因素。此外，由于酒含有较多的能量，特别是高度白酒，经常饮酒会造成能量过剩；同时，酒会影响食物营养素的吸收，造成营养素缺乏。成年人如饮酒，一天饮用的酒精量不超过15g。

盐、油、糖及酒类食物作为日常的食品，它们对人体的作用，有好处也有坏处，所以在饮食中做到少盐少油和控糖限酒，对人体健康有着非常大的益处。那么在生活中如何做到这一点呢，笔者结合相关资料，有以下几点建议：

①学会量化，使用带刻度的油壶和盐勺来控制炒菜用油和用盐；

②选择合理的烹饪方法，如蒸、煮、炖、拌等烹饪方式减少用盐，使用煎炸代替油炸；

③少吃富含饱和脂肪和反式脂肪酸的食物，例如饼干、蛋糕、糕点、加工肉制品以及薯条/薯片等。

(6)准则六：规律进餐，足量饮水。

合理安排一日三餐，定时定量，不漏餐，每天吃早餐。

规律进餐、饮食适度，不暴饮暴食、不偏食挑食、不过度节食。

足量饮水，少量多次。在温和气候条件下，低身体活动水平成年男性每天喝水 1700ml，成年女性每天喝水 1500ml。

推荐喝白水或茶水，少喝或不喝含糖饮料，不用饮料代替白水。

不规律的进餐对人体的健康会造成不好的影响，且规律进餐人数占比逐年下降，这种情况需要我们提高警惕，一定要养成定时定量的好习惯。

在正常气候条件下，轻体力活动的成人，男性和女性要分别达到 1700ml 和 1500ml。而饮用糖饮料会导致摄入糖分过多，增加超重和肥胖的风险，对健康没有好处，所以建议只饮用白开水或茶水。

(7)准则七：会烹会选，会看标签。

在生命的各个阶段都应做好健康膳食规划。

认识食物，选择新鲜的、营养素密度高的食物。

学会阅读食品标签，合理选择预包装食品。

学习烹饪、传承传统饮食，享受食物天然美味。

在外就餐，不忘适量与平衡。

膳食指南提倡在生命的各个阶段做好健康膳食的规划，正确合理的膳食规划，对身体的健康有着非常大的帮助。在规划中，要做到学会烹饪、传承传统饮食，享受食物的天然美味；选择食物时，要选择新鲜的、营养素密度高的食物；没有条件自己烹饪，在外就餐的，也不能忘了适量和平衡的原则。在阅读食品标签时，除了看生产日期，还要看营养标签，从营养标签中可以了解食品的特点，特别是营养特点，能更好比较和选购适合自己的产品。

(8)准则八：公筷分餐，杜绝浪费。

选择新鲜卫生的食物，不食用野生动物。

食物制备生熟分开，熟食二次加热要热透。

讲究卫生，从分餐公筷做起。

珍惜食物，按需备餐，提倡分餐不浪费。

做可持续食物系统发展的践行者。

①选择新鲜食物，注意烹饪方式。

选择应季的食物能最大限度保障食物的新鲜度，购买预包装食品要看食品标签，了解食物成分和生产日期；烹饪时要做到生食和熟食分开准备、彻底煮熟食物、加热食品要达到保证热透的高温，特别是对于肉类和家禽、蛋类，更要保证食品熟透。

②珍惜粮食。

我国是人口第一大国，食物浪费问题也非常严重。2013 年调查资料显示，我国消费者仅在餐馆的餐饮消费中，每年最少浪费约 2 亿人一年的食物或口粮；全国各类集体食堂每年至少浪费了 3000 万人一年的食物；我国家庭每年浪费约 1500 万人一年的口粮。浪费会增加污染、能源消耗，对经济和社会发展不利。

我们应积极响应“光盘行动”，餐厅不多点、食堂不多打、厨房不多做。养成生活中珍惜粮食、厉行节约、反对浪费的习惯。

③树立饮食文明新风。

在我国家庭或在外聚餐时，应提倡使用公筷，这样既能方便夹菜，而且可以避免细菌和病毒的交叉感染，降低病从口入的风险。

(三)日常生活中常见的食品安全隐患

1. 食品安全

《中华人民共和国食品安全法》第十章附则第九十九条规定：食品安全指食品无毒、无害，符合应当有的营养要求，对人体健康不造成任何急性、亚急性或者慢性危害。

食品安全既包括生产安全，也包括经营安全；既包括结果安全，也包括过程安全；既包括现实安全，也包括未来安全。

食品安全也是专门探讨在食品加工、存储、销售等过程中确保食品卫生及食用安全，降低疾病隐患，防范食物中毒的一个跨学科领域，所以食品安全至关重要。

2. 食品安全的隐患

(1)食品污染。

①食品的微生物污染。

食品微生物污染是指食品在加工、运输、贮藏、销售过程中被微生物及其毒素污染。微生物污染包括细菌污染、霉菌与霉菌毒素污染、腐败变质。

食品中的细菌大部分是非致病菌，它们通常与食品出现不一样的颜色、气味、荧光、磷光，它的存在程度是评判食品是否安全的重要指标。

霉菌是真菌的一种，真菌广泛分布于大自然中，而且有些可以用作加工食品，但在一定的情况下又能造成食品的腐败变质。霉菌毒素是指一些霉菌在食品上产生的有毒物，它可以对人体和牲畜造成伤害。

食品的腐败变质是指食品在以微生物为主的各种因素的作用下，所发生的食品成分与感官性质的变化。这些变化往往是食物成分的降解，伴随着产生令人不愉快的色、香、味、形等感官性状的变化，从而使食品降低或丧失营养价值与食用价值。比如果蔬类的腐烂、粮食的霉变、猪肉的腐败和液体的酸败。

②食品的化学污染。

食品的化学污染是指由各种有害有毒的有机或无机化学物质对食品的污染。

化学污染物种类繁多，不容易控制，而且被它污染的食品在外观上不易鉴别；另外化学污染物的性质稳定，不易消除，且能在人体中不易排出，最终在人体中达到很高的浓度。这样的属性让化学污染物容易对身体造成多方面的伤害。

③食品的有毒金属污染。

环境中存在着各种金属元素，它们能通过食品摄入、呼吸道吸入和皮肤接触等途径进入人体，其中最主要的还是通过食品摄入。一些对人体必需的元素，如铁、铬、锰、锌、铜等，如果摄入过量也会对人体产生不同程度的毒性作用；一些元素摄入量较低也会对人体产生非常明显的毒性作用，如铅、镉、汞这些有毒金属。

(2)食物中毒

食物中毒是指食用含有有害有毒物质的食品后所出现的非传染性急性、亚急性疾病。急性疾病主要以肠胃炎为主，也有个别食物中毒会出现神经系统症状。

食物中毒一般可以分成细菌性、真菌性、动物性、植物性和化学性食物中毒。

①细菌性食物中毒。

细菌性食物中毒是指因食用了被致病性细菌或其毒素污染的食品而引起的中毒。细菌性食物中毒也是最常见的食物中毒。

②真菌性食物中毒。

一些食物霉变或食物被植物病毒侵染之后，会产生一些有毒的物质，食用这些食物后会导致食物中毒。比如人们喜爱的甘蔗，如果保存不当而霉变，霉变的甘蔗含有大量有毒霉菌及毒素，这些毒素会对神经系统和消化系统造成较大的伤害。

③有毒动植物食物中毒。

有毒动植物食物中毒是指食用了动物性或植物性中毒食品引起的食物中毒。一些动植物本身就含有某种天然有毒成分，被人食用后会引起中毒。比如说河豚、毒蘑菇这些含有剧毒的动植物，所以对不熟悉的动植物，不要轻易地去食用。

④化学性食物中毒。

化学性食物中毒是指食用了受到化学性污染的食品而引起的中毒。化学性食物中毒发生的次数和中毒人数相对于其他几种类型的食物中毒较少，但也是后果最严重的。

食物中毒的特点是发病期急，能短时间让多人发病；发病与食物有关系；中毒者临床表现基本相似，以恶心、呕吐、腹痛、腹泻等胃肠道症状为主；食物中毒没有传染性，没有人传人的过程。

(3)食物过敏

一项针对中国3~12岁儿童的研究表明，儿童食物过敏率为8.4%。也有调查结果表明，在北京、广州等地，居民食物过敏的发生率为3.4%~5.0%。食物过敏通常对呼吸道、皮肤和消化道产生不好的影响。虽然食物过敏影响的只是少部分人群，但对人体会造成较大的伤害，因此也作为食品安全的一个重要方面。在所有致敏性食物中，最常见的有乳类、坚果类、豆类、蛋类、海产品等。其中对鸡蛋过敏的人数最多，占所有过敏人群中的54%；其次是牛奶，过敏者也众多。因此，有家族过敏史或者有过敏经历的人群，要掌握食物基本知识、学会阅读食品标签等，这些措施能有效地预防食物过敏。

3. 食品安全五要点

食品安全是重大的基本民生问题，与民众的健康和生命息息相关，所以做好食品安全工作是非常必要的。由世界卫生组织（WHO）提出的食品安全五要点，是各国公认有效且普遍实施的食品安全风险防范措施，其对规范食品生产经营、指导家庭烹制食物具有重要意义。

食品安全五要点主要包括：

(1)保持清洁。

餐前便后要洗手，准备食物期间也要多次洗手；对饮食用具要勤清洗和消毒，避免昆虫老鼠及其他动物进去厨房和接触食物。

(2)生熟分开。

生熟食品一定要分开，不能混杂在一起。厨房用具处理生熟食物时要有各自专用的，比如说砧板和刀具。

(3)做熟食物。

食物要彻底做熟，尤其是肉禽蛋品，要煮熟烧透，这样才能有效地将虫卵病菌杀灭，熟食再度加热时也要彻底。

(4)保持食物的安全温度。

熟食在常温下难以长时间存放，吃不完的食物要及时放进冰箱。从冰箱拿出的食物要再次彻底加热。

(5)食用安全的水和原材料。

饮用水要达标，选择新鲜的果蔬并洗干净。过了保质期和不清楚来源的食物一定不能食用。

二、睡眠与健康

普通人一生中做得最多的事是什么？答案是睡眠。睡眠占人生命近 1/3 的时间。而正是这 1/3 的时间为我们提供了充沛的精力来学习、工作和生活。国际精神卫生组织主办的全球睡眠和健康计划于 2001 年发起了一项全球性的活动——将每年的 3 月 21 日，即春季的第一天定为“世界睡眠日”，以引起人们对睡眠的重视！

（一）睡眠的定义与作用

1. 睡眠的定义

睡眠是高等脊椎动物周期性出现的一种自发的和可逆的静息状态，表现为机体对外界刺激的反应性降低和意识的暂时中断。当人处于睡眠状态时，可以使人的大脑和身体得到休息、调整和恢复，有助于人们日常的工作和学习。科学提高睡眠质量，是人们正常学习、工作和生活的保障。

2. 睡眠的作用

清代医学家李渔曾指出：“养生之诀，当以睡眠居先。睡能还精，睡能养气，睡能健脾益胃，睡能坚骨强筋。”

睡眠是人的一种重要的生理需要。睡眠时意识水平降低或消失，大多数的生理活动和反应进入惰性状态，机体处于低代谢状态，各系统因白天高代谢而产生的疲劳得以消除，精神和体力得到恢复；睡眠时垂体前叶生长激素分泌明显提高，有利于促进机体生长，并使核蛋白合成增加，有利于记忆的储存；同时充足的睡眠还可以提高免疫力，增强抵抗疾病的能力。睡眠对人体身体健康的影响之大是不言而喻的。

睡眠对于保护人的心理健康与维护人的正常心理活动也非常重要。因为短时间的睡眠不佳，就会出现注意力涣散，而长时间则可能造成不合理的思考、情绪不稳等异常情况。

日出而作，日落而息，是远古以来人类养成的生活习惯。我们应该遵循这种习惯，才能有利于身心健康。

（二）充足睡眠对健康的益处和睡眠不足对健康的危害

1. 充足睡眠对健康的益处

健康三大法宝：睡眠、运动、饮食。充足的睡眠、适当的运动、均衡的饮食是国际公认的三项健康标准。睡一个好觉，胜似吃补药。莎士比亚说："人生第一道美餐就是睡眠。"大学生正处于身心发展的关键时期，良好而充足的睡眠对大学生来说具有以下益处：

①消除疲劳，恢复体力。充足睡眠是消除机体疲劳的主要方式。充足睡眠有利于胃肠道及其有关脏器合成并制造人体能量物质以供活动时用的好时机；同时体温、心率、血压下降，呼吸变慢，基础代谢率降低，促使体力恢复。

②保护大脑，恢复精力。睡眠充足者，精力充沛、思维敏捷、办事效率高、记忆力增强，这是因为大脑在睡眠状态下耗氧量大大减少，有利于脑细胞能量储存。因此，睡眠有利于保护大脑，提高脑力。

③增强免疫，防病抗病。人体在正常情况下，能对侵入的各种抗原物质产生抗体，并通过免疫反应而将其清除，保护人体健康。充足睡眠能促进机体产生抗体，从而增强机体的抵抗力；同时，充足睡眠还可促使各组织器官自我康复加快，从而增强机体的免疫能力，促进机体康复。现代医学中常把睡眠作为一种治疗手段，用来帮助患者渡过最痛苦的时期，以利于疾病的康复。

④保护生长，促进发育。睡眠与大学生的生长发育密切相关。处于慢波睡眠时，生长素分泌增加，促进生长发育；处于快波睡眠时，生长素分泌减少而脑内合成蛋白质增加，有利于促进神经系统和大脑发育。

⑤延缓衰老，促进长寿。据许多调查研究表明，健康长寿的老人都有一个良好的睡眠习惯。充足睡眠有利于成年人的新陈代谢，有利于减缓机体功能的衰退，延缓衰老，保证生命的长久。

⑥稳定情绪，心理健康。充足睡眠可保护人的心理健康并维护其正常心理活动。

⑦养颜护肤，确保美丽。充足睡眠可使皮肤毛细血管循环增加，使其分泌和清除过程加强，加快皮肤的再生，有利于皮肤美容。

2. 睡眠不足对健康的危害

大学生活是一个人成长的重要阶段。大学生平均每天需要近 8 小时的睡眠。然而调查发现，大学生睡眠时间大多数不足 7 小时，有些学生甚至有时通宵不睡，有些学生没有午睡习惯，有些学生经常熬夜。这些行为严重影响身心健康，应当引起我们的高度重视。

长期睡眠不足的主要危害有：

①可导致抑郁症。长期睡眠不足可影响大脑生长发育或引起其功能减退。我们常常听到"失眠抑郁症"的说法。的确，失眠和抑郁之间有着必然的联系。新时代的大学生面临

学习、就业、考研、情感等压力，很容易导致失眠。另外，长期睡眠不足也会导致精神萎靡、神经衰弱、情绪低落，还会使人暴躁、易怒，缺乏自控力，轻者出言不逊，影响人际关系，重者伤人毁物，造成严重后果。不良的睡眠会涉及情绪，不良的情绪又会影响到睡眠，长此以往形成恶性循环，容易使人患上抑郁症。

②加速皮肤衰老。俗话说："每天睡得好，八十不见老。"人的皮肤之所以油润有光泽，是依靠皮下组织的毛细血管来提供充足的营养。长期睡眠不足可引起体内释放的应激激素皮质醇减少，引起皮肤毛细血管瘀滞，使皮肤的胶原蛋白减少、血液循环减慢而使皮肤营养减少，从而影响皮肤的新陈代谢，加速皮肤的老化，导致皮肤黯淡、出现皱纹、皮肤衰老等。

③导致严重的疾病和死亡风险。睡眠不足可引起血液循环减慢，机体器官获得的营养减少并出现免疫力降低，导致心律不齐、冠心病、心脏衰竭、高血压、糖尿病等疾病甚至衰竭死亡。澳大利亚的一个研究学会提出，人体的细胞分裂多在睡眠中进行，睡眠不足或睡眠紊乱，会影响细胞的正常分裂，由此有可能产生癌细胞的突变而导致癌症的发生。

④记忆力减退或健忘。睡眠不足可引起脑内蛋白质合成减少而使大脑生长发育缓慢或停止，导致注意力、记忆力、理解能力、思维判断能力等降低或健忘，降低智商，从而使学习、工作效率降低。

⑤可增重或肥胖。睡眠不足可引起饥饿感而使食欲增强。睡眠不足，体内胰岛素不能正常地使葡萄糖进行代谢，因而可能发展为肥胖。相关数据显示，每天睡眠少于 6 小时者，比每天睡 7~9 小时者更有可能肥胖。

(三)科学合理的睡眠习惯

大学生正处于身体和心理发育、发展的关键时期，科学合理的睡眠可使人身体和心理正常生长发育而精力充沛、情绪高涨、思维敏捷、记忆力和认知能力增强。劳逸结合有利于提高大学生的生活和学习能力，提高其健康素质。因此，大学生应养成科学合理的睡眠习惯。

1. 生活应有规律

在校大学生住集体宿舍，部分同学喜欢夜聊，日常生活没有规律，久而久之破坏了人体的生物钟，导致睡眠节律紊乱，形成睡眠障碍。有规律的作息生活有利于大脑建立生活中的各种条件反射，养成按时睡眠、按时起床的良好习惯，这种习惯有助于脑力和体力活动高效率地进行，并圆满完成学习任务。

2. 营造良好的睡眠环境

保持寝室通风、换气、整洁、卫生，有助于人睡眠和醒后头脑清醒。空气不流通容易产生异味、闷热感，甚至降低室内的氧气浓度，会让人产生不舒适的感觉。打开窗户让空气对流，或是利用空气净化器维持室内空气的清净，对提升睡眠品质有很大的帮助。在校大学生是一个特殊的群体，其集体生活环境和生活习惯有可能影响睡眠质量。所以在校大学生应当共同营造一个舒适安静整洁的宿舍环境。

3. 睡前或睡眠中应避免不良刺激

睡前不宜进行剧烈的体育活动或锻炼；睡前 2~3 小时避免食过多的食物，尤其是不要食太过辛辣油腻的食物，以七分饱为宜。如果睡前进食过多，容易导致胃酸返流，热量不易消耗，影响睡眠质量。睡前 1~2 小时避免咖啡类饮料或浓茶，这些容易刺激神经系统，导致失眠。过度的脑力劳动、紧张的气氛、强光、噪声等刺激也会影响睡眠质量。

养成睡前自我放松的习惯。上床前 1 小时适当做一些体操、洗温水澡、用热水泡脚、阅读数分钟、听轻音乐等。注意调节自我情绪，让自己更多处于恬静、平和的状态当中，保持良好的心态，使心情得到放松，享受睡前时光，提升睡眠质量。睡前游戏百害无一利，要学会自我克制，室友之间要相互督促，相互提醒，共同养成健康的睡眠习惯。

4. 养成午休或小睡的习惯

午休或小睡可消除上午学习的疲倦、放松心情和恢复体力及精力，以便下午更好地学习和工作，提高学习和工作效率。因此，大学生应养成午休或小睡 15~30 分钟的习惯。

短睡型的名人丘吉尔、周恩来等都是善于抓紧短暂的空隙打盹小睡。但午休或打盹小睡时间不宜超过 30 分钟。午睡时间过长，会搅乱生物钟，影响晚上睡觉规律，也会导致进入深睡状态，使大脑的抑制过程加深，引起脑血流量相对减少，导致醒来时大脑暂时供血不足，出现“越睡越困”状态，达不到午休减压的目的。

实用睡诀增进健康。

《睡诀》：“睡侧而屈，睡觉而伸。早晚以时。先睡心，后睡眼。”

诠释：为了保障每晚进入甜蜜梦乡，一是讲究睡姿，以右侧卧位为佳，膝盖微弯，利于全身放松，睡得安稳；二是要顺应自然规律，起居有时，早睡早起；三是睡前半小时摒除一切杂念，使心神宁静，睡眠是标，睡心是本。

“天有阴阳，人有睡眠”，这是敦煌卷子关于睡眠的最基本论述，睡眠是人类生存的本能，良好的睡眠是身心健康的基本保证，为大学生的健康体魄奠定基础。大学生要学会规划自己的生活，不要因为各种事情影响自己的睡眠，从而影响自己的身体健康，但是大学的宝贵时间不能浑浑噩噩地睡过，要培养良好的睡眠习惯，提高身体素质，不要醉生梦死地一直“睡”下去，努力做一些有意义的事，让自己的大学生活变得多姿多彩。

学会睡眠，健康一生！

第三节　运动与健康

随着现代社会经济和文化的飞速发展，健康的含义早已随着时代发展发生了巨大变化，由原来单一维度的健康模式向着多维、积极、整体的健康模式发展，这不仅加深了人们对健康的认识和理解，也促进了人类健康事业的发展。影响人类健康主要因素：个人和社会行为模式，防病治痛的综合措施以及遗传因素等。在这些影响健康的因素中，个人体育运动行为对提升健康无疑是最简单易行和经济有效的。我们应从自身做起，通过科学的运动提高自我的身体素质，提高健康水平。

一、运动与健康

(一) 运动与健康的关系

运动对于人体健康的发展有着积极的影响，正如“生命在于运动”所阐释的意义一样。

而健康的含义不仅在于身体，它应是多维度的健康，而运动对于其产生的影响也是不一样的。

1. 运动与身体健康的关系

运动可以促进身体健康，使人体充分发挥自身机能。体育运动与身体健康有着密切的关系。他们相互影响，相互制约。人体运动时身体会发生一系列的生理变化，如：运动能促进机体的生长发育，提高运动能力，还可以促进人体内脏器官机能的改善和提高，加强机体免疫力等。所以，在体育运动过程中，应抓住身体健康与体育运动相互作用的规律，利用健康的身体来保证健康活动效果；利用体育运动来调节人的身体状况。通过开展各项体育活动与竞赛，全民进行体育运动宣传教育，基础体育设施的普及，是促进人们运动的重要方面，不可忽视。

运动对于身体健康的重要体现有哪些呢？①运动能促进血液循环和增加对骨骼的血液供应，同时运动中各种动作也具有促进骨骼生长的良好刺激作用。②通过科学的运动会使肌肉体积增大，肌肉中的脂肪减少，肌肉毛细血管增多，使身体显得丰满而结实。③运动能促进身体内组织细胞对糖的摄取和利用通，增加肝糖原和肌糖原的储存。④运动还能改善身体对糖的代谢和调节能力，如长期运动的影响下，胰高血糖素的分泌表现对运动的适应，即在同样强度的运动情况下，胰高血糖素的分泌量减少，其意义是推迟肝糖原的排空，从而推迟衰竭的到来，增强人体持续运动的时间。⑤运动可以促使大脑清醒，提高学习效率。⑥运动能增强人的免疫力，提高人体的适应能力。⑦运动能防病治病，推迟衰老，永葆青春健康。

2. 运动与心理健康的关系

人是身、心合二为一的整体，二者有着密切关系，健康的心理寓于健康的身体，心理不健康则会导致身体异变甚至患病。运动不仅可以增强人的身体素质，同时也可以促进人的心理健康有着积极的作用。体育运动能促进身体发展，为心理健康发展提供坚定的物质基础人的心理是人脑的有机体，人脑是人体的一部分。通过体育运动促使身体正常、健康地发展，为心理发展提供坚实的物质基础，这是心理发展的重要条件。运动对于心理健康的促进作用体现在以下几个方面：

(1)推动自我意识的发展。

体育运动有助于认识自我。体育运动大多是集体性、竞争性的活动，自己能力的高低、修养的好坏、魅力的大小，都会明显地表现出来，使自己对自我有一个比较符合实际的认识。

(2)体育运动还有助于自我教育。

在比较正确地认识自我的基础上，便会自觉或不自觉地修正自己的认识和行为，培养和提高社会所需要的心理品质和各种能力，使自己成为更符合社会需要，更能适应社会的人。

(3)体育运动能增强人际关系和谐。

体育运动有利于形成和改善人际关系随着社会经济的发展以及生活节奏的加快，许多生活在大城市的人越来越缺乏适当的社会联系，人与人之间的关系趋向冷漠。因此，体育运动就成为一个增进人与人接触的最好形式。通过参加体育运动，可使人与人之间互相产生亲近感，使个体社会交往的需要得到满足，丰富和发展人们的生活方式，这有利于个体忘却工作、生活带来的烦恼，消除精神压力和孤独感。并在体育运动中，找到志趣相投的知音。从而，给个体带来心理上的益处，有利于形成和改善人际关系。

(4)体育运动能消除疲劳。

疲劳是一个综合性症状，与人的生理和心理因素有关。当一个人从事活动时情绪消极、或当任务的要求超出个人的能力时，生理和心理都会很快地产生疲劳。然而，如果在从事体育运动时保持良好的情绪状态和保证中等强度的活动量，就能减少疲劳。

(5)体育运动能培养良好的意志品质。

体育一般都具有艰苦、疲劳、激烈、紧张相对抗以及竞争性强的特点。学生在参加体育锻炼时，总是伴随着强烈的情绪体验和明显的意志努力。因此、通过体育运动，有助于培养学生勇敢顽强，吃苦耐劳，坚持不懈，克服困难的思想作风，有助于培养团结友爱，集体主义和爱国主义精神，有助于培养机智灵活，沉着果断，谦虚谨慎等意志品质，使学生保持积极健康向上的心理状态。

3. 运动与特殊人群身体健康的关系

学生、青年人、中老年人和老年人在社会中所处的地位和生活环境不同，行为方式各异，生理机能方面也存在很大的差异，所以当他们的健康水平不同时，表现出来的亚健康甚至慢性疾病的症状也是不一样的，从他们的不同亚健康表现可以了解造成不良健康状况的原因。这对于这合理地设计改善亚健康状况，减轻慢性疾病的危害和危险性的运动与营养措施是至关重要的。

(1)运动对青少年的影响。

从 1985 年开始，中国进行了全国青少年体质健康调查，调查显示，中国青少年的体质在持续下降。在 2006 年 8 月 19 日举行的“首届中国青少年体质健康论坛”上，出示了一组数据：全国青少年体质健康调查报告表明，学生肥胖率迅速增加，1/4 的城市男生是“胖墩”。眼睛近视的比例，初中生接近六成，高中生为七成，大学生高达八成。对青少年加强体育锻炼已迫在眉睫。

体育运动有利于青少年的身体生长和发育，增强免疫力，提高体能和改善体态。

(2)运动对肥胖者的影响。

肥胖被认为是一种代谢失调症，WHO 认为肥胖是一种疾病，并向全世界宣布肥胖症将成为全球首要健康问题，它不全严重影响人类的健康，而且有全球流行的趋势，目前它正成为一个全球性的公共健康问题。

合理控制饮食和科学的体育运动可以促进脂肪分解，抑制脂肪合成；促进脂肪代谢与利用；减少指血脂降；低血压改善机体免疫功能。

(3)运动对中老年人的影响。

目前，我国是全世界老龄化人口绝对数最多的国家，同时也是老龄化速度最快的国家之一。据相关调查表明，约 80%的老年人至少患有一种及以上的慢性疾病，说明健康的生活方式对于老年人来说至关重要，而运动是帮助老年人形成健康生活方式的最有效方法之一。

适量进行有氧运动可以延缓衰老；运动可以预防疾病提高生活质量；强化大脑皮层的

活跃性；改善了心肌供氧能力。

（二）科学锻炼的原则与方法

科学锻炼的原则是每一个锻炼者在参加体育锻炼的过程中都必须遵循的准则。它既是长期体育锻炼经验的概括和总结，又是体育锻炼客观规律的反映。长期以来的体育锻炼规律告诉我们，所有卓有成效的锻炼行为，都是遵循科学锻炼的必然结果。一旦背离了科学锻炼的原则，就会与我们的锻炼目标背道而驰。要进行科学的体育锻炼，我们必须遵循以下原则：

1. 自觉性

所有的体育锻炼都要求锻炼者自身的自觉性。锻炼者应该自觉克服各种怕动、懒惰和对体育锻炼的麻痹或恐惧心理，而代之以自觉、愉悦和积极的心态，开展各种形式的体育锻炼活动。体育锻炼者应有明确的健身目标，充分认识体育锻炼的价值，自觉积极地从事体育锻炼活动。体育锻炼是一个自我锻炼、自我完善，并需要克服自身的惰性，战胜各种困难过程。同时，还要有一定的作息制度作保证，把体育锻炼当作生活中不可缺少的一部分，避免被动的锻炼导致心理的抵触。

2. 全面性

全面性原则是指通过体育锻炼使身体形态、机能、身体素质和心理素质都得到全面和谐的发展。人体是一个有机的统一体，各个器官和系统的机能都是相互联系和相互影响的，体育锻炼选择的练习内容和练习方法应力求全面影响身体，使各种身体素质和身体各个器官系统的机能得到全面的发展，因此，练习内容和练习手段的选择不能过于单一，因为每种练习内容或练习手段对身体的影响都具有局限性，练习内容和练习手段应丰富多样。应避免长期局限于只锻炼身体某部位或只发展某种身体素质的练习。在一次体育锻炼中可以以某一项为主，辅以其他锻炼内容。如健美爱好者应在进行肌肉力量练习的同时，也增加一些有氧耐力和柔韧素质的练习，使身体得到全面的锻炼。

3. 经常性

要想达到锻炼目的必须经常参加体育锻炼，切忌“三天打鱼，两天晒网”“一曝十寒”。锻炼身体是连续性和系统性的，只有经常参加体育锻炼，安排适合自己兴趣、爱好的运动项目，科学地制订健身计划，才能不断有效地增强体质。科学实验表明，不经常参加体育锻炼或中断体育锻炼的人，会使原有的身体机能、素质和运动技术水平明显下降，中断身体锻炼时间越长，消失越明显。因此身体锻炼既不能设想在短时间内取得显著成效，更不能寄希望于一劳永逸，只有经常参加体育锻炼，才能提高体育锻炼效果。

4. 渐进性

渐进性原则主要是指在安排锻炼内容、难度、时间及负荷等方面要根据身体发展的规律和超量负荷原理，有计划、有步骤地逐步提高要求，使人体不断适应的同时，体质逐步得到增强。

首先，运动负荷的循序渐进。进行体育锻炼的过程，是人体对内外环境变化适应的过程，是一个缓慢的由量变到质变的过程。运动负荷的增加要由小到大，逐步提高，体育锻炼的开始阶段或中断锻炼后恢复锻炼时，强度宜小，时间宜短，不要急于求成。当机体对一定运动负荷产生适应后这种负荷对机体的刺激会变小，因此，要适当增加练习时间和练习次数，让机体产生新的适应，使自己的运动水平不断提高。

其次，练习内容上也应循序渐进。练习内容要由简到繁，在动作要求上应由易到难，逐渐加大难度，应首先考虑简单易行、容易收到锻炼效果的项目和内容，在每次练习时，也应先从动作简单，强度不大的内容开始练习，然后逐渐增加动作难度和运动负荷。体育锻炼只有遵循人体生理、心理发展的基本规律，根据自己身体健康状况，科学地安排适宜的运动负荷和练习内容，才能收到良好的锻炼效果。

5. 实事求是

在体育锻炼过程中，由于体质原因，锻炼效果也因人而异。在锻炼前和锻炼中，都需要结合自身的体能水平和健康状况，有针对性地制订锻炼计划并进行锻炼，避免盲目的锻炼对自身造成损伤。根据锻炼效果不断调整自己的锻炼计划，达到自身需求的最好效果。

科学地进行体育锻炼不但能保证身体全面健康的发展，而且有助于形成积极科学参与体育锻炼的习惯。体育运动虽然能产生很大的健康作用以及带来许多乐趣，但运动时如不注意科学的锻炼方法，就有可能出现各种损伤甚至危害生命安全。所以如果不能学会科学的锻炼方法，我们的运动可能不仅不能促进健康，反而还会影响我们的健康。因此，学会科学的锻炼方法非常有必要。

1. 充分的热身和放松

在进行体育锻炼前，充分的热身是必要的。正确且充分的热身活动能够帮助锻炼者激活全身肌肉，减少受伤风险，提高运动表现。热身能够帮助锻炼者快速进入运动状态，更好地激活呼吸系统，避免肌肉拉伤，提高关节灵活性，缓解肌肉酸痛，让锻炼者能够拥有更好的运动状态。

在进行体育锻炼后，也要进行放松。首先，良好的放松能保持肌体机能，运动后放松可以使肌肉全面得到放松还原，只有这样肌肉才会保持良好的机能，收缩有爆发力，拉伸有韧性，全面的放松可以达到肌肉最大的功效，表现能力超强。同时肌肉放松能有效地增加收缩前的肌纤维长度、放松对抗肌群、提高肌纤维收缩速度、增大肌张力、提高柔韧性，增大动作幅度。良好的放松还可以提升耐力，提高肌肉放松能力，可以减轻肌肉酸痛，提高肌肉工作效率，改善肌肉的供能过程，从而有利于速度耐力的提高。其次，放松还能改善神经功能，肌肉放松有利于改善神经系统功能，减少大脑皮质的负担，加快大脑皮质中枢兴奋和抑制转换的灵活性，从而加速运动技能的形成，提高完成技术动作质量。并有利于提高动作速度，加大动作力度。良好的放松能加快血液传输，放松活动后能减少血液淤积，可加速全身血液重新分配，促进乳酸排除，有助于疲劳的消除，加速肌肉机能的恢复。因为运动时血液主要分布于运动器官，以保证运动时能量代谢的需要，运动后如不做放松练习而突然停止不动，由于地心引力和静止的身体姿势，严重影响静脉回流，使身体不适甚至休克。放松可以提高训练质量，对训练计划的进行是有力的保证。放松活动后能使心血管系统逐渐恢复正常，能减轻关节压力，可以松弛紧张情绪，使身体尽快恢复正常状态，自然休息很难使紧缩的肌肉完全恢复。

2. 及时补充水分

正在进行锻炼，身体会因流汗而迅速丧失水分，而这些液体必须及时补充，否则，随时间的推移，身体就会出现脱水的现象，锻炼者的状态也会受到影响。所以，在运动的过程中都不要忘记给身体补充水分。

3. 锻炼后必要的休息

如同锻炼之前身体需要时间“预热”一样，身体在锻炼之后，也需要时间恢复平静，让心率重归正常。可以缓缓地放慢的动作，直到心跳还原至每分钟120下或更少。当感到自己的心跳趋于缓和，呼吸也逐渐平稳时，才是一次锻炼真正意义上的结束。同时，锻炼者也需要保证有足够的睡眠时间来确保肌肉能够得到充分的休息和恢复。充分的睡眠不仅能够让肌肉充分恢复，还能调整锻炼者的身体状态，使锻炼者拥有更好的精神面貌和气质。如果不能保证充分的休息，锻炼后的身体会变得更加疲劳，健康也得不到保障。

4. 科学的营养补充

锻炼者在锻炼期间，身体对蛋白质和其他营养物质的需求都会增高。锻炼者需要注意多摄入所需要的营养物质，饮食应该清淡健康，适时适量地摄入含蛋白质、较少脂肪、高含量的碳水化合物的食物，少食多餐，来提供更好的营养支撑。

二、运动负荷的监控及处方制定

运动负荷监控是一个非常普遍的负荷监控手段，不同于其他监控手段类型，固有的单一性。它不分运动项目，不分性别，不分年龄，只要是有运动，有锻炼并且有科学性，就有必要对体育锻炼者进行负荷监控。运动负荷的监控是确保体育锻炼者能够得到适合自己的运动负荷进行训练，使锻炼者能够完成锻炼目标，保证锻炼的正常进行。同时对于体育锻炼者也可以预防损伤，避免运动疲劳，有着重要的意义。

(一)运动负荷的定义与要素

1. 运动负荷的定义

在体育语境下，运动负荷是指运动者在体育教学、健身锻炼、竞技运动等活动中，在一定时间里完成的活动及其承受的运动量度。其又称生理负荷，是指人做练习时所承受的生理负荷。运动负荷包括运动量和运动强度两个方面：运动量通常指机体在练习中所承受的“生理负担量”，即训练中人体所完成的肌肉工作量。运动量由强度、密度、时间及运动项目的特点等因素构成。运动强度是指单位时间内完成练习所用的力量大小和机体的紧张程度，影响运动强度的主要因素是练习时的速度和负重量。

在实践中，一般将人体对运动量所引起的生理反应作为评定运动负荷大小的客观依据，即我们通常所说的“生理负担量”。为了有效地增强人体体质，提高健康水平，必须掌握好运动量和运动强度，使运动负荷适合于自己的实际情况，才能收到良好的锻炼效果。在锻炼时只有运动负荷保持适宜，才能收到较好的效果，运动负荷过小过大都不行。

2. 运动负荷的要素

运动负荷是一个综合的概念。影响运动负荷的主要因素包括运动强度，运动密度，运动心率，靶心率等。改变其中任何一个都会影响运动负荷的大小。

(1)运动强度。

运动强度是指动作时用力的大小和身体的紧张程度，是决定运动负荷的主要因素之一。在实践中，一般习惯于用跑速、游速、举起多大质量的重物或单位时间内完成动作的数量来表示运动强度，但这些表示方法也还不能准确反映人体的生理负担量，所以现在衡量运动强度均采用最客观的生理指标来反映。常用的生理指标如下：

①最大吸氧量。即以锻炼者本人的最大吸氧量(Vo2max)作为100%，运动中实际的吸氧量占最大吸氧量的百分比来衡量运动强度。一般以70%~80%的Vo2max表示较大的运动强度，50%~60%的Vo2max为较小的运动强度，≤40%的Vo2max为小强度。由于采用最大吸氧量指标来反映运动强度需要一定的仪器设备，因此，在大众体育健身的实践中难以推广应用。

②梅脱(MET)。它是指代谢的量，是以安静时的能量消耗为基础，表达各种活动时相对能量代谢水平的常用指标。是国际通用的身体活动量衡量标准。每公斤体重，从事一分钟活动，消耗3.5ml的氧，其活动强度称为1MET，大约相当于成年人安静状态时的代谢水平，即1MET=3.5mlO2/kg·分。MET值越大说明该项目的运动强度越大。

(2)运动密度。

运动密度也称“练习密度”，是指单位时间内完成动作练习的数量。在运动锻炼时，可以将它看作练习和活动的时间占锻炼总时间的比例(%)，这是影响运动负荷的一个重要因素。一般来说，在一次锻炼过程中，完成的动作数量多，练习与练习之间的间歇时间短，即练习的密度大，总的运动负荷也会相应增大。

运动密度计算公式：(练习时间/锻炼总时间)*100%。

(3)运动心率。

运动心率，即人体在运动时保持的心率状态。不管是有氧运动，还是无氧运动，都需要在运动过程中保持合适的心率才能达到较佳的运动效果。这是体育训练实践中一种科学而简易的掌握运动负荷的方法，由于其测量方法简单易操作，不需任何仪器设备，因而更具实用性。心率一般可用计数脉搏频率来代替。测量的部位和方法：

①手腕桡动脉处，可用一手食指、中指和无名指的指腹压在另一手的桡动脉搏动处。这是最常用的测量方法。

②耳屏前上方的颞浅动脉处，用一手的食指和中指压在颞浅动脉搏动处。

安静时测脉搏可计数1分钟的脉搏。运动后一般是测10秒的脉搏，乘以6，得出1分钟的脉搏。当脉搏在110~170次/分时，脉搏与运动强度之间呈直线相关。

(4)靶心率。

靶心率(THR)，是指通过有氧运动提高心血管循环系统的机能时有效而安全的运动心率，常用它来调节运动负荷。靶心率范围在60%与80%HRmax(最大心率)之间。它是判断有氧运动的重要依据。运动锻炼时，只有心率达到或超过一定强度时，才能有效地引起机体的反应。因此，健康且体质较好的人群：靶心率可以控制在120~180次每分钟，又可细分为：小运动量120~140次每分钟，中运动量141~160次每分钟，大运动量161~180次每分钟。

靶心率的计算公式：[(220-年龄)-静态心率]*(60%~80%)+静态心率。

诸因素的相互关系：运动负荷是由运动强度，运动密度等因素构成，这些因素之间相互联系和制约，改变任何一种因素，都会直接影响运动负荷的大小。在运动锻炼中，即使锻炼的强度和练习的数量相同，但若是进行不同的安排，对人体产生的生理负担量也是不同的。一般而言，缩短每次练习之间的间歇时间也就是增加运动密度，能有效地促进速度耐力素质的发展。运动负荷的强度越大，运动过程中心率越高，对人体的刺激也越强，进而引起机体各器官系统的机能反应也越大，所以对人体的锻炼价值也越显著。但运动强度大的练习易引起机体疲劳，重复的次数不能过多，并且在每次练习后的间歇时间也相应较长，这些又制约了强度大的练习对人体的锻炼价值。

从生理学上分析，当两次练习之间的间歇时间缩短，才能有效提高心率，达到相应的靶心率，进一步将每次练习对人体的影响不断累积起来，有效提高人体的机能。相反，若是两次练习之间的间歇时间过长，对提高身体能力的累积性影响便较小。但如果两次练习之间的间歇时间过短，人体机能没有恢复到一定水平就进行下一次练习，也会降低第二次练习的强度，不仅达不到理想的效果，还会降低锻炼效果。所以在运动锻炼中，练习的数量和运动的时间必须以一定的运动强度和一定的间歇时间为前提，不要一味追求练习数量和运动的时间。

(5)运动处方的制定。

20世纪50年代，美国生理学家卡波维奇提出了运动处方的概念，1969年世界卫生组织使用了“运动处方”术语，运动处方在国际上得到了确认。运动处方是由体育工作者或运动康复师针对体育锻炼者或需要康复的病人，根据检查情况，因人而异地结合生活环境和运动爱好等特点，用处方的形式规定适当的运动种类、运动强度、运动时间及频率，并指出运动中的注意事项，以便有计划地经常性锻炼、达到健身治病的目的。

康复医学专家周土枋教授给运动处方下的定义是：在运动疗法的治疗中，常以处方的形式来确定运动的种类和方法、运动强度、运动量，并提出在治疗中应注意的事项，这就是运动处方。运动处方的种类有很多，需要根据应用的对象和锻炼的目的进行不同的选择，一般可有如下种类：

竞技性运动处方：一般用于提高运动员身体素质和运动技术水平的训练方案。

预防性(保健性)运动处方：适合一般健康人，包括中老年人在内的人群，用以增强体质，预防疾病和提高健康水平。

治疗性运动处方：用于慢性病患者及病人创伤康复期的锻炼，能提高疗效，加速疾病的康复。

(二)制定运动处方

制定运动处方首先需要根据具体情况确定适合的运动项目，以不同时期不同项目设定运动强度，在运动过程中注意把握运动时间和频率。这也体现出运动处方的目的性、计划性、科学性和针对性。

1. 确定运动项目

运动项目应根据运动处方设置目的以及锻炼者的具体情况而定，一般包括以下类别的项目。

(1)耐力性项目(有氧运动项目)。

此类运动能够有效增强或改善心血管系统和代谢功能，提高体能，预防冠心病、肥胖症和动脉硬化等病症。锻炼的项目有快走(步行)、慢跑、骑自行车、游泳、爬山、跳绳、划船、登楼梯、滑冰和滑雪等。国外运动医学专家对经常参加体育锻炼的老年人进行体检时发现，参加健身跑、游泳、自行车运动锻炼的老年人的心肺功能要比从事其他运动项目的老年人好。

(2)力量性项目。

力量性练习能增强肌肉力量和力量耐力，防止关节损伤，改善机体有氧代谢能力和增强体力。锻炼的方法可分为徒手和器械训练，徒手如俯卧撑、原地深蹲，器械项目如哑铃弯举，杠铃卧推，壶铃蹲跳起等。

(3)柔韧性练习。

柔韧性练习能缓解关节僵硬和疼痛的情况，缺少锻炼或处于创伤恢复期的人常常会出现关节僵硬，活动度受限等情况，进行柔韧性练习可以活动关节，增强关节的柔韧性和灵活性，延缓关节硬化，并使促进血液循环，进而促使创伤恢复。此类项目有太极拳、八段锦、武术、柔软体操，以及各类伸展性练习等。

(4)放松性训练。

放松性训练项目有调节神经系统，放松精神和躯体，消除紧张和疲劳，防治高血压和神经官能症的作用。运动负荷较小，且不受场地限制。锻炼的项目和方法有气功、太极拳、瑜伽、散步、保健按摩和放松体操等。

2. 设定运动强度

(1)运动强度因人而异。

每个人的年龄、体质和健康状况不同，其可承受的运动负荷也各不相同。所以，在运动锻炼过程中，根据自己的实际情况，确定一个适合于自己的运动强度，进行运动锻炼时，必须根据自己的健康状况和体力情况量力而行。

(2)循序渐进，量力而行。

运动处方会根据机体对外界刺激的适应规律，人体对运动强度的适应和承受能力的提高，渐进性的提高强度，增加负荷。如果在锻炼过程中只停留在一种运动强度，就难以提高人体的恢复能力和运动能力。只有循序渐进地适度增加，才能有效地增强体质，增进健康。在运动锻炼时，练习动作应由易到难、由简单到复杂，运动强度也应由小到大，练习时间由短到长，以求身体机能逐步地适应提高。遵循循序渐进的原则，也能防止锻炼者在锻炼过程中发生运动损伤或出现意外情况。

(3)不同类型，不同强度。

运动强度应根据锻炼者所进行的不同运动类型来确定。如有氧运动，即耐力性运动，此类项目判断运动强度的最好方法就是测量自己的心率(脉搏频率)，以检测心率的方式保持运动强度。力量性练习一般就采用动作质量以及动作重复的次数来衡量运动强度，保障每次动作的完成度和每次练习的动作数量。

(4)长期坚持，持之以恒。

运动处方的效果不是一次见效的，只有长期坚持不懈地进行锻炼，才能达到较好的效果。美国学者曾对一组 40～50 岁的锻炼者进行试验，让他们每周运动 4 次，每次运动 30 分钟，坚持 3 个月以后，他们的最大吸氧量普遍增加了 10%。但是停止运动一个月后，他们的吸氧量又回到了到锻炼前的水平。可见，想要使运动处方达到更好效果，通过运动锻炼强身健体，预防疾病，就必须持之以恒，通过较长时间的锻炼，取得更好的效果。

3. 把握运动时间和频率

(1)运动持续时间。

运动持续时间是影响体育健身运动效果的重要因素，也是影响运动处方效果的重要因素。适宜的体育健身运动会对人体产生良性刺激，机体对这种良性刺激产生一定的反应，长时间受到这种刺激和反应，会引起体育锻炼者的机体在形态、结构和功能等多方面产生良好的适应性变化，相应的健康水平和运动能力都能够得到提高。因此，体育健身运动必须持续一定的时间才可能产生较好的健身效果。

根据国内外的经验，如果进行耐力性运动(有氧运动)锻炼，时间可进行 30 分钟到 1 小时，在此过程中达到适宜心率的时间应在 10 分钟以上才能取得较好的锻炼效果。一般来说，运动时间越短，所需强度越高，如果进行 10 分钟的运动，则吸氧量要达到最大吸氧量的 60%~70%；相反，运动时间越长，所需强度就越低，如果进行 1 小时的运动锻炼，则只需达到 50%的吸氧量。要达到良好的运动锻炼效果，每天至少在体育健身运动中消耗 200 千卡热能。也就是说，如果慢跑运动每分钟的能量消耗在 4 千卡左右，要达到 200 千卡的热能消耗，运动时间至少要达到 50 分钟左右。目前提倡每天参加 60~90 分钟的体育健身运动，可以产生明显的健身效果，是较为符合体育健身运动理论的。体育健身运动的理论和多种实践证实，每天参加半个小时以内的健身运动的人，所获得的效果相对较小。

对于肥胖人群或者希望通过体育运动锻炼达到减肥目的的人群，每次进行的体育健身运动时间保持在 120 分钟以上能够达到更好的效果，相应的运动强度则应该保持在小强度。如果没有足够的运动持续时间，脂肪的利用率会始终处在较低水平，只有达到一定的运动持续时间，才会达到消耗脂肪的效果。对于不同运动目的的人群来说，一次体育健身运动的持续时间也需要根据个人的不同特点和不同需求进行适当的选择和调整。同样的运动负荷，年轻和体质好的人，可选择强度大、持续时间短的练习；而中老年人和体弱者宜选择强度小而持续时间较长的练习。

(2)运动频率。

运动频率通常指体育锻炼者参加体育活动的次数，一般以一周为一个周期。究竟运动锻炼以每周几次为好？这会对体育锻炼效果产生极大的影响。美国国家宇航局专家的研究表明，一个经常从事运动的人，在停止运动 2~3 天以后，肌肉力量会开始下降，而且随着停止运动的时间越长，肌肉力量的减退和肌肉组织的萎缩就会越明显。这就说明了，体育锻炼的效果是无法储存的，想要达到理想的效果就要靠不断的坚持来取得，否则就会丧失殆尽。那么，这是否说明每天都要进行锻炼呢？这就要视情况而言，根据锻炼者的运动目的、自身年龄、个人体质的健康状况以及运动习惯因人而异。对运动员来说，需要进行长期不断的训练以保证自身成绩的稳定和进步。但对以身体健康为目的的人来说，隔日 1 次就能够达到所需目的，也就是说每周锻炼 3~4 次为宜。但需要注意的是，每周锻炼次数最低不能少于 2 次，否则就不能产生一定的运动效应和蓄积作用。

☞【训练营地】

通过学习本章内容，请结合饮食行为、睡眠、运动、环境卫生等相关知识，按照下图给出的标准，制定适合自己的大学健康生活计划。

项目	相关标准
健康体重	体质指数在 18.5~23.9 范围内 体质指数=体重(kg)÷(身高 m)^2
健康饮食	日常饮食符合《中国居民膳食指南(2016)》中六个推荐的要求
健康睡眠	每晚 11 点前入睡，且睡眠时间达到 7~9 小时
健康运动	每周至少进行 5 天中等强度运动，累计时间 150 分钟以上

<table>
<tr><th colspan="9">健康生活周计划表</th></tr>
<tr><th colspan="2">星期
内容</th><th>周一</th><th>周二</th><th>周三</th><th>周四</th><th>周五</th><th>周六</th><th>周日</th></tr>
<tr><td>饮食</td><td>早餐
中餐
晚餐</td><td></td><td></td><td></td><td></td><td></td><td></td><td></td></tr>
<tr><td>睡眠</td><td>起床时间
睡觉时间
午休时长</td><td></td><td></td><td></td><td></td><td></td><td></td><td></td></tr>
<tr><td>运动</td><td>项目时长</td><td></td><td></td><td></td><td></td><td></td><td></td><td></td></tr>
</table>

☞【思考讨论】

大学校园的你或即将进入职场的你，该如何选择适合自己的健康生活方式？

第三章　疾病预防

第一节　常见传染病的预防

一、流感

流行性感冒(influenza)简称流感，是由流感病毒(influenza virus)引起的急性呼吸道传染病，其特点为潜伏期短、传染性强、传播速度快。临床主要表现为高热、乏力、头痛、全身肌肉酸痛等中毒症状，而呼吸道症状轻微。但在老年人和慢性病患者中则可引起较严重的并发症。

【病原学】

流感病毒属于正黏病毒科，是一种 RNA 病毒，呈球形或丝状，病毒由包膜、基质蛋白及核心组成，核心包含病毒单股负链 RNA，具有特异性。基质蛋白构成了病毒的外壳骨架，它起到保护病毒核心并维系病毒空间结构的作用。病毒包囊中有两种重要的糖蛋白，即血凝素(hemagglutinin，HA)和神经氨酸酶(neuraminidase，NA)。NA 的作用主要是协助释放病毒颗粒，促其黏附于呼吸道上皮细胞，此外还能促进病毒颗粒的播散。HA 在病毒进入宿主细胞的过程中起着重要的作用。根据流感病毒感染的对象可分为人、猪、马以及禽流感病毒等，根据流感病毒感染的对象可分为人、猪、马以及禽流感病毒等，其中人类流感病毒根据其核蛋白和基质蛋白 M_1 的抗原性分为甲、乙、丙三型(即 A、B、C 三型)型间无交叉免疫。感染飞禽类、猪等动物的流感病毒，其核蛋白抗原性与人甲型流感病毒相同。甲型根据 H 和 N 的抗原性不同分为若干亚型，H 分为 16 个亚型(H_1 ~ H_{16})，N 有 9 个亚型(N_1 ~ N_9)。

流感病毒易发生抗原变异，抗原漂移与抗原转变是主要的抗原变异形式。由于不断发生抗原变异导致流感反复流行。甲型流感病毒抗原变异频繁、传染性强，常引起流感大流行。乙型、丙型流感病毒的抗原性非常稳定。

【流行病学】

1. 传染源

患者和隐性感染者从潜伏期即有传染性，发病 3 天内传染性最强，是主要传染源。

轻型患者和隐性感染者在疾病传播上有重要意义，健康带病毒者排病毒数量少且时间短，传播意义不大。

2. 传播途径

主要通过飞沫经呼吸道传播。也可通过接触被污染的手、日常用具等间接传播。

3. 人群易感性

人群普遍易感，感染后获得对同型病毒免疫力，但持续时间短，各型及亚型之间无交叉免疫，可反复发病。

4. 流行特征

流行特点：突然发生、迅速传播。

甲型流感病毒一般每隔10~15年就会发生一次抗原性转变(antigenic shift)，一般表现为HA和(或)NA的抗原性发生突然而完全的质变，产生一个新的亚型，因人类对其缺乏免疫能力，可引发世界性大流行。此外，甲型流感亚型内部还会发生抗原漂移(antigenic drift)，主要是HA和(或)NA内氨基酸序列的点突变，这种变化是逐渐累积产生的，一般2~3年发生一次。

乙型流感病毒只有抗原漂移，无抗原转变，因新旧毒株仍有抗原联系，无法划分为亚型。乙型流感以局部流行为主，约相隔5~6年发生一次，丙型流感则为散发。

流行季节：四季均可发生，以秋、冬季为主。南方在夏、秋季也可见到流感流行。

【发病机制与病理解剖】

流感病毒通常依靠HA与呼吸道表面纤毛柱状上皮细胞的特殊受体结合而进入细胞，在 细胞内进行复制。在NA的协助下新的病毒颗粒被不断释放并播散继续感染其他细胞，被感 染的宿主细胞则发生变性、坏死、溶解或脱落，产生炎症反应，从而出现发热、头痛、肌肉疼痛等全身症状。单纯流感病变主要损害呼吸道上部和中部黏膜，一般不破坏呼吸道基底膜，不会引起病毒血症。

流感病毒性肺炎的病理特征为肺充血，黏膜下层局部炎性反应，细胞间质水肿，周围巨噬细胞浸润，肺泡细胞出血、脱落，病症严重者可以发生支气管黏膜坏死、肺水肿以及毛细血管血栓形成。

【临床表现】

潜伏期通常为1~3天(数小时~4天)。

1. 典型流感

典型流感起病急，在发病前驱期就可出现乏力，高热、寒战，头痛、全身酸痛等全身中毒症状，但体征较轻，可伴或不伴流涕、咽痛、干咳等局部症状。进行体格检查后可以发现患者出现结膜充血。肺部听诊可闻及湿啰音。病程4~7天，咳嗽和乏力可持续数周。

2. 轻型流感

轻型流感呈急性起病，患者可出现轻或中度发热，全身及呼吸道症状轻，2~3天内即可自愈。

3. 肺炎型流感

肺炎型流感多发生于老年人、婴幼儿、慢性病患者及免疫力低下者。患者于感染初期可出现类似典型流感症状，但在1天后病情发生迅速加重，出现高热、咳嗽，呼吸困难及发绀，可伴有心、肝、肾衰竭。体检双肺可遍闻及干、湿啰音，但无肺实变体征。痰细菌培养阴性，抗生素治疗无效。患者多于5~10天内发生循环衰竭，预后较差。

4. 其他类型

流感流行期间，患者除流感的症状体征，还伴其他肺外表现，特殊类型主要有以下几种：胃肠型伴呕吐、腹泻等消化道症状；脑膜脑炎型表现为意识障碍、脑膜刺激征等神经系统症状；若病变累及心肌、心包，分别为心肌炎型和心包炎型。此外，还有以横纹肌溶解为主要表现的肌炎型，此型仅见于儿童。

【并发症】

1. 呼吸系统并发症

呼吸系统并发症主要为继发性细菌感染，包括急性鼻窦炎、急性化脓性扁桃体炎、细菌性气管炎、细菌性肺炎等。

2. 肺外并发症

肺外并发症有中毒性休克、中毒性心肌炎和瑞氏综合征(Reye's syndrome)等。

【实验室检查】

1. 血象

发病初即可见白细胞总数减少，中性粒细胞减少显著，淋巴细胞相对增加，大单核细胞 也可增加，此血象往往持续10~15天。若患者出现合并细菌性感染时，白细胞和中性粒细胞增多。

2. 病毒分离

将起病3天内患者的含漱液或上呼吸道分泌物接种于鸡胚或组织培养进行病毒分离。

3. 血清学检查

分别对急性期及两周后血清进行补体结合试验或血凝抑制试验，前后抗体滴度上升>4倍，则为阳性。

4. 免疫荧光法检测抗原

起病3天内鼻黏膜压片染色找流感病毒包涵体，荧光抗体检测抗原可呈阳性。

【诊断】

冬、春季节在同一地区，1~2天内有大量上呼吸道感染患者发生，应考虑流感。流行期间，可根据临床表现诊断，但在流感的非流行期间或流行初期的散发病例，临床上难以诊断，需结合流行病学、临床表现、实验室检查病毒分离和血清学抗体检测综合判断。

【鉴别诊断】

应与其他病原体所致呼吸道感染，包括支原体、衣原体、腺病毒、肠道病毒、呼吸道合胞病毒以及单纯型钩端螺旋体病等进行鉴别。

【治疗】

1. 一般治疗

卧床休息，多饮水，注意营养。密切观察患者病情发展和监测是否发生并发症。高热者予解热镇痛药，必要时使用止咳祛痰药物，儿童忌服含阿司匹林成分的药物，以避免产生瑞氏综合征。

2. 抗流感病毒治疗

离子通道阻滞剂：金刚烷胺（amantadine）可阻断病毒吸附于宿主细胞，抑制病毒复制。早期应用可减少病毒的排毒量和排毒期，缩短病程，但只对甲型流感病毒有效。该药容易产生耐药性，不良反应主要有头晕、失眠、共济失调等神经精神症状。推荐用量为成人 200mg/d，老年人 160mg/d，小儿每天 4~5mg/kg，分两次口服，疗程 3~4 天。

神经氨酸酶抑制剂：奥司他韦（oseltamivir）能特异性抑制甲、乙型流感病毒的 NA，从而抑制病毒的释放，减少病毒传播。应及早服用，推荐口服剂量为成人每天 2 次，每次 75mg，连服 5 天。儿童体重 15kg 者推荐剂量 30mg，15~23kg 者为 45mg，24~40kg 者为 60mg，大于 40kg 者可用 75mg，1 岁以下儿童不推荐使用。

【预防】

1. 控制传染源

早期发现疫情，及时掌握疫情动态，及早对流感患者进行呼吸道隔离和早期治疗。隔离时间为 1 周或至主要症状消失。

2. 切断传播途径

流感流行期间，避免集会等集体活动，易感者尽量少去公共场所。注意通风，必要时要对公共场所进行消毒。医务人员在工作期间戴口罩，勤洗手，防止交叉感染，流感患者的用具及分泌物使用消毒剂消毒。

3. 保护易感人群

疫苗接种是预防流感的基本措施。我国目前使用全病毒灭活疫苗、裂解疫苗和亚单位疫苗，均有很好的免疫原性，但应严格按照适应证使用。

药物预防可使用金刚烷胺，每次 100mg 口服，每天 2 次，连服 10~14 天，仅对甲型流感有一定预防作用。奥司他韦可用于甲型、乙型流感的预防，成人预防用药推荐剂量为 75mg，每天 1 次，连用 7 天。

二、结核病

结核病（tuberculosis）是由结核分枝杆菌（Mycobacterium tuberculosis）引起的一种慢性感染性疾病，以肺结核最为常见，主要病理改变为结核结节、浸润、干酪样变和空洞形成。临床多呈慢性过程，表现为长期低热、咳痰、咯血等。除肺外也可侵袭浆膜腔、淋巴结、泌尿生殖系统、肠道、肝脏、骨关节和皮肤等多种脏器和组织。

【病原学】

结核分枝杆菌(简称结核杆菌)属放线菌目、分枝杆菌科、分枝杆菌属，包括人型、牛型、鸟型和鼠型等类型。对人致病的主要为人型(标准株 H37Rv)，牛型少见。结核杆菌细长而稍弯，两端微钝，约(0.3~0.6)μmX(1~4)μm。无芽孢、无鞭毛、不能活动。该菌严格需氧，呈缓慢分枝生长，一般培养4~6周形成菌落。不易染色，但着色后可抵抗酸性乙醇脱色，故又称为抗酸杆菌(acid-fast bacillus)。对外界抵抗力较强，耐干燥，在干痰中可存活6~8个月；对热、紫外线、乙醇比较敏感；煮沸1分钟、5%~12%甲酚皂(来苏)2~12小时、75%乙醇2分钟均可将结核分枝杆菌灭活。

结核杆菌菌体含类脂质、蛋白质和多糖类。菌体成分在赋予其抗酸性、多态性和抵抗力强等特性的同时，也和诱导宿主免疫反应及导致结节性病理变化等致病性相关。如索状因子(双分枝菌酸海藻糖脂)能抑制白细胞游走，引起慢性肉芽肿；磷脂能促进单核细胞增生，使吞噬细胞转为类上皮细胞，形成结核结节；蜡质D可激发机体产生迟发型超敏反应；菌体蛋白使机体发生变态反应。

在一些特定的条件下，结核杆菌的形态、致病力、药物敏感性等特性可发生改变，如形成L型细菌、产生耐药菌株等。耐药性为结核杆菌重要的生物学特性，按其产生机制可分为选择性突变耐药、适应性耐药、质粒介导耐药及交叉耐药等类型；从细菌流行病学角度可分为原发耐药和继发耐药。耐药的产生主要与基因突变有关，如结核病治疗药物利福平耐药与rpoB基因突变有关，耐异烟肼与ahpC、inhA、katG基因突变相关。耐药的发生常由不合理的抗菌治疗引起；此外，药品质量差、患者吸收障碍、治疗依从性差、HIV感染等也与耐药发生有关。

耐药结核病是指结核病患者感染的结核分枝杆菌被体外试验证实对1种或多种抗结核药物耐药的现象。耐药结核病一般分为4类：①单耐药：结核病患者感染的结核分枝杆菌经体外证实对1种抗结核药物耐药；②多耐药：结核病患者感染的结核分枝杆菌经体外证实对1种以上的抗结核药物耐药，但不包括同时耐异烟肼、利福平；③耐多药(multidrug resistance, MDR)：结核病患者感染的结核分枝杆菌经体外证实至少同时对异烟肼、利福平耐药；④广泛耐药：结核病患者感染的结核分枝杆菌体外被证实除至少同时对异烟肼、利福平耐药外，还对任何氟喹诺酮类药物产生耐药，以及3种二线抗结核注射药物(卷曲毒素、卡那霉素和阿米卡星)中的至少1种耐药。

【流行病学】

1. 传染源

传染源是排菌的患者和动物(主要是牛)。排菌的开放性肺结核患者是主要传染源。经正规化疗后，随着痰菌排量减少而传染性降低。

2. 传播途径

以空气传播为主。肺结核患者咳嗽、喷嚏排出的结核杆菌悬浮在飞沫核中播散，健康人吸入可致感染；痰干燥结核杆菌随尘埃吸入也可感染。其他途径如饮用带菌的牛奶经消化道感染、患病孕妇母婴传播及经皮肤伤口感染均少见。

3. 易感人群

普遍易感。婴幼儿、青春后期及老年人发病率较高。社会经济发展水平低下的人群因居住拥挤、营养不良等原因发病率较高。患糖尿病、硅沉着病（硅肺）、恶性肿瘤以及过度劳累、妊娠等易诱发结核病。免疫抑制状态（如器官移植、艾滋病）患者尤其易好发结核病。

4. 流行现状

2021 年 10 月 14 日，WHO（世界卫生组织）发布了《2021 年全球结核病报告》，由于新型冠状病毒性肺炎大流行对结核病防控工作带来了巨大影响。与 2019 年相比，2020 年报告的全球新诊断结核病人数大幅下降，但结核病死亡率有升高并且结核病发病率下降速度变慢。结核病仍然是当今一个主要传染病杀手，耐药结核病仍然是一个公共健康威胁。对异烟肼和利福平这两种最有效的一线药物的耐药最令人担忧；对这两种药物的耐药被定义为耐多药结核病（MDR-TB）。在应对耐多药结核病方面的进展一直比较缓慢，现耐多药结核病和耐利福平结核病都需要二线药物治疗。从世界情况看，估计患病的患者中只有 1/5 得到诊断。在我国结核病仍是危害我国人民健康和生命的主要传染病，疫情十分严重。

结核病是现仅次于新冠肺炎病毒的单一感染源引起的第二大死因，根据 WHO 模型预测表明，2021 年和 2022 年，新冠疫情大流行造成的干扰对患结核病和死于该疾病的人数的影响可能要严重得多。全球结核病战略目标大多偏离了正轨，迫切需要采取行动减轻和扭转新冠肺炎大流行对结核病的影响。当务之急是恢复获得和提供基本结核病服务，使结核病的诊断和治疗至少恢复到 2019 年的水平。

【发病机制与病理解剖】

1. 发病机制

吸入肺泡的结核杆菌可被吞噬细胞吞噬和杀灭。当结核杆菌数量多或毒力强时，因其大 量繁殖导致肺泡吞噬细胞溶解、破裂，释放出的结核杆菌可再感染其他吞噬细胞和局部组织。

经吞噬细胞处理的结核杆菌特异性抗原传递给 T 淋巴细胞使之致敏，机体可产生两种形式的免疫反应，即细胞介导的免疫反应（cell mediated immunity，CMI）和迟发型超敏反应（delay type hypersensitivity，DTH），对结核病的发病、演变及转归起着决定性的作用。

细胞介导免疫反应（CMI）是机体获得性抗结核免疫力最主要的免疫反应。当致敏的 $CD4^{+T}$ 细胞再次受到抗原刺激而激活，产生、释放氧化酶和多种细胞因子，如 IL-2、IL-6、INF-γ 等，与 TNF-α 共同作用加强对病灶中结核杆菌的杀灭作用。当 $CD8^{+}$T 细胞溶解已吞噬结核杆菌和受抗原作用的吞噬细胞时，可导致宿主细胞和组织破坏，并同时伴有结核杆菌的释放与扩散。

迟发型超敏反应（DTH）是机体再次感染结核杆菌后对细菌及其产物（结核蛋白及脂质 D）产生的一种超常免疫反应。将结核杆菌注入未受染的豚鼠，10～14 天注射局部形成结节、溃疡、淋巴结肿大，周身血行播散而死亡；少量结核杆菌感染豚鼠后 3～6 周，再注射等量的结核杆菌，2～3 天局部迅速形成溃疡，随后较快愈合，无淋巴结肿大与全身播散，豚鼠存活，此即为 Koch 现象。前者为初次感染；后者为再次感染，局部剧烈反应说明超敏反应参与，但因获得免疫力病灶趋于局限。Koch 现象可解释原发型结核和继发型结核的不同发病机制人体感染结核杆菌后仅 5%发病为原发型肺结核；5%的人在免疫力低时发病称为继发型肺结核；90%的人终身不发病。初次感染的结核杆菌潜伏于淋巴结处，或随菌血症到全身脏器潜伏，成为肺外结核发病的来源。

2. 病理改变

(1)基本病变。有渗出、增生和变质三种基本病变，结核结节和干酪性坏死是特征性病变。渗出型病变往往出现在机体免疫力弱、致敏淋巴细胞活性高时，表现为组织充血、水肿，中性粒细胞、淋巴细胞及单核细胞浸润，纤维蛋白渗出等。当结核杆菌数量少而致敏淋巴细胞增多时则形成增生型病变，即结核结节形成。结节中央为朗格汉斯细胞(Langhans cell)，周围是类上皮细胞及淋巴细胞、浆细胞。结核性肉芽肿是增生型病变的另一种表现，多见于空洞壁、窦道及干酪坏死灶周围。当病变恶化变质时则表现为干酪性坏死。镜下组织细胞混浊肿胀、胞质脂肪变性、胞核碎裂溶解；肉眼观坏死组织呈黄色乳酪样。三种病变常以某种病变为主，可相互转化、交错存在。

(2)病理演变。渗出型病变组织结构大体完整。机体免疫力提高或经有效化疗后病变可吸收。随着炎性成分吸收，结节性病灶中成纤维细胞和嗜银细胞增生，形成纤维化。轻微干酪型坏死可经过治疗吸收，遗留细小纤维瘢痕。局限的干酪病灶可脱水形成钙化灶。纤维化和钙化是机体免疫力增强、病变静止、愈合的表现。空洞壁可变薄，空洞可逐渐缩小、闭合，遗留瘢痕。空洞久治不愈或严重免疫抑制可引起结核杆菌扩散，包括局部病灶蔓延邻近组织、支气管、淋巴管和血行播散到肺外器官。钙化灶或其他静止期结核杆菌可重新活跃。

【临床表现】

结核病的临床表现多种多样。临床表现与病灶的类型、性质和范围以及机体反应性有关。

(1)全身症状。发热为结核最常见的全身性症状，常提示结核病的活动和进展。临床多数起病缓慢，长期低热，多见于午后或傍晚，可伴有疲倦、盗汗、食欲下降、体重减轻等表现。病变进展可出现高热、咳嗽、胸痛或全身衰竭等。可有多关节肿痛、四肢结节性红斑及环形红斑等结核性风湿病表现。

(2)呼吸系统症状。主要表现为：咳嗽、咳痰、咯血和胸痛等。咳嗽是肺结核的常见症状，一般咳嗽轻微、干咳或少量黏液痰，继发细菌感染时痰呈脓性。肺结核患者可有不同程度的咯血。当炎症波及壁层胸膜时，相应胸壁有刺痛，一般并不剧烈，可随呼吸和咳嗽加重。肺实变范围广或干酪性肺炎者有胸部叩诊浊音、支气管呼吸音、细湿啰音等体征。支气管结核可有刺激性呛咳、局限性哮鸣。慢性空洞性肺结核患侧胸廓下陷、肋间变窄、气管和纵隔移位。渗出性胸膜炎常有发热、胸痛、咳嗽等；大量积液者呼吸困难，呼吸运动受限，胸部语颤及呼吸音减弱或消失等。

(3)其他系统表现。淋巴结结核(tuberculosis of lymph nodes)常出现无痛性淋巴结肿大，可坏死液化、破溃、瘘管形成等。结核性心包炎(tuberculous pericarditis)表现为心前区疼痛、呼吸困难、心界扩大、颈静脉怒张等表现。结核性脑膜炎(tuberculous meningitis)多有头痛、呕吐、意识障碍等表现。结核性腹膜炎(tuberculrms peritonitis)常有腹腔积液或腹膜粘连，表现为发热、腹痛、腹胀、腹壁揉面感等。肠结核(tuberculosis of intestines)以回盲部多见，表现为消瘦、腹泻与便秘交替、腹部肿块等表现。肾、输尿管及膀胱结核有膀胱刺激征、血尿及脓尿等。肝、脾结核表现为发热、消瘦、贫血、肝脾大等。

【实验室与辅助检查】

1. 一般检查

外周血白细胞计数一般正常，可有血红蛋白降低。在急性进展期白细胞可增多，重症感染时可发生类白血病样血象。血沉可增快，但无特异性。

2. 病原体检查

(1)涂片镜检。痰、尿、胸腔积液、粪便等各种分泌物、排泄物以及淋巴结穿刺吸引物涂片可查到抗酸杆菌，但阳性率低。痰涂片阴性并不能排除肺结核，连续检查≥3 次，可提高其检出率。

(2)病原菌分离。分离培养法检出率高于涂片镜检法，同时可鉴别非结核分枝杆菌，是诊断标准。一般采用改良罗氏(Lowenstein-Jensen)培养基，培养时 4~6 周。BACTEC 培养检测系统是采用放射技术快速培养，进行药敏试验和菌型鉴定的方法。该法较常规改良罗氏培养法提高初代分离率约 10%，检测时间也明显缩短。

(3)特异性核酸检测。核酸探针、PCR 及 DNA 印迹杂交等可测结核可测出 1~100fg 纯化结核杆菌 DNA，相当于 1~20 个结核杆菌。实时定量 PCR(real-time PCR)使扩增和检测同步进行，效果较好，但亦有假阳性。基因芯片技术也已用于结核杆菌鉴定、耐药性检测、基因组分析等。

【免疫学检测】

结核菌素皮肤试验 结核菌素是结核杆菌的特异代谢产物，是鉴定人体是否感染结核杆菌和感染反应程度的一种生物制剂，包括旧结核菌素(old-tuberculin，OT)和结核杆菌纯蛋白衍化物(purified protein derivative，PPD)。我国应用的 PPD 主要有两种，一种是人结核杆菌制成的 PPD-C，另一种是卡介苗(Bacillus Calmette-Guerin，BCG)制成的 BCG PPD。以 PPD 5IU(0. 1ml)于前臂皮内注射，72 小时后观察注射部位皮肤硬结直径：直径 5~9mm 为弱阳性；10~19mm 为阳性反应，提示结核杆菌感染；成人强阳性(硬结节直径≥20mm 或<20mm 但有水疱或坏死)提示活动性结核病可能。

(1)血清学诊断。随着对分枝杆菌分子生物学和免疫学研究的深入，酶联免疫吸附试验、斑点免疫渗滤试验、间接荧光法、免疫印迹法和蛋白芯片等方法已应用于临床，检测血清、痰液、胸腔积液等体液中相关抗体。近年来，采用 ELISA/ELISPOT(酶联免疫吸附/酶联免疫斑点)方法定量检测全血/外周血单核细胞在结核菌特异性抗原刺激下释放 γ-干扰素的水平，用于诊断潜伏性结核分枝杆菌感染以及结核病，即 γ-干扰素释放试验(interferon gamma re- lease assay，IGRA)。目前已有两种较为成熟的方法，即 Quanti FERON-TB GOLD 试验(QET-C)和 T-SPOTTB 试验，其对应的方法和试剂盒被美国 FDA 批准应用于临床。该方法具备灵敏、特异、快速的优点；缺点是操作较复杂，需特殊仪器设备，试剂费用较贵。

(2)影像学检查。影像学检查是诊断肺结核的重要手段，包括X线胸透、胸片、CT等，有助于对病变部位、范围、性质、演变情况和治疗效果作出判断。X线胸片可见斑点状、密度较高、边缘清楚的结节影，或云雾状、密度较淡、边界模糊的渗出灶或环形透光的空洞。CT显示纵隔肺门淋巴结、肺隐蔽区病灶与结节、空洞、钙化、支气管扩张等。

(3)内镜检查。内镜检查包括支气管镜、胸腔镜、电子肠镜、腹腔镜、膀胱镜等，对某些结核病可提供病原学和病理学诊断。

(4)活体组织检查。对不排菌的肺结核以及与外界不相通的脏器结核病，如淋巴结、骨、关节、肝、脾等，可通过活体组织来进行病原学和病理学诊断。

【并发症】

肺结核可并发气胸、脓气胸、支气管扩张、肺不张和肺源性心脏病等；结核性脑膜炎可并发脑疝、癫痫等；结核性心包炎可有心包缩窄、循环障碍等；肠结核可并发肠粘连、肠梗阻及肠出血等；生殖系统结核可并发不孕、不育等。

【诊断】

1. 肺结核的诊断

肺结核的诊断须结合流行病学资料、临床表现与实验室、影像学辅助检查综合分析，主要的诊断依据为胸部X线、CT检查以及痰菌检查。出现下列情况应警惕本病的可能：①反复发作或迁延不愈的咳嗽、咳痰，或呼吸道感染正规抗菌治疗3周以上仍无效；②痰中带血或咯血；③长期发热(常为午后低热)，可伴盗汗、乏力、体重减轻、月经失调；④肩胛区湿啰音或哮鸣音；⑤结节性红斑、关节疼痛、泡性结膜炎等表现而无免疫性疾病依据；⑥有渗出性胸膜炎、肛瘘或长期淋巴结肿大等病史；⑦密切接触开放性肺结核的婴儿或儿童等。

菌阴肺结核是指：三次痰涂片及一次培养阴性的肺结核，其诊断标准为：①典型肺结核临床症状和胸部X线表现；②抗结核治疗有效；③临床可排除其他非结核性肺部疾患；④PPD(5TU)强阳性，血清抗结核抗体阳性；⑤痰结核菌PCR+探针检测呈阳性；⑥肺外组织病理证实结核病变；⑦BALF检出抗酸分枝杆菌；⑧支气管或肺部组织病理证实结核病变。具备①~⑥中3项或⑦~⑧条中任何1项可确诊。诊断肺结核时，并应注明病变范围(左侧、右侧或双侧)、痰菌和初治与复治情况。

根据症状、肺部X线及痰菌综合判断结核病变活动性。下列情况之一为进展期：新发现活动性病变；病变较前恶化、增多；新出现空洞或空洞增大；痰菌阳性。下列三项之一为好转期：病变较前吸收好转；空洞闭合或缩小；痰菌阴转。稳定期依据有：病变无活动性，空洞闭合，痰菌(每月查1次)连续6次阴性，空洞存在则须痰菌连续阴性1年以上。

2. 肺外结核的诊断

肺外结核由于发病的部位不同，会出现不同的症状和体征，且结核分枝杆菌的检出率低，因此，肺外结核的诊断应综合分析临床表现、治疗效果和辅助检查，必要时可通过各种途径的活检，经病理学证实确诊。

各种浆膜腔结核主要结合临床表现、浆液性渗出液化验检查等综合分析作出诊断。结核性脑膜炎根据亚急性或慢性非化脓性脑膜炎等特点综合分析判断。肠结核者胃肠 X 线及纤维结肠镜检查有助于诊断。骨关节及泌尿生殖系统等结核的诊断主要根据临床表现和影像学检查。淋巴结、肝、脾等结核病依赖于活体组织病理检查确诊。

【预后】

早期诊断、正规治疗多可痊愈。随着 MDR-TB 的出现以及 AIDS 等免疫力低下疾病的增多，治疗难度加大。

【治疗】

结核病的治疗主要包括抗结核化学药物治疗、对症治疗和手术治疗，其中化疗是治疗和控制结核疾病、防止传播的主要手段。

1. 化学药物治疗

化学药物 目前国际上通用的抗结核药物有十余种，WHO 制定的一线药物为异烟肼(INH)、利福平(RFP)、吡嗪酰胺(PZA)、链霉素(SM)、乙胺丁醇(EMB)，其中除乙胺丁醇外均是杀菌药，是治疗的首选。

化疗方案 原则为早期、规则、全程、联合、适量。整个化疗分为强化和巩固两个阶段。

初治：指新发病或抗结核化疗正规疗程未满或不规则化疗未满 1 个月者。方案为：强化期 2 个月/巩固期 4 个月。药名前数字表示月数，药名右下方数字表示每周用药次数。常用方案：2S(E)HRZ/4HR；2S(E)HRZ/4H3R3；2S3(E3)H3R3Z3/4H3R3；2S(E)HRZ/4HRE；2RIFATER/4RIF1NAH(RIFATER：卫非特，RIFINAH：卫非宁)。初治强化期第 2 个月末痰涂片仍阳性，强化方案延长 1 个月，总疗程 6 个月不变(巩固期缩短 1 个月)。若第 5 个月痰涂片仍阳性，第 6 个月阴性，巩固期延长 2 个月，总疗程 8 个月。粟粒型肺结核(无结核性胸膜炎)上述方案疗程可延长，不采用间歇治疗方案，强化期 3 个月，巩固期为 HR 方案 6~9 个月，总疗程 9~12 个月。痰菌阴性肺结核可在上述方案强化期删除 SM 或 EMB O。

复治：指初治失败、正规足够疗程后痰菌复阳、不规律化疗超过 1 个月及慢性排菌者。复治方案：强化期 3 个月/巩固期 5 个月。常用方案为：2SHRZE/1HRZE/5HRE；2SHRZE/1HRZE/5H3R3E3；2S3H3R3Z3E3/1H3R3Z3E3/5H3R3E3。复治应根据药敏试验进行，对上述方案无效的排菌病例可参考 MDR-TB 方案用药。慢性排菌者上述方案多无效，必要时可 手术治疗。

MDR-TB 的治疗：耐多药结核病主要来源于复治失败或复发的慢性病例。化疗方案的制订必须以实验室提供的药物敏感试验的结果为基础，或地区耐药监测资料为依据，同时必须了解患者既往的治疗经过和用药状况，才可准确选择二线药，在未获得药敏结果前均以患者的既往用药史或地区耐药资料作为选择药物和确定方案的依据，获得药敏结果后进行调整。

对于耐 INH、RFP 两种或两种以上药物的肺结核主张每天用药，疗程延长至 21 个月。WHO 推荐一线和二线药物可以混合用于治疗 MDR-TB。一线药物中除 INH 和 RFP 已耐药外，仍可根据药敏情况选用。MDR-TB 主要用二线药物治疗，包括：①氨基糖苷类：阿米卡星（AMK）和卷曲霉素（CPM）等；②硫胺类：丙硫异烟胺（PTH）、乙硫异烟胺（1314TH）等；③氟喹诺酮：氧氟沙星（OFLX）和左氧氟沙星；④环丝胺酸：对神经系统损害大，应用范围受限制；⑤对氨基水杨酸钠（PAS）：为抑菌药物，可预防其他药物产生耐药性；⑥利福布汀（RBT）：耐 RFP 菌株部分对其敏感；⑦异烟肼对氨基水杨酸盐（帕司烟肼），耐 INH 菌株中部分对其敏感。

未获得（或缺乏）药敏试验结果而临床考虑 MDR-TB 时，可使用方案为强化期 AMK（或 CPMHTH+PZA+OFLX 联合，巩固期 TH+OFLX 联合，强化期至少 3 个月，巩固期至少 1 个月，总疗程超过 21 个月获得药敏试验结果后，可在上述方案基础上酌情调整，保证 3 种以上敏感药物。对病变范围局限。化疗 4 个月痰菌不阴转，或只对 2～3 种效果较差的药物敏感，有手术适应证者应手术治疗。

2. 注意事项

临床治疗方案的制定应注意个体化。肺外结核参照肺结核方案，骨关节结核、结核性脑膜炎等疗程较其延长。化疗时应密切观察治疗反应和病情变化。定期复查肝、肾功能，尤其有肝病史或 HBV、HCV 感染者应根据肝功能情况，适时调整治疗方案。

药物性肝损害的防治：药物性肝损害是抗结核治疗的常见不良反应，其对人体影响较大，是结核患者终止化疗的最常见原因之一。防治抗结核药物引起起的肝损害应注意以下几点：①抗结核化疗前应对患者的肝功能进行评估，常规检查肝功能、HB_sAg，结合患者的病情，制订安全、有效的方案。②对可能发生药物性肝损害的高危人群（如慢性病毒性肝炎、酒精性肝炎、脂肪肝、各种原因引起的肝硬化、老年患者、合并用有导致肝脏损害的其他药物等）制订化疗方案时应充分考虑患者肝功能的耐受性，尽量选用肝损害小的药物短程使用。③对既往有明确的抗结核药物肝损害病史的患者，应避免再度给予相同的药物。④抗结核化疗期间应定期监测肝功能。一般用药初期应 1～2 周检查肝功能，治疗过程中每个月至少复查 1 次肝功能。若患者出现食欲缺乏、恶心、呕吐、厌油，肝区疼痛、巩膜黄染等症状时，应及时复查肝功能。高危人群应缩短检查周期，加强肝功能监测。⑤一旦药物性肝损害诊断明确，则应根据受损程度作出相应处理。肝功能轻度损伤时可在保肝治疗的基础上适当调整抗结核化疗方案。若患者出现肝功能明显损伤，或伴有持续性恶心、呕吐、黄疸等症状，或肝功能异常伴发热、皮疹、关节炎、嗜酸性粒细胞增多等表现时，应及时停用抗结核药物，并予以积极护肝治疗。

3. 对症治疗

（1）休息与饮食 中毒症状重者卧床休息，予以进食富含营养及多种维生素的食物。

（2）对症处理 对高热、咯血、胸痛、失眠及盗汗者，给予相应处理。急性粟粒型肺结核合并浆膜渗出伴严重毒血症状，在有效抗结核治疗的同时，肾上腺皮质激素有助于改善症状、促进渗出液吸收，减少粘连。

4. 手术治疗

手术指征为：经正规抗结核治疗 9～12 个月，痰菌仍阳性的干酪病灶、厚壁空洞；单侧肺毁损、支气管结核管腔狭窄伴远端不张或肺化脓症；慢性结核性脓胸、支气管胸膜瘘内科治疗无效；反复多量咯血不能控制等。

【预防】

1. 控制传染源

加强本病防治知识宣传。早发现、早诊断、早治疗痰菌阳性肺结核患者直接督导下短程化疗(directly observed therapy short course，DOTS)是控制本病的关键。

2. 切断传播途径

管理好患者的痰液。用2%煤酚皂或1%甲醛(2小时)消毒，污染物阳光暴晒。

3. 保护易感人群

新生儿出生时接种卡介苗后可获免疫力，但不提倡复种。对儿童、青少年或HIV感染者等有感染结核杆菌好发因素而结核杆菌素试验阳性者，酌情预防用药。如每天INH 300mg，儿童每天5~10mg/kg，1次顿服，疗程6~12个月。疑耐INH结核杆菌感染可用OFLX和EMB(或PAZ)预防。

三、病毒性肝炎

病毒性肝炎(viral hepatitis)是由多种肝炎病毒引起的，以肝脏损害为主的一组全身性传染病。目前按病原学明确分类的有甲型、乙型、丙型、丁型、戊型五型肝炎病毒。各型病毒性肝炎临床表现相似，以疲乏、食欲减退、厌油、肝功能异常为主，部分病例出现黄疸。甲型和戊型主要表现为急性感染，经粪-口途径传播；乙型、戊型、丁型多呈慢性感染，少数病例可发展为肝硬化或肝细胞癌，主要经血液、体液等胃肠外途径传播。

【病原学】

病毒性肝炎的病原体是肝炎病毒，目前已证实甲、乙、丙、丁、戊五型肝炎病毒是病毒性肝炎的致病因子。庚型肝炎病毒(hepatitis G virus或GB virus-C)、输血传播病毒(tranrfusion transmitted rirus，TTV)和Sen病毒(Sen virus，SENV)是否引起肝炎尚未有定论。不排除仍有未发现的肝炎病毒存在。巨细胞病毒、EB病毒、单纯疱疹病毒、风疹病毒、黄热病毒、严重急性呼吸综合征(SARS)冠状病毒等感染亦可引起肝脏炎症，但这些病毒所致的肝炎是全身感染的一部分，不包括在“病毒性肝炎”的范畴内。

1. 甲型肝炎病毒

甲型肝炎病毒(hepatitis A virus，HAV)是1973年由Feinstone等应用免疫电镜方法在急性肝炎患者的粪便中发现的，1987年获得HAV全长核苷酸序列。1981年HAV归类为肠道病毒属72型，但由于其在生化、生物物理和分子生物学的特征与肠道病毒有所不同，1993年将HAV归类于微小RNA病毒(Picomavirus)中的嗜肝RNA病毒属(Heparnavinis)，该属仅有HAV一个种。

HAV呈球形，直径27~32nm(纳米)，无包膜，由32个亚单位结构(称为壳粒)组成20面对称体颗粒。电镜下见实心和空心两种颗粒，实心颗粒为完整的HAV，有传染性；空心颗粒为未成熟的不含RNA的颗粒，具有抗原性，但无传染性。HAV基因组为单股线状 RNA，全长由 7478 个核苷酸组成，根据核苷酸序列的同源性，HAV 可分为 7 个基因型，其中Ⅰ、Ⅱ、Ⅲ、Ⅶ型来自人类，Ⅳ、Ⅴ、Ⅵ型来自猿猴。目前我国已分离的 HAV 均为Ⅰ型。在血清型方面，能感染人的血清型只有 1 个，因此只有 1 个抗原抗体系统，感染后早期产生 IgM 型抗体，是近期感染的标志，一般持续 8～12 周，少数可延续 6 个月左右，IgG 型抗体则是既往感染或免疫接种后的标志，可长期存在。许多灵长类动物，如黑猩猩、狨猴、狒狒、恒河猴、猕猴、短尾猴等均对 HAV 易感。1979 年 Provost 等在狨猴原代肝细胞中培养 HAV 获得成功；目前体外培养主要用亚历山大(Alexander)肝癌细胞，二倍体成纤维细胞，猴肾细胞和 Vem 细胞等，细胞培养中 HAV 生长复制缓慢，接种后约需 4 周才可检出抗原：滴度低，很少释放到细胞外，一般不引起细胞病变，经多次传代后，HAV 的致病性大大减弱甚至消失，据此已制备出 HAV 减毒活疫苗。

HAV 对外界抵抗力较强，耐酸碱，室温下可生存 1 周，干粪中 25℃能生存 30 天，在贝壳类动物、污水、淡水、海水、泥土中能生存数月。能耐受 60℃30 分钟，80T℃5 分钟或 100℃1 分钟才能完全使之灭活。在-20℃～-70℃数年后仍有感染力，在甘油内-80℃可长期保存。对有机溶剂较为耐受，在 4℃20%乙醚中放置 24 小时仍稳定。对紫外线、氯、甲醛等敏感。

2. 乙型肝炎病毒

1965 年 Blumberg 等报道澳大利亚抗原，1967 年 Krugman 等发现澳大利亚抗原与肝炎有关，故称其为肝炎相关抗原(hepatitis associated antigen，HAA)。1970 年 Dane 等在电镜下发现乙型肝炎病毒(hepatitis B wrus，HBV)完整颗粒，称为 Dane 颗粒。1972 年世界卫生组织(WHO)将其命名为乙型肝炎表面抗原(hepatitis B surface antigen，HBsAg)。1979 年 Galibert 完成了 HBV 全基因组序列测定。HBV 是嗜肝 DNA 病毒科(Hepadnavirus)正嗜肝 DNA 病毒属(Ortliolieptidnarirtis)的一员，该属其他成员包括土拨鼠肝炎病毒(Woodchuck hepatitis virus，WHV)及地松鼠肝炎病毒(ground squirrel hepatitis vims，GSHV)。鸭乙型肝炎病毒(Duck hepatitis B virus，DHBV)则是同科中禽嗜肝 DNA 病毒属(Avihepadnavirus)的一员。

(1)形态及生物学特性。

在电镜下观察，HBV 感染者血清中存在三种形式的颗粒：①大球形颗粒，为完整的 HBV 颗粒，又名 Dane 颗粒，直径 42nm，由包膜与核心组成。包膜厚 7nm，内含 HBsAg、糖蛋白与细胞脂质；核心直 27nm，内含环状双股 DNA、DNA 聚合酶(DNA polymerase，DNAP)、核心抗原(hepatitis B core antigen，HBcAg)，是病毒复制的主体。②小球形颗粒，直径 22nm。③丝状或核状颗粒，直径 22nm，长 100～1000nm。后两种颗粒由 HBsAg 组成，为空心包膜，不含核酸，无感染性。一般情况下，血清中小球形颗粒最多，Dane 颗粒最少。

HBV 的抵抗力很强，对热、低温、干燥、紫外线及一般浓度的消毒剂均能耐受。在 37℃可存活 7 天，在血清中 30℃～32℃可保存 6 个月，-20℃可保存 15 年。100℃10 分钟、65℃10 小时或高压蒸汽消毒可被灭活，对 0.2%苯扎溴铵及 0.5%过氧乙酸敏感。

基因组结构及编码蛋白 HBV 基因组结构独特而精密，由不完全的环状双链 DNA 组成，长链(负链)约含 3200 个碱基(bp)，短链(正链)的长度可变，相当于长链的 50%～

80%。HBV 基因组中 4 个开放读码框(open reading frame，ORF)均位于长链，分别是 S 区、C 区、P 区和 X 区，其中 S 区完全嵌合于 P 区内，C 区和 X 区分别有 23%和 39%与 P 区重叠，C 区和 X 区有 4%~5%重叠，ORF 重叠的结果使 HBV 基因组利用率高达 150%。

(2)HBV 的抗原抗体系统。

HBsAg 与抗 HBs：成人感染 HBV 后最早 1~2 周，最迟 11~12 周血中首先出现 HBsAg。急性自限性 HBV 感染时血 HBsAg 大多持续 1~6 周，最长可达 20 周。无症状携带者和慢性患者 HBsAg 可持续存在多年，甚至终身。HBsAg 本身只有抗原性，无传染性。抗 HBs 是一种保护性抗体，在急性感染后期，HBsAg 转阴后一段时间开始出现，在 6~12 个月内逐步上升至高峰，可持续多年，但滴度会逐步下降；约半数病例抗 HBs 在 HBsAg 转阴后数月才可检出；少部分病例 HBsAg 转阴后始终不产生抗 HBs。抗 HBs 阳性表示对 HBV 有免疫力，见于乙型肝炎恢复期、既往感染及乙肝疫苗接种后。

pre-S1 与抗 pre-S1：pre-S1 在感染早期紧接着 HBsAg 出现于血液中，在急性期很快转阴提示病毒清除和病情好转。pre-S1 阳性是 HBV 存在和复制的标志，如果 pre-S1 持续阳性，提示感染慢性化。抗 pre-S1 被认为是一种保护性抗体，在感染早期即可出现。

pre-S2 与抗 pre-S2：pre-S2 可作为判断 HRV 复制的一项指标。抗 pre-S2 在急性肝炎恢复早期出现，并发挥其保护性抗体作用，抗 pre-S2 亦可作为乙肝疫苗免疫效果的观察指标。pre-S1、praS2 与抗 pre-S1、抗 pre-S2 还未作为一项常规诊断指标应用于临床。

HBeAg 与抗 HBe：HBeAg 是一种可溶性蛋白，一般仅见于 HBsAg 阳性血清。急性 HBV 感染时 HBeAg 的出现时间略晚于 HBsAg。HBeAg 的存在表示患者处于高感染低应答期。HBeAg 消失而抗 HBe 产生称为 e 抗原血清转换(e antigen seroconversion)。每年有 10%左右的病例发生自发血清转换。转换过程通常意味着机体由免疫耐受转为免疫激活，此时常有病变活动的激化。抗 HBe 阳转后，病毒复制多处于静止状态，传染性降低。部分患者仍有病毒复制，肝炎活动。

HBcAg 与抗 HBc：血液中 HBcAg 主要存在于 Dane 颗粒的核心，游离的 HBcAg 极少，故较少用于临床常规检测。肝组织中 HBcAg 主要存在于受感染的肝细胞核内。HBcAg 有很强的免疫原性，HBV 感染者几乎均可检出抗 HBc，除非 HBV C 基因序列出现极少见的变异或感染者有免疫缺陷。抗 HBc IgM 是 HBV 感染后较早出现的抗体，绝大多数出现在发病第一周，多数在 6 个月内消失，抗 HBc IgM 阳性提示急性期或慢性肝炎急性发作。抗 HBe lgG 出现较迟，但可保持多年甚至终身。

3. 丙型肝炎病毒

丙型肝炎病毒(hepatits C virus，HVC)是 1989 年经分子克隆技术发现的，1991 年国际病毒命名委员会将其归为黄病毒科(Flaoiniridae)丙型肝炎病毒属(Hepacivirus)。

(1)形态及生物学特性。

HCV 呈球形颗粒，直径 30~60nm，外有脂质外壳、囊膜和棘突结构，内有由核心蛋白和核酸组成的核衣壳。

HCV 对有机溶剂敏感，10%氯仿可杀灭 HCV。煮沸、紫外线等亦可使 HCV 灭活。血清经 60℃10 小时或 1/1000 甲醛溶液 37℃6 小时可使 HCV 传染性丧失。血制品中的 HCV 可用干热 80℃72 小时或加变性剂使之灭活。

(2)基因组结构及编码蛋白。

HCV 基因组为单股正链 RNA，全长约 9.4kb。基因组两侧分 别为 5'和 3'非编码区，中间为 ORF，编码区从 5'端依次为核心蛋白区(C)，包膜蛋白区(E_1、E_2/NS_1)，非结构蛋白区(NS_2、NS_3、NS_4、NS_5)。核心蛋白与核酸结合组成核衣壳。包膜蛋白为病毒外壳主要成分，可能含有与肝细胞结合的表位。NS_3基因区编码螺旋酶和蛋白酶，NS_3蛋白具有强免疫原性，可刺激机体产生抗，在临床诊断上有重要价值。NS_5区编码依赖 RNA 的 RNA 多聚酶，在病毒复制中起重要作用。

HCV 基因组具有显著的异质性同一基因组不同区段变异程度有显著差别。5'编码区最保守，在设计用于诊断 HCV 感染的聚合酶链反应(PCR)引物时，此区段是首选部位。E_2/NS_1区变异程度最大，此区含有两个高变区(HVR_1/HVR_2)。同一病例存在准种(quasispeeies)，即 HCV 感染后，在感染者体内形成以一个优势株为主的相关突变株病毒群。根据基因序列的差异，以 Simmonds 的分型命名系统，目前可将 HCV 分为 6 个不同的基因型，同一基因型可再分为不同亚型。基因型以阿拉伯数字表示，亚型则在基因型后加英文字母。基因型分布有显著的地区性差异，不同国家或地区的 HCV 基因组序列有所差异，1 型是最常见的基因型，呈世界性分布，中国、日本、美国以 1 型为主，1b 型 HCV RNA 载量高，3 型常见于印度、巴基斯坦、澳大利亚、苏格兰等，4 型见于中东及非洲，5 型常见于南非，6 型常见于中国香港和中国澳门。

(3)抗原抗体系统。

HCV Ag 与抗 HCV：血清中 HCV Ag 含量很低，检出率不高。抗 HCV 不是保护性抗体，是 HCV 感染的标志。抗 HCV 又分为 fgM 型和 IgG 型。抗 HCV IgM 在发病后即可检测到，一般持续 1~3 个月。如果抗 HCV IgM 持续阳性，提示病毒持续复制，易转为慢性。

HCV RNA：感染 HCV 后第 1 周即可从血液或肝组织中用 RT-PCR 法检出 HCV RNA，但其含量少，并随病程波动。HCV RNA 阳性是病毒感染和复制的直接标志，HCV RNA 定量测定有助于了解病毒复制程度、抗病毒治疗的选择及疗效评估等。HCV RNA 基因分型在流行病学和抗病毒治疗方面有一定意义，但尚未作为常规检测项目。

4. 丁型肝炎病毒

1977 年在 HBsAg 阳性肝组织标本中发现 8 因子，1983 年命名为丁型肝炎病毒(hepatitis D virus，HDV)，HDV 呈球形，直径 35~37nm。HDV 是一种缺陷病毒，在血液中由 HBsAg 包被、其复制、表达抗原及引起肝损害须有 HBV 或其他嗜肝 DNA 病毒(如 WHV)的辅佐。但细胞核内的 HDV RNA 无须 HBV 的辅助能自行复制。HDV 基因组为单股环状闭合负链 RNA，长 1679bp，其二级结构具有核糖酶(ribozyme)活性，能进行自身切割和连接。黑猩猩和美洲土拨鼠为易感动物。HDV 可与 HBV 同时感染人体，但大部分情况下是在 HBV 感染的基础上引起重叠感染。当 HBV 感染结束时，HDV 感染亦随之结束。

5. 戊型肝炎病毒

1983 年采用免疫电镜在患者粪便中观察到戊型肝炎病毒(hepatitis E uims，HEV)，1989 年通过分子克隆技术获得 HEV cDNA。现认为 HEV 是 α 病毒亚组的成员。HEV 为 20 面对称体圆球形颗粒，无包膜，直径 27~34nnm。HEV 基因组为单股正链 RNA，全长

7.2～7.6kb，含 3 个 ORF，ORK-1 编码非结构蛋白，ORF-2 编码核壳蛋白，ORF-3 与 ORF-2 部分重叠，可能编码部分核壳蛋白。根据同源性可将 HEV 分为至少 4 个基因型，基因 1 型和 2 型只感染人，其中基因 1 型主要来自卫生条件较差的中亚、东南亚、中东等地区，包括我国新疆 HEV 流行株，引起水源性流行，主要感染男性青壮年，孕妇感染后病死率高达 20%；基因 2 型分离于墨西哥及少数非洲国家；基因 3 型和 4 型既可感染人，也可感染多种动物，可在人和动物之间传播，引起的戊型肝炎已被认为是一种人畜共患病，其中基因 3 型广泛分布于欧美和日本；基因 4 型流行于亚洲，是我国饲养的猪及我国人群散发 HEV 感染的优势基因型，容易感染老年及免疫力低下人群。

【流行病学】

我国是病毒性肝炎的高发区。甲型肝炎人群流行率(抗 HAV 阳性)约 80%。全世界 HBsAg 携带者约 3.5 亿，其中我国 1 亿左右。全球 HCV 感染者约 1.7 亿，我国人群抗 HCV 阳性者占约 3000 万。丁型肝炎人群流行率约 1%，戊型肝炎约 20%。

1. 甲型肝炎

(1)传染源。

甲型肝炎无病毒携带状态，传染源为急性期患者和隐性感染者，后者数量远较前者多。粪便排毒期在起病前 2 周至血清内氨酸转氨酶(alanine aminotransferase，ALT)高峰期后 1 周，少数患者可延长至其病后 30 天。当血清抗 HAV 出现时，粪便排毒基本停止。某些动物如长臂猿、黑猩猩等曾分离到 HAV，但作为传染源意义不大。

(2)传播途径。

HAV 主要由粪-口途径传播。粪便污染饮用水源、食物、蔬菜、玩具等可引起流行。水源或食物污染可致暴发流行，如 1988 年上海暴发甲型肝炎流行，4 个月内发生 31 万例，是由食用受粪便污染的未煮熟毛坩引起。日常生活接触多为散发性发病，输血后甲型肝炎极罕见。

(3)易感人群。

抗 HAV 阴性者均为易感人群。6 个月以下的婴儿有来自母亲的抗 HAV 抗体而不易感，6 个月龄后，血中抗-HAV 逐渐消失而成为易感者。在我国，大多在幼儿、儿童、青少年时期获得感染，以隐性感染为主，成人抗 HAV IgG 的检出率达 80%。甲型肝炎的流行率与居住条件、卫生习惯及教育程度有密切关系，农村高于城市，发展中国家高于发达国家。随着社会发展和卫生条件改善，感染年龄有后移的趋向。感染后可产生持久免疫。

2. 乙型肝炎

(1)传染源。

主要是急、慢性乙型肝炎患者和病毒携带者。急性患者在潜伏期末及急性期有传染性。慢性患者和病毒携带者作为传染源的意义最大，其传染性与体液中 HBV DNA 含量成正比关系。

(2)传播途径。

人类因含 HBV 体液或血液进入机体而获得感染，具体传播途径主要有下列几种：

母婴传播：包括宫内感染、围生期传播、分娩后传播。宫内感染主要经胎盘获得，约占 HBsAg 阳性母亲的 5%，可能与妊娠期胎盘轻微剥离有关。经精子或卵子传播的可能性未被证实。围生期传播或分娩过程是母婴传播的主要方式，婴儿因破损的皮肤或黏膜接触母血、羊水或阴道分泌物而传染。分娩后传播主要由于母婴间密切接触。在我国，母婴传播显得特别重要，人群中 HBsAg 阳性的 HBV 携带者中 30%以上是由其传播积累而成。

血液、体液传播：血液中 HBV 含量很高，微量的污染血进入人体即可造成感染，如输血及血制品、注射、手术、针刺、共用剃刀和牙刷、血液透析、器官移植等均可传播。目前经血液、注射传播仍将占重要地位。随着一次性注射用品的普及，医源性传播有下降趋势。虽然对供血员进行严格筛选，但不能筛除 HBsAg 阴性的 HBV 携带者。现已证实唾液、汗液、精液、阴道分泌物、乳汁等体液含 HBV，密切的生活接触、性接触等亦是获得 HBV 感染的可能途径。

其他传播途径：虽然经破损的消化道、呼吸道黏膜或昆虫叮咬在理论上有可能，但实际意义未必重要。

(3)易感人群。

抗 HBs 阴性者均为易感人群。婴幼儿是获得 HBV 感染的最危险时期。新生儿通常不具有来自母体的先天性抗 HBs，因而普遍易感。高危人群包括 HBsAg 阳性母亲的新生儿、HBsAg 阳性者的家属、反复输血及血制品者(如血友病患者)、血液透析患者、多个性伴侣者、静脉药瘾者、接触血液的医务工作者等。感染后或疫苗接种后出现抗 HBs 者有免疫力。

(4)流行特征。

①有地区性差异：按流行的严重程度分为低、中、高度三种流行地区。低度流行区 HBsAg 携带率 0.2%~0.5%，以北美、西欧、澳大利亚为代表。中度流行区 HBsAg 携带率 2%~7%，以东欧、地中海、日本、俄罗斯为代表。高度流行区 HBsAg 携带率 8%~20%，以热带非洲、东南亚和中国为代表。我国 HBsAg 阳性率乡村高于城市，南方高于北方，西部高于东部。

②有性别差异：男性高于女性，男女比例约为 1.4∶1。

③无明显季节性。

④以散发为主。

⑤有家庭聚集现象：此现象与母婴传播及日常生活接触传播有关。

⑥婴幼儿感染多见。

3. 丙型肝炎

(1)传染源。

急、慢性患者和无症状病毒携带者。慢性患者和病毒携带者有更重要的传染源意义。

(2)传播途径。

类似乙型肝炎，由于体液中 HCV 含量较少，且为 RNA 病毒，外界抵抗力较低，其传播较乙型肝炎局限。主要通过肠道外途径传播。

①输血及血制品：曾是最主要的传播途径，输血后肝炎 70%以上是丙型肝炎。随着筛查方法的改善，此传播方式已得到明显控制，但抗 HCV 阴性的 HCV 携带供血员尚不能筛除，输血有传播丙型肝炎的可能，特别是反复输血、血制品者。

②注射、针刺、器官移植、骨髓移植、血液透析：如静脉注射毒品、使用非一次性注射器和针头等。器官移植、骨髓移植及血液透析患者亦是高危人群。

③生活密切接触传播：散发的 HCV 感染者中约 40%无明确的输血及血制品注射史，称为社区获得性，其中的大部分由生活密切接触传播。

④性传播：多个性伴侣及同性恋者属高危人群。

⑤母婴传播：HCV RNA 阳性母亲传播给新生儿的几率约 4%~7%。

(3)易感人群。

人类对 HCV 普遍易感。抗 HCV 并非保护性抗体，感染后对不同株无保护性免疫。

4. 丁型肝炎

传染源和传播途径与乙型肝炎相似与 HBV 以重叠感染或同时感染形式存在。我国西南 地区感染率较高，在 HBsAg 阳性人群中超过 3%。人类对 HDV 普遍易感。抗 HDV 不是保护性抗体。

5. 戊型肝炎

传染源和传播途径与甲阻肝炎相似，但有如下特点：

暴发流行均由于粪便污染水源所致散发多由于不洁食物或饮品所引起；

隐性感染多见，能性感染主要发生于成年；

原有慢性 HBV 感染者或晚期孕妇感染 HEV 后病死率高；

有春、冬季高峰；

抗 HEV 多在短期内消失，少数可持续 1 年以上。

【临床表现】

不同类型病毒引起的肝炎潜伏期不同，甲型肝炎 2~6 周，平均 4 周；乙型肝 1~6 个月，平均 3 个月；丙型肝炎 2 周~6 个月，平均 40 天；丁型肝炎 4~20 周；戊型肝炎 2~9 周，平均 6 周。

1. 急性肝炎

急性肝炎包括急性黄疸型肝炎和急性无黄疸型肝炎。各型病毒均可引起，甲、戊型不转为慢性，成年急性乙型肝炎约 10%转为慢性，丙型超过 50%，丁型约 70%转为慢性。

临床经过的阶段性较为明显，可分为以下三期：

黄疸前期：甲、戊型肝炎起病较急，约 80% 患者有发热伴畏寒。乙、丙、丁型肝炎起病相对较缓，仅少数有发热。此期主要症状有全身乏力、食欲减退、恶心、呕吐、厌油、腹胀、肝区痛、尿色加深等，肝功能改变主要为丙氨酸氨基酸转移酶(ALT)、天门冬氨酸转移酶(AST)升高，本期持续 5~7 天。

黄疸期：尿黄加深，巩膜和皮肤出现黄疸，1~3 周内黄疸达高峰。部分患者叫有一过性粪色变浅、皮肤瘙痒、心动徐缓等梗阻性黄疸表现。肝大，质软，边缘锐利，有压痛及叩痛。部分病例有轻度脾大。肝功能检查示 ALT 和胆红素升高，尿胆红素阳性，本期持续 2~6 周。

恢复期：症状逐渐消失，黄疸消退，肝、脾回缩，肝功能逐渐恢复正常，本期持续 1~2 个月。

总病程为2~4个月。

急性无黄疸型肝炎 除无黄疸外，其他临床表现与黄疸型相似。无黄疸型发病率远高于黄疸型。无黄疸型通常起病较缓慢，症状较轻，主要表现为全身乏力、食欲下降、恶心、腹胀、肝区痛、肝大、有轻压痛及叩痛等。恢复较快，病程多在3个月内。有些病例无明显症状，易被忽视。

急性丙型肝炎的临床表现一般较轻，多无明显症状，少数病例有低热，血清ALT轻、中度升高。无黄疸型占2/3以上，即使是急性黄疸型病例，黄疸亦属轻度。

急性丁型肝炎可与HBV感染同时发生(同时感染，nfeetion)或继发于HBV感染者中(重 叠感染，superinfection)，其临床表现部分取决于HBV感染状态。同时感染者临床表现与急性乙型肝炎相似，大多数表现为黄疸型，有时可见双峰型ALT升高，分别表示HBV和HDV感染，预后良好，极少数可发展为重型肝炎。重叠感染者病情常较重，ALT升高可达数月之久，部分可进展为急性重型肝炎，此种类型大多会向慢性化发展。

戊型肝炎与甲型肝炎相似，但黄疸前期较长，平均10天，症状较重，自觉症状至黄疸出现后4~5天才开始缓解，病程较长。晚期妊娠妇女患戊型肝炎时，容易发生肝衰竭。HBV慢性感染者重叠戊型肝炎时病情较重，病死率增高。老年患者通常病情较重，病程较长，病死率较高。一般认为戊型肝炎无慢性化过程也无慢性携带状态，但临床观察、流行病学调查和肝组织检查均发现，3%~10%的急性戊型肝炎患者可有病程超过6个月的迁延现象。

2. 慢性肝炎

急性肝炎病程超过半年，或原有乙、丙、丁型肝炎急性发作再次出现肝炎症状、体征及肝功能异常者。发病日期不明确或虽无肝炎病史，但根据肝组织病理学或根据症状、体征、化验及B超检查综合分析符合慢性肝炎表现者。依据病情轻重可分为轻、中、重三度，依据HBeAg阳性与否可分为HBeAg阳性或阴性慢性乙型肝炎，分型有助于判断预后及指导抗病毒治疗。

(1)轻度。病情较轻，可反复出现乏力、头晕、食欲有所减退、厌油、尿黄、肝区不适、睡眠欠佳、肝稍大有轻触痛，可有轻度脾大，部分病例症状、体征缺如。肝功能指标仅1项或2项轻度异常。

(2)中度。症状、体征、实验室检查居于轻度和重度之间。

(3)重度。有明显或持续的肝炎症状，如乏力、食欲缺乏、腹胀、尿黄、便秘等，伴肝病面容、肝掌、蜘蛛痣、脾大，ALT和(或)AST反复或持续升高，白蛋白降低、丙种球蛋白明显升高。

3. 重型肝炎(肝衰竭)

重型肝炎(肝衰竭)的病因及诱因复杂，包括重叠感染(如乙型肝炎重叠其他肝炎病毒感染)、机体免疫状况、妊娠、HBV前C区突变、过度疲劳、精神刺激、饮酒、应用肝损药物、合并细菌感染、有其他并发症(如甲状腺功能亢进、糖尿病)等。表现为一系列肝衰竭症候群：极度乏力，严重消化道症状，神经、精神症状(嗜睡、性格改变、烦躁不安、昏迷等)，有明显出血现象，凝血酶原时间显著延长及凝血酶原活动度(PTA)<40%。黄疸进行性加深，胆红素每天上升≥17.1μmol/L或大于正常值10倍。可出现中毒性鼓

肠，肝臭，肝肾综合征等。可见扑翼样震颤及病理反射，肝浊音界进行性缩小。胆酶分离，血氨升高等。

4. 淤胆型肝炎

淤胆型肝炎(cholestatic hepatitis)是以肝内淤胆为主要表现的一种特殊临床类型，又称为毛细胆管炎型肝炎。急性淤胆型肝炎起病类似急性黄疸型肝炎，大多数患者可恢复。在慢性肝炎或肝硬化基础上发生上述表现者，为慢性淤胆型肝炎。有梗阻性黄疸临床表现：皮肤瘙痒，粪便颜色变浅，肝大。肝功能检查血清总胆红素明显升高，以直接胆红素为主，γ-谷氨酰转肽酶(gamma glutamyltranspeptidase，γ-GT 或 GGT)，碱性磷酸酶(alkaline phosphatase，ALP 或 AKP)，总胆汁酸(total bile acirl，TRA)，胆固醇(cholesterol，CHO)等升高。有黄疸深，消化道症状较轻、ALT、AST 升高不明显，PT 无明显延长，PTA〉60%。

5. 肝炎肝硬化

根据肝脏炎症情况分为活动性与静止性两型。

活动性肝硬化：有慢性肝炎活动的表现，乏力及消化道症状明显，ALT 升高，黄疸，白蛋白下降。伴有腹壁、食管静脉曲张，腹水，肝缩小质地变硬，脾进行性增大，门静脉、脾静脉增宽等门脉高压症表现。

静止性肝硬化：无肝脏炎症活动的表现，症状轻或无特异性，可有上述体征。

根据肝组织病理及临床表现分为代偿性肝硬化和失代偿性肝硬化。

代偿性肝硬化：指早期肝硬化，属 Child-Pugh A 级。$ALB \geq 35g/L$，$TBil < 35\mu mol/L$，$PTA > 60\%$。可有门脉高压症，但无腹水、肝性脑病或上消化道大出血。

失代偿性肝硬化：指中晚期肝硬化，属 Child-Pugh B、C 级。有明显肝功能异常及失代偿征象，如 $ALB < 35g/L$，$A/G < 1.0$，$TBil > 35\mu mol/L$，$PTA < 60\%$。可有腹水、肝性脑病或门静脉高压引起的食管、胃底静脉明显曲张或破裂出血。

未达到肝硬化诊断标准，但肝纤维化表现较明显者，称为肝炎肝纤维化。主要根据组织病理学作出诊断，瞬时弹性波扫描(Fibroscan)及血清学指标如透明质酸(hyaluronic acid，HA)、III 型前胶原肽(procollagen III peptide，P III P)、IV 型胶原(collagen IV，C-IV)、层连蛋白(laninin，LN)等可供参考。

几种特殊人群的肝炎：①小儿病毒性肝炎：小儿急性肝炎多为黄疸型，以甲型肝炎为主 般起病较急，黄疸前期较短，消化道症状和呼吸道症状较明显，早期易误诊为上呼吸道感染或消化道疾病。婴儿肝炎病情常较重，可发展为急性重型肝炎。小儿慢性肝炎以乙型和丙型多见，病情大多较轻。因小儿免疫系统发育不成熟，感染 HBV 后易形成免疫耐受状态，多无症状而成为隐性感染，或成为无症状 HBV 携带者。②老年病毒性肝炎：老年急性病毒性肝炎以戊型肝炎较多见，黄疸型为主。老年慢性肝炎较急性者为多，特点是黄疸较深，持续时间较长，易发生淤胆；并发症较多；肝衰竭发生率高，预后较差。③妊娠期合并肝炎：病情常较重，尤其以妊娠后期为严重，产后大出血多见，较易发展为肝衰竭，病死率较高。妊娠合并戊型肝炎时病死率可高达 30%以上。

【实验室检查】

(1)血常规。

急性肝炎初期白细胞总数正常或略高，黄疸期白细胞总数正常或稍低，淋巴细胞相对增多，偶可见异型淋巴细胞。重型肝炎时白细胞可升高，红细胞及血红蛋白可下降。肝炎肝硬化伴脾功能亢进者可有血小板、红细胞、白细胞减少的“三少”现象。

(2)尿常规。

尿胆红素和尿胆原的检测有助于黄疸的鉴别诊断。肝细胞性黄疸时两者均阳性，溶血性黄疸以尿胆原为主，梗阻性黄疸以尿胆红素为主。

(3)肝功能检查。

①血清酶测定。

丙氨酸氨基转移酶(ALT)：ALT在肝细胞损伤时释放入血，是目前临床上反映肝细胞功能的最常用指标。ALT对肝病诊断的特异性比天冬氨酸转氨酶(AST)高。急性肝炎时ALT明显升高，AST/ALT常小于1，黄疸出现后ALT开始下降。慢性肝炎和肝硬化时ALT轻度或(至)中度升高或反复异常，AST/ALT常大于1。重型肝炎患者可出现ALT快速下降，胆红素不断升高的“胆酶分离”现象，提示肝细胞大量坏死。

天冬氨酸氨基转移酶(AST)：此酶在心肌含量最高，依次为心、肝、骨骼肌、肾、胰。在肝脏，AST 80%存在于肝细胞线粒体中，仅20%在胞质。肝病时血清AST升高，提示线粒体损伤，病情易持久且较严重，通常与肝病严重程度呈正相关。急性肝炎时如果AST持续在高水平，有转为慢性肝炎的可能。

血清酶测定还包括乳酸脱氢酶(LDH)，γ-氨酰转肽酶(γ-GT)，胆碱酸酶，碱性磷酸酶(ALP或AKP)的检查。

②血清蛋白。

主要由白蛋白(A)、α_1、α_2、β及γ球蛋白(G)组成。前4种主要由肝细胞合成，丁球蛋白主要由浆细胞合成。白蛋白半衰期较长，约21天。急性肝炎时，血清蛋白质和量可在正常范围内。慢性肝炎中度以上、肝硬化(亚急性及慢性)、重型肝炎时白蛋白下降，球蛋白升高，白/球(A/G)比例下降甚至倒置。

③胆红素。

急性或慢性黄疸型肝炎时血清胆红素升高，活动性肝硬化时亦可升高且消退缓慢，重型肝炎常超过171μmol/L。胆红素含量是反映肝细胞损伤严重程度的重要指标。直接胆红素在总胆红素中的比例尚可反映淤胆的程度。

PT(凝血酶原时间)、PTA(凝血酶原活动度)、INR(国际标准化比率)、PT延长或PTA下降与肝损害严重程度密切相关。PTA≤40%是诊断重型肝炎或肝衰竭的重要依据。INR是根据PT与ISI(国际敏感度指数)的比值计算而得出。健康成年人INR大约为1.0，INR值越大表示凝血功能越差。

④甲胎蛋白。

甲胎蛋白(AFP)含量的检测是筛选和早期诊断HCC的常规方法，但应注意有假阴性的情况。肝炎活动和肝细胞修复时AFP有不同程度的升高，应动态观察。

⑤肝纤维化指标。

HA(透明质酸酶)、PⅢP(Ⅲ型前胶原氨基端肽)、CL-Ⅳ(Ⅳ型胶原)、LN(板层素或层粘连蛋白)、PH(脯氨酰羟化酶)等，对肝纤维化的诊断有一定参考价值，但缺乏特异性。

【影像学检查】

B型超声有助于鉴别阻塞性黄疸、脂肪肝及肝内占位性病变。对肝硬化有较高的诊断价值，能反映肝脏表面变化，门静脉、脾静脉直径，脾脏大小，胆囊异常变化，腹水等。在重型肝炎中可动态观察肝脏大小变化等。彩色超声尚可观察到血流变化。CT、MRI的应用价值基本同B超，但价格较昂贵。

肝组织病理检查。肝组织病理检查对明确诊断、衡量炎症活动度、纤维化程度及评估疗效具有重要价值。还可在肝组织中原位检测病毒抗原或核酸，以助确定病毒复制状态。

【并发症】

肝内并发症多发生于HBV和(或)HCV感染，主要有肝硬化、肝细胞癌、脂肪肝。肝外并发症包括胆道炎症、胰腺炎、糖尿病、甲状腺功能亢进、再生障碍性贫血、溶血性贫血、心肌炎、肾小球肾炎、肾小管性酸中毒等。

不同病原所致重型肝炎均可发生严重并发症，主要有：

肝性脑病(hepatic encephalopathy，HE)肝功能不全所引起的神经精神症候群，可发生于重型肝炎和肝硬化。常见诱因有上消化道出血、高蛋白饮食、感染、大量排钾利尿、大量放腹水、使用镇静剂等，其发生可能是多因素综合作用的结果。肝性脑病根据临床症状、体征及脑电波异常程度分为四度：Ⅰ度，轻型肝性脑病，以精神症状为主，有性格行为改变，定时、定向、计算力等异常。Ⅱ度，中型肝性脑病，以神经症状为主，扑翼样震颤可引出，肌张力增强，腱反射亢进，嗜睡，脑电图有异常波，性格行为异常，属昏迷前期。Ⅲ度，重度肝性脑病，昏睡状态，对刺激尚有反应，脑电图见异常波和三相慢波，属昏迷期。Ⅳ度，深昏迷状态，对刺激无反应，腱反射消失。如未达到Ⅰ度，但有智力下降，反应时间延长，操作能力减退等表现者，称为亚临床型肝性脑病。

上消化道出血病因主要有：①凝血因子、血小板减少；②胃黏膜广泛糜烂和溃疡；③门脉高压。上消化道出血可诱发肝性脑病、腹水、感染、肝肾综合征等。

肝肾综合征(hepatorenal syndrome)往往是严重肝病的终末期表现。约半数病例有出血、放腹水、大量利尿、严重感染等诱因。主要表现为少尿或无尿、氮质血症、电解质平衡失调。

感染重型肝炎易发生难于控制的感染，以胆道、腹膜、肺多见，革兰阴性杆菌为主，细菌主要来源于肠道，且肠道中微生态失衡与内源性感染的出现密切相关，应用广谱抗生素后，也可出现真菌感染。

【鉴别诊断】

1. 其他原因引起的黄疸

溶血性黄疸 常有药物或感染等诱因，表现为贫血、腰痛、发热、血红蛋白尿、网织红细胞升高，黄疸大多较轻，主要为间接胆红素升高。治疗后(如应用肾上腺皮质激素)黄疸消退快。

肝外梗阻性黄疸 常见病因有胆囊炎、胆石症、胰头癌、壶腹周围癌、肝癌、胆管癌、阿米巴脓肿等。有原发病症状、体征，肝功能损害轻，以直接胆红素为主。肝内外胆管扩张。

2. 其他原因引起的肝炎

其他病毒所致的肝炎 巨细胞病毒感染、传染性单核细胞增多症等。可根据原发病的临床特点和病原学、血清学检查结果进行鉴别。

感染中毒性肝炎 如流行性出血热、恙虫病、伤寒、钩端螺旋体病、阿米巴肝病、急性血吸虫病、华支睾吸虫病等。主要根据原发病的临床特点和实验室检查加以鉴别。

药物性肝损害 有使用肝损害药物的历史，停药后肝功能可逐渐恢复。肝炎病毒标志物阴性。

酒精性肝病 有长期大量饮酒的历史，肝炎病毒标志物阴性。

自身免疫性肝炎 主要有原发性胆汁性肝硬化(PBC)和自身免疫性肝病(AIH)。PBC主要累及肝内胆管，自身免疫性肝病主要破坏肝细胞。诊断主要依靠自身抗体的检测和病理组织检查。

脂肪肝及妊娠急性脂肪肝脂肪肝大多继发于肝炎后或身体肥胖者。血中三酰甘油多增高，B超有较特异的表现。妊娠急性脂肪肝多以急性腹痛起病或并发急性胰腺炎，黄疸深，肝缩小，严重低血糖及低蛋白血症，尿胆红素阴性。

肝豆状核变性(Wilson disease)血清铜及铜蓝蛋白降低，眼角膜边沿可发现凯-弗环(Kayser-Fleischer ring)。

【预后】

(1)急性肝炎。急性肝炎多数患者在3个月内临床康复。甲型肝炎预后良好，病死率约为0.01%；急性乙型肝炎60%~90%可完全康复，10%~40%转为慢性或病毒携带；急性丙型肝炎易转为慢性或病毒携带；急性丁型肝炎重叠HBV感染时约70%转为慢性；戊型肝炎病死率为1%~5%，妊娠晚期合并戊型肝炎病死率为10%~40%。

(2)慢性肝炎。轻度慢性肝炎患者一般预后良好，重度慢性肝炎预后较差，约80%五年内发展成肝硬化，少部分可转为肝细胞癌(HCC)。中度慢性肝炎预后居于轻度和重度之间。慢性丙型肝炎预后较慢 性乙型肝炎稍好。

(3)重型肝炎(肝衰竭)。重型肝炎(肝衰竭)预后不良，病死率为50%~70%。年龄较小、治疗及时、无并发症者病死率较低。急性重型肝炎(肝衰竭)存活者，远期预后较好，多不发展为慢性肝炎和肝硬化；亚急性、重型肝炎(肝衰竭)存活者多数转为慢性肝炎或肝炎后肝硬化；慢性重型肝炎(肝衰竭)病死率最高，可达80%以上，存活者病情可多次反复。

(4)淤胆型肝炎。淤胆型肝炎急性者预后较好，一般都能康复。慢性者预后较差，容易发展成胆汁性肝硬化。

(5)肝炎肝硬化。静止性肝硬化可较长时间维持生命。活动性肝硬化预后不良。

【治疗】

病毒性肝炎的治疗应根据不同病原、不同临床类型及组织学损害区别对待。各型肝炎的治疗原则均以足够的休息、合理饮食，辅以适当药物，避免饮酒、过劳和损害肝脏药物。

1. 急性肝炎

急性肝炎一般为自限性，多可完全康复。以一般治疗及对症支持治疗为主，急性期应进行隔离，症状明显及有黄疸者应卧床休息，恢复期可逐渐增加活动量，但要避免过劳。饮食宜清淡，易消化，适当补充维生素，热量不足者应静脉补充葡萄糖。避免饮酒和应用损害肝脏药物，辅以药物对症及恢复肝功能，药物不宜太多，以免加重肝脏负担。一般不采用抗病毒治疗，急性丙型肝炎则例外，因急性丙型肝炎容易转为慢性，早期应用抗病毒治疗可降低转慢率。可选用干扰素或长效干扰素，加用利巴韦林(ribavirin)治疗。

2. 慢性肝炎

慢性肝炎根据患者具体情况采用综合性治疗方案，包括合理的休息和营养，心理平衡，改善和恢复肝功能，调节机体免疫，抗病毒，抗纤维化等治疗。

(1)一般治疗。

适当休息：症状明显或病情较重者应强调卧床休息，卧床可增加肝脏血流量，有助恢复。病情轻者以活动后不觉疲乏为度。

合理饮食：适当的高蛋白、高热量、高维生素的易消化食物有利肝脏修复，不必过分强调高营养，以防发生脂肪肝，避免饮酒。

心理平衡：使患者有正确的疾病观，对肝炎治疗应有耐心和信心。

(2)药物治疗。

改善和恢复肝功能：①非特异性护肝药：维生素类、还原型谷胱甘肽、葡醛内(肝泰乐)等；②降酶药：五味子类(联苯双酯等)、山豆根类(苦参碱等)、甘草提取物(甘草酸、甘草苷等)、垂盆草、齐墩果酸等有降转氨酶作用。部分患者停药后有ALT反跳现象，故显效后逐渐减量至停药为宜；③退黄药物：丹参、茵枝黄、门冬氨酸钾镁、前列腺素E、低分子右旋糖酐、苯巴比妥、山莨着碱、糖皮质激素等。但应用皮质激素须慎重，症状较轻，肝内淤胆严重，其他退黄药物无效，无禁忌证时才可选用。

免疫调节：如胸腺肽或胸腺素、转移因子、特异性免疫核糖核酸等。某些中草药提取物如猪苓多糖、香菇多糖、云芝多糖等亦有免疫调节效果。

抗肝纤维化：主要有丹参、冬虫夏草、核仁提取物等。丹参抗纤维化作用有较一致共识，研究显示其能提高肝胶原酶活性，抑制Ⅰ、Ⅲ、Ⅳ型胶原合成。Y-干扰素在体外试验中抗纤维化作用明显，有待更多临床病例证实。

抗病毒治疗：目的是抑制病毒复制，减少传染性；改善肝功能；减轻肝组织病变；提高生活质量；减少或延缓肝硬化、肝衰竭和HCC的发生，延长存活时间。符合适应证者应尽可能进行抗病毒治疗。

支持和对症治疗：患者应卧床休息，实施重症监护，密切观察病情，防止院内感染。

饮食方面要避免油腻，宜清淡易消化，由于重型肝炎患者食欲极差，肝脏合成能力低下，热量摄入不足，应给予以碳水化合物为主的营养支持治疗，以减少脂肪和蛋白质的分解。补液量约 1500～2000ml/ d，注意出入量的平衡，尿量多时可适当多补。注意维持电解质及酸碱平衡。供给足量的白蛋白，尽可能减少饮食中的蛋白质，以控制肠内氨的来源，维持正氮平衡、血容量和胶体渗透压，减少脑水肿和腹水的发生。补充足量维生素 B、C 及 K。输注新鲜血浆、白蛋白或免疫球蛋以加强支持治疗。禁用对肝、肾有损害的药物。

(3)促进肝细胞再生。

肝细胞生长因子(HGF)：临床上应用的 HGF 主要来自动物(猪、牛等)的乳肝或胎肝，为小分子多肽类物质。静脉滴注 120～200mg/d，疗程一个月或更长，可能有一定疗效。

前列腺素 E(PGE)：可保护肝细胞，减少肝细胞坏死、改善肝脏的血液循环，促进肝细胞再生。临床应用后部分患者肝功能有明显改善，阻止重型肝炎病情的发展。

肝细胞及肝干细胞或干细胞移植：重症肝炎(肝衰竭)能否存活，主要取决于肝细胞再生，外源性补充肝细胞或干细胞可以帮助机体补充或促进新生肝细胞产生。但有效性和安全性有待进一步证实。

抗病毒治疗 重型肝炎(肝衰竭)的抗病毒治疗：乙型重型肝炎(肝衰竭)患者 HBV 复制活跃应尽早抗病毒治疗；抗病毒治疗药物选择以核核苷类药物为主。一般不主张使用干扰素类；抗病毒治疗对患者近期病情改善不明显，但对长期治疗及预后有重要意义。

免疫调节 重症肝炎(肝衰竭)发生、发展过程，机体免疫子变化明显。早期多以免疫亢进为主，后期以免疫抑制为主。故早期适当使用激素，后期使用免疫增强药是有益的。激素用要慎重，必须严格掌握适应证。对发病时间较早，ALT 水平较高，无肝硬化及其他激素禁忌患者，可短程使用。

【预防】

1. 控制传染源

肝炎患者和病毒携带者是本病的传染源。急性患者应隔离治疗至病毒消失。慢性患者和携带者可根据病毒复制指标评估传染性大小。符合抗病毒治疗情况的尽可能予抗病毒治疗。凡现症感染者不能从事食品加工、饮食服务、托幼 保育等工作。对献血员进行严格筛选，不合格者不得献血。

2. 切断传播途径

(1)甲型和戊型肝炎 搞好环境卫生和个人卫生，加强粪便、水源管理，做好食品卫生、食具消毒等工作，防止“病从口入”。

(2)乙、丙、丁型肝炎加强托幼保育单位及其他服务行业的监督管理，严格执行餐具、食具消毒制度。理发、美容、洗浴等用具应按规定进行消毒处理。养成良好的个人卫生习惯，接触患者后用肥皂和流动水洗手。提倡使用一次性注射用具，各种医疗器械及用具实行一用一消毒措施。对带血及体液污染物应严格消毒处理。加强血制品管理，每一个献血员和每一个单元血液都要经过最敏感方法检测 HBsAg 和抗-HCV，有条件时应同时检测 HBV DNA 和 HCV RNA。采取主动和被动免疫阻断母婴传播。

3. 保护易感人群

(1)甲型肝炎。

目前，在国内使用的甲肝疫苗有甲肝纯化灭活疫苗和减毒活疫苗两种类型。灭活疫苗的成分是灭活后纯化的全病毒颗粒，而减毒活疫苗的成分以减毒的活病毒为主。接种对象为抗 HAV IgG 阴性者。在接种程序上，减毒活疫苗接种一针，灭活疫苗接种两针(0、6 个月)。于上臂三角肌处皮下注射，一次 1.0ml。甲肝减毒活疫苗应在冷藏条件下运输，2~8℃保存，有效期为 5 个月。对近期有与甲型肝炎患者密切接触的易感者，可用人丙种球蛋白进行被动免疫预防注射，时间越早越好，免疫期为 2~3 个月。

(2)乙型肝炎。

乙型肝炎疫苗：接种乙型肝炎疫苗是我国预防和控制乙型肝炎流行的最关键措施。易感者均可接种，新生儿应进行普种，与 HBV 感染者密切接触者、医务工作者、同性恋者、药瘾者等高危人群及从事托幼保育、食品加工、饮食服务等职业人群亦是主要的接种对象。现普遍采用 0、1、6 个月的接种程序，每次注 10~20pLg(基因工程疫苗)，高危人群可适量加大剂量，抗 HBs 阳转率可达 90%以上。接种后随着时间的推移，部分人抗 HBs 水平会逐渐下降，如果少于 10mlU/ml，宜加强注射一次。HBV 慢性感染母亲的新生儿出生后立即注射乙型肝炎免疫球蛋白(HBIG)100~2001U，3 天后接种乙肝疫苗，出生后 1 个月重复注射一次，6 个月时再注射乙肝疫苗，保护率可达 95% 以上。

乙型肝炎免疫球蛋白(HBIG)：属于被动免疫。从人血液中制备。主要用于 HBV 感染母亲的新生儿及暴露于 HBV 的易感者，应及早注射，保护期约 3 个月。

戊型肝炎“重组戊型肝炎疫苗(大肠埃希菌)”：由我国著名专家夏宁邵教授带领的研究组历经 14 年研制成功，2012 年获得国家一类新药证书，成为世界上第一个用于预防戊型肝炎的疫苗。在 97356 位 16~65 岁临床志愿者参加的临床试验中，以肌内注射方式，接种该种疫苗，采用 0、1、6 个月接种方案，在注射完第三针疫苗后的 13 个月内，使用安慰 受试者中有 15 人感染戊型肝炎，而接种了疫苗的志愿者没有被感染，保护率达到 100%。

目前对丙、丁型肝炎尚缺乏特异性免疫预防措施。

第二节 慢性非传染性疾病的预防

一、高血压

高血压是指在未服用抗高血压药物的情况下，经非同日三次测量血压，收缩压≥140mmHg，和(或)舒张压 ≥90mmHg。

早期，高血压患者可表现为头痛、头晕、耳鸣、心悸、手足麻木、疲乏无力、烦躁易怒、记忆力减退、注意力不集中等症状，多为高级神经功能失调所致，轻重程度与血压增高程度可不一致。

后期，血压常持续在较高水平，并伴有心、脑、肾等器官受损表现。这些器官受损可以是高血压直接损害造成的，也可以是间接地通过加速动脉粥样硬化性疾病产生而造成的。这些器官的受损早期可无症状，最后导致功能障碍，甚至功能衰竭。

因此，积极预防高血压，对于降低心脑血管疾病的发病率，减少死亡率，具有重要意义。

具体方法如下：

(1)定期测量血压。这是早期发现症状性高血压的有效方法。对有高血压家族史的人，从儿童期就应定期检查血压。正常小儿的收缩压 =年龄×2+80(mmHg)，舒张压为收缩压的2/3~3/5。学龄儿童正常最高值为120 / 80mmHg。对无高血压家族史的人，应从35岁起定期测量血压。有的高血压患者可维持10~20年无症状，一旦发现已是Ⅱ期以上。

(2)限盐。大量研究证明，摄盐量与高血压发生率成正相关。终生低盐饮食的人，几乎不会发生高血压。世界卫生组织(WHO)推荐，每人每天的食盐摄入量应低于6g，这对于预防高血压具有良好的作用。而有高血压家族史的人，最好每天低于3g。

(3)戒烟。吸烟可以使血压升高，心跳加快。吸一支烟，可使血压上升25mmHg。尼古丁作用于血管运动中枢，同时还使肾上腺素分泌增加，引起小动脉收缩。长期大量吸烟，可使小动脉持续收缩，久之动脉壁变性、硬化、管腔变窄，形成持久性高血压。

(4)控制体重。超重给肌体带来许多副作用。肥胖者高血压的患病率是体重正常者的2~6倍，而降低体重则可使血压正常化。通过对中度高血压患者进行5~10年的观察，发现平均体重下降5%，可使2/3依靠药物降压的患者放弃服药；同时，降低体重还可以明显减少降压药的剂量。

(5)积极参加体育锻炼。缺乏体育锻炼，易使脂肪堆积，体重增加，血压升高。经常体育锻炼，可以增加能量消耗，改善脂质代谢，防止体脂和血脂增多。运动还能提高人体血液中一种对抗动脉粥样硬化的脂蛋白——高密度脂蛋白的含量，改善心脏功能，增加心脏的侧支循环，从而也起到预防冠心病的良好作用。

(6)及时控制临界高血压。血压在140~149 / 90~94mmHg时称为临界高血压。临界高血压多无症状，但必须予以重视。美国45岁男性中，舒张压为94mmHg者，5年死亡率较血压正常者高2倍。对于临界高血压者，首先应采用非药物疗法，如限盐、戒烟、控制体重、积极参加体育锻炼等。

二、糖尿病

糖尿病是一种与遗传和环境因素相关的内分泌代谢性疾病，也是常见的老年病，是由于“胰岛素”分泌不足或/胰岛素作用不足(靶组织细胞对胰岛素敏感性降低)引起的以高血糖为主要特点的全身性(碳水化合物、脂肪、蛋白质)代谢混乱性疾病，早期无症状，发展到症状期，临床上可以出现多尿、多饮、多食、疲乏、消瘦等症群。严重时发生酮症酸中毒或高渗昏迷。在病程中常并发心脏、血管、肾、眼、神经系统疾病及感染，是危害人体健康较严重的、最常见的一种代谢混乱性疾病。

糖尿病控制不良，将使病人发生致死、致残的晚期并发症，给社会和家庭带来沉重的负担，但只要严格积极地配合治疗，使坏死胰岛素细胞组织得到修复，血糖恢复正常，糖尿病病人是可以得到康复长寿的。

(一)糖尿病的主要症状

糖尿病的主要症状是多尿、多饮、多食及体重减轻，即所谓“三多一少”。

(1)多尿：由于胰岛素分泌减少，或虽有足量甚至较多胰岛素，但不能充分发挥作用，使血中葡萄糖(血糖)不能有效利用而堆积升高，形成高血糖。正常时，随血流经肾脏被肾小球滤过进入肾小管，这些血糖又能被远端肾小管全部重新吸收回收到血流，因此尿中不含葡萄糖。当血糖超过10毫摩尔/升(180毫克/分升)时，被肾小球滤过的过高浓度的葡萄糖超过肾小管重新吸收能力时，则葡萄糖随尿排出，即出现尿糖。尿中排出的葡萄糖有利尿作用，因而排尿次数增多，尿量增加，血尿糖增高。

(2)多饮：多尿使人体丢失水分过多，令人烦渴多饮。排尿越多，口渴越甚，可见是多尿引起多饮，并非多饮导致多尿。

(3)多食：体内的葡萄糖原来由胰岛素经过复杂的作用产生能量，用以维持体内各种脏器的生理活动，及人体各种生活及生产活动的需要，糖尿病人血糖虽高但不能利用，因而能量缺乏，为了补偿损失，维持人体活动，病人善饥，食量大增，然而进食虽多，因葡萄糖不能充分利用，反而使血糖更高，尿糖更高，反复形成不良循环。

(4)消瘦：体内能量不足，改而用脂肪、蛋白质供能。由于原来储存的脂肪、蛋白质被动员作为能量来源来消耗，逐渐出现全身虚弱无力，劳动能力减退，精神萎靡不振，且严重多饮多尿可扰乱日常生活及睡眠规律，进一步加重症状。

(二)如何预防糖尿病

(1)饮食起居要有规律：必须做到按时起床，按时休息，实践证实有规律的生活可以使机体新陈代谢保持在最佳状态，是糖尿病控制病情的首要条件，建立合理、科学的饮食习惯，是糖尿病治疗的基础；加强体育运动可以起到类似胰岛素作用，有助于降糖、降脂、改善血液流变，提高免疫功能。

(2)戒烟忌酒：长期饮酒会使糖尿病难以控制，病情加重，酒中的过量乙醇能直接损坏胰腺，使原本受损害的胰腺功能再受打击，难以恢复。香烟中的尼古丁刺激肾上腺素的分泌，可使血糖升高，使血小板黏着性增加，促使动脉硬化。吸烟的糖尿病人，肾病发生率是非吸烟者的2倍，可见烟酒对糖尿病患者百害而无一益，应严格戒烟忌酒。

(3)稳定情绪：越来越多的实践证明，糖尿病病人在疲劳、焦虑、失望、情绪激动时，引起神经内分泌反应性增强，激素分泌增多，胰岛素分泌减少，而引起血糖升高。

(4)糖尿病患者不会影响其获得美满的婚姻与家庭。糖尿病患者性功能减退或阳痿，见于长期病情控制不满意的患者，可望在血糖得到控制后或适当治疗得到恢复，切忌滥服壮阳药物，耗伤津液，加速糖尿病的进展。

三、肿瘤

肿瘤(tumor，neoplasm)是以细胞异常增殖为特点的一大类疾病，常在机体局部形成肿块(mass)。肿瘤的种类繁多，具有不同的生物学行为(biologic behavior)和临床表现。有些肿瘤生长缓慢，没有侵袭性(aggressiveness)或者侵袭性弱，不从原发部位播散到身体其他部位，对人体的危害小，医学上称为良性肿瘤(benign tumo)。有些肿瘤生长迅速，侵袭性强，可以从原发部位播散到身体其他部位，对人体的危害大，医学上称为恶性肿瘤

(malignant tumor)。平常所谓癌症(cancer)，即指这些严重危害人类健康的恶性肿瘤。

近年国际期刊发表的统计数据显示，恶性肿瘤仍是我国居民死亡的主要原因之一。恶性肿瘤可以发生在各个年龄段。上皮组织恶性肿瘤(癌，carcinoma)的发病率一般随着年龄的增加而增加，尤其是在40岁以上的人群中，癌的发生率显著增加。有一些肿瘤则好发于儿童或青年人。恶性肿瘤对人类的危害，不仅是威胁患者的生命，还在于它给患者带来的躯体痛苦、精神压力和经济负担。肿瘤的诊断预防和治疗，是医学科学重要的组成部分，形成一个专门的分类——肿瘤学(oncology)。

肿瘤是机体的细胞异常增殖形成的新生物，常表现为机体局部的异常组织团块(肿块)。生物医学研究工作表明，肿瘤形成(neolrasia)是在各种致瘤因素作用下，细胞生长调控发生严重紊乱的结果。这种导致肿瘤形成的细胞增殖称为肿瘤性增殖(neoplastic proliferation)。与肿瘤性增殖相对的概念是非肿瘤性增殖(non-neoplastic proliferation)。非肿瘤性增殖可见于正常的细胞更新、损伤引起的防御反应、修复等情况，通常是符合机体需要的生物学过程，受到控制，有一定限度；引起细胞增殖的原因消除后一般不再继续增殖的细胞或组织能够分化成熟。

(一)肿瘤的大体形态

(1)数目。一位肿瘤患者可以只有一个肿瘤(单发肿瘤)，也可以同时或先后发生多个原发肿瘤(多发肿瘤)。有些类型的肿瘤，比如消化道的癌，单发的比较多。有些肿瘤则表现为多发性肿瘤如一种具有特殊的基因变化的疾病——神经纤维瘤病，患者可有数十个甚至数百个神经纤维瘤。

(2)大小。肿瘤的体积差别很大。极小的肿瘤，例如甲状腺的微小癌，肉眼观察很难查见，需在显微镜下才能观察到。很大的肿瘤，重量可达数千克甚至数千克，如发生在卵巢的囊腺瘤。肿瘤的体积与很多因素有关，如肿瘤的性质(良性还是恶性)、生长时间和发生部位等。发生在体表或大的体腔(如腹腔)内的肿瘤，生长空间充裕，体积可以很大；发生在密闭的狭小腔道(如颅腔、椎管)内的肿瘤，生长受限，体积通常较小。一般而言，恶性肿瘤的体积愈大，发生转移的机会也愈大。

(3)形状。肿瘤的形状可因其组织类型、发生部位、生长方式和良恶性质的不同而不同。医学上使用一些形象的术语来描述肿瘤的形状，如：乳头(papillary)、绒毛状(villous)、息肉状(polypoid)、结节状(nodular)、分叶状(olbular)、浸润性(tain)、溃疡状(ulcerative)和囊状(cystic)等。

(4)颜色。肿瘤的颜色由组成肿瘤的组织、细胞及其产物的颜色决定。比如，纤维组织的肿瘤，切面多呈灰白色；脂肪瘤呈黄色；血管瘤常呈红色。肿瘤可以发生一些继发性改变，如变性等，这些改变可使肿瘤原来的颜色发生变化。有些肿瘤产生色素，如黑色素瘤细胞产生黑色素，可使肿瘤呈黑褐色。

(5)质地。肿瘤质地与其类型有关，例如，脂肪瘤质地较软；还与肿瘤细胞与间质的比例有关。纤维间质较少的肿瘤，如大肠的腺瘤，质地较软；伴有纤维增生反应的浸润性癌，质地较硬。

(6)与周围组织的关系。良性肿瘤可形成包膜，与周围组织常常分界清楚。恶性肿瘤多数向周围组织中浸润性生长致界限不清，也可推挤周围组织形成假包膜。

（二）肿瘤的组织形态

肿瘤组织分为实质（parenchyma）和间质（stroma）两部分。肿瘤细胞构成肿瘤实质，其细胞形态、组成的结构或其产物是判断肿瘤的分化（differentiation）方向、进行肿瘤组织学分类（histological classfication）的主要依据。肿瘤实质是影响肿瘤生物学行为的主要因素。肿瘤间质一般由结缔组织、血管和淋巴细胞等组成，起着支持和营养肿瘤实质参与肿瘤免疫反应等作用。肿瘤间质构成的微环境对肿瘤细胞生长分化和迁移具有重要影响。

肿瘤的分化（differentiation）是指肿瘤组织在形态和功能上与某种正常组织的相似之处；相似的程度称为肿瘤的分化程度（degree of differentiation）。例如，与脂肪组织相似的肿瘤提示其向脂肪组织分化。肿瘤的组织形态和功能越是类似某种正常组织，说明其分化程度越高或分化好（well differentiated）；与正常组织相似性越小，则分化程度越低或分化差（poorly differentiated）。分化极差，以致无法判断其分化方向的肿瘤称为未分化（undifferentiated）肿瘤。

肿瘤组织结构和细胞形态与相应的正常组织有不同程度的差异，称为肿瘤的异型性（atypia）。其是区别良恶性肿瘤的重要指标。良性肿瘤的异型性较小，恶性肿瘤的异型性明显。异型性越大，肿瘤组织和细胞成熟程度和分化程度越低，与相应正常组织的差异越大。

（三）肿瘤的命名与分类

肿瘤的命名（nomenclature）和分类（classfication）是肿瘤的重要内容，医护人员必须了解肿瘤病理诊断名称的含义，正确地使用它们。在医护人员与患者的交流中，也需要适当地给患者解释这些诊断名称的含义，使他们对所患疾病有恰当的认识。

1. 肿瘤命名的一般原则

人体肿瘤的种类繁多，命名复杂。一般根据其组织或细胞类型以及生物学行为来命名。

（1）良性肿瘤命名一般原则是在组织或细胞类型的名称后面加一个“瘤”字（英文为后缀-oma）。例如：腺上皮的良性肿瘤，称为腺瘤（adenoma）；平滑肌的良性肿瘤，称为平滑肌瘤（leiomyoma）。

（2）恶性肿瘤命名。①上皮组织的恶性肿瘤统称为癌（carcinoma）。这些肿瘤表现出向某种上皮分化的特点。命名方式是在上皮名称后加一个“癌”字。例如，鳞状上皮的恶性肿瘤称为鳞状细胞癌（squamous cell ear-cinoma），简称鳞癌；腺上皮的恶性肿瘤称为腺癌（adenocarcinoma）。②间叶组织的恶性肿瘤统称为肉瘤（sarcoma）。这些肿瘤表现出向某种间叶组织分化的特点。间叶组织包括纤维组织脂肪、肌肉、血管、淋巴管、骨和软骨组织等。命名方式是在间叶组织名称之 后加“肉瘤”二字。例如：纤维肉瘤、脂肪肉瘤、骨肉瘤。同时具有癌和肉瘤两种成分的恶性肿瘤，称为癌肉瘤（carcinosarcomna）。

平常所谓“癌症”（cancer），泛指所有恶性肿，包括癌和肉瘤。

2. 分类

肿瘤的分类主要依据肿瘤的组织类型、细胞类型和生物学行为；包括各种肿瘤的临床病理特征及预后情况。于肿瘤分类十分重要，世界卫生组织（Word Health Organizaion，WHO）延请各国专家对各系统肿瘤进行分类，并根据临床与基础研究的进展，不断予以修订，形成世界上广泛使用的WHO肿瘤分类。

肿瘤分类在医学实践包括病理学实际工作中有重要作用。不同类型的肿瘤具有不同的临床病理特点、治疗反应和预后。肿瘤的正确分类是拟定治疗计划、判断患者预后的重要依据。

（四）肿瘤的生长和扩散

1．肿瘤生长

恶性肿瘤除了不断生长，还发生局部浸润(invasion)，甚至通过转移(meastasis)蔓延到其他部位。

(1)肿瘤的生长方式主要有三种：膨胀性生长(expansilve growth)、外生性生长(exophytic growth)和浸润性生长(invasive growth)。

实质器官的良性肿瘤多呈膨胀性生长，其生长速度较慢，随着体积增大，肿瘤推挤但不侵犯周围组织，与周围组织分界清楚(well-circumscribed)，可在肿瘤周围形成完整的被膜(capsule)就诊时常常可以推动手术容易摘除，不易复发。这种生长方式对局部器官组织的影响，主要是挤压(compression)。

体表肿瘤和体腔(如胸腔腹腔)内的肿瘤，或管道器官(如消化道)腔面的肿瘤，常突向表面，呈乳头状、息肉状、蕈状或菜花状。这种生长方式称为外生性生长。良性肿瘤和恶性肿瘤都可呈外生性生长，但恶性肿瘤在外生性生长的，其基底部往往也有浸润。外生性恶性肿瘤，由于生长迅速，肿瘤中央部血液供应相对不足肿瘤细胞易发生坏死，坏死组织脱落后形成底部高低不平、边缘隆起的溃疡(恶性溃疡)。

恶性肿瘤多呈浸润性生长。肿瘤细胞长入并破坏周围组织(包括组织间隙、淋巴管或血管)，这种现象叫作浸润(invasion)。浸润性肿瘤没有被膜(或破坏原来的被膜)，与邻近的正常组织无明显界限。触摸时，肿瘤固定，活动度小；手术时，需要将较大范围的周围组织一并切除，因为其中也可能有肿瘤浸润，若切除不彻底，术后容易复发。

(2)肿瘤的生长特点。

不同肿瘤的生长速度不同。良性肿瘤生长较缓慢，肿瘤生长的时间可达数年甚至数十年。恶性肿瘤生长较快，短期内形成明显的肿块。

影响肿瘤生长速度的因素很多，如肿瘤细胞的倍增时间(doubling time)、生长分数(growth fraction)、肿瘤细胞的生成和死亡的比例等。

2．肿瘤扩散

恶性肿瘤不仅可在原发部位浸润生长、累及邻近器官或组织，而且还可通过多种途径扩散到身体其他部位。这是恶性肿瘤最重要的生物学特点。

(1)局部浸润和直接蔓延

随着恶性肿瘤不断长大肿瘤细胞常常沿着组织间隙或神经东衣连续地浸润生长破坏邻近器官或组织，这种现象称为直接蔓延(direct spreading)。例如，晚期子宫颈癌可直接蔓延到直肠和膀胱。

(2)转移(metastasis)

恶性肿瘤细胞从原发部位侵入淋巴管、血管或体腔，迁徙到其他部位，继续生长，形成同样类型的肿瘤，这个过程称为转移。通过转移形成的肿瘤称为转移性肿瘤(metastatic tumor，metastasis）或继发肿瘤（secondary tumor）；原发部位的肿瘤称为原发肿瘤（primary tunor）。

发生转移是恶性肿瘤的特点，但并非所有恶性肿瘤都会发生转移。例如，皮肤的基底细胞癌，多在局部造成破坏，但很少发生转移。

恶性肿瘤通过以下几种途径转移。

淋巴道转移（lymphatic metatasis）：肿瘤细胞侵入淋巴管，随淋巴流到达局部淋巴结（区域淋巴结）。例如，乳腺外上象限发的癌常首先转移至同侧的腋窝淋巴结，形成淋巴结的转移性乳腺癌。

血道转移（hematogenous metastasis）：瘤细胞侵入血管后，可随血流到达远处的器官，继续生长，形成转移瘤。由于静脉壁较薄，同时管内压力较低，故瘤细胞多经静脉入血。少数亦可经淋巴管间接入血。

恶性肿瘤可以通过血道转移累及许多器官，但最常受累的脏器是肺和肝。

种植性转移（seeding tanscoclomio metastasis）：发生于胸腹腔等体腔内器官的恶性肿瘤，侵及器官表面时，瘤细胞可以脱落，像播种一样种植在体腔其他器官的表面，形成多个转移性肿瘤。这种播散方式称为种植性转移。

种植性转移常见于腹腔器官恶性肿瘤。

（五）肿瘤分期

肿瘤的“分期”（stage）是指恶性肿瘤的生长范围和播散程度。肿瘤体积越大，生长范围和播散程度越广，患者的预后越差。对肿瘤进行分期，需要考虑以下因素；原发肿瘤的大小，浸润深度，浸润范围邻近器官受累情况，局部和远处淋巴结转移情况，远处转移等。

肿瘤分期有多种方案。国际上广泛采用 TNM 分期（TNM classification）。T 指肿瘤原发灶的情况，随着肿瘤体积的增加和邻近组织受累范围的增加，依次用 T_1 ~ $T_。$ 来表示。Tis 代表原位癌。N 指区域淋巴结（regional lymph node）受累情况。淋巴结未受累时，用 N_0 表示。随着淋巴结受累程度和范围的增加，依次用 N_1 ~ N_n，表示。M 指远处转移（通常是血道转移），没有远处转移者用 $M_。$ 表示，有远处转移者用 M_1 表示。

（六）肿瘤对机体的影响

良性肿瘤分化较成熟，生长缓慢，在局部生长，不浸润，不转移，故一般对机体的影响相对较小，主要表现为局部压迫和阻塞症状。这些症状的有无或者严重程度，主要与肿瘤发生部位和继发变化有关。例如，体表良性肿瘤除少数可发生局部症状外，一般对机体无明显影响；但若发生在腔道或重要器官，也可引起较为严重的后果，如颅内的良性肿瘤，可压迫脑组织、阻塞脑室系统而引起颅内压增高等相应的神经系统症状。良性肿瘤有时可发生继发性改变，亦可对机体带来程度不同的影响。如子宫黏膜下肌瘤常伴有子宫内膜浅表糜烂或溃疡，可引起出血和感染。

恶性肿瘤分化不成熟，生长迅速，浸润并破坏器官的结构和功能，不可发生转移。对机体的影响严重，治疗效果尚不理想，患者的死亡率高，生存率低。恶性肿瘤除可引起局部压迫和阻塞症状外，还易并发溃疡、出血、穿孔等。肿瘤累及局部神经，可引起顽固性疼痛。肿瘤产物或合并感染可引起发热。

晚期恶性肿瘤患者，往往发生癌症性恶病质(cancer cachexia)，表现为机体严重消瘦、贫血、厌食和全身衰弱。癌症性恶病质的发生可能主要是肿瘤组织本身或机体反应产生的细胞因子等作用的结果。

肿瘤的生物学行为和对机体的影响差别很大。多数肿瘤可以划分为良性和恶性。良性肿瘤一般易于治疗，治疗效果好；恶性肿瘤危害大治疗措施复杂，效果尚不理想。若将恶性肿瘤误诊为良性肿瘤，可能延误治疗，或者治疗不彻底。相反，如把良性肿瘤误诊为恶性肿瘤，可能导致过度治疗(overtreatment)。因此，区别良性肿瘤与恶性肿瘤，具有重要意义。

(七)良性肿瘤与恶性肿瘤的区别

良性肿瘤：

(1)分化程度：分化好，异型性小。

(2)核分裂象：无或少，不见病理性核分裂象。

(3)生长速度：缓慢。

(4)生长方式：膨胀性或外生性生长。

(5)继发改变：少见。

(6)转移与复发：不转移，不易复发。

(7)对机体的影响：较小，主为局部压迫或阻塞。

恶性肿瘤：

(1)分化程度：不同程度分化障碍或未分化，异型性大。

(2)核分裂象：多，可见病理性核分裂象。

(3)生长速度：较快。

(4)生长方式：浸润性或外生性生长。

(5)继发改变：常见，如出血、坏死溃疡形成等。

(6)转移与复发：易转移，易复发。

(7)对机体的影响：较大，破坏原发部位和转移部位的组织；坏死出血，合并感染；恶病质。

(八)预防肿瘤

(1)戒烟：各种癌症死亡人数的30%与吸烟有直接的关系。吸烟不仅危害吸烟者本人，而且危害其周围的人。孕妇吸烟时，香烟中有毒物质直接影响正在发育的胎儿。

(2)食品防霉去毒：癌症的发生，约30%~50%与不良的饮食习惯和食品质量差有关。生产各种饮料，酿酒，制造各种食品时，若原料腐烂变质，加工过程中缺少科学管理，所用器皿不洁，则产品中可能含有致癌的亚硝胺类物质和黄曲霉菌毒素等。食品的添加剂、防腐剂、着色剂和包装物要慎重应用。对动物有致癌性添加剂、着色剂如奶油黄、品红、酸性猩红SX和3R、奥黄、酸性绿、苋紫、糠基呋喃酰胺(AF－2)、甘素(dulcin)等应禁用。

(3)改变不良饮食习惯：有些地区有吃沤缸菜(酸菜)、霉变食品、咸鱼干、烤肉、烟熏食品等习惯。食管癌高发区的酸菜中已检验出霉菌(白地霉)和亚硝胺类致癌物；在鼻咽癌高发区的咸鱼干中检验出致癌的亚硝胺，而烟熏火烤的肉和鱼，尤其在烤焦的部分，含有致癌力很强的多环芳香烃等化学物质。合理饮食。维生素 A、β－胡萝卜素、维生素 C 和维生素 E、微量元素锌和硒等助于防癌。番茄、柿椒等新鲜蔬菜、柑橘等水果都含有丰富的维生素 C，绿色、黄色蔬菜如菠菜、胡萝卜、韭菜、油菜、南瓜、大葱等含有较多的 β－胡萝卜素。维生素 A 在鱼肝油、动物肝、蛋类、奶、蛤蜊、带鱼、泥鳅中含量较多。新鲜谷物、麦芽、花生、坚果、种子、菜油、胡萝卜、鲜莴苣中含有维生素 E。鲱鱼、牡蛎等海产品，蛋类、豆类、杏仁、花生、核桃、土豆等含锌较多。芝麻、海味、动物脏器、大蒜、蘑菇、芦笋等含硒较多。

(4)避免接触职业致癌因素：从事某些职业的人员，在工作中接触某些化学的或物理的致癌因素，可以发生癌症，称为职业性癌。例如经常接触石油、煤烟、焦油、沥青、蒽类等可发生皮肤癌；吸入煤焦油气体、石棉、芥子气、羰基镍、铬及砷化物等可引起肺癌；全身大量 X 射线照射可引起白血病；β－苯胺、联苯胺、4－氨基联苯等进入体内可引起膀胱癌。职业性癌潜伏期长(如接触煤焦油后约 22 年，石棉约 18 年，铬约 15 年，方发生职业性癌)，易被忽视。

第三节　健康保健

一、健康体检的意义及项目选择

随着我国人民生活水平不断提高，保健意识不断增强，人们对健康也有了更为深刻的理解和认识，并形成了需求，健康体检越来越受到社会和政府的普遍关注和重视。定期进行全面的身体检查，通过专业的医疗仪器的检查和专家的诊断，对自己的健康状况有了一个更详细的了解，做到“未雨绸缪”“防患于未然”。

我们健康体检就是趁着疾病潜在人体中尚未有症状时，通过早期检查做到早期发现，早期治疗。只有这样才能增加治疗效果，减少疾病继续恶化，保证身体的健康。健康体检的意义可以归纳为以下两点：

①对于没有自觉症状但很重大的疾病能够早期发现并治疗。如胃癌、大肠癌、肺癌、乳腺癌、子宫癌等，若能早期发现便可能完全治愈。

②降低未来罹患疾病的概率。例如，血压高、血脂值偏高、血糖值偏高的人，平时不一定会有明显的自觉症状，但这类人罹患卒中、心肌梗塞、糖尿病的概率很大。由此可知，即使现在没有自觉症状，一旦发病的话往往就很严重，所以一定要设法预防这类重大疾病的发生才行。早期发现这类因子的异常并使其恢复正常，极力防止疾病的发生，是健康体检的重要意义。

健康体检项目的选择，一方面应当重视个体化，防止“千人一方”，不区分体检对象的检查，无法起到健康筛查的作用。另一方面，健康体检不是不分重点的全身检查，更不是费用越贵越好。真正科学有效的健康体检应当遵循“1+X”标准，即在一个基本的检查项目基础上，根据体检人的年龄、地域、性别、工作性质、风险因素等情况适当加项检查。

(1)基本检查项目。

身高、体重、血压、脉搏、内科、外科、五官科、妇科常规检查、血常规、尿常规、便常规、肝肾功能、血脂、血糖、腹部彩超、心电图、胸部X片等这些基本项目必查，这些检查并不贵，但是能获得最基本的身体信息。

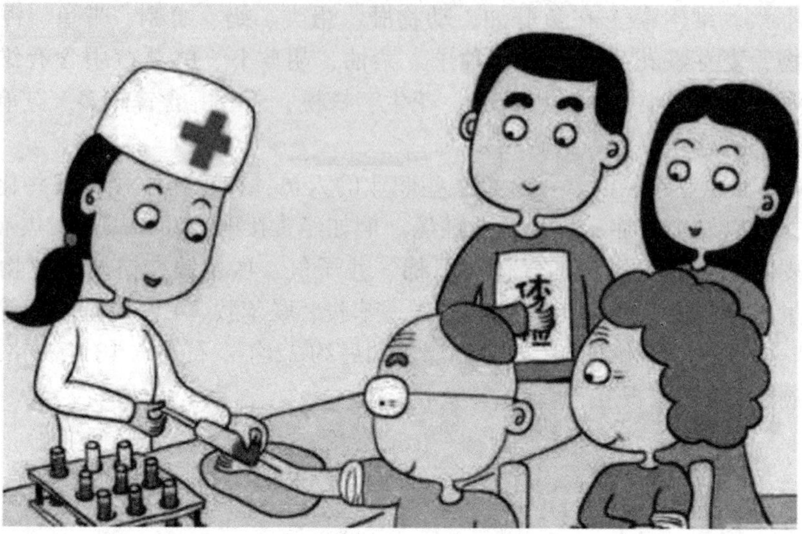

(2)根据体检者个体情况考虑其他检查项目，具体包括：

考虑年龄因素。一般情况下，20岁左右的年轻人每年一次体检或两年一次体检即可；30岁左右人群如无特殊情况，只需做基础项目，不必特意加项；40岁左右人群建议至少每年一次健康体检，注意筛查一些高危项目；50岁左右人群属于各种疾病的高危人群，一年两次体检，注意筛查高危因素；而60岁以上人群，一般需要重点筛查心脑血管病、糖尿病、早期肿瘤病变等。

考虑工作因素。文字工作者、计算机操作人员等，颈椎病比较多见；交警、接触粉尘的工人可能要重点筛查呼吸系统疾病；对于一些工作压力大的从业人员，可适当增加心理评测项目，关注心理健康。

考虑地域因素。不同地域体检项目也应有所区别，比如沿海地区、甲状腺系统疾病较多，要重点筛查。而内地又不一样，要针对发病率高的地方病增加体检项目。

考虑性别因素。已婚女性要重视妇科检查，筛查乳腺癌、子宫癌等肿瘤，做到早发现早治疗。成年男性要定期检查前列腺，包括肛门指检、血清前列腺特异性抗原测定等。

考虑特殊疾病人群。对有高危风险因素、家族病史的人群，应增加专门单项体检，比如肺癌高危人群应加低剂量肺部螺旋CT检查。有消化系统癌家族史的，应增加胃肠镜检查；乙肝带菌者及酗酒者，应增加肝癌、肝硬化的检查等。

二、健康状况的监测

一个人平时的健康状况监测对于身体的保健有重要的作用。健康状况的监测得从多个方面来监测：

信息收集；

体格测量；
填写健康记录表；
信息管理；
根据收集的信息进行健康风险评估，并进行生活方式的指导和制订干预计划。

三、保健与保险服务

近年来，生活情景类综艺越来越火，除了当红明星演员助阵以外，更重要的是它传达出一种人人向往的，健康的生活态度。以2020年较火的一款综艺为例，其演绎的“远离城市喧嚣，远离手机、电脑，放下工作的压力，回归本质的田园生活，养鸡种菜，和三五好友相聚，缓慢的生活节奏，身心得到全面的放松。”不知道成为多少现代人梦寐以求的状态。而且大家会发现，与我们距离那么遥远的明星，同样会为身体健康担忧，同样会尝试各种养生偏方，“蛋灸”、艾灸、食补轮番上阵，综艺节目秒变养生Party，接地气的操作让不少现代人产生强烈的共鸣。要知道近三年，保健养生始终位居中国人消费排行榜前三位，而且伴随着各种重疾发病率日趋年轻化，年轻人也开始重视健康保养。据中央电视台财经新媒体发布的《2019—2020中国青年消费报告》指出，2019年第四季度，淘宝天猫上枸杞的销量提升了355%，宫颈癌疫苗的预约人数增长高达509%，基因类产品的销量增长了400%，而购买这些商品的，过半数都是“90后”，甚至“95后”。真应验那句：“熬着最晚的夜，吃着最贵的保健品，做着最周全的预防”。归根到底，这些现象反映出年轻人最底层的焦虑：怕生病，更怕生病之后给自己和亲人造成痛苦。所以热衷养生的人群，保险意识同样很强烈。

保健养生，重点在防，目的是降低疾病的发生概率。而保险，重点在治，通过周全的财务安排，提前为未来可能发生的重疾、身故等风险准备充足的应急金，一方面确保疾病治疗费用的充足，提高治愈可能性和治疗体验，另一方面也最大限度降低对自己和亲人生活品质的影响。防治结合，两者合一，方能给予我们周全守护！

在保险的业务中，利用医疗服务资源或与医疗、保健服务提供者进行合作，进行健康指导和诊疗干预管理活动。其目的是提供健康服务和控制诊疗风险。(延伸保险服务、控制保险赔付风险、拓宽保险投资领域)。

第四章　大学生心理健康

第一节　心理健康概述

☞【名言警句】

忧愁、顾虑和悲观，可以使人得病；积极、愉快、坚强的意志，乐观的情绪，可以战胜疾病，可以使人强壮和长寿。

——巴甫洛夫

一个人的成功，只有百分之十五是由于他的专业技术，而百分之八十五则要靠人际关系和他的做人处世能力。

——卡耐基

世界上只有一种英雄主义，那就是了解生命而且热爱生命的人。

——罗曼·罗兰

☞【学习目标】

1. 人际交往和人际关系的内涵。
2. 大学生人际交往的常见问题与成因
3. 掌握人际交往原则与技巧，克服人际交往障碍
4. 认识生命与死亡的意义
5. 掌握辨识和应对危机的方法。
6. 自杀危机的预防与干预

一、健康与心理健康

（一）健康的内涵

健康中国，是2017年10月18日，习近平同志在十九大报告中提出的发展战略，实现国民健康长寿，是国家富强、民族振兴的重要标志，也是全国各族人民的共同愿望。

2016年8月，习近平总书记在全国卫生与健康大会上发表重要讲话指出：人们常把健康比作1，事业、家庭、名誉、财富等就是1后面的0，人生圆满全系于1的稳固。但是，什么是健康呢？长久以来，许多人都认为没有病痛就是健康，认为只要自己头不疼、脑不热的就是健康。随着科学文化和社会的不断发展，人们对健康的理解也发生了很大的

变化，社会心理因素对于健康和疾病的影响越来越引起人们的关注，人们在重视生理健康的同时，对心理健康的关切程度也与日俱增。人们越来越强烈地认识到，真正对我们构成威胁的不仅仅是来自躯体的不适，而更多的是来自我们内心世界的焦虑、恐惧、孤独、苦闷……生活中困扰我们的不仅有物质的匮乏、生理的疾病，还有复杂的社会环境、人际关系以及许多让我们无法把握的情绪、欲望和烦恼。理论研究和实践证明，人是生理、心理与社会三者的完整统一。人不仅仅是一个生物体，而且是一个有着复杂的心理活动、生活在一定的社会环境中的完整的人。

1948 年，联合国世界卫生组织(WHO)成立时，在其宪章中明确指出："健康乃是一种生理、心理和社会适应都完好的状态，而不仅仅是没有疾病和摆脱虚弱的状态。"这种对健康含义的界定，就意味着衡量一个人是否健康，必须从其生理、心理、社会适应等方面进行分析，综合评定。即不仅要看其有无器质性或功能性异常，还要看其有无主观不适感和社会公认的不合理行为。

1989 年世界卫生组织又提出了 21 世纪健康新概念："健康不仅仅是没有疾病，而是指生理健康、心理健康、社会适应良好和道德健康。"即在原来的基础上，增加了道德健康。这表明，21 世纪人类健康是生理健康、心理健康、社会适应良好以及道德健康的完美结合，这是对健康的一个科学、全面、完整、系统的定义。在这一新概念中，以生理健康为物质基础，在此基础上发展心理健康与良好的社会适应，道德健康则是整体健康的统帅。生理健康就是指人体的结构完整，生理功能正常，具有旺盛的生命力；心理健康是指积极乐观，热爱生活，情绪稳定，具有责任心，善于交往等，即具有很好的人际和谐和自我和谐性；社会适应良好是指在能满足不同时间、不同岗位对自己的不同要求，能胜任各种角色，并且能够灵活地进行角色间的转换，具有团队意识和合作精神；道德健康是指具有内省能力和自我约束能力，其最高标准是无私奉献，最低标准是不损害他人和社会，而那种损人利己或损人又不利己的行为就是道德不健康的表现。只有当上述 4 个方面都具备时，才是一个完全健康的人。

因此，从内容上而言，健康包括生理、心理、社会适应及道德多个方面；从标准上而言，健康追求的是一种完美的状态。世界卫生组织还进一步具体提出了衡量健康的 10 条标准：

①有充沛的精力，能从容不迫地担负日常工作和生活，而不感到疲劳和紧张；

②积极乐观，心胸开阔，勇于承担责任；

③善于休息，睡眠良好，精神饱满，情绪稳定；

④应变能力强，能适应外界环境的各种变化；

⑤自我控制能力强，善于排除干扰；

⑥体重得当，身材匀称；

⑦眼睛明亮，善于观察，眼睑不易发炎；

⑧牙齿清洁，无空洞，无痛感，无出血现象；

⑨头发有光泽、无头屑；

⑩肌肉和皮肤富有弹性，步伐轻松自如。

(二)心理健康的内涵

1. 心理健康的含义

1946年第三届国际心理卫生大会将心理健康定义为“所谓心理健康是指在身体、智能以及情感上与他人的心理健康不相矛盾的范围内，将个人心境发展成最佳的状态”。

我们需要从多个角度来理解心理健康的概念。

首先，心理健康是有两个层级的：其一，就是没有心理疾病，这是心理健康的基本标准，就像身体没有疾病是身体健康的最基本的条件一样，这更多的是从“正常、不正常”的角度出发；其二，从“不断追求的完美”角度出发，从“理想、完善状态”的角度出发，就是一种积极发展的心理状态，这是心理健康更高级的体现，它意味着心理健康就是要消除一切不健康的心理倾向，使一个人的心理处于最佳状态，在这种状况下，个体能够做出良好的适应，能充分发挥身心潜能。

其次，心理健康具有广义和狭义之分：狭义的心理健康，其目的主要在于预防心理障碍、心理疾病以及行为障碍。而这是一种消极应对的态度。广义的心理健康，是以促进人们的自我心理调节、发挥更大的心理效能为目标的。心理健康的人，能够自觉地提高自身的心理健康水平，更努力地适应社会生活，更有效地为社会和人类作出贡献。这是一种积极发展的态度。

2. 心理健康与社会适应、身体健康的关系

心理健康的概念是受到社会制度、民族风俗、传统习惯、道德观念和宗教信仰等多种因素的影响的，从而产生了不同的内涵。事实上，心理健康是一个非常复杂的概念，因此，在不同的国家、不同的民族之间存在着不同的观点，即便是在同一个国家的不同地区、不同时代也存在着不同的看法。因此，心理健康的概念是受到社会制度、民族风俗、传统习惯、道德观念和宗教信仰等多种因素的影响的。

总之，心理健康是指一种合乎社会水准的行为，一方面，个体的行为能被社会所接受，另一方面，这种行为又能为个体本身带来心理上的自我完善和积极的发展。

再看身体的健康与心理的健康，二者是相辅相成、缺一不可的。身体健康是心理健康的基础，心理健康是身体健康的保障。身体的不健康会对人的心理产生一些不良的影响，从而有可能导致心理的不健康，甚至会出现心理疾病；而心理的不健康，更有可能会导致身体疾病的产生。

3. 心理健康的标准

当人们想到心理健康时，很容易产生一些误区，不自觉地就往“心理变态”的方向思考。从心理健康的含义可知，心理健康首先有“正常、不正常”之分，其次是追寻一个更积极完善的状态。

从“正常、不正常”而言，区分的依据，一般有以下四个标准：

一是经验标准，即当事人按照自己的主观感受是否良好来判断自己的心理健康，研究者凭借自己的经验对当事人的心理健康进行判定。

二是社会适应标准，以社会中大多数人的常态为参照标准，观察当事人是否适应常态而进行心理是否健康的判断。

三是统计学标准，依据对大量正常心理特征的测量取得一个常模，把当事人的心理状

况与常模进行比较。

四是自身行为标准，每个人以往生活中形成的稳定的行为模式，即正常标准。

当代心理学家更关心的是积极完善状态下的心理健康，对此，诸多中外学者、专家提出了众多的观点，但是至今还没有一个完全统一的标准。

1946 年第三届国际心理卫生大会具体指明心理健康的标准是：

(1)身体、智力、情绪十分调和；

(2)适应环境，人际关系中彼此能谦让；

(3)有幸福感；

(4)在工作和职业中，能充分发挥自己的能力，过有效率的生活。

美国心理学家马斯洛与米特曼在《变态心理学原理》中提出了一个正常人的行为标准：

(1)具有适度的安全感，有自尊心，对自我与个人的成就有“有价值”感；

(2)适度的自我批评，不过分夸耀自己，也不过分苛责自己；

(3)在日常生活中，具有适度的自发性与感应性，不为环境所奴役；

(4)与现实环境保持良好的接触，能容忍生活中挫折的打击，无过度的幻想；

(5)适度的接受个人的需要，并具有满足此种需要的能力，特别不应对个人在性方面的需要与满足产生恐惧或歉疚；

(6)有自知之明，了解自己的动机与目的，并能对自己的能力作适当的估计；

(7)对个人违背社会规范、道德标准的欲望不做过分的否认或压抑；

(8)能保持人格的完整与和谐，个人的价值观能视社会标准的不同而改变，对自己的工作能集中注意力；

(9)有切合实际的生活目的，个人所从事的多为实际的、可能完成的工作，个人生活目的中含利己与利人两种成分；

(10)具有从经验中学习的能力，能适应学习的能力，能适应环境的需要而改变自己；

(11)在团体中能与他人建立和谐的关系，重视团体的需要，接受团体的传统，并能控制为团体所不容的个人欲望或动机；在不违背团体意愿的原则下，能保持自己的个性；有个人独立的意见，有判断是非善恶的能力，对人不做过分的阿谀，也不过分追求社会赞许。

浙江大学青年心理学者马建青主编的《心理卫生学》认为，一个心理健康的人，智力正常，善于协调和控制情绪，心境良好，意志品质健全，人际关系和谐，能主动适应环境，心理行为符合年龄特征。

4. 正确理解心理健康的标准

要正确理解心理健康的标准，还应重视以下六个方面：

(1)心理健康的基本标准。

心理健康的基本标准就是能够有效地进行工作、学习和生活。如果我们连正常的学习和生活都难以维持和保证，就应该引起我们注意，及时调整自己。

(2)心理健康标准的理想尺度。

心理健康的标准一方面为我们提供了衡量心理正常与否的标准，另一方面也为我们指出了提高心理健康水平的努力方向。每个人都应该追求心理健康和心理发展的更高层次，充分发挥自身潜能，促进自我的全面发展。

(3)心理健康的标准具有相对性。

一个人的心理是否健康并不是绝对的，而是具有相对性的。一个人有暂时的不健康的心理和行为，并不代表他就是心理不健康。假如在你身边有这样一个同学：他平时性格开朗，积极大方，成绩优异，可是你发现他近一个月以来，突然变得郁郁寡欢，常常神情呆滞、精神恍惚，无法正常学习和听课，成绩明显下降，还经常独自一人躲在一边伤心流泪。看到这种情况，你认为他的精神失常了吗？从表面上看，他似乎出现了明显的心理异常现象。但当你了解到，不久前他相恋三年的女友因一次意外事故而不幸离世时，你能理解他的这些变化吗？事实上，他的这些表现只是在发生了重大变故后的一种短暂的正常应激反应，而并非真正的心理不健康。当然，如果他不能及时调整，让这种消极的心理状态长久持续下去，就会发展成为心理疾病。所以，不能仅仅从一种行为或一种偶然的行为来判断他人或自己心理是否健康，心理健康是受人们所处的时代、文化背景、年龄、经历以及情景等多方面因素的影响。可见，心理健康的标准具有相对性。

(4)心理健康的状态具有连续性。

人的心理健康水平是一个发展变化的连续状态，根据心理健康水平的高低程度，可将这种连续状态从健康到不健康划分为不同的等级。而心理健康与心理不健康并不是泾渭分明的对立面，而是一种连续或交叉的状态。良好的心理健康状态到严重的心理疾病之间是连续的、渐进的，异常心理与正常心理，变态心理与常态心理之间没有绝对的界限，只是程度的差异。长期以来，人们习惯于把人的心理健康看作黑白分明的事情。要么是正常人，要么是精神病。这种观点将人的精神正常与否看作简单的质差，而忽视了正常人与精神病患者间的巨大量差的变化。

事实上，如将这种心理健康的连续状态中的正常状况比作白色，将不正常状况比作黑色，那么在白色与黑色之间存在着一个巨大的缓冲区域——灰色区，世间大多数人的精神状况都散落在这一区域内。也就是说，纯白的心理健康状态是所有人追求的目标和理想心理状态。其实大多数人在大多数时间里都会受到各种各样的心理压力，而这些心理压力会在不同程度上打破人们的心理平衡状态、干扰人们的正常生活和情绪状态，使人们的心理处于亚健康状态。如果这些心理压力长期得不到释放或者解决，人们可能就会渐渐陷入不健康状态中。

(5)心理健康的状态具有动态发展性。

事实上，一个人的心理健康状态并不是静止不变的，而是一个动态发展变化的过程。随着个人的成长、经验的积累、环境的改变以及自我保健意识的发展，人的心理状态会不断地进行“平衡——不平衡——新的平衡”变换。社会生活事件的发生、年龄的增长、角色的转换等等会不断打破我们原有的心理平衡状态，使我们陷入心理不平衡状态，而这种不平衡状态会促使我们发现和利用生活中新的资源、对生活事件进行新的领悟，随着个体的心理成长而逐渐调整，从而趋于健康，达到一种更高的平衡状态。

(6)心理健康的状态具有可逆性。

在日常的生活、学习、工作中，如果我们不注意自身的心理保健，就会经常出现不良的心理状态，必将导致心理健康水平的下降，甚至会出现心理变态和心理疾病；反之，当我们心理有了困扰或者出现心理失衡时，如果能够学会及时自我调整和寻求心理咨询的帮助，就会很快解除烦恼，恢复健康的心理。事实上，对多数大学生而言，在人生的发展过程中产生一些心理冲突，如适应、学业、就业、情感、人际等生活压力而带来的心理的不平衡和精神压抑，都是非常正常的，不必大惊小怪。但与此同时，大学生自身也应提高自我保健意识，及时进行自我调整，积极加以矫正，这些心理冲突是可以自行解决的。当一个人即使出现了某种心理障碍也并不意味着永远如此，只要积极应对，寻求专业帮助，也是可以得以减轻和治愈的。

总之，心理健康的标准既有基本标准也有理想的尺度，它不仅为我们提供了衡量心理是否正常的标准，更是为我们指明了提高心理健康水平的方向。心理健康并不是一种固定的状态，而是一种不断发展的过程。心理健康也不是指对任何事物都能愉快地接受，而是指在对待环境和问题冲突的反应上，能更多地表现出积极的适应倾向。

二、大学生心理发展特点

从发展心理学的毕生发展观点来看，个体的心理发展，是指一个人从出生到成熟，再到衰老，直至死亡，整个生命历程中的心理发展。发展心理学把人生的全过程划分成几个主要年龄阶段，并对各个年龄阶段的心理发展特点进行研究，用以揭示人的心理发展的规律。大家在大学期间正处于最美好的年华，处于人生发展的上升期，这一阶段的心理发展有着较明显的特征。

(一)埃里克森的发展理论

美国著名精神分析理论家埃里克森(E. Erikson)提出了人生发展的8个阶段：婴儿前期(0~2岁)、婴儿后期(2~4岁)、幼儿期(4~7岁)、童年期(7~12岁)、青少年期(12~18岁)、成年早期(18~25岁)、成年中期(25~50岁)、成年后期(50岁以后)。

埃里克森认为，在个体发展的不同时期，社会对个体提出不同的要求，在个体自身的需要、能力与社会要求之间就会出现不平衡现象，这种不平衡给个体带来紧张感。埃里克森将社会要求在个体心理引起的紧张和矛盾称为心理社会危机。他认为每个阶段都有其特定的发展任务，每个阶段都存在着特有的心理危机。他认为个体的人格发展过程是通过人们自我的调节作用以及他与周围环境的相互作用而不断整合的过程。按照埃里克森的理论，大学生正处在成年早期(18~25岁)，这一阶段的主要发展任务是形成角色同一性、防止角色混乱。

(二)大学生心理发展的一般特点

1. 抽象思维迅速发展，但易带主观片面性

随着身心发展日趋成熟，学习知识越来越多，思维训练越来越复杂，大学生的抽象思维能力也获得迅速发展，并逐渐占据思维活动中的主导地位。他们的思维独立性、批判性日益增强，思维的深度、广度、灵活性与创造性得到逐步发展，他们开始思考抽象而深入的问题，对事物的因果规律产生了浓厚的兴趣。但是，面对复杂的社会问题时，他们的思维较易带有主观色彩，可能会出现简单片面、想当然、脱离实际或固执偏激等的不良倾向。

2. 情感丰富但情绪波动较大

大学生的情感反应丰富而强烈，情景性强、感染性大，心理学家将大学生所处的青年期称为“疾风怒涛”期，具体表现为，取得成就欢欣鼓舞，遇到挫折垂头丧气，碰到喜爱的对象专心致志，遇到不平的事情愤慨不已等。大学生情绪的爆发性可能会使他们热情高涨、豪情满怀、勇往直前，从而作出惊人的业绩；也可能使他们冲动而盲目，从而做出一些不良行为。

与中学生相比，大学生有一定的调节和控制自己情绪的能力，但与成年人相比显得更为动荡多变，具有不稳定性。例如，一次试验的成功、钦慕对象的一个肯定，可能会使他们欣喜若狂，而这种愉快心情往往还会影响到其他活动上，甚至信心倍增，觉得天下无难事；一旦又遇到挫折，他们的情绪就会急转，闷闷不乐，干什么事都不起劲。同时，随着年龄的增长，社会刺激的增多，大学生对于情绪的自我调节能力不断增强，情绪的隐蔽性也在逐渐增强。例如，有的大学生明明对考试成绩很在意，却表现出无所谓的态度；明明对某个异性很爱慕，却偏偏要表现出庄重、回避的姿态等，只是这种隐蔽性还未达到成人的水平。

3. 自我意识增强但发展不成熟

自我意识是人对自己及自己与周围环境关系的认识，包括对自我存在的认识，以及对个体身体、心理、社会特征等方面的认识。这种认识主要是通过自我观察、自我检验、自我评价、自我调节、自我完善来实现的。大学生十分关注对自我的认识，他们大多数对自己的评价和别人对他们的评价比较一致。大学生借助于他人、社会评价认识自己，但又不完全依赖于别人的评价，具有明显的独立性、自主性和自信心。大学生根据自身、周围环境及社会现实，会正确认识自己，恰当为自己定位，给自己的学习和未来发展做精心设计和准备，并进行心理和行为上的努力。大学生自我意识、自我评价能力、自我调节的能力明显增强。但他们自身社会知识经验和能力上的不足，还会在自我意识形成与发展中面临各种矛盾和问题，如主观自我和社会自我之间、现实自我和理想自我之间、成就期望与现实失落之间、强烈的独立意识与难以摆脱的依附心理之间、自尊与他尊之间、自尊心与自卑感之间等的矛盾。他们在自我认识方面过度自我接受或过度自我拒绝，在自我体验方面过强自尊心或过强自卑感，在自我意识方面“自我中心主义”、过分独立、过分依赖、不当从众等，也都反映出大学生正迅速走向成熟但尚未真正完全成熟的心理特点。

4. 意志水平明显提高但不平衡、不稳定

一般来说，进入大学后，大学生们就开始对自己的未来进行畅想，能够自觉地确立人生目标、制订计划，自觉约束自己的行为，并努力朝着目标行动。但缺少了父母和中学老师的督促，有的同学就放松对自己的要求，学习上消极应付，得过且过，能拖就拖，产生惰性现象，这是大学生中最常见的一种意志缺陷。

在坚持性和自制性上，大学生有着较大的发展。对于自己感兴趣的事情作出决定后他们能排除干扰、抵制诱惑，坚持不懈地努力完成，即使遇到了困难也能及时克服。但也有不少大学生自制力发展不够完善，容易受到外界的干扰和诱惑。要么冲动鲁莽、草率从事，要么三天打鱼，两天晒网，遇到挫折就一蹶不振，最终往往陷入“成事不足，败事有余”的境地。

大学生的果断性品质有较大发展，很多大学生表现得自信、果断，善于审时度势，对问题能进行全面分析，能分清主次和轻重缓急，并作出正确的人生抉择。但是有些大学生却表现出两极化的行为，一部分人在意志行为上表现得优柔寡断、举棋不定，最终因迟迟不能决断而延误时机；另一部分人则似乎显得过于“果断”，而这种“果断”的本质是轻率、冲动，是跟着感觉走，同样会造成严重的后果。

如上所述，大学生的诸种意志品质既有坚强的一面也有软弱的一面。就某一种品质而言，多数大学生既不是绝对的好，也不是绝对的坏，而且常常会处在意志的冲突、选择之中，冲突的结果是哪种品质特征占优势，意志就会朝着那个方向发展。因此，加强意志的培养与训练是非常必要的。

5. 人格发展基本成熟但不完善

人格由气质、性格等诸因素构成，是相对稳定、具有独特倾向性的心理特征的总和。人格影响人的身心健康、活动效率、潜能开发及社会适应状况。它是在长期实践中形成发展起来的，反映了一个人总的心理面貌。大学生处于身心急剧发展和自我意识由分化、矛盾逐渐走向统一的特殊时期，这是他们人格发展的重要时期。当代大学生人格发展中有成熟积极的一面，如能正确认识自我；智能结构健全合理；对社会环境的适应能力较强；富有事业心，具有一定创造性和竞争意识；情感饱满适度等。但也有相当一部分人不同程度存在着人格发展上的缺陷或不完善，如常见的自卑、懒惰、拖拉、粗心、鲁莽、急躁、悲观、孤僻、多疑、抑郁、狭隘、冷漠、被动、骄傲、虚荣、焦虑、自我中心、敌对、冲动、脆弱、适应性差等。大学生良好的人格是在正确认识自我的基础上，通过不断学习、实践、优化、完善来实现的。

（三）大学生心理发展的阶段性特点

由于大学生处在不同年级或阶段，所面临的发展课题有所不同，因此，其心理发展也呈现出明显的阶段性特点。

1. 入学适应阶段(大一)

带着高考成功的喜悦和对大学生的满怀憧憬，大学生们走进了大学校园，他们首先需要面对的就是从中学到大学生活上一系列急剧的转折。生活环境、生活条件、人际关系、学习方式方法发生变化，这使得他们心理上一时感到陌生而且难以适应；梦想中的象牙塔生活和现实产生了一定的差距，这使得他们心理上一时难以接受。这是大学生入学后最先遇到的心理困难期，也是心理得到成长的第一个契机。大多数学生都会大胆尝试，主动调整，经过一个学期后便能逐步适应，但也有少数学生出现适应困难，影响正常的学习生活和身心健康。

2. 稳定发展阶段(大二、大三)

这是大学生全面成长和深化发展的关键阶段。在这一阶段中，大学生将面临学业、经济等多方面的压力和激烈的竞争，这些压力和竞争常给他们心理上带来矛盾、苦恼、彷徨、困惑、犹豫和烦躁不安，这些压力和竞争同时也帮助大学生更好地体验和融入社会生活，促使他们专心学业、思考人生之路、为人生目标奋斗。绝大部分学生会积极参与社会实践，注重多种技能的培养，用自己的方式学习多种知识，在成功和失败间不断成长。这一阶段，又是大学生思想、学习、生活发展开始走向分化的阶段(考研、考公务员、就业、出国等)，他们开始规划自己的未来发展走向，确定目标，并为之而努力奋斗。

3. 准备就业阶段(大四)

这是大学生从学生生活向职业生活过度的阶段。他们面临又一次环境变迁，角色变化，心理再起波澜。一方面将要完成学业走向社会，他们对大学生活产生很深的情感依恋。另一方面，他们向往美好生活，对未来充满自信。但竞争激烈和越来越“内卷”的大环境的严峻就业现实，又使他们背负沉重的精神压力和心理焦虑。他们不知道自己能否找到如意的工作，以及能否适应今后的工作。他们有的要考虑和准备考研问题，有的还要处理与恋人的关系问题。这一时期，是大学生心理最为复杂、负担最重、冲突最为激烈的时期。

总之，处于成年早期的大学生，在大学阶段会面临很多压力和挑战，同时也有很多成长的机会。但是由于大学生的生理发展虽已基本达到成熟，心理发展还尚未达到成熟水平，大学生心理的平衡状态会经常被打破，会充满矛盾和冲突，他们需要学习运用资源、寻找方法，去塑造新的平衡。

三、大学生常见心理问题

人的心理问题是普遍存在的，不同人群的心理问题都具有自身的特点。大学生正处在人生发展的重要阶段，面临适应、学习、人际、恋爱、就业等各种成长问题，必然会给大学生带来这样那样的心理问题。据有关调查统计资料表明，目前我国多数大学生心理是健康的，有较高的智力水平和强烈的求知欲望，学习效率高，情绪稳定，乐观自信，充满朝气，人际关系良好，善于自我调节，适应良好。但是，也有相当一部分学生的心理健康状况不容乐观。

根据大学生心理问题的特殊性，按照大学生心理问题程度的由轻到重，通常把大学生常见心理问题分为心理困扰、心理障碍和精神病三个层次。

(一)心理困扰

心理困扰指的是大学生因环境的变化导致的各种适应问题(如日常生活问题、学习问题、人际关系问题等)、因遇到突发事件以及遭受挫折等原因所引起的暂时性的轻度心理失衡，一般强度较弱，持续时间较短，对人的生活效能和情绪状态有一定的负面影响，但不属于疾病范畴，一般情况下通过自我调整能够得到自行缓解，但如果能够得到及时适当的心理帮助和疏导，则比较容易更快更好地恢复心理平衡。如得不到及时帮助和疏导，又不能自行缓解，将会发展为轻度的心理障碍，甚至重度的精神异常。

一般来说，大部分大学生碰到的问题都属于这一层次的心理困扰问题。调查结果表明：适应、学习、自我、人际、恋爱与性等问题是目前大学生中普遍存在的心理困扰问题，也是高校心理健康教育课程教学的主要内容。

(1)适应问题。适应大学生活，完成从“文化人”向“社会人”的角色转化，是大学生活的重要内容。但许多大学生进入大学之后，却不能很好地适应大学新生活，不能较好地转换角色，从而产生较强的心理冲突。因此，对大学生进行及时地适应引导和帮助是十分必要的。

(2)学习问题。作为大学生，学习仍是首要任务，也是大学生活中最主要的内容，而学会学习则是学习的根本宗旨。然而，由中学升入大学，由于角色和环境发生了变化，许多同学进校以后，不能较快较好地调整和适应，从而在学习方面产生了各种各样的问题，如学习压力大、学习动力不足、学习目的不明确、学习成绩不理想、学习困难等学业问题始终困扰着大学生。因此，引导大学生正确认识大学的学习，端正学习态度，重新树立新的目标，调整学习方法，是大学生心理健康教育的主要内容之一。

(3)情绪问题。情绪是人的心理状态的晴雨表，是心理健康的窗口。一个人的情绪状态，将直接影响到其心理和生理的健康，也是人们生活幸福、事业成功的重要因素。对于大学生来说，正处于一生中情感体验复杂而丰富的时期，因此，也最容易产生各种不良情绪的困扰。经常表现出焦虑、自卑、忧郁、恐惧、嫉妒、冷漠等不良情绪反应，使其心理健康受到严重威胁。有关调查表明，大学生的负向情绪高于正向情绪，感到舒畅的约占31.7%，感到压抑的占41.6%，感到愉快的占21.9%，感到烦恼的占47.6%，感到充实的占14.2%，感到空虚的占63.9%，感到平和的占3.3%，感到烦躁的占78.1%。因此，作为大学生，需要全面了解情绪，正确地认知情绪，并能恰当地表达情绪，真正成为自己情绪的主人，做一个健康积极上进的大学生。

(4)网络问题。21世纪是信息化的社会，网络的迅速发展和普及深刻地改变了人类社会的生产、生活和交往方式，同时，也更加深刻地改变着人们的思想观念和精神世界。网络是一把双刃剑，在给我们的生活带来便利的同时，也为我们带来了许多负面影响。特别是年轻的大学生，要学会健康地使用网络，以免产生网络心理问题。所以，对大学生开展网络心理引导，预防网络心理问题，是学校心理健康教育工作的重要内容。

(5)挫折问题。挫折是个体在从事某种有目的的活动过程中，遭受干扰或破坏，或遇到难以逾越的障碍，致使目标不能实现时所产生的一种情绪状态。挫折是一种复杂的情绪感受，它至少包括失望、焦虑和痛苦。由于大学生正处在人生的花季，他们潜心追逐美好的未来，但大多数学生并不能客观地设想未来，而只希望未来是“美好”的。于是，在大学校园里常见到这样的现象：学生们行动多，努力多，碰钉子也多。加之主观上对挫折的敏感度较高，因而挫折反应就比较强烈。挫折对于一个人来说，既不完全是坏事，也不完全是好事，有利也有弊，应当具体分析。利者表现在，挫折能引导人的认识能力的深化；弊者表现在，挫折使人产生心理痛苦、情绪紊乱、行为偏离正常轨道，甚至引起种种疾病，因此，应引起我们的重视。

(6)自我问题。人的一生始终都在寻找自我、实践自我、完善自我。大学阶段是自我意识迅速发展的特殊时期和关键时期。大学生在进行自我辨析的过程中，会经受一系列的矛盾、冲突、迷惘和苦恼，从而产生心理问题。因此，正确认识和发展自我，解决自我认同、自我确立的危机，是每个大学生不容回避的主要课题。健全的自我意识，是大学生塑造健康人格、培养良好情绪的基础，也是大学生全面发展的重要条件。

(7)人格问题。完善的人格是大学生的必备素质，是大学生成才的基础。大学生的人格发展虽然已趋于相对稳定，但仍有较大的可塑性，还需不断完善，有些学生甚至存在一些人格的缺陷。所以，创造良好的社会心理条件，帮助大学生完善人格品质，是大学生心理健康教育的一项重要任务。

(8)人际问题。大学生的人际问题主要表现为沟通不良、交往恐惧、人际关系失调、人际冲突、孤独无援、缺乏社交的基本态度及技能、代沟等。如在交往方面，有的学生因自负而不屑交往，因恐惧而不能交往，从而陷入孤寂封闭的境地。也有的学生虽然主动交往，但在对他人的认识上常有偏见、误解和过分苛求，对他人在情感上缺乏同情、理解和尊重，对他人的行为比较挑剔，所以人际关系不协调，难以为他人所接受。常常听到一些学生发出"大学知音难觅"的感叹。良好的交往愿望与人际关系不协调的矛盾常常导致大学生内心的冲突以致心理失调。因此，应引起大学生自己的重视，主动学习交往技巧。

(9)恋爱问题。爱情是人类永恒的主题。正处在青春妙龄的大学生，对爱情充满着浪漫的幻想与美好的憧憬。爱情是大学生乐于谈论的话题，但同时也是令大学生最感困扰的主要问题之一。近年来，大学校园里恋爱现象非常普遍，但当大学生真正涉足恋爱的时候，往往又会产生一系列的困惑，表现为与异性交往困难、陷入多角关系不能自拔、因单相思而苦恋、失恋的痛苦、爱情与婚姻分离等，由此带来的心理健康问题也较为突出。如有的女大学生刚入学就接二连三地受到高年级男生的邀请约会，因不知该如何应付而陷入深深的苦恼之中；有的学生因看到周围的同学纷纷交友结伴而自惭形秽；有的学生因失恋而长期精神萎靡不振，甚至轻生。因此，及时引导大学生树立正确的恋爱观，正确处理爱情与学业的关系，帮助他们更好地处理恋爱过程中遇到的各种问题，是高校心理健康教育的重要内容。

(10)性的问题。性是什么？一谈到性，有不少同学就会表现出非常的敏感和羞怯，而这种敏感和羞怯的背后，隐藏着一种狭隘的认识，认为性就是一种单纯的性生理，性行为，也就是把性简单地归结为生物学意义上的天性或本能，似乎性就等同于性交，这是对性的一种十分片面的认识。实际上，性包含着丰富的科学内涵，它既是一种生理现象，也是一种心理现象，同时性还具有社会属性，也是一种社会现象。作为大学生，性生理已基本成熟，而性心理尚未完全成熟，特别是在性价值观念上有着较大的心理冲突，导致大学生常常会产生各种与性有关的心理困扰。性问题已经成为诱发大学生心理困扰甚至心理障碍的重要原因。这主要表现在对性冲动的不良心理反应、性自慰行为产生的焦虑自责等。如有的学生因手淫习惯或自认为性器官的某些缺陷而背上精神十字架，对生活失去希望。因此，大学生要全面掌握性知识，用科学、严肃的态度对待性问题，形成正确的性观念和性行为，维护自身的性健康。

(11)亲情问题。亲情是无价的。亲情，是一个人活在世上最难以割舍的情感，也是一个人终生相伴的温暖。每个人的成长都离不开亲情的关怀与相伴，特别是父母的体贴与辛劳。因此，感恩父母是儿女应有的情怀，回报亲友是我们应尽的责任。进入大学后的大学生，更应该注重亲情，努力营造一种和谐温暖的家庭关系，让自身在成长中始终能得到父母坚实的支持。然而，一些大学生不善于处理家庭关系，不善于与父母沟通，缺乏感恩意识，甚至于不顾家中父母的期盼，整日沉迷于网络游戏。有些同学，虽然也深知父母的艰辛和不易，内心对父母有着无限的心疼和感激，产生深深的愧疚和自责，但又不善于用语言表达自己内心的这份情感，而是将它深深地压在心底，这些内心冲突都将严重影响自身的心理健康。因此，如何正确处理好家庭关系，营造和谐的亲情氛围，是大学生面临的又一重要课题。

(12)生涯规划问题。“生涯”一词由来已久，“生”原意为活着，而“涯”则是指边际的意思，合起来就是“终其一生”的意思。目前大多数学者所接受的生涯定义是来自生涯辅导大师舒伯的观点：生涯是生活中各种事件的演进方向和历程，它统合了人的一生中各种职业和生活角色，由此表现出个人独特的自我发展形态。所以，“生涯”是以“工作”为中心的人生发展历程。生涯的最大特点是终身性，即一个人从出生到死亡，其发展贯穿于人的一生。第二个特点是综合性，即一个人在整个生涯中并不仅仅局限于个人的职业角色，还包括了学生、子女、父母、公民等涵盖人生整体发展的各个层面的各种角色。另外，生涯还具有发展性、独特性等特点。也就是说，一个人的生涯发展是一个连续不断、涵盖各种角色、具有独特性的终生发展过程。那么我们怎样才能让自己的生命历程更有意义呢？这就需要进行科学的生涯规划，特别是进行职业生涯规划，大学生要充分认识到职业生涯规划的重要意义。职业生涯规划是指个人结合自身情况、眼前机遇和制约因素，为自己确立职业目标，选择职业发展路径，确定学习计划，为实现职业生涯目标而预先设计的系统安排。从职业生涯规划的概念可以看出，职业生涯规划具有个人主导性的特点，即职业目标的实现需要自己负责任的态度，积极主动地开展职业发展方面的实践。然而，许多大学生却缺乏职业生涯规划的意识和理论知识，没有明确的目标，生活迷茫，缺乏动力，这将直接影响到自己今后的发展。因此，对大学生进行职业生涯指导，帮助大学生科学地规划自己的人生，规划自己的职业，是大学生心理健康教育的一项重要内容。

以上心理困扰必然会诱发一些相应的不良心理反应，如孤独、自卑、抑郁、焦虑等，这些不良心理反应如果得不到及时调整，长期积累的话就会导致心理障碍。

(二)心理障碍

心理障碍属于轻度的心理创伤或心理异常现象。其主要是指由于心理负担过重、心理长期处于紧张状态或受到某种强烈刺激所致的心理功能紊乱，以致影响大学生的社会功能或使其自身感到痛苦的心理问题。大学生中常见的心理障碍主要表现在以下几个方面。

(1)神经症。旧称神经官能症，是一组大脑神经机能轻度失调的心理障碍，属于功能性而非器质性障碍，具有精神和躯体两方面的症状，有一定的人格特质基础，但并不属于人格障碍。神经症是大学生中最多见的一种心理障碍，主要有焦虑症、强迫症、神经衰弱、恐惧症和疑病症等。焦虑症是一种以焦虑情绪为主的神经症，其主要特征是发作性或持续性的情绪焦虑、紧张，包括惊恐性障碍和广泛性焦虑障碍两种。惊恐性障碍的基本症状是反复的惊恐发作，表现为突发性的紧张性焦虑、害怕或恐惧，常伴有即将大祸临头的感觉。广泛性焦虑障碍则表现为持续的紧张不安，并趋向慢性过程。强迫症是以强迫症状为特征的神经症。它是指患者主观上感到有某种不可抗拒的和被迫无奈的观念、情绪、意向或行为的存在，虽然患者能够清醒地认识到这些观念、情绪、意向或行为都是毫无意义的和没有必要的，但仍无法控制。强迫症主要表现为强迫观念、强迫意向和强迫行为。神经衰弱是指在某些长期存在的精神因素的作用下，引起脑机能活动过度紧张，从而使神经精神活动能力减弱。如由于学业负担过重，有些学生长期用脑过度，就容易导致神经衰弱。神经衰弱的症状主要有情感控制能力差、情绪反应强烈、注意力涣散、记忆力下降、工作效率低、睡眠困难、心悸、多汗、易疲劳等。恐惧症是指对某些事物或特殊情境产生十分强烈的恐惧感，这种恐惧感与引起恐惧的情境通常极不相称，患者自己也十分清楚自己的恐惧不切实际，但仍不能自我控制。常见的恐惧症有社交恐惧、旷野恐惧和动物恐惧等。疑病症是指患者在没有任何证据的情况下确信自己有病，并使自己处于对自己所想象出来的疾病的强烈恐惧之中。

(2)心境障碍。心境障碍又称为情感性精神障碍，是以明显而持久的心境高涨或心境低落为主的一组精神障碍。常伴有相应的认知和行为改变，严重者可有幻觉、妄想等精神病性症状。大多数有反复发作倾向，治疗缓解后或发作间期精神状态基本正常，但部分患者有残留症状或转为慢性。心境障碍主要有躁狂症、抑郁症、双相情感性障碍(躁郁症)等。躁狂症的主要表现为心境高涨，自我感觉极好，与所处环境不相称，可能兴高采烈，容易激怒，严重者可能会发生意识障碍，出现幻觉、妄想等精神症状。抑郁症的主要症状为心境低落，与其处境不相称，可以从闷闷不乐到悲痛欲绝，甚至发生木僵，严重者可能会出现幻觉、妄想等精神症状。双相情感性障碍的主要症状是反复出现心境和活动水平明显紊乱的发作，紊乱有时表现为心境高涨，精力充沛，活动量增加，有时表现为心境低落、精力降低和活动减少。大学生中最常见的心境障碍是抑郁症。

(3)应激障碍。旧称反应性精神障碍或心因性精神障碍，是指一组主要由心理、社会(环境)因素引起的异常心理反应而导致的精神障碍，主要有适应障碍、急性应激障碍、创伤后应激障碍等。

(4)人格障碍。它是指人格特征明显偏离正常，形成了一贯的反映个人生活风格和人际关系的异常行为模式。这种模式明显影响其社会功能和职业功能，可造成对社会环境的适应不良，病人为此感到痛苦。病人虽然无智能障碍，但适应不良的行为模式难以矫正，仅少数病人成年后在程度上可有所改善。人格障碍通常开始于童年期或青少年期，并长期持续发展至成年或终生。临床上常见的人格障碍有 8 种：偏执性人格障碍、分裂性人格障碍、反社会性人格障碍、冲动性人格障碍、表演性人格障碍、强迫性人格障碍、焦虑性人格障碍、依赖性人格障碍。

(5)性心理障碍。性心理障碍也称为性变态，是指以性行为的心理和行为明显偏离正常，并以这种偏离作为性兴奋、性满足的主要或唯一方式为主要特征的一组精神障碍。主要有：性身份障碍(如易性症)，性偏好障碍(如恋物症、异装症、露阴症、窥阴症、摩擦症、性施虐与性受虐症)等。

(6)心理生理障碍。它是与心理因素有关、以生理活动异常为表现形式的精神障碍，主要有进食障碍、睡眠障碍(失眠症、嗜睡症等)、性功能障碍。

(三)精神分裂

在各类心理异常之中，精神分裂症是最严重的一种，也就是通常所指的精神病。精神分裂症是一种病因不明的常见精神疾病，具有感知、思维、情感、意志和行为等多方面的障碍，以精神活动的不协调或脱离现实为特征，多起病于青壮年，常缓慢起病，患病期患者的自制力基本丧失。大学生中患精神分裂症的比例非常小。

四、大学生健康心理的培养

良好的心理素质，完善的人格，是大学生成才的基础。大学生应当通过多种途径和方式主动增强自身的心理素质，完善自身的人格。这包括了积极自助和主动求助等方式。

（一）积极自助

大学生需要学习做自己的主人，首先需要学习的就是如何调整自己消极的心理状态，如何保持积极乐观的心理状态。

1. 养成科学健康的生活方式

身和心是相互联系的，科学健康的生活方式不仅能够帮助大学生强身健体，还能帮助大学生保持心情轻松、愉悦，科学地安排好每天的学习、锻炼、休息时间，使自己的生活有规律，能够形成一种安全稳定的心理环境。

2. 积极进行人际交往

大学生应当积极参加各类学生社团，培养多种兴趣爱好，丰富自身的业务活动。通过这些业余活动，大学生可以扩大自身的人际圈，可以实现思想交流、信息资源共享，还能在人际交往过程中更加清晰地认识自己，最终促进自身的成长。阅读心理健康相关的书籍，参加心理健康讲座、团体辅导活动等，也是不错的选择。

3. 学会管理和调节情绪

良好的情绪能够帮助个体更好地发挥自身的能力，更好地适应社会，更好地与人交往；而负性情绪有时则会起到相反的作用。因此，为了从正面情绪中受益，大学生需要学习如何调整自身不健康的情绪。通过散步和深呼吸，可以消除紧张的情绪；通过唱歌、写日记，可以发泄不便向他人提及的委屈和愤恨；通过记录生活中的点滴美好，可以帮助维持积极情绪，建立信心。

4. 增强挫折承受力

“人生逆境，十有八九”，由于大学生涯正处于人生发展的动荡期、矛盾期，大学生可能会遇到更多的挫折和磨难。但是，所谓“危机”就是危险和机遇的结合，是转变的契机，正如美国著名心理学家马斯洛所说的：“一个人面临危机的时候，如果你把握住这个机会，你就成长。如果你放弃了这个机会，你就退化。”因此，从认识上，大学生需要转变“挫折很可怕”的这个认识，面对困难不惊慌失措，而应该积极、乐观地迎难而上，紧紧抓住成功的契机。

5. 树立符合实际的奋斗目标

每个人都有成功的欲望，大学生的这种成功欲望更为强烈。但客观地讲，每个人的能力都有一定的限度，都具有优势和劣势两个方面。一个心理健康的人，应该能对自己的能力做出客观的评价，并依此付诸社会实践。做到这一点，对于保护个体少受挫折及充分发挥才能等都是非常重要的。因此，不对自己过分苛求，把奋斗目标确定在自己能力所及的范围以内，使自己通过艰苦努力，能最终实现目标。成功的体验，对于维持心理健康是极为重要的。与此相反，如果自不量力，仅凭良好的愿望和热情，盲目地制定宏伟目标，结果往往是目标落空，在个人心理上蒙受打击，产生挫折体验，不仅白白耗费了精力，也给自信心和心境造成不良影响，而且还会影响到今后的进一步发展。

此外，树立切实的目标，还包括不盲目地处处与人竞争，以避免过度紧张。大学生处于青年阶段，青年人在一起容易出现争强好胜、相互攀比的现象。有些学生常暗示并鼓励自己与他人竞争。然而，正如前面所指出的，每个人精力有限，优势各异，如果处处与他人竞争，不可避免地会受一些挫折、失败。而且，处处竞争会使自己终日生活在紧张状态之中，心理上承受过大的压力，这对心理健康极为不利。因此，每位大学生应根据自己的实际情况，选择竞争的领域。这样，一方面有利于充分发挥自己的优势，获得成功；另一方面，也会有助于身心健康发展。

6. 学会自娱自乐

一个人如果能注意培训和发展自己的业余爱好，进行多方面的自我娱乐活动，就可能在寂寞孤独、烦闷忧郁时，通过自我娱乐来缓解心境压抑，这对心理健康是极有好处的。人不可能总是工作和学习，有业余时间，积极开展愉快的娱乐活动，做到积极的放松和休整，才能使自己得到真正的心身保健，并使自己更有效地从事工作和学习。每个大学生在大学阶段，都应依据自己的性格特点和条件，注意培养和发展一些兴趣和业余爱好，学会自我娱乐，这对维护自身的心理健康是十分有益的。

(二)主动求助

1. 关注自身心理健康，主动寻求社会支持

当在学习和生活中倍感压力时，当四六级考试不通过感到失望、伤心时，当失恋后感到孤独、自我怨恨并且难以自拔时，当与室友、同学关系处理不佳时，大学生们可积极地向外寻求心理支持。朋友的倾听、父母或老师的指引，对于身处困境的大学生而言都是非常有力的支持。

2. 正确理解心理咨询，积极寻求专业帮助

很多大学生由于对心理咨询认识不够，往往对心理咨询有一定的误解，认为去心理咨询室的都是心理有病的。实际上，学校的心理咨询主要是发展性咨询，目的是帮助同学解决成长发展中的困惑，协助同学更好地适应和发展，最终完善人格。心理咨询老师具备较雄厚的理论功底和生活实践经验，对学生所面临的心理问题具有良好的处理技巧，因此，大学生大可在有心理困扰的时候主动寻求心理咨询的专业帮助。

第二节　情绪与心理健康

一、大学生情绪调节

(一)情绪概述

1. 情绪的含义

情绪是内心的感受经由身体表现出来的状态，是人对客观事物的态度体验及相应的行为反应。当人们面临挑战时，情绪使人们的注意力集中，使人们的行动充满力量，此时心跳加剧，步伐加快，所有的感官都处于高度警觉状态。获悉意想不到的好消息，人们的眼里有时会含着泪水，有时会欢快得手舞足蹈，并感到精力充沛、信心百倍。

情绪有多少是天生的，又有多少是后天习得的？在这个问题上权威人士都各执一词。不过，大多数心理学家都认同情绪是一种复杂的变化模式，情绪是一个混合物，由四个部分组成，包括生理反应、主观感受、认知过程和外在行为。

(1)生理反应。

当人们体验某种情绪时，会产生一些生理反应，如心跳加快、血压升高、肌肉紧绷、

血管收缩或扩张等。

依据这个原理，心理学家发明了测谎仪，通过记录被测试者在回答一些特定问题时，呼吸变化、心跳变化、皮肤电流变化等，来判断被测试者是否说谎。人们在说谎时的心理是异常复杂的，紧张、恐惧、慌乱等情绪交织在一起，必然会在生理上产生异常反应，比如呼吸急促、心跳加快、血压升高、皮肤出汗等。不管被测试者如何回答或缄默，由于这些反应都是由自主神经系统控制的，一般不会受人的意识的控制，仪器将忠实地记录这些生理反应的变化过程。所以测谎仪所记录的内容成为判定被测试者是否说谎以及是否犯罪的重要科学依据。

(2)主观感受。

情绪还包括主观感受或感觉，如愉快、平静、不安、紧张、厌恶、憎恨、嫉妒等。这些感觉体现着浓厚的主观色彩。

(3)认知过程。

人们对于引发情绪的事件或刺激情境所作的解释和判断会影响到情绪的体验。面对同样一件事，有些人悲观消极，情绪低落，而另一些人可能乐观豁达，以积极的情绪状态去面对。对某个事件的解释与评价会极大地影响这个事件对我们的意义，从而产生相应的情绪。

(4)外在行为。

情绪还涉及许多外在行为反应，如面部表情、手势姿势和声调语气，这些都能帮助人们和他人交流。此外，情绪的外在行为反应也是人们较好地适应环境变化的表现，如因忧郁而哭泣，因恐惧而逃跑等。因此，喜怒哀乐都是人与生俱来、不可缺少的生存本能。

下面还有一个具体的例子可以帮助我们了解情绪反应的整个过程。当你悠闲地在森林中漫步时，突然出现一头大灰熊，此时你会意识到它对你生命的威胁，顿时出现口干舌燥、手脚冰凉、心跳加速的生理反应，感到极度紧张和恐惧，紧接着是寻找对策赶紧逃离这个具有威胁性的大灰熊。在现实的生活中，人们时刻都在体验着喜怒哀乐，它们左右着人们的表情，影响着人们的行为，甚至控制着人们的生理状态。

2. 情绪的功能

在情绪的分类中，可以将情绪分为积极和消极两种类型。人们都希望拥有多一些的积极情绪，如快乐、满足与欢乐，少一些的消极情绪，如愤怒、烦躁与抱怨。人们对情绪存在一些误解，往往认为积极的情绪就是好的，而消极的情绪就是不好。其实，情绪是没有好坏、优劣之分的，它是一个警讯、一盏指示灯，要向我们传递一种信息。如果人们感受到的是积极的情绪，那么它所传递的信息是“继续保持这样的生活状态”；如果人们感到的是消极情绪，那么它是要告诉人们“你应该停下来，看看发生了些什么事，也许需要做出一些调整”。实际上，通过情绪人们可以了解自己的需要和处境，真实自然地应对各种情况。所以，情绪在日常生活中可以发挥许多作用。

(1)适应环境。

情绪可以让人们知觉情境的危险，帮助人们适应环境。由于生理反应与情绪密切相关，所以当人们遇到危险状况时，马上就会有紧张害怕的感觉，伴随的是心跳加快、呼吸急促、分泌肾上腺素，从而产生“奋力对抗”或“落荒而逃”的反应，以保护自己，回避危险。

情绪最根本的意义在于适应，情绪是机体的再调整。情绪能给心理活动提供能量。比如：愤怒的情绪是当机体的活动受到严重障碍时所引起的，这时机体会再调整，表现为血液涌向手部，便于抓住武器，打击对方；此时心率加快，肾上腺素分泌猛增，以产生强大的能量，应付剧烈的行动，帮助人克服障碍。

(2)社会功能。

情绪在社交活动中拥有广泛的作用。情绪可以作为一种积极的社会黏合剂，使你靠近他人；也可以作为一种消极的社会防水剂，使你远离他人。当他人暴怒时，你会后退，当他人给出微笑、放大的瞳孔和“到这边来”的信号时，你会靠近。

如果无法理解别人试图传达的情绪，生活将会怎样？例如，如果无法从他人那里得知情况的危险，事情将会怎样？或者你的情绪已经引起了别人的愤怒，而你却浑然不知，又会怎样？当你无法理解别人的情绪时，也就失去了社会交际能力。因此，情绪在人际沟通中，起着非常重要的信息传递和调节作用，像微笑、轻松、热情、喜悦、宽容和善意之类的情绪表达，会促进人际的沟通和理解，而冷漠、猜疑、排斥、嫉妒的情绪反应则会构成人际交往中的障碍。

(3)对认知功能的影响。

情绪具有影响和调节认知过程的作用。情绪能促进或阻碍学习、记忆、判断和问题解决。心理学家研究发现，那些处于温和愉快情绪中的人，比起那些处于消极情绪的人在创造性测验中表现得明显要好。愉快的情绪会使人们的认知活动更有效率、想法更富创造性，而问题更易解决。生活中也能发现，如果保持良好的情绪，我们在工作或学习中的表现会更好、更有效率。

(4)动机与唤醒。

当你第一次穿上新买的毛衣时，发现肩缝处开线了。你为什么会飞快地冲回商店要求退货呢？如果你回答“因为我生气了”或者“因为我很失望”，那么你可以发现情绪实际上成为行动的动机。情绪通过唤醒你对于正在经历或想象中事件的行动来完成它的动机功能，然后它会引导并维持你的行为直到达到特定的目标。当爱上一个人时，你会尽己所能地吸引、接近和保护他或她。在爱的定律和国度里，你会牺牲自己的生活。

有时候情绪会带来一些好处，但有时候又会影响到人们对事情的处理，如因为极度气愤或沮丧而束手无策。心理学家研究发现情绪的唤醒水平(强烈程度)和工作表现间存在着倒“U”形曲线的关系。这一曲线预测到的太低或太高的情绪唤醒水平都不利于取得最好的工作表现。

图 4-1 显示了情绪唤醒与工作表现之间的关系。决定唤醒水平的关键是工作难度。对于困难或复杂的工作，成功完成它的唤醒水平位于连续体的较低一端。当难度较低、工作变得简单时，最佳水平——要使工作最为有效的水平——也会提高。这一关系被称为耶克斯——道德逊定律(Yerkes-Dodson Law)，它说明随着唤醒水平的提高，复杂工作的表现变差，而简单工作的表现随着唤醒水平的提高而提高。

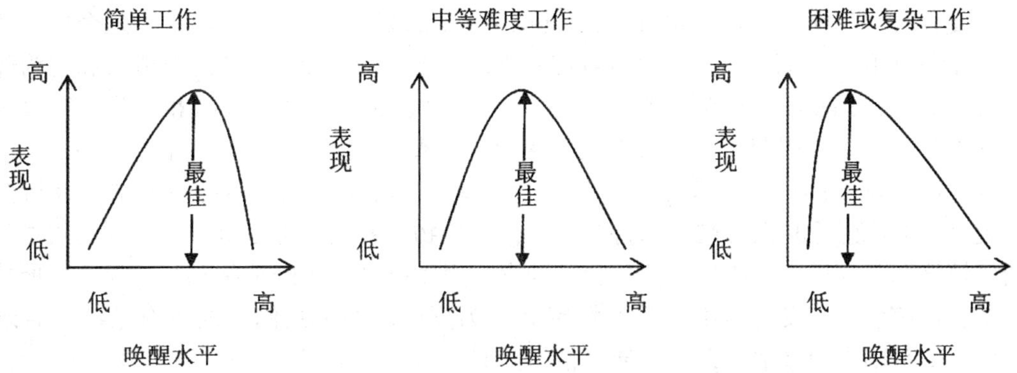

图 4-1 耶克斯——道德逊定律

因此，情绪的一个重要功能是激励你前进——促使你向重要的目标迈进。由情绪环境引发的生理唤醒可以令你达到最好的水平。但也应该注意，你不能让自己的情绪过于强烈，否则它们会使你位于表现曲线的下滑段。

3. 大学生情绪的特点

(1)情绪的冲动性与复杂性。

大学生有着丰富、强烈而又复杂的感情世界，情绪体验的快而强烈，喜怒哀乐常常一触即发，表现出热情奔放的冲动性特点。

大学生的情绪冲动性是有其生理和心理基础的。由于性成熟，性激素分泌的旺盛会通过反馈影响下丘脑的兴奋性，而大脑皮层的调节作用一时还不能适应这种情况。因此在皮层和皮层下之间出现了不平衡状态。心理发展的相对缓慢，心理调节机制的不完善，缺乏对外界变化的弹性和应变能力，缺乏对心理活动调节和支配的意志和能力，从而使得我们大学里面的学生生理和心理的发展出现了在某种程度的不平衡，从而影响了情绪的表现，使得情绪变得容易冲动。

(2)波动性与两极性。

大学生的情绪年龄正处于未成年人与成年人的转变阶段，在情绪状态上反映着两种情绪并存的特点。一方面，相对于中学阶段，大学生的情绪趋于稳定和成熟；而另一方面，与成年人相比，大学生的情绪带有明显的起伏波动性，容易从一个极端走向另一个极端。情绪有时会表现为大起大落、大喜大怒的两极性。

(3)内隐与掩饰性。

大学生的情绪表现，虽然有时也会喜形于色，但已经不像青少年时期那样坦率直露，不少大学生常会将自己的情绪隐藏和掩饰，体现为外在表现与内在体验并不一致。这也无形中给大学生的同学之间的相互交流带来障碍，使一些学生出现孤独和苦闷的情感困惑。

(二)调节消极情绪

1. 识别不合理信念

消极情绪并不是来自我们遭遇的不幸，而是来自我们如何看待所遭遇的不幸。美国心理学家阿尔伯特·艾利斯(Albert Ellis)提出的情绪ABC理论是能够帮助我们减少消极情绪的重要方法。其中A是诱发事件(activating event的第一个英文字母),B是个体对诱发事件A的认知和评价而产生的信念(belief的第一个英文字母),C是消极情绪和行为障碍结果(consequence的第一个英文字母)。通常,我们会认为自己的情绪和行为是直接由诱发事件引起的,即A引起C。ABC理论则认为,A诱发事件只是引起情绪及行为反应的间接原因,而B即我们对诱发事件所持的信念、看法、解释,才是引起我们情绪及行为反应的更直接的原因。我们的情绪和行为与我们对事物的看法和想法有关,不同的想法导致不同的情绪和行为反应。所持有的是合理信念,引发的是适当的情绪和行为反应,所持有的是不合理信念,引发的是不适当的情绪和行为反应。如果我们长期持有某些不合理信念,就会经常陷入消极情绪,甚至导致情绪障碍。

什么样的信念是不合理的呢?埃利斯总结出不合理信念主要具有以下三个特征:

(1)绝对化要求。绝对化要求是以自己的意愿为出发点,认为某一事物必须发生或不该发生。通常与“必须”“应该”这类字眼相联系。比如“我必须考第一名”“别人应该对我好”等。有绝对化要求特征信念的不合理之处在于客观事物的发生发展都有一定的规律,不可能按个人意志去运转。持有绝对化信念的个体,当事情没有像他想象的那样发生时,个体就会觉得难以接受现实。极易陷入情绪困扰中。

(2)过分概括化。过分概括化,即以偏概全,以一概十,从一两件事情来评判自己和别人。过分概括化的信念,一方面让我们对自己产生不合理的评价,一旦出现错误,就会认为自己一无是处,毫无价值,从而产生悲伤、自卑、自责、自暴自弃等。另一方面,我们对别人也会产生不合理的评价,一旦别人出现失误,我们就会认为其很差劲,是个失败者,从而产生愤怒、敌意等不良情绪。过分概括化特征的信念常常让我们求全责备。因此,我们应该认识到金无足赤,人无完人。无论是评价自己还是别人,都应该做到对事不对人。

(3)糟糕至极的信念。糟糕至极,即某件事情的发生必定会非常可怕和不幸,糟糕透顶。比如失恋了,认为自己这辈子都无法从这段感情中走出来了,失恋是人生中最糟糕的事情。糟糕至极的信念常常与绝对化要求的信念相继出现。比如我必须在比赛中获胜,一旦失败,就是糟糕至极的事情。

2. 改变认知

为了减少消极情绪,我们除了学会找到自己的不合理信念,还要学习用合理的信念代替它,具体流程如下:

(1)找出诱发事件:从一个典型的事件出发找到诱发事件,然后体会该事件发生后自己的情绪和行为反应。

(2)错误的观念:反思分析自己在该事件中持有了哪些不合理的信念。例如,小李认为自己找不到工作是因为自己不是名牌大学生;不是名牌大学生,就被人看作是垃圾学校的学生;找不到工作大学四年就白上了。

用ABC理论解释:他的诱发性事件是快毕业了却找不到工作,对这件事情的解释是因为自己不是名牌大学生所以才找不到工作,大学四年白念了,而他对这件事的反应是焦虑、烦躁,入睡困难还做噩梦,不愿意和同学交往。

(3)认知改变:反驳分析不合理信念,并不是制止它们,把它们推出脑海或者粉饰它们。相反，对照现实来反思它们时，我们就可以真正地在生活中化解它们。当我们辨析不合理信念时，需要从各个角度审视它们，质疑它们，进而用合理的信念替换它们。例如，是不是所有的名牌大学生都能找到工作呢？所有的非名牌大学生就全部找不到工作呢？你是怎么知道别人是这么想的呢？你一个一个地去问过吗？大学学的知识和技能除了对找工作有用外，除此一点用都没有了吗？上大学不仅仅是为了找工作这么一个目的，更多的是为了增加知识提升能力，使得学生的素质提高。而且找不到工作并不仅仅是因为学校的原因，在很大程度上取决于学生的综合素质，只要学生的成绩和能力够好那么找工作就不会是一件难事。

我们不仅需要从思维上改变不合理的信念，还需要在行为上作出改变。长期坚持下去，不合理的信念就会越来越少。由它所引发的消极情绪也会随之减少。

3. 增进积极情绪

(1)增加积极情绪。

生活是一面镜子，你对它笑，它便对你笑；你对它哭，它便对你哭。很多时候我们就像小李一样，内心会有一些不愉快，但是我们可以让自己将不愉快转变为愉快，从消极情绪状态转变为积极情绪状态。其实获取积极情绪并没有那么困难，只要掌握一些正确的方法和途轻，我们就能得到积极良好的情绪状态。

如何增加积极情绪呢？分享十种由美国积极心理学家弗雷德里克森提出的增加积极情绪的方法：

①真诚是重要的。当代生活节奏不断加快，人们往往关注外界，而远离了自己的内心。假装的积极情绪和消极情绪一样是有害的。所以为了增加积极情绪，我们需要让自己的步伐慢下来，带着真诚用心去看、去听、去感受周围的世界。这种真诚的态度能够给我们带来积极的情绪体验。

②找到生命的意义。提升积极情绪的第二个方法是在日常生活中建构和寻找更多的积极意义。人生不如意十之八九，所以我们常常要面临生活的磨难和考验，我们无法将消极情绪完全驱除，但是我们仍然可以用积极的方式来定义不愉快或磨难，建构和提升生活的积极意义，这样才会增加我们的积极情绪。

③品味美好。品味生活中的美好能够帮助我们获得积极情绪。品味美好实际上就是在好的事情中寻找好的方面，让原本积极的事物变得更加积极。比如欣赏准备一顿美餐所包含的每个积极方面，感受新鲜的瓜果蔬菜，各种调料的香气，烹饪的成就感，和朋友家人一起分享美食的美好心情等，一顿美餐可以让我们品味到许许多多的美好。注意品味不是分析，而是整体的欣赏和感受。通过品味美好，可以让我们的积极情绪得到强化和延长，增加积极情绪的感受。

④数数福气。将生活中的一些平凡事情视为福气可以提升我们的积极情绪。尤其是我们习以为常的事情，比如享受到妈妈做的可口早餐、校园里盛开的花朵等。常怀感恩的心，可以让我们发现生活中自己的福气多多，积极情绪也会随之而来。

⑤计算善意。研究发现，有意识地增加个体的善意可以提升积极情绪。当我们计算善意时，可以促使我们对周围的人表现出更多的善意，关注他人，乐于助人。一旦我们表现出善意，我们也能从周围的人那里感受到更多的善意，促使善意和积极情绪之间形成良性

循环，而更多的善意也就意味着更多的积极情绪。

⑥梦想未来。另一种提高积极情绪的简单方法是更加频繁地梦想自己的未来。为你自己构想最好的将来，并非常详细地将之形象化。通过这种形象化地梦想未来，可以获得更多的积极情绪。

⑦利用优势。了解和应用自己的优势，可以让我们获得生活中更多的积极意义，并感受到更多的积极情绪。能够利用自己的优势傲事或者可以做自己擅长的事情的人，更容易获得积极情绪。利用优势可以让我们发现自己对生活的独特影响和贡献，让我们体验到人生的价值。

⑧与他人走在一起。和谐的人际关系和积极情绪之间是一种相互依赖的关系。与亲人、爱人、朋友等周围的人建立和谐的、温暖的和可依赖的关系，往往能给我们带来积极情绪。而拥有积极情绪的个体，更容易与人建立联系，易于沟通，带给别人美好的感受，从而也更容易建立更深入和更令人满意的人际关系。

⑨享受大自然的美好。与大自然的相处，让我们可以获取积极情绪。而户外运动和活动是比较好的途径。当我们沉浸在大自然的怀抱中时，感受到大自然的魅力。大自然的广阔让我们的视野变得开阔，头脑变得丰富，也让我们将许多烦恼抛之脑后，从而拥有更多的积极情绪。

⑩打开心灵。保持开放性，能够提升我们的积极情绪。打开心灵，我们就会进入积极情绪所产生的开放性思维空间。当我们的心灵对美好保持开放，练习接受它而不是分析它时，积极情绪就会增加。

(2)提高积极情绪的比例。

积极情绪可以帮助我们拥有健康的身心、成功的事业和幸福的生活，那么我们该拥有多少积极情绪呢？弗雷德里克森通过统计人们每天体验到的积极情绪的数量发现，无论个人、家庭或组织，能够促进个体蓬勃发展的积极情绪和消极情绪的比例都是3∶1，这个比例也称为积极率。如果缺失了消极情绪，个体就会变得轻狂、不踏实、不现实。如果缺失了积极情绪，个体则会在痛苦中崩溃、压抑，甚至绝望。比如抑郁症患者的积极情绪和消极情绪的比率是1∶1，过多的消极情绪让抑郁症患者时常处于低落、痛苦的状态。生活中，人们常常存在“消极情绪偏见”(negativity bias)，即坏事总是比好事给我们带来更强烈的情绪感受。然而，人们在生活中大多数时候感觉还是良好的，糟糕的感觉还是比较少见的，这种不对称性，称为“积极情绪抵消”(positivity offset)。3∶1的临界点揭示了这个有意思的现象：当积极情绪和消极情绪的比例小于3∶1时，积极情绪很可能是惰性的，淹没在消极情绪当中。也许只有当积极情绪和消极情绪的比例大于3∶1时，积极情绪才拥有了足够的力量表达出来，并压倒消极情绪。只有在这个时候，积极情绪的扩展和建构效应才能显现出来。也只有这时，人们才能在自己的生活中看到积极情绪所展现出来的惊人效应。

弗雷德里克森认为个体可以将3∶1的积极率作为目标。我们在日常生活中如果遭受了一次痛彻心扉的消极情绪，那么我们就需要体验至少三次振奋人心的积极情绪才能抵消那次消极情绪带来的不良状态。所以3∶1的临界点对于我们的生活具有重要意义，能够帮助我们摆脱不良状态，并且预示我们在今后的生活中是积极上进还是萎靡不振。对个体而言，在生活中争取积极率高于 3∶1，那么就有足够的积极情绪帮助其积极上进。这个比值不仅适用于个体，也适用于家庭或者团队。虽然积极情绪可以为我们带来诸多好处，但是积极情绪并不是越多越好，消极情绪也并非越少越好。数学模型发现，积极情绪与消极情绪的比值上限是 11∶1 左右。积极率超过 11∶1 可能会让人轻浮、傲慢，反倒会阻碍个体的成长。所以，当我们将积极率维持在 3∶1 到 11∶1 这个范围内时，积极情绪就能够对我们的人生起到正向的促进作用。而让生活中充满更多积极情绪的方法，是有意识地将积极情绪融入生活的不同方面。

(3)积极情绪与消极情绪并存。

每个人的情绪都随时在变化着。同样的事件。不同的认识可能产生不同性质的情绪。事物对我们的意义往往是多方面的，通常是既有消极的一面，也有积极的一面。因此积极情绪和消极情绪之间是相对的，可以相互转化。我们可以通过改变自己的想法和对事物的态度而将消极情绪转变为积极情绪，使得减少消极情绪和增加积极情绪成为可能。因此，在第三种方法中，我们可以通过改变环境中的消极因素，加入积极情绪的因素，或者改变事物对我们的意义，从而减少消极情绪感受，增加积极情绪感受。

每个人都是自己生活的主人，选择积极还是消极都是自己来决定的。如果总是看到事物不好的一面或者总是看到消极的事物，那只会让自己感到悲伤、压抑、自卑。如果换个角度，多尝试看到事物好的一面或者多关注那些积极的事物，多想想高兴的事情，就会自觉地用积极情绪代替消极情绪。而积极情绪一旦被调动起来。会使大脑皮层处于兴奋状态，逐渐减少或者抵消消极情绪的影响。拥有积极情绪的人往往是乐观的人，他可以变通地看待事物，感受事物的美好。生活的遭遇给了我们消极情绪，但我们可以创造积极情绪。正如哈佛教授亨利·霍夫曼所说："你是否快乐或痛苦，不完全取决于你得到什么，更多地在于你用心去感受到了什么。"

4. 获取高峰体验

(1)高峰体验的作用。

心理享受的高级状态，我们称为"高峰体验"。美国的心理学家马斯洛在调查一批有相当成就的人士时，发现他们常常提到生命中曾有过的一种特殊经历，"感受到一种发自心灵深处的战栗、欣快、满足、超然的情绪体验"，由此获得的人性解放、心灵自由，照亮了他们的一生。马斯洛把这种感受称之为高峰体验(peak experience)，一种从未体验过的兴奋与欢愉的感觉，那种感觉犹如站在高山之巅，那种愉悦虽然短暂，但却尤其深刻，是语言无法表达的，但却深刻地影响着人的认知与行为。如一个学生在百思不得其解、刻苦钻研后终于解决一道难题后的愉悦感，获得难得的竞赛奖励后心理的幸福感和对自己能力、努力、智慧的认可感等都属于高峰体验。

①处于高峰体验中的人有一种比其他任何时候更加整合(统一、完整、浑然一体)的自我感觉。他们更少分裂或者分离，更少自己与自己作战，对自己更加心平气和，体验的我与观察的我之间更加一致，目标更加集中，更加协调有机化，自身各部分更加有效地组织起来，非常良好地运作，具有更加有效的协同作用，更少有内在的摩擦等。

②处于高峰体验中的人通常感到正处于自身力量的顶峰，正在最佳地、最充分地发挥自己的潜能。他感到自己比其他任何时候更加聪明、更加敏锐、更加机智、更加强健、更

加有风度。他处于自身的最佳状态，一种如矢在弦、跃跃欲试的状态，一种最高的竞技状态。

③处于高峰体验中的人比其他任何时候更富有责任心、更富有主动精神和创造力，更加感到自身就是自己行动和感知的中心。他更加真切地感到自己就是第一推动者，自己决定着自己的一切，而不再是被动的、被决定的、被支配的、无能为力的、暮气沉沉的、只能够守株待兔的弱者。他感到自己就是自身的主宰，自己就是自己命运的主人，他充分体会到自己的“自由意志”，他既感到重任在肩、责无旁贷，又感到信心百倍、无坚不挫……

④他在一种特殊的意义上更加具有创造性。由于更大的自信以及疑虑的消除，他能够以道家那种顺其自然的方式，或者格式塔心理学家所描述的那种灵活的方式来把握自己的认知和行为。他能够根据行为本身固有的“外在于我”的要求，而不是根据自我中心和自我意识，根据其任务、天职或者游戏的本质让自己的行为处于某种状态。他的行为更具有即兴发挥、兴之所至，斐然成章的特色，更具有无中生有、鬼斧神工的特色，更加新颖独特、远离平庸、不再缩手缩脚。他也更少准备、计划、设计、预谋、练习、预测等，总而言之，绝非三思而后行。

(2)心灵观想。

如何获得高峰体验呢？可以试试心灵观想：

①开始精神灌注：用一个不短的时间来思索生命的意义、价值、目的，思索有限与无限、自由与约束、现实与永恒之间的关系。你需要积攒一定的情绪压力，感觉到自我的无助、无能和渺小。

②选择一个非常自然的地方：山水、林间、旷野、海岸、峰顶，把心智长久地集中于凝视眼前的一花一木、一沙一石、草地、星空、流水、海潮、山峦、地平线上……

③感觉自然的力量：闭上眼睛，让风吹拂着你，水流冲刷着你，山林的气味、虫鸟的声音、宇宙的深邈包裹着你。感受自然神奇的力量、活力，感受生命中你理解的或不理解的一切。

④缓慢地思索：无意识地去思索我是谁？我存在哪里？一百年后，或者一千年后如果我存在，会是什么？如果我只有一天的生命，什么对我是最重要的？但不要立即给出答案。

⑤放弃自己：然后深深缓慢地呼吸，放弃那些难以回答的问题，放弃自己，忘却自己，让自己完全融入自然之中，无意识地随风而去，随浪而流，思维停滞，情绪凝结，物我两忘。

⑥寻找心灵：用内视的方法，探索心灵深处那一丝光亮，在它的指引下，你游走在宇宙的深处，感觉自然的博大、广阔、神圣、恒久，感受人性的温暖、和谐、博爱于一体……

⑦体验高峰：体验这一时刻内心的宁静，畅然、平和、舒缓和由此面引发一种缓慢的喜悦、涌动和心灵振荡，任凭这样的感觉席卷而来，并带来身心轻轻的战栗、激动和欣喜。

⑧高峰体验过后，重新思索生命的意义、价值、目的，思索有限与无限、现实与永恒

之间的关系。在很长的一段时间里，你有了对自我的满足、积极的心态、丰富的灵感和创造力，以及充沛的精力和饱满的热情。对高峰体验的追求应该是人们追求心灵超越的体操。所以，不管你是第一次或第 N 次，是否获得那种超然的感觉，你都要牢牢记住，当这种心灵的提升训练到了某一个境界，高峰体验便会突如其来，并终身伴随和照耀着你。

二、学生压力应对

(一)压力概述

1. 压力的含义

压力(stress)这个概念最早是由加拿大心理学家塞利(Selye)引入生物学和心理学的研究领域的，他认为压力是产生于个体无能力、无资源应对"外在需求"时的一种非特定的生理反应。他发现，无论环境刺激是积极情境(晋升)还是消极情境(如失业)，产生的是喜悦还是痛苦，个体的生理反应或唤起是差不多的。理性情绪疗法艾利斯(Alice)则提出，压力来自人类的内部认知系统，与个人的"认知系统"及"价值系统"相关。

现在我国的学者对压力的定义大概包含以下三种：

①指那些使人感到紧张的事情或环境侧记，如失业、天灾、贫困等。

②指某种具有威胁性的刺激引起的生理或心理反应。

③指刺激与反应的交互关系。

2. 压力反应

①压力的身心反应。

压力反应通常表现为心理反应、生理反应、行为反应三个方面，具体分析如下：

心理反应：压力引起的心理反应有警觉、注意力集中、思维敏捷、情绪的适度唤醒。这是适度的反应，有助于个体应付环境。但过度的心理反应，如过分烦躁、抑郁、焦虑、愤怒，会使个体自我评价降低、自信心减弱，表现消极被动。

生理反应：在压力状态下，机体必然伴有不同程度的生理反应，主要表现在中枢神经内分泌系统和免疫系统。比如，心率加快、血压升高、呼吸急促等。这些生理反应，调动了个体的潜在能量，提高了个体对外界刺激的适应能力，从而使个体能更有效地应对外界环境条件的变化。

行为反应：压力过大时会使体重发生变化、变相依赖(依靠吸烟、饮酒或过量饮食等不良行为来对付环境)、反常动作增加(步履加快、讲话急促、迫不及待倾向)和替代性攻击(选择某种替代目标发泄)等行为倾向。

②压力的阶段性反应。

加拿大生理学家汉斯·薛利根据其大量的研究将压力反应过程分为三个阶段，并称为一般适应性综合征。

第一阶段：警戒阶段。当机体一旦接触到刺激(压力源)时，就会调动能量来面对压力源的需要，并在躯体上表现出诸如心跳加快、呼吸急促、一身冷汗等一系列特定变化。这表明你的身体已经为立刻行动(自卫或者夺路而逃)做好了准备。但是如果刺激过强，如严重烧伤、极度高温的话，则有可能导致机体的死亡。

第二阶段：抵抗阶段。如果刺激(压力源)长时间没有被消除而继续存在，机体就要在面对长期的压力源时试图保持体内平衡，必须通过转换到一种低水平但更为复杂的压力反应来适应刺激。这种反应使机体的各种器官和腺体产生各种激素、盐、糖来给予抵抗刺激所需要的能量，并保持身体的内部平衡。这时，警戒反应的特有指标会消失，而机体的各种反应将超出正常水平。

第三阶段：疲劳阶段。长时间的同样刺激(压力源)之后，机体逐渐适应，而适应所需要的能量也随之消耗殆尽。警戒反应的特有指标再次出现，而现在的状态却是不可挽回的。当机体不再能够抵抗施加在它们身上的刺激时，就会崩溃、衰竭，并且最终会导致机体死亡。

3. 大学生压力来源

在大学生压力现状调查中，统计发现同学们的压力主要来源于学习压力和就业压力，其次是人际关系压力，最后是经济压力和恋爱压力。

4. 采取积极防御

压力面前，大学生的心理平衡遭到破坏。大多数情况下，他们感到困扰、不适应，甚至痛苦，这些都对其行为产生较大的影响。这种反应有的不明显，有的以变相的行为表现出来，有的则以积极的方式反映出来。经过强化和重复，人们逐渐形成对待心理压力的习惯性的应对方式。

心理防御机制，又叫心理防卫机制，是指个体在面临压力、挫折或心理冲突的紧急情境时，在其内部心理活动中具有的自觉不自觉地解脱烦恼，减轻内心不安，以恢复情绪平衡与稳定的一种适应性倾向。

心理防御机制既有积极的，也有消极的：积极的心理防御机制在缓冲心理挫折时，表现出自信、进取的倾向，有助于应对压力；消极的心理防御机制大多则表现出退缩、冷漠、逃避的倾向，虽然能暂时缓解内心冲突，但从长远看，会阻碍个体面对现实。

(1)消极心理防御。

消极心理防御是遭受压力后所表现出来的带有强烈情绪色彩的非理性行为。常见的情绪行为方式有以下几种。

①固执。

因多次遭受压力丧失信心和应变能力后形成的刻板的反应方式，即固执盲目地重复同样无效的行为。如某一大学生多次因晚归违反校规校纪、受到批评，却固执地认为自己没错，屡教不改。

②退化。

退化又称回归，是指当个体受到压力时，往往表现出与自己的年龄、身份很不相称的幼稚行为等。表现这种行为方式的大学生往往对自己缺乏信心，看不到自己的力量，像孩子一样依赖他人。如某一女生刚入校，参加学生会干部竞选失败了，感到很“委屈”，无法进行理智分析和对待，不吃饭，也不上课，成天蒙头大睡。

③逆反。

当个体遭到压力后，如果不仅是一意孤行，还对正确的方面盲目地持反抗、抵制与排斥态度，这种行为便是逆反。如某大学生因为上课时受到教师的批评，他便采取逃课或不理睬教师的教学等方式来表现自己的不满。

④攻击性行为。

攻击性行为指遭受压力后，在情绪与行动上会产生一种对有关人或物的攻击性的抵触反应，以消除来自挫折的痛苦。

⑤轻生。

轻生是压力者表现出的最为消极的行为反应。在现实中，对那些压力来得突然的大学生，在得不到外力帮助的情况下，很可能产生轻生厌世、自杀自残的行为，以此来获得内心痛苦的解脱。

(2)中性心理防御。

这种方式是指当一个人受到压力后，采取一些暂时减轻压力反应的行为方式，以解脱压力对自己带来的心理烦恼，减轻内心的冲突与不安。它主要表现为以下几种。

①求得注意。

即想方设法引起别人对自己的注意，如以大声喧哗、寻衅生事、用恶作剧来显示自己。

②合理化作用。

即自我安慰，指无法达到追求的目标时，给自己一个好的借口来解释，但用来解释的借口往往是不真实的、不合逻辑的，而防卫者本人却能借此说服自己，感到心安理得。比如酸葡萄心理。

③自我整饰。

当个体遇到压力之后，往往表面上不动声色，把心理上的烦恼、焦虑、苦闷统统埋藏在内心深处，尽力显示自己的长处，提高别人对自己的评价，从而减轻心理压力，以弥补失败所带来的自尊心的伤害。这种行为反应往往起着自我欺骗和自我麻痹的作用。

④责任推诿。

遭到压力后，不是从本身的缺点、弱点方面加以分析，而是把责任推给他人、埋怨他人，以减轻自己的焦虑与不安，这是一种文过饰非的行为。

⑤反向。

行为相反于动机而行，如：自卑的同学往往表现出高傲自大；对异性充满向往，却装出不屑一顾的样子等。这种行为可以在一定程度上掩饰个体的真实动机，但是，掩饰包含着压抑，长期运用会从根本上扭曲自我意识，使动机与行为脱节，造成心理失衡。

⑥逃避。

不敢面对自己所预感的压力情境，而逃避到比较安全的环境中去。逃避有三个表现：一是逃到另一种现实中，如学习不好就玩游戏，沉溺其中；二是逃向幻想世界；三是逃向疾病，如面对毫无把握的英语四级考试忽然毫无征兆高烧不退，不得不住进医院，待考试结束又奇迹般的恢复健康；还有一些大学生会出现考前紧张性腹泻的症状。这一类病都不是诈病，心理学上称为功能性障碍，这些人无意识的将心理上的困难转换为身体上的症状，借以逃脱他人及自己的责备，以维护自己的尊严。

⑦冷漠。

冷漠即表现出对于压力情境漠不关心、无动于衷等情绪反应。如有些大学生的社会活动能力较差，多次失败，他们渐渐地对大学生活、同学关系、社会活动持冷漠的反应，表现出死气沉沉、缺乏集体感等。

⑧压抑。

压抑是指把不愉快的经历和体验压抑到无意识中，不去回忆，主动遗忘；适度的压抑有利于情绪的调整，但长期的压抑会导致更强的挫折与心理不适。

(3)积极心理防御。

这种反应方式是正视压力，承认压力，正确分析压力产生的主客观原因，总结经验教训，争取积极的行为方式，最后有效应对压力。主要表现为：坚持、认同、补偿、升华。

①坚持。

目标难以达到，但仍要求自己加倍努力，使目标最终实现。美国电影《阿甘正传》中的阿甘就是一位智商并不高的人，他面对挫折的方法就是忽视它并坚持不懈地努力，最后赢得了人们的尊重，赢得了自己的事业，也获得了自己的生活。

②认同。

认同指个体在现实生活中无法获得成功时，将自己比拟为某一成功者，借以在心理减弱挫折产生的痛苦；或者迎合能满足自己需要的人，按照他们的希望去支配自己的思想、行动，来冲淡自己的挫折感，并以此求得内心的满足。例如，有些大学生常以一些历史名人、科学家，或小说中所欣赏的人物、老师甚至同学作为自己效仿的对象，建立自己心中的榜样，并依照榜样进行积极的自我激励与自我暗示，用成功代偿挫折。

③补偿。

补偿即当个体行为受挫时，或因个人某方面的缺陷而使目标无法实现时，往往以新的目标代替原有目标，以其他方面的成功来补偿因失败而丧失的自尊与自信。这就是人们常说的"失之东隅，收之桑榆"。如某大学生恋爱失败了，便积极参加文体活动，用成功来补偿失恋的痛苦。

④升华。

升华即用一种比较崇高的具有创造性和建设性的目标代替，借以弥补因受挫而丧失的自尊与自信，减轻痛苦。升华是最积极的行为反应。《史记》的作者司马迁就是最好的例子。

总之，积极的行为反应有助于大学生适应压力、化解困境，利于他们的成长；消极的行为反应只能起暂时平衡心理的作用，不能解决问题，有时会使当事人在一种自我欺骗中与现实环境脱节，降低适应能力，形成一些恶习，埋下心理病患的种子，影响其身心健康和全面发展。

5. 合理时间管理

时间是最宝贵的资源，合理安排时间就是"预算"生命。有效的时间管理能够使你减少拖延、减轻压力，增加学习的愉悦感，拥有协调的学习、生活状态。

☞【案例导引】

一次上时间管理的课上，教授在桌子上放了一个装水的罐子。然后又从桌子下面拿出一些正好可以从罐口放进罐子里的鹅卵石。当教授把石块放完后问他的学生道："你们说这罐子是不是满的？"

"是。"所有的学生异口同声地回答说。"真的吗？"教授笑着问。然后再从桌底下拿出一袋碎石子，把碎石子从罐口倒下去，摇一摇，再加一些，再问学生：“你们说，这罐子现在是不是满的？”这回他的学生不敢回答得太快。最后班上有位学生怯生生地细声回答道：“也许没满。”“很好！”教授说完后，又从桌下拿出一袋沙子，慢慢地倒进罐子里。倒完后，于是再问班上的学生：“现在你们再告诉我，这个罐子是满的呢？还是没满？”

“没有满。”全班同学这下学乖了，大家很有信心地回答说。“好极了！”教授再一次称赞这些“孺子可教也”的学生们。称赞完了后，教授从桌底下拿出一大瓶水，把水倒在看起来已经被鹅卵石、小碎石、沙子填满了的罐子。当这些事都做完之后，教授正色问他班上的同学：“我们从上面这些事情领悟到什么？”

班上一阵沉默，一位自以为聪明的学生回答说：“无论我们的工作多忙，行程排得多满，如果要逼一下的话，还是可以多做些事的。”这位学生回答完后心中很得意地想：“这门课到底讲的是时间管理啊！”

听到这样的回答后，教授点了点头，微笑道：“答案不错，但并不是我要告诉你们的重要信息。”说到这里，这位教授故意顿住，用眼睛向全班同学扫了一遍说：“我想告诉各位最重要的信息是，如果你不先将大的鹅卵石放进罐子里去，你也许以后永远没机会把它们再放进去了。”

(1)合理分析时间。

时间是可以掌控的。首先需要做的是分析时间。有些时间是不能自由安排的，比如上课、考试等；有些时间是需要顺其自然、慢慢调整的，比如生物钟，什么时间需要吃饭、什么时候需要休息、什么时候精力最旺盛；有些时间是零零碎碎、可以灵活利用的，比如外出在地铁、公交上的时间、睡前饭后的时间等。

(2)科学分配时间。

分析清楚自身的时间使用规律后，就需要统筹安排时间来应对各种各样的学习和生活事务。时间有限，事情很多，因此，分清事务的轻重缓急是管理时间的首要原则。

梳理近期的学习任务及目标，将所有事务按照重要性及紧急性分为四类：一类是重要又紧急(大石型事务)，如老师布置的定期需要完成的作业；二类是重要但不紧急(小鹅卵石型事务)，如四六级考试、身体锻炼或各项证书的准备等；三类是紧急但不重要(细沙型事务)，如接听电话、陪朋友过生日等；四类是不重要也不紧急(水型事务)，一些可做也可不做的杂事，如刷刷朋友圈、看看小说等。需要强调的是，梳理近期事务时别忘了加上休息、身体锻炼、娱乐和社交，这些事务是高效完成学习任务、达成学习目标的保证。

统筹安排时间，将近期事务与时间相匹配，设计阶段性的时间表。重要而紧急的事务可以利用大块的黄金时间来完成；重要但不紧急的事务可以设置每天的固定时间段来完成，达到积少成多的效果；紧急但不重要的事务可以灵活安排时间完成；不紧急又不重要的事务，可以适当安排休息时间来完成。

(3)高效运用时间。

在不同时间里，人的体力、情绪和智力状态是不一样的。也就是说，学习时间的质量可能是不一样的。要根据自己的生物钟以及学习效率的变化来安排学习活动。学习时，随着学习的进行，人的精神状态和注意力会发生变化。一般来说，存在着三种变化模式：先高后低；中间高两头低；先低后高。每个人要根据自己的模式，安排学习内容，确保状态最佳时学习最重要的内容。

零零碎碎的时间具有极大的利用价值，大块时间的学习容易导致疲劳的积累，学习效率受到一定影响。零碎时间的学习能使大脑处于兴奋状态，效果极佳。而且，利用零碎时间学习一些必须熟记的生词、公式、规则等，有利于反复记忆，加深印象。利用零碎时间的技巧很多。例如，准备一个可随身携带的小本子，记上要背的知识点，有空就读一遍；在起床、洗脸、刷牙、就餐等活动场所的墙上，钉上一个与视线等高的小夹子，夹上卡片，卡片上写上当天要背的单词，公式等；在手机上安装学习相关的应用程序，排队或等人的时候打开手机也可以刷题、看微课。总之，利用零碎时间反复记忆要背的知识，一定会明显提高学生的学习效率和自信心。安排好时段。每段以不超过一小时最适宜，学习效率最高。每时段休息十分钟。

6. 培养积极乐观心态

在积极的个性特征中，研究者关注最多的是乐观(optimistic)。早期的一些心理学家如Lazarus、Beck、Taylor 和 Tiger 等人认为乐观是人的一种天然本性，但 Seligman，Abramson 和 Peterson 等人的研究表明，乐观主要还是后天形成的一种人格特质，它虽然在不同的人身上存在着不同的表现方式，但大部分人可以通过学习而形成“习得性乐观”。

心态上的乐观，就是勇敢面对压力，就算是挫败，也总相信有好的一面，同时努力地去发掘好的一面。乐观者不为环境所困，总能看到生命中那些美好的、值得关注的一面，乐观者是这样看待生活的：

你改变不了环境，但你可以改变自己；
你改变不了事实，但你可以改变态度；
你改变不了过去，但你可以改变现在；
你不能控制他人，但你可以掌握自己；
你不能预知明天，但你可以把握今天；
你不可以样样顺利，但你可以事事尽心；
你不能延生命的长度，但你可以决定生命的宽度。

第三节　人际交往与心理健康

☞【案例导引】

某重点高校大一学生小慧(化名)找到辅导员老师要求休学。听说她要休学，老师很吃惊，因为小慧不仅长相甜美，能歌善舞，而且学习成绩也很优秀。小慧在与辅导员老师的交流中透漏了两点：一是宿舍相处不太融洽，她经常因为琐事与室友发生争执，每次一回到宿舍，她就浑身不自在，胸口也发闷，总感觉室友在背后议论她；二是她平时不怎么参加班级集体活动，班上同学也渐渐地疏远她，以至于她觉得大家都不了解她，也没人喜欢她。她既没有真心的朋友，也不知道和谁做朋友，自己很孤独也很无助。据辅导员老师描述当小慧讲到与大家的关系时，整个人变得忧心忡忡，最后竟然忍不住痛哭起来。

其实，不光是小慧，很多大学生初入学校，面对新的环境新的同学，都会遇到人际交往、学业困难、情绪情感、生活适应等问题。然而通过调查发现许多大学生面临较多的还是“人际交往不畅”这个问题。由于大学生的人际交往问题变得越来越突出，有些甚至影响到了大学生的正常学习和生活，进而引起越来越多的教育工作者的关注和重视。本章将和大家一起探讨人际交往以及和谐人际交往能力的培养等相关问题。

人际交往作为人类特有的心理和社会现象，是人的基本需求，是人们社会生活的主要内容，良好的人际关系是一个人获得快乐和成功的重要因素。从健康心理学角度来讲，大学生积极进行人际交往，提高人际交往能力，形成良好的人际关系，有助于大学生的心理健康，对适应现在的大学生活和未来的社会生活有着重要的意义。

一、人际交往与人际关系概述

（一）人际交往与人际关系的内涵

人际交往是指人与人之间的一种心理与行为的互动过程，是人们为了满足某种需要相互进行的交流和联系。人的各种需要离不开人际交往。美国人本主义心理学家马斯洛把人的需要由低到高分为五个层次，依次是生理的需要、安全的需要、归属和爱的需要、尊重的需要和自我实现的需要。这些需要都要在人际交往中才能得以实现。

人际关系是指人们在交往过程中所结成的心理关系，表现为个体所形成的对其他个体的某种心理倾向及相应的行为，反映着人们寻求满足需要的心理状态。主要包含认知成分、情感成分和行为成分，其中情感成分是人际关系的核心部分。如果双方在相互交往中都获得了各自的社会需要的满足，相互之间才能发生并保持一种亲近、信赖、友好的关系。反之，双方的关系就会终止，发生疏远或敌对关系。

人际交往和人际关系既有联系，又相互区别。人际交往的直接结果是建立一定的人际关系。人际关系是在人际交往的基础上形成和发展的，是人际交往多次反复的结果。人际关系的性质、亲密程度从交往中表现出来并影响着交往的内容和频率。人际交往着重反映人与人之间相互联系的过程和形式，而人际关系则侧重反映交往联系后建立的各种心理状态和行为特征。前者强调动态的相互作用，后者强调静态的相互作用。因此，人际交往是形成一定人际关系的前提，没有交往就不可能建立人际关系。交往使人们彼此传达思想、交换意见，表达情感和需要。反复多次的人际交往之后才会构成相对稳定的人际关系。

（二）人际关系的建立过程

社会心理学家奥尔特曼和泰勒经过对人际关系的长期研究，提出了社会渗透理论：具体指个体之间从表面化的沟通到亲密的沟通而经历的关系发展过程。该理论认为亲密性不仅表现在身体上，还包括智力上、感情上以及共同参加活动等方面。因此，社会渗透过程包括语言行为（我们的用词）、非语言行为（身体姿势、表情等）和环境导向行为（传播者和受众的距离等）。

在双方相互了解的基础上，关系由较窄范围的表层交往，向较广范围的密切交往发展，并且关系发展具有系统性和可预测性，同时不可避免逐渐恶化与终止，其中自我披露是关系发展的核心。人们根据对交换成本和回报的计算来决定是否增加对关系的投入。奥尔特曼等认为良好人际关系的建立和发展，一般经过四个阶段：定向阶段、情感探索阶段、情感交流阶段、稳定交往阶段。

1. 定向阶段

定向阶段包含着对交往对象的注意、抉择和初步沟通等多方面的心理活动。在人际交往中，人们对交往的对象具有很高的选择性。当进入一个交往场合的时候，人们并不是同任何一个人都建立良好的人际关系，往往会选择性注意某些人，而对另外一些人视而不见，或者只是礼貌性地打个招呼。由注意到选定一定的交往对象之后，人们会进行初步的沟通，比如谈谈自己的职业、工作、最近的新闻等无关紧要的话题，试图与这一对象建立某种联系的活动，就是定向阶段的任务。人际关系的定向阶段，其时间跨度随不同的情况而不同。有可能是一见钟情，也有可能是相见恨晚。

2. 情感探索阶段

如果在定向阶段双方有好感，产生了继续交往的兴趣，那么就可能有进一步的自我表露，如工作中的体验、感受等，并开始探索在哪些方面双方可以进行更深的交往。但人们的话题仍避免触及各自私密性的内容或领域，自我暴露也不涉及自己根本的方面。尽管在这一阶段双方关系上已经开始有一定程度的情感卷入，但双方的交往模式仍与定向阶段相类似，大多具有正式交往的特征，彼此仍然受到角色规范、社会礼仪等制约，行为表现比较规范和正式。

3. 感情交流阶段

如果在情感探索阶段双方能够谈得来，并建立了基本的信任感，就可能发展到情感交流阶段。此时双方关系的性质开始出现实质性变化，人际关系安全感得到确立，彼此谈话也开始广泛涉及自我的许多方面，并有比较深的情感卷入，会谈论一些私人性问题，如诉说工作中、生活中的烦恼，讨论家庭中的情况，提供真实的看法和意见、提出赞赏和批评等。这时，双方的关系已经超出了正式规范的限制，比较轻松和自在，此时正式交往模式的压力已经趋于消失。

4. 稳定交往阶段

情感交流如果能在一段时间内顺利进行，人们就有可能进入更加密切的阶段。在这一阶段，人们心理上的相容性会进一步增加，自我暴露也更加广泛深刻，允许对方进入自己高度私密性的个人领域，可以分享自己的生活空间、情感和财物等。但在实际生活中，能够达到这种境界的关系相当少，人们常说的“人生难得一知己，千古知音最难觅”就是这个意思。很多情况下人们的关系并没有在第三阶段的基础上进一步发展，而是仅仅在第三阶段的同一水平上简单重复。此外，随着时空环境的变化，关系的亲密程度也会发生变化。研究表明，导致人际关系亲密程度退化或者疏远的原因既包括交往双方主观上的因素，比如兴趣爱好、喜好标准、情绪情感、价值观等的变化，也包括客观的社会环境因素，比如社会生活方式、社会制度、社会理念等的变化。所以建立了较为稳定的人际关系后，并不意味着终生都不会发生改变。

二、大学生人际交往的常见问题及成因

(一)大学生人际交往的常见问题

1. 因自卑不敢交往

自卑是一种过低的自我评价而产生的消极情绪体验。在人际交往活动中，自卑往往表现为自信心不足、忧郁孤僻、退缩避让，不敢主动与他人交往，害怕当众出丑，失去自尊和面子。自卑心理表面上是认为别人看不起自己，实际上更多的是自己看不起自己。有时甚至表现为过分的争强好胜，用盛气凌人的样子来掩饰自己内心的软弱和自身的缺陷。

自卑产生的原因是多方面的，比如凡事期望过高，不切实际，一旦遇到挫折就萎靡不振、消极自我暗示、缺乏交往经验或者技巧等。心理学家认为每个人都有自卑情结，适当的自卑可以促使我们不断努力、不断进步和不断成长。严重的自卑会给大学的人际交往带来极大的消极影响，长期的自卑状态则可能引起心理变态，最终影响个体的身心健康发展。

2. 因自负而不善交往

自负是一种过高的评价自己，不信任他人的心理。自负在人际交往中往往表现出居高临下、狂妄自大，过于相信自己而不肯相信别人，常常以自我为中心，只关心自己的需要，强调自己的感受而忽视他人。与同伴相处时，高兴时则万事大吉，不高兴时就大发雷霆。与熟人相处时，常常过高地估计彼此间的亲密度，使对方出于心理防卫而疏远。

3. 因猜疑而不愿交往

猜疑主要是在交往过程中，由于对环境、对他人甚至对自己的不信任，从而毫无根据的怀疑别人，无限地夸大事实，认为人人都不可交、人人都不可信。一个人一旦有了猜疑心理，就会变得特别敏感小心、戒备森严、口是心非、心胸狭隘、疑神疑鬼、忐忑不安，从而和周围的人格格不入，造成同学之间产生误会、矛盾和隔阂。

猜疑心理的人一般是从某一假想目标开始，越描越粗，越画越圆，从而脱离事实。最典型的例子就是“疑人偷斧”。还有些人是由于过度自我防卫引起的，比如以前轻信别人，在交往过程中上当受骗，蒙受精神和情感损失后，万念俱灰，不再相信任何人。

4. 因嫉妒而破坏交往

嫉妒是指在与人交往过程中，发现自己在容貌、能力、财产、地位、成就、威望等某些方面不如别人时，产生抱怨、憎恨甚至愤怒等复杂的心态。具有严重嫉妒心理的人总是害怕别人超越自己，而一旦发现别人超越后，就会不断地讽刺、挖苦、中伤他人。有些人在“妒火中烧”的情况下失去理智，铤而走险，最终造成严重的后果。

大学生嫉妒心理主要表现对学习好、人品好、能力强的交往对象表示不满，比如有些成绩优秀、表现突出、长相好或在某些方面有特长的同学却遭到一些人的议论和嘲讽。嫉妒会使人心理长期处于压抑状态，忧心忡忡，引起食欲不振、失眠甚至机体免疫力下降。

5. 因孤僻而拒绝交往

孤僻是一种感到与世隔绝、孤单寂寞的心境状态。在人际交往中往往表现为寡言少语，不主动不热情，缺乏积极性。孤僻不是单纯的独自生活，也不意味着独来独往，与世隔绝。孤僻产生的原因多而复杂，比如挫折、缺乏交往、失去母爱、缺乏交际、缺少朋

友等。

一般具有高傲、孤僻性格的大学生容易产生孤独感。这样的人在交往中常常把自己真实的想法、情感和欲望掩盖起来，过分强调自我克制。此外曾经遭遇过交往挫折的人也容易产生孤独感，比如，曾经被朋友欺骗伤害的人会对友情产生怀疑会对生活感到绝望，从而逐渐的封闭自我，像孤舟一样漂泊，渐行渐远。

6. 因恐惧而逃避交往

恐惧是当人面临可怕或危险的情景而又缺乏应对能力时所产生的一种企图摆脱、逃避的情绪体验。恐惧的程度有不安、担心、惧怕、恐惧等。有些大学生在与人交往的过程中，会不由自主地感到紧张、害怕，以至于手足无措，因为害怕出丑，而从心理上抵制、拒绝参加活动，严重者不敢与人对视，心慌胸闷，无法正常学习和生活。

产生恐惧的原因主要有：一是内在因素，就是个体的特殊性，比如胆小、怕事、害羞、依赖性强、高度内向等；二是外部因素，就是外界环境和生活经历，如意外事件、恐吓、挫折或社交失败，或童年创伤与经历，或遭遇了严重的精神刺激等。

(二)影响大学生人际交往的因素

大学生良好人际关系的建立，受到各种因素的影响和制约。分析影响大学生人际交往的各种因素，有助于大学生调整和改变自己的适应不良，改善人际关系。社会心理学研究表明，影响大学生人际交往和良好人际关系建立的因素，主要有以下几个方面。

1. 外部环境因素

(1)家庭环境。

家庭环境的影响主要包括家庭成员日常交往行为对子女起着潜移默化的影响，父母的养育方式对子女人际关系定位的影响，父母有关人际交往的专门教育对子女人际交往能力的影响。良好的家庭环境、父母的正确引导对大学生良好人际关系的建立起着积极的促进作用。反之，则起着阻碍作用。尤其家庭成员间关系的亲疏，家庭结构的突变，都会影响大学生在人际交往中的正确认识与态度趋向。很多大学生在生活中长期依赖父母，加上阅历、能力、知识等方面的不足，常常以自我为中心，不考虑他人的感受，不善于接纳别人，从而无法在新的环境中独立处理人际交往中产生的问题，一旦交往中不被别人接受或者遭受挫折，就会陷入极端的苦恼与矛盾冲突中，从而不敢交往甚至回避交往。

(2)学校环境。

学校文化对大学生心理健康的影响是直接而深远的，大学生的心理具有封锁倾向，但他们又强烈地渴望与人交往和沟通。学校不仅是大学生人际交往产生矛盾的主要场所，也为大学生建立良好的人际关系创造了条件。在过去相当长的一段时间内，我国基础教育在心理素质教育方面长期空位，缺乏完善学生健康人格形成与发展的机制，没有使学生具备良好的心理自我调控能力。因而大学生在面临新的学习环境时不可避免会出现人际交往问题。然而随着素质教育的完善，各级学校越来越重视学生的心理健康，大学不仅设立心理健康教育中心，针对学生出现的各种心理问题给予咨询和帮助。而且还开设了心理健康教育必修课，指导大学生了解心理健康知识和方法。此外健康活泼的校园文化和丰富多彩的社团活动，也为大学生人际交往提供了更多更宽阔的平台，促进大学生学会与人交往，提高人际交往的能力和水平。

(3)社会环境。

随着社会主义市场经济的发展，社会竞争日趋激烈，人们的思维方式、思想观念、价值取向、行为举止等都发生了很大的变化，逐步呈现出多元化的趋势。这些都无形中对人的交往构成了复杂的影响，对于那些社会阅历、心理承受能力普遍较低的大学生而言，生活在这样一个无法预期的社会环境中，不仅增加了他们心理适应能力的负担，也影响了他们在人际关系中的自我认识和定位。同时在社会转型期出现的拜金主义、个人主义、享乐主义等错误思潮，对大学生的人际交往行为也产生了消极的影响，不可避免会造成人际交往中的个体价值观念冲突。此外，互联网的高速发展也打破了人与人在时间和空间交往上的限制，很多大学生将自己的心理活动寄托于虚拟网络，但在现实生活中遇到却交际困难，陷入心理孤独境地，直接导致大学生在现实生活中人际交往封闭和交往能力下降。

2. 内部心理因素

(1)认知偏差。

认知心理学认为，人生活在社会中都会产生对自我、对他人及对各种关系的认识，包括对自己的认知，对他人的认知和对交往本身的认知。

对自己的认知主要是自我评价是否恰当，过高评价会引起骄傲自大，过低评价会引起自卑。

对交往本身的认知，主要是指交往的过程是双方彼此满足需要的过程，不能只满足自我需要而忽视他人的需要，否则就会引起交往障碍。

对他人的认知不自觉的会受到各种心理效应的影响，当这些效应产生消极作用时，就会阻碍人际交往的顺利进行。以下介绍几种常见的心理效应：

①首因效应。就是我们常说的第一印象，是最初获得的关于对象的信息，并由此产生的知觉印象。在初次交往中，第一印象往往最为鲜明和深刻，对以后的认知会产生较大的影响。

首因效应在人际交往中非常重要，第一印象好，在以后的交往中总是以积极的方面去理解和观察对方；反之，就容易产生偏见，总是从消极的方面去看对方。然而仅仅依靠初次的外貌、表情、谈吐等作出认知，形成印象，往往具有表面性和片面性。如果执着于第一印象，就会出现先入为主，忽视、否定随后出现的新信息，影响交往的正常进行。因此我们应善于利用它的积极作用，尽量减少它的消极作用，避免“以貌取人”，要客观公正地评价他人。

②晕轮效应。又称光环效应，是指一个人的一种或者几种品质给人以非常好的印象，这种印象就像月晕的光环一样，向周围弥漫、扩散，掩盖了其他品质或特点，成为此人的最终、最主要的印象。通俗点来说就是对某人的印象不是很好，就会觉得此人一无是处；对某人印象好时，就会觉得一好百好。常见的“情人眼里出西施”“爱屋及乌”“一俊遮百丑”就是晕轮效应的反应。

在人际交往中，晕轮效应常常强有力地影响着我们对人的知觉和判断。当我们看到某人身上某一方面的优点时，很容易推而广之，觉得他各个方面都很突出，这是积极的表现。相反，当我们看到某人身上的个别缺点，又很容易把他看得一无是处，这是消极的表现。“晕轮效应”最大的问题在于以偏概全，以个别特征代替整体特征，往往会歪曲一个人的形象，造成交往的异常，导致交往障碍。为了克服晕轮效应的影响，应有意识地训练自己从不同角度、不同方面去观察、评价他人，以免因为晕轮效应造成认知偏差。

③刻板效应。又称刻板印象，是指对某人或某一类人产生的一种比较固定的、类化的看法。是还没有进行实质性的交往，就对某一类人产生了一种不易改变的、笼统而简单的评价，这是我们认识他人时经常出现的现象。有些人总是习惯于把人进行机械的归类，把某个具体的人看作是某类人的典型代表，把对某类人的评价视为对某个人的评价，因而影响正确的判断。如人们通常认为老年人保守，年轻人爱冲动；北方人厚道，南方人精明；山东人豪爽正直，江浙人聪明伶俐；教师文质彬彬，商人唯利是图等等。

刻板印象的好处是能快速地了解一个陌生或不太熟悉的人或群体的特征，有积极的认知作用，但刻板印象也有其弊端，一是它夸大了群体内成员之间的相似性，往往会先入为主，以偏概全，二是夸大了群体间的差异性，容易产生偏见与歧视。克服刻板效应的关键：一是要善于用“眼见之实”去核对“偏听之辞”，有意识地重视和寻求与刻板印象不一致的信息。二是深入到群体中去，与群体中的成员广泛接触，并重点加强与群体中有典型化、代表性的成员的沟通，不断地检索验证原来刻板印象中与现实相悖的信息，最终克服刻板印象的负面影响而获得准确的认识。

④从众效应。指作为受众群体中的个体在信息接受中所采取的与大多数人相一致的心理和行为的对策倾向。具体表现为个体受到群体的影响而怀疑、改变自己的观点、判断和行为等，以和他人保持一致，也就是通常人们所说的“随大流”。从众心理在交往中非常普遍，当我们处于一个群体当中时，很容易受到大多数人的意见和影响。如果多数人认为某人是好人，我们就会比较放心地与之交往。由此可见，多数人的评价往往会代替自己的评价，并以此改变了自己的观念。

从众效应在交往中有积极的一面，比如把一个后进学生放在一个先进群体中，后进生就可能在大家的影响下向先进生的行列迈进。但是，从众效应也有消极作用，因为群体对个体的评价有时并非以一种客观、公正的标准和手段进行，而社会学的研究成果发现，个体把自己放入群体中进行比较时，最常见的一种心理就是不愿意与团体中其他人迥然不同，这样，一种群体性的偏差就会产生，交往中的问题也就随之而来。

⑤投射效应。指以己度人，认为自己具有某种特性，他人也一定与自己有相同的特性，把自己的情感、意志、特征投射到他人身上并强加于人的一种认知方式。这种效应使人们在信息不足的情况下评价一个人时往往会比实际上的那个人更像自己，这就歪曲了被了解对象的某些特性。投射包括情感投射和愿望投射。情感投射是指认为别人与自己的好恶相同；愿望投射是指把自己的主观愿望投射于他人，认为他人也如自己所期望的那样，把希望当成了现实。这样往往对他人的情感、意向做出错误的评价，歪曲他人，造成交往障碍。

“以小人之心度君子之腹”“饱汉子不知饿汉子饥”就是典型的投射，投射效应的实质就是忽视个体差异，以为别人和自己愿望相同，喜好相同，结果造成许多误会。因此，在认知过程中要注意客观性，力求从客观实际出发，深入考察，摒弃主观臆断、妄想猜测，尽量减少人际交往中的误会和矛盾。

(2)情绪因素。

情绪是人际交往中的主要部分，并会影响到人的认知和行为。交往过程中的情绪因素包括对交往的情绪反应、人与人之间的情感关系及心理距离的远近。在人际交往中，健康的情绪反应是适时、适度的，应与引起情绪的原因和情景相称，并随着客观情况的变化而变化，情绪反应过分强烈则会给人以轻浮不实之感，情绪反应过于冷漠则被视为麻木无情。大学生的情感丰富，心境易变，对人对事往往很敏感，加上情绪相当强的感染力，大学生很容易因为一时的情绪好坏改变对他人的看法，从而激化人际交往矛盾，使得人际交往缺乏稳定性，进而产生各种问题。因此，大学生要学会合理调控自己的情绪，适当表达自己的情感，在交往中要适度又不失风度和温度。

(3)个性因素。

每个人都有自己的个性，人际交往也受到人格品质的影响。大量的研究表明，个性因素是影响大学生能否成功地进行人际交往的重要因素。然而每个人都有自己的个性，个性差异会带来人际交往中的误解、矛盾与冲突，进而影响人际交往。当与性格相投的人相处时，感到难舍难分，与性格不相合的人相处时，则处处觉得别扭。人格不健全，如偏执型人格、表演型人格、强迫型人格等也是造成人际冲突的常见原因。大学生应该努力培养有助于人际交往的人格特质，比如尊重、理解、宽容、真诚等，尽量避免虚伪、自私、嫉妒、自卑等不利于人际交往的特质，逐步完善自己的人格，与他人建立良好的人际关系。

☞【案例导引】

小磊自认为性格十分内向，不善言语，不会与人处事，所以他尽量避免与人交往。大学生活自由，宿舍的同学常常熬夜很晚，导致他无法入睡，提醒了没结果，他就强忍着，不再和室友说话，每晚戴着耳机睡觉，直到有一天忍无可忍了便与一个室友大吵甚至动了手。后来他多次找素质导师要求换宿舍，最后他换了一间与外班同学混住的宿舍。

从此除了上课，他几乎不和班上的同学来往，集体活动也很少参加。他觉得自己被排斥被抛弃，没有一个理解信任他的朋友，常常感到无助、沮丧、孤单、烦躁，时间久了患上了神经衰弱，经常失眠头痛等，逐渐导致他学习无法集中，出现挂科现象。最后他开始厌学，厌恶同学和班级，不听老师和家长的劝告，认为别人看不起他，坚持要休学。

结合上文，可以看出该同学在人际关系上的认知比较片面，对人际关系的意义和重要性认识不够，性格也有些偏执内向，不愿意主动和别人交流，不自信且逃避，严重影响了他的人际交往。为了避免以上情况，首先要学会改变认知，其次要加强与他人的交流，合理宣泄情绪情感，完善人格特质等。

(4)能力因素。

据调查研究显示，越来越多的大学生意识到人际交往能力的重要性，并且增强了人际交往意识，但在交往能力方面仍有很多不足。交往能力主要包括表达理解能力、人际融合能力、解决问题能力三种。比如对人际交往中的禁忌、人际交往原则、人际交往风度、人际吸引魅力等常识知之甚少，常常是想关心别人却不知从何做起，想赞美别人却不知如何开口，想与人为善却又言语生硬，这无疑会影响大学生人际交往的效果，因此要有意识地在人际交往中磨炼自己，提高交往能力。

3. 其他因素

社会心理学家研究发现，影响人际交往的因素很复杂，除了环境、心理与能力因素外，还有许多因素在人际交往中起作用。

(1)时空。指双方交往的次数和距离远近，次数越多，地理位置越近，越有机会见面交流，越有共同的经验、话题，从而建立起亲密的关系。在人们交往的初期，交往频率往往具有决定性的作用。此外“同桌的你”“远亲不如近邻”等也说明了距离较近者，更容易建立起人际关系。

(2)类似与互补。指交往双方在文化背景、人生、经历、兴趣、态度等方面的共同程度。人与人之间相似的地方越多越相互吸引，俗话说“物以类聚，人以群分”就是这个道理。人与人之间如果具有相同的态度和价值观，较容易引起共鸣和相互支持，彼此容易适应，从而建立起人际关系。互补是指交往双方不同的地方互相弥补互相满足，当双方的需要以及对对方的期望正好成为互补关系时，就会产生强烈的吸引力。

(3)外表与特长。个人的长相、仪态、穿着、风度等，都会影响对他人的吸引，尤其是在交往初期，比如“以貌取人”“以衣论人”等，虽然人不可貌相，但在现实生活中确实有很多因为外貌、穿着等被人喜欢或被人拒绝的事发生。但是随着相互之间交往时间的推移，吸引力会逐渐从外在转移到人内在的品质上。特长是指人的特殊能力和专长，比如会跳舞、会唱歌、会弹吉他、会篮球、会摄影等，一般来说有特长的人比较容易引起别人的喜欢和重视，会增加人与人之间的吸引力。

(4)态度和价值观。态度是人们对一定对象比较一贯的、固定的、综合性的心理反应倾向。态度是一种直观的心理状态，它会直接反映到人际交往的行为中。态度和价值观念的不一致，会使交往双方对彼此的思想、情感和行为方式有不同的理解，从而影响大学生的人际交往。态度和价值观相似，个体之间会有更多的关注点，容易相处和交流；态度迥异，个体之间则难以找到共同的话题，相处和交往则多有冲撞，如果不及时调整，往往会使人际关系失去和谐。

三、建立和谐人际关系的原则和方法

进入大学后，大学生的成长环境、学习和生活方式较中学时代发生了巨大的变化，这种变化向大学生提出了更高的人际交往能力要求。提高交往能力，构建健康和谐的人际关系，是大学生成长成才过程中必须面对的实践课题，对正处于学习生活适应期和心理转型期的大学生尤为重要。

(一)人际交往的原则

1. 平等原则

平等，主要指交往双方态度和地位上的平等，我们每个人都有自己独立的人格、做人的尊严和法律赋予的权利和义务，人与人之间的关系是平等的。在交往的过程中，如果一方居高临下，盛气凌人、发号施令、颐指气使，那么他很快就会遭到碰壁从而导致孤立。大学生往往个性很强，互不服输，这种精神是值得提倡的，但绝不能高人一等，因同学的出身、家庭、长相等方面差异而对人“另眼相看”。坚持平等的交往原则，就要正确估价自己，不要光看自己的优点而盛气凌人，自以为是；也不要只见自身弱点而妄自菲薄，盲目自卑，要尊重他人的自尊心和感情，更不能以世俗的势力眼光“看人下菜”。

2. 尊重原则

渴望受到尊重是每个人的基本心理需求。尊重他人是人际交往中的“绿灯”。每个人都有自己的人格尊严，并期望在各种场合得到尊重。尊重能够引发他人的信任、坦诚等情感，缩短交往的心理距离。一般来说，大学生自尊心都很强烈，因此，大学生在人际交往中尤其要注意尊重别人的原则，不损害他人的名誉和人格，承认或肯定他人的能力与成绩。否则，容易导致人际关系的紧张和冲突。坚持尊重的原则，必须注意在态度上和人格上尊重同学，平等待人，讲究语言文明、礼貌待人，不开恶作剧玩笑，不乱给同学取绰号，尊重同学的生活习惯。

3. 真诚原则

真诚是人与人之间沟通的桥梁，只有以诚相待，才能使交往双方建立信任感，并结成深厚的友谊。坚持真诚的原则，必须做到热情关心、真心帮助他人而不求回报，对朋友的不足和缺点能诚恳批评。对人对事，实事求是，对不同观点能直陈己见而不是口是心非。既不当面奉承，也不在背后诽谤人，做到肝胆相照，赤诚待人，襟怀坦白。

4. 互助互利

人际关系以能否满足交往双方的需要为基础。如果交往双方的心理需要都能获得满足，其关系才会继续发展。因此交往双方要本着互助互利原则。互助，当一方需要帮助时，另一方要力所能及地给对方提供帮助。这种帮助可以是物质方面也可以是精神方面，可以是脑力的也可以是体力的。坚持互助互利原则，就是要破除极端自私的个人主义，与人为善，乐于助人。同时，又要善于求助别人。别人帮助你克服了困难，他也会感到愉快，这样可以进一步促进双方的情感交流。

5. 讲究信用

孔子说：“人而无信，不知其可。”信用是无形的名片，关系一个人的形象和品质。信用是成功的伙伴，也是无形的资本，中华民族的传统美德。信用原则要求大学生在人际交往中要说真话，言必行，行必果。答应做到的事情不管有多难，都要千方百计，不遗余力地办到。如果经再三努力没有实现，则应诚恳地说明原因，不能有“凑合”“对付”“糊弄”的思想。守信用者能交真朋友，好朋友；不守信用者只能交一时的朋友或终将被抛弃。坚持信用原则，要做到有约按时到，借物按时还，不乱猜忌，不轻易许诺、信口开河，让人空欢喜。

6. 宽容大度

人际交往中往往会产生误解和矛盾。大学生个性多样化，不可避免地会产生一些矛盾，这就要求大学生在交往中不要斤斤计较，而要谦让大度、克制忍让，不计较对方的态度，不计较对方的言辞，并勇于承担自己的行为责任，做到“宰相肚里能撑船”。他吵，你不吵；他凶，你不凶；他骂，你不骂。大可不必，“以牙还牙，以眼还眼。”只要我们胸怀宽广，发火的人也会自觉无趣。宽容克制并不是软弱、怯弱的表现。相反，它是有涵养有“肚量”的表现，是建立良好人际关系的润滑剂，能“化干戈为玉帛”，赢得更多的朋友。

7. 自信自爱

自信是对自身的一种积极的肯定的评价态度，是一个人立足于社会的心理

基础，在现实的人际交往中非常重要。俗话说，自爱才有他爱，自尊才能他尊，自信也是如此。自信的人会依靠其自我的个人魅力、学识修养来识人交友，并通过与人交流而得到自我认同感。在人际交往中，自信自爱的人总是不卑不亢、落落大方、谈吐从容。肯定自己的优点，并努力学习他人的优点。自信自爱的人言行光明磊落，愿意也敢于与他人坦诚交流，具有积极与他人交流的热情，对人有一种无形的吸引力。自信自爱的人不是妄自菲薄，也绝非孤芳自赏、盲目清高，而是对自己有自知之明，悉心听别人劝告，勇于改正自己的错误。自信自爱的人总是善于抓住机会表现和锻炼自己，获得成功。

(二)人际交往的技巧

人际交往是一种能力更是一门艺术，高超的交往技巧可以唤起别人与你相处的热情，打通与人接近和沟通的渠道，密切双方的关系。人际交往的一个本质特征就在于其双相性，体现为一种互动协调的过程。别人给我们一个亲切的微笑、善意的举动，就会引起我们友好的体验和反应。同样，我们期望他人对我们表示出友好，我们得先显示出善意、诚恳的言行举止。交往中的任何一种符号沟通都不是单向传导，而是会唤起反馈的，但若双方的信息反馈不对应，交往就会产生障碍。因此，克服交往中的障碍，主动寻求最佳的交往途径，把握交往的原则和艺术显得尤为重要。

1. 学会倾听

倾听是和别人交流的开始，学会倾听是一项重要的交往艺术，倾听并非仅仅是用耳朵听，更重要的是用心去听，去设身处地的感受。因为倾听本身就是褒奖对方谈话的一种方式，你能耐心倾听对方的谈话，等于告诉对方“你是一个值得我倾听的人，你很重要”等这些无形中就能提高对方的自尊心，拉近你们彼此间的亲近感。反之，对方还没有把要对你讲的话讲完，你就听不下去了，就很容易使对方的自尊心受挫。很多事实证明，越是善于倾听他人意见的人，人际关系越融洽。所以要做一个好的倾听者，耐心倾听、虚心倾听，会心倾听。

2. 学会移情

移情是一种理解和体验他人情绪的能力，移情不是同情，而是交往对方内心情感的共通与统一。只有具备了移情能力，人们才能在交往中换位思考，才能进入交往对方的思想和情感世界，以对方的眼光去看对方的世界，以对方的心情去体会对方的情绪，以对方的思想去推理对方的行为。这对建立良好的人际关系至关重要。现实人际冲突的根源一般都是由以自我为中心，不能站在对方的角度看待问题而引起的，有些人在自我中心倾向的支配下，常常不顾场合和交往对方的心情，一味地由着自己的性子去交往，致使在交往中出现尴尬的局面。因此，为了更好地交往，大学生不仅要树立移情意识，还要注重培养自己的移情意识。

3. 学会赞扬

人际交往是一个互动的过程，因此，交往的双方在心理上也总是以情感的相悦作为交

往的动力，以彼此的满意或不满、喜欢或厌恶等情绪反应为特征。一般来说，人们总是喜欢那些喜欢自己、真诚评价自己的人。由于受到交往对方的赞扬，得到好的评价，自尊心就能得到满足，对此产生心理上的接近和好感，从而为良好的人际交往提供了心理铺垫。当然，赞扬必须发自内心，口是心非的奉承只能让别人更加反感。真诚的赞扬别人的优点和长处，人人都有值得赞美的地方，只要你仔细观察，就会发现对方的可贵之处，并从内心发出真诚的赞扬，将会促进交往的深入进行。

4. 学会拒绝

在交往过程中，大学生应当互相帮助，特别是在朋友有困难或有求于你的时候，更应伸出援助之手，但现实中往往有很多情况我们无法左右，那么如何学会拒绝呢？首先要表示对对方的理解，然后再说明自己无法帮助的理由，不能草率生硬地拒绝，否则，既会使对方生气，还会让对方误以为你不想帮助，进而影响以后的交往。其次，对于勉为其难的事，要先肯定对方的意见和人格，然后再委婉拒绝，这样可以使对方先进入良好的情绪状态，进而使用一种积极的心态看待问题。最后在拒绝时要使用“抱歉”“对不起”等词汇，以表示自己的歉意和诚恳，同时也使对方容易接受和理解。切忌交往中自我虚荣，信口开河，盲目做自己办不到的事，最后失去朋友，失去自己的人格和尊严。

5. 学会运用语言

“良言一句三冬暖，恶语伤人六月寒”，语言艺术运用得好，就能优化人际交往。相反，如果不注意语言艺术，往往在无意间就出口伤人，产生矛盾。讲究语言艺术，要学会用清楚、准确简练、生动的语言表达自己的思想和感情。比如称呼用语要根据对方的身份、年龄和职业等具体情况来定，力求准确恰当。此外忌讳语也要注意不同的人群和不同的地方，对于人体的一些生理现象，谈话时一般要避讳，有异性在场时更要注意。最后交谈的语言要文雅、文明、简洁。要口语化，不要书面色彩太浓，否则给人以卖弄之嫌。即便是讲笑话也要注意对象、场合、分寸，以免讲话不得体，得罪他人。

第四节　心理咨询及心理康复

☞【案例导引】

“生命艰难吗？你绝望过吗？你想过放弃吗？我是命运的弃儿，是别人眼中的废物，但我仍抱有希望，追逐人生的精彩。人们问我怎么还笑得出来，我只是回答：“为什么不呢？就算生来没手没脚，并不代表不能成就事业。我爱多彩的生命，虽然没手没脚，但幸好还有这个脚趾，它能写字，1 分钟打 43 个字，它还能打鼓。但生命总有笑不出来的时候，8 岁的时候，我在想，我将面对怎样的人生，永远不会有人给我工作，永远不会找到人生目标，没有人会嫁给我，甚至不能握住爱人的手。我觉得无助，我想要自杀，命运对我太不公平了，生活把我推倒在地，脸朝着地面，没有手，没有脚，我不可能站起来，我尝试了 100 次，却摔倒了 100 次，如果我放弃退缩，我还能站起来吗？不会，我会选择尝试，学着坚持，我知道，只有我不认输，总有一天会重新站起来。你永不放弃的心，比钻石还珍贵，没有无法达成的目标，没有遥不可及的梦想。来吧，活出自己的精彩。"

这段演讲出自尼克·胡哲，1982年生于澳大利亚，刚生下来就没手没脚，却游泳、潜水、踢足球、溜滑板、打高尔夫样样在行。通过努力，他考上了大学，并获得会计与财务规划双学士学位，成为两个国际公益组织的总裁，他走遍了32个国家，演讲了1600场，拥抱了数十万人，传播永不放弃的精神，并收获了甜蜜的爱情，活出了生命的奇迹。

本节将和大家一起认识生命，期待能够激发大家对于生命的无限热爱和对生命价值的不懈追求。

一、珍爱生命

生命从被孕育起，就具有其特殊的意义和使命，我们享受生命带来的快乐，享受着爱与被爱的过程，享受着生活里的每一个精彩的瞬间，这些对于我们而言，就是活着的幸福。生命中不同的经历和过程，让我们对于生命的意义有了更多的思索和深刻理解。

什么是生命？生命从何而来，生命是由什么组成的？生命的意义何在？对这些问题的思考一直伴随着人类社会的发展。

（一）生命的含义

《辞海》对生命的解释是："由高分子的核酸蛋白体和其他物质组成的生物体所具有的特有现象。能利用外界的物质形成自己的身体和繁衍后代，按照遗传的特点生长、发育、运动，在环境变化时常表现出适应环境的能力"。恩格斯曾如此定义生命："生命是蛋白体的存在方式，这个存在方式的基本因素在于和它周围的外部自然界的不断新陈代谢，而且这种新陈代谢一停止，生命就随之停止，结果便是蛋白质的分解。"显而易见，这些论述都是从生物学的角度去认识和理解生命的内涵，即自然生命，人与动物皆有的。

此外，人的生命还有与其他生物的生命本质的不同，即人有意识，马克思指出："动物和它的生命是直接同一的，它没有自己和自己生命活动之间的区别。它就是这种生命活动。人则把自己的生活活动本身变成自己的意志和意识的对象。"马克思的论述表明，动物只能凭着激素和神经系统的作用在完成着自然的代谢；而只有人类才有思维和意识，人的生命是自然生命、精神生命和社会生命的统一。人不仅仅是为了满足自己的自然生命而存在，还要追求超越自然生命的精神生命，人要规划自己的人生，创造自己的价值，指导和提升自然生命。同时，每个人要想生存下去，就必须参与和融入社会活动中，在与人的沟通、交往和互动中保存自己的生命，追求自己生命的意义，实现自己生命的价值。

（二）生命的特点

根据对生命的理解，人的生命具有以下主要特征：

1. 生命的有限性

人的生命特别是自然生命、肉体生命存在的有限性是任何人都无法脱的宿命。生命的有限性，既包括人作为生物体的自然限制，也包括人作为社会人所必然受到的社会限制。人的自然寿命是有限的，仅百余岁，而且人生际遇具有不可控性，导致很多人达不到自然寿命。例如各种疾病及各种偶然事件和突发的灾难，都可能使个体生命突然消失。在当今社会，由于自然环境的恶劣，社会矛盾的加剧，人生所招致的种种厄运，呈急剧增长趋势。生命的有限性，还指人的生命过程只有一次，不可能重新开始，昨天是永远过去了，永远不会再出现“一样的昨天”，这就是生命，没有过渡，没有等待。生命的每个阶段，每个过程都是独一无二的，无法从头来体验。所以我们要在仅有的一次有限的生命过程中，去创造无限的价值，创造属于自己的幸福，要珍爱生命，不能轻易放弃仅有的一次生命。

2. 生命的独特性

地球上的每一生命都有其独特性，生命对于每个人来说尤其如此，它具有单一性和独特性。人的遗传素质的差异性，决定了人先天具有的独特性，以及在后天发展中的优势结构，不同的人有不同的兴趣和特长。人生命的独特性不仅取决于个体的遗传素质，还取决于人后天形成的个性、思维、精神等因素。所以，即便是孪生兄弟姐妹具有相同遗传基因，但后天成长环境、实践活动的不同，也会形成不同的个性。

3. 生命的完整性

根据生命存在的不同层次，生命分为自然生命、精神生命和社会生命。根据生命的发展来看，生命一般的完整性指人的生命都有一个从生到死的整个过程。根据人的生命活动来看，生命的完整性还包括认知、情感、意志、行为的统一，认知是情感产生的基础，没有人的认知活动就不会产生喜怒哀乐的情感，而如果没有情感的推动，人的认知也就不可能发展和深入，生命的各个部分并不是独立存在的，而是共同存在于一个生命体内。

4. 生命的实践性

实践是人的生命存在的方式，也是人不断追求生命意义、实现人生价值、走向生命超越的途径。人在实践中积极追求生存之道，寻求更好的生活。儒家就强调在人生实践中创造人生的辉煌，“天行健，君子自强不息”，鼓励人们“读万卷书，行万里路”“立德、立言、立功”，实现人生的圆满境界。

5. 生命的超越性

生命的超越性源于有限性，生命是有限的，但生命的追求是无限的，很多哲学家都把超越性看作人的生命的本质，在漫长的人类前行的征程中，人总是在对未来的追求中否定现实，正是在这种自我否定中，实现着生命的超越。人类通过发明创造改造自然，通过实践活动将人的身体扩展到整个自然界，并在此基础上创造出了丰富的物质世界和精神世界。人渴望超越，超越人的自身存在，超越现实的存在，在这种不停的超越中，实现着生命价值的提升，不断走向新的解放，生成新的自我。

（三）生命的意义

对于生命的意义，众人观点不一。悲观者认为，生命是痛苦的，人生各个阶段会有难以预测的困难和挑战，消极者体验到的生命是失去、迷茫和痛苦，是没有色彩的；乐观者则有比较积极的看法，认为生命如夏花般美丽，他们眼里的生命是多彩而有价值的。那么生命的意义究竟何在？狄尔泰认为一切在生命中的体验都是有意义的，他强调“意义”在本质上是生命的展现、释放和体验，生命的价值就是在不断追求生命意义的过程中得以发展提升和完善。

从生命存在的角度来说生命和健康都是有价值的，生命的意义就在于人类如何通过积极的行为去追求健康，使生命的质量得以提升。从生命的社会性角度来说，生命的意义则与价值有关。巴金说生命的意义在于付出，在于给予而不是在于接受，也不是在于争取。爱因斯坦认为，生命的意义在于设身处地替别人着想，忧他人之忧，乐他人之乐。奥地利著名的心理学家弗兰克尔将生命的意义首先界定为人们对自己生命中目标的认识和追求，强调人们要有对生命的清晰认识，要知道自己将要做什么，并能够为实现个人的价值而努力，就是要用积极的心态去面对生活。当人们认识了自己，清楚自己是世界上独有的个体时，就会为实现生命的价值而努力，从而获得意义感。

生命的意义对于人而言，是一种动力系统，是生存行为的驱动力。首先，它作为一种目标而存在，当人意识到我为何而活时，自然而然就有了动力，就会通过努力促进自我发展，提升生命质量。其次，它给人提供满足感和幸福感，有研究证明，生命意义是健康和幸福不可缺少的元素。除此之外，对生命意义的理解会使个体的控制感增强。当人对于某种事物的理解更为透彻，对它的认识更加清晰时，就会增强对该事物的控制感，生命亦如此。

二、正视死亡

生命就是有生有死的过程，谈生命教育就不能不谈“死亡”。在我们的文化和生活中，关于死亡的话题，是比较忌讳的，大家一般都避而不谈。但是，回避死亡，不等于死亡就可以远离我们。人的一生就是从生到死的过程，我们从生下来的那一刻起，就开始走向死亡，死亡是生命的终点，是一切生命活动的必然现象，是每个人的最终归宿。既然死亡无法逃避，那就让我们正视它，了解它，用以死观生的态度来指引我们的人生。

(一)死亡的含义

生物医学意义上的死亡是指身体机能、脏器、器官及所有生命系统的永久的、不可逆的停止功能。社会学意义上的死亡是指人类为有意义生命的消失，没有思想，没有感觉。心理学意义上的死亡是指个体心理活动的停止，没有感觉，没有意识，没有行为。

(二)死亡的特点

一是不可抗拒性，死亡来临时，任何人都无法抗拒和逃避，只能接受。二是必然性，凡是生命都存在着死亡的必然性，人有生即有死，死亡是必然的，是任何生命都无法逃避的命运。三是偶然性。死亡是必然的，但一个人在什么时间死亡，以什么方式死是偶然的，人生充满了各种无法预料，疾病战争、自然灾害、人际争斗、交通事故等都可能导致意外死亡。人无法预料自己在什么时候遇到什么危机事件会丧失生命。死亡的偶然性显示了生命的脆弱。

(三)死亡的意义

美国生死学家罗斯说：“死如同生一样，是人类存在、成长及发展的一部分，它赋予人类存在的意义，它给我们今生的时间规定界限，催促我们在能够使用的那段时间里，做一番创造性的事业。”我们所追求的生活的价值和意义，就是死亡所带来的，死亡是有价值的。死亡的存在告诉我们，人的生命不是一条没有终点的，无限延长的射线，而是一条有始有终的线段，他提醒我们生命是有限的，人无法决定生命的长度，只能把握每一个现在，为生命创造价值。只有有价值的生，才能无愧地面对死。

三、大学生心理危机的预防与干预

(一)心理危机概述

人的一生总会遇到危机，不管是失恋、意外、疾病还是亲人去世，都有可能给人的心灵带来冲击。究竟什么是心理危机？大学生心理危机有哪些特点？大学生心理危机的特点是什么？同学们在生活中如何提高自身免疫力，预防危机的发生？

什么是心理危机？美国心理学家凯普兰(G. Caplan，1954)系统地提出危机的概念。他认为，每个人都在不断努力保持一种内心的稳定状态，保持自身与环境的平衡与协调。当重大问题或变化发生使个体感到难以解决、难以把握时，平衡就会打破，内心的紧张不断积蓄，继而出现无所适从甚至思维和行为的紊乱，即进入一种失衡状态，这也就是危机状态。简言之，危机意味着稳态的破坏。凯普兰认为心理危机是面临突然或重大生活事件，个体既不能回避，又无法用通常解决的方法来解决问题时所出现的心理失衡状态。

大学生出现心理危机通常表现为：自卑、悲观、绝望；逃学、离校出走；极度的抑郁、孤僻和焦虑，怕与人交往；对社会、对他人、对一切冷漠、消极、逆反或攻击；严重者会采取自杀等逃避手段。

☞【案例导引】

某高校一男生从寝室楼顶跳下，因楼层不算太高，且抢救及时，捡回了一条性命。事后自述：一周前，谈了两年的初恋女友提出分手，痛苦无法自拔而产生自杀念头，在寝室楼顶最后给女孩打了两个电话没打通，觉得是命运的安排，于是就纵身跳了下来。对于自己的行为，他说："那时真是一念之差，一时冲动，拿生命当儿戏。"生命于每个人都只有一次，需要我们无比珍惜，但有些人有时会在一些暂时找不到解决方法，一时情绪无法缓解控制的情况而选择去伤害自己甚至是别人的生命，他们陷入了无能为力的混乱，他们不再相信自己解决问题的能力，他们不再确定自己的存在价值，危机应运而生。

(二)心理危机的特点

1. 普遍性与特殊性

美国心理学家吉利兰和詹姆斯曾说过，危机是普遍的，因为在特定的情况下，没有人能够幸免；危机又是特殊的，因为即使面对同样的问题，有的人能够战胜危机，而有的人则不能。所以认为一个人不会受到心理创伤，能够稳定、冷静地处理任何危机是不现实的，无论一个人受过多少心理训练，当他面对严重的危机时，解体、失衡、迷惑以及应付机制的破坏是不可避免的。

2. 复杂性和难解性

心理危机的复杂性表现在：引起危机的原因是复杂多样的；心理危机的发生不遵循一般的因果关系的规律；心理危机的程度与生活事件的强度不一定成正比，而更多地取决于个体对生活事件的认识、应对能力、既往经历和个性特征等。正因为心理危机的复杂性和个体的差异性，导致危机难解，许多遭受严重应激影响的求助者的问题来自，他们总是企图找到迅速解决问题的方法，通常是使用药物，尽管这样的方法可延缓极端反应的出现，但对造成危机的原因不产生作用，危机仍旧存在。

3. 危险性与机遇性

汉语中的“危机”一词可谓一语双关，“危”有危险之意，而“机”有机遇、机缘之意。对处于心理危机中的人来说，一方面危机确实意味着危险，严重的危机会导致个体认知紊乱、内心痛苦、情绪低落、社会功能降低，甚至可能导致严重的心理疾病乃至自杀和杀人。另一方面，危机也给我们提醒和压力，告诉我们过去的思想行为方式已不再合适，需要我们增强应对能力，改变消极态度，增加积极行为或者寻求他人的帮助。通过这个过程，我们不仅能够解决危机，还能实现自我的成长，提高危机处理能力。从这个角度来看，危机又确实为我们带来了发展的机遇。因此，我们要正确看待心理危机，它就像一把“双刃剑”，既是健康快乐的重要威胁，又是战胜困难、完善自我的一次成长。

(三)心理危机的类型

由于让人们产生困扰的应激事件多种多样，同时每个个体自身的情况又各不相同，所以心理危机的类型也各不相同，心理学家布拉默将通常会遇到的心理危机分为以下三类。

1. 发展性危机

发展性危机又叫成长性危机。它是指个体在其成长发展过程中，遭遇环境或自身生理的急剧变化或转变所导致的异常心理反应。Erickson 提出的人的一生经历八个阶段的成长理论中认为：个人在成长的不同阶段要完成不同的成长任务，每个成长阶段的更替都可能是一次危机，如能顺利度过，危机当事人则得到成长。由于这些危机是成长过程中必须要经历的问题，是正常的成长烦恼，并不说明产生了严重的心理危机，但如果不能顺利度过，则可能导致真正的危机的发生。如：大学新生从高中进入大学面临的角色转变和适应新环境的问题，有些学生经过一段时间的自我调整，适应能力得到提升，在新环境中应付自如；而有些学生很长时间都调整不好，无法适应，就会陷入焦虑、抑郁、敏感等负面情绪中，甚至出现行为紊乱，这就是发展性危机。

2. 境遇性危机

境遇性危机是指遇到了个人无法预测和控制的危机，因此造成了心理失衡乃至解体的状态。境遇性危机往往是强烈的、灾难性的、震撼性的、突发的。既有地震、洪水等自然灾害、也有重大疾病、暴力侵害、交通事故等突发灾难，还有丧亲、失恋、人际关系的强烈冲突等个人困扰。

3. 存在性危机

存在性危机是指伴随着重要的人生目的、人生责任和未来发展等人生问题而出现的心理内部冲突和焦虑。大学生所处的年龄阶段和身心特点，使他们比其他社会个体，以及自身经历的其他阶段思考的问题更加集中。同时由于大学是进入社会的第一站，要完成一个学生到社会人的转变，经历从简单校园生活到复杂社会竞争的过渡。有些大学生会不适应，在这个过程中屡屡受挫，自暴自弃，迷失方向；还有的就业压力过大，找不到工作导致对自我的能力甚至是自我的存在产生怀疑。存在性危机对大学生心理的影响应引起大家足够的关注，因为它不仅影响大学生的心理健康，对大学生确立正确的人生观、价值观和世界观都有着深远的影响。

(四)大学生心理危机的辨识与应对

1. 大学生心理危机的表现与辨识

郑希付先生在其《临床心理学》中将大学生心理危机的表现归纳为情绪、认知、行为、躯体四个方面的改变。

(1)情绪改变。

当我们受到应激突发事件影响时，对事件结果的预测和评价会直接导致我们的情绪改变。如能成功地应对应激源常常给个体带来愉快和高兴的情绪体验。如对未来不确定，预期将要发生危险或不良后果则会产生紧张、焦虑、恐惧、抑郁、愤怒等不良情绪反应。

(2)认知改变。

由于情绪的焦虑、紧张、抑郁，导致当事人对事物的反应变慢难以区分事物的关系，看待事物容易简单化、片面化，处理问题变得情绪化，缺乏理智，负性情绪带来负性的评价和思考，看不到自己的优势，没有勇气去面对困难，产生无助和无望感，严重时甚至导致精神恍惚、思维混乱。

(3)行为改变。

处于危机状态下的人不仅有心理的变化，还会在日常行为上表现出明显的变化，出现一些消极的行为，如不能专心学习和工作，回避矛盾问题、逃避应该承担的责任、自我封闭、行为退化等，有的时候甚至采取自伤、自杀等对内对外的严重攻击行为。

(4)躯体不适。

人的心理和生理是相互影响的，心理的不适通常也会导致生理上的不适和躯体的不良反应。心理危机产生后，内心的痛苦折磨往往会让人身心疲惫、失眠、头痛、食欲不振，甚至有些人还会出现肌肉紧张、肠胃不适、腹泻、呼吸困难等反应。如果心理危机持续时间很久，这些躯体反应会越来越明显，而一旦心理危机被及时解除，躯体的反应会随之消失。

当大学生出现这四个方面的两个或两个以上方面的表现时，可确定出现了心理危机。

2. 大学生心理危机的应对

(1)如何自助。

每位大学生的成长过程都可能无法免于心理危机的干扰，危机与成长伴随我们一路走来，我们要勇敢的面对危机，调整自己的心态，让危机转变为机遇，促使自我心理恢复平衡。在面临危机时，首先努力镇定下来后，开始进行思考：

①到底发生了什么事？回想事情的起始，把每个细节想到，然后坦然接受现实，抱怨和愤恨无济于事。

②我现在的感受是什么？它们对我有用吗？心理危机产生时，人会感到软弱、慌乱、悲哀，这是正常的应激反应，控制它们的方法是告诉自己：我现在需要理性思考，我肯定能找到战胜困境的对策，所谓理性思考就是使自己客观地分析问题、积极地解决问题，一旦理性思考产生，消极的情绪就会减轻。

③现在有哪些情况对我不利？找到问题的症结，确定冲出困难的突破口。有时候要克服的障碍是外界的、他人的，有时候要克服的可能是自己的非理性思维和行为。目标准

确，行动才更有效。

④事情会有几种结果？分析问题要用全面、发展的眼光，对一件事尽可能多想几条出路，让自己总能有所选择，才不会陷入绝境。

⑤我可以从哪些方面得到帮助？针对自己的问题寻求帮助，父母师长、亲朋好友、学校心理咨询中心都会真诚的帮助我们渡过难关。想想你的问题最适合向谁寻求帮助，确定后马上行动，越早与外界沟通并得到支持，越有利于缓解危机，切不要羞于请求帮助。有的学生习惯封闭自己的内心，长时间忍受一个人的痛苦，不向外倾诉、不向外求助，导致恶性循环，一步步将自己逼到危险的边缘。

⑥我怎样争取一个对自己最有利的结果？对自己最有利的结果应该是能使自己战胜困境并能在未来的日子里快乐和成长。不可铤而走险、不可饮鸩止渴、不可自残生命，因为这样只能证明自己愚蠢至极，证明自己是弱者。

⑦如此一系列的理性思考，可以使我们获得有效的办法。像打仗一样，知己知彼，力争用最小的代价，争取最大的胜利，要多给自己一些关爱和支持，战胜困苦的力量，永远来自对自己的信任，对生活的信任。

(2)如何助人。

如果发现身边有人处于心理危机中，出现心理危机的表现，可以采取以下方法给予帮助：

①向他们表达你的关心。询问他们目前面临的困难以及困难给他们带来的影响。

②多倾听。少说话，给他们一定的时间说出内心的感受和担忧。

③要有耐心，不要因他们不能很容易与你交谈就轻言放弃，允许谈话中出现沉默，有时重要的信息在沉默之后出现。

④不要担心他们会出现强烈的情感反应，情感爆发或哭泣会利于他们的情感得到释放。

⑤保持冷静，要接纳，不做评判，也不要试图说服他们改变自己内心的感受，给予希望，让他们知道面临的困境能够有所改变。

⑥要留心自杀念头，不论他们用什么方式流露，不要害怕询问他们是否考虑自杀，这样不会使他们自杀，反而会挽救他们的生命："你是否有过很痛苦的时候，以至令你有想结束自己生命的想法?"在结束谈话时，要鼓励他们再次与你讨论相关的问题，并且要让他们知道你愿意继续帮助他们。

⑦事先应知道他们可能会拒绝你提供的帮助，有的人有时难以承认他们无法处理自己的问题而加以否认，不要认为他们的拒绝是针对你。

⑧如果你认为他们需要专业的帮助，向他们提供转介信息，如果他们对寻求专业帮助恐惧或担忧，应花时间倾听他们的担心、告诉他们大多数处于这种情况的人需要帮助，解释你建议他们见专业人员不是想推诿。

⑨如果你发现他们有自杀危险，不要承诺你会对此保密，也不要一个人独自承担帮助他的责任，应请其他人特别是专业人员一起承担帮助他们的责任。

⑩如果你发现他们马上要采取自杀行为，不要让他们独处，把他们送到能提供心理服务的诊所或医院。如果他们已经采取了自杀行为，立刻把他们送到医院的急诊室抢救。

(五)大学生自杀危机的预防与干预

人生的最大的不幸莫过于厌恶自己的生命，主动放弃自己的生命。随着社会压力的增大，大学生抗挫能力的降低，大学生自杀危机不断出现。生命是宝贵的，每一个生命的逝去不仅给一个家庭带来无法弥补的伤痛，也给社会造成了巨大的损失，预防自杀危机，守护自己和他人的生命是我们每个人的神圣职责。

1. 什么是自杀危机

自杀可以发生在任何人身上，没有人对自杀具有天然的免疫力。全国道德模范董明6岁时被选入跳水队，9岁那年参加比赛时为保护队友不幸摔成高位截瘫，脖子以下都没有知觉。受伤后，董明有6年时间身体完全不能动，有10年时间不能说话，被医生多次下病危通知书，历经无数次内心脆弱的叹息和生死的挣扎，也曾有过自杀的想法，但最终选择了坚强，选择了与命运抗争，经历了常人难以想象的磨难，自学了从小学到高中的课程，还学习了英语和日语，成为中央电大社会工作专业学员，并考取了国家心理咨询师资格证书。在身体好转后一直坚持志愿服务，在参与志愿服务中绽放生命的美丽。董明的事迹告诉我们；面对生活的磨难，每个人都有内心脆弱的时候，甚至一度会走进生命的误区。但只有我们敢于正视自己，直面挫折，笑对生活，就一定能够重新迎来生命的春天。因此，了解自杀危机，勇敢守护生命，是每一位大学生义不容辞的社会责任。

2. 自杀的定义及分类

自杀是什么呢？不同的学科对自杀的定义不同，心理学的定义是：自杀是一种自我毁灭的行为，个体将自杀看作解决问题的唯一方法。

自杀分为理智性自杀和情绪性自杀。理智性自杀是指在有理智、有计划的情况下进行的自杀行为，它往往酝酿的周期较长。情绪性自杀也叫冲动性自杀，这类自杀往往有明显的刺激性因素，自杀意念形成的时间短暂而强烈，异常行为表现突出，大学生的自杀行为大多属于这一类。

3. 自杀危机可以预防

自杀现象较为复杂，往往是多种因素共同作用的结果，很少有人因为单一原因而自杀。同等条件、同等情况下，有人自杀，有人却没有自杀；有人在别人看来没有什么缘由却选择了自杀，而有人受到很大打击却坚强地活了下来。要帮助更多的人走出自杀阴影，坚强地活下去，首先要做的就是提前预防。一个人从有自杀意念到完成自杀是有一个过程，这个过程可能是几个小时，也可能是几天，或者是数月。自杀的进程能否阻断，是否演变成自杀未遂或自杀，取决于以下两个方面：

第一，个体请求帮助及获得帮助的能力。如果一个人具备一些预防自杀危机的知识，知道哪些人或哪些机构可以为其提供救助，并能主动去求助，就有可能不会自杀，否则自杀的危险就很大。

第二，自杀者身边的人识别其自杀性表达的能力及重视程度。如果自杀者身边的人，如父母、老师、亲友、同学等具备识别自杀的能力，家庭、学校、社会重视自杀危机的预防工作，自杀者就可以被及时挽救。

4. 如何识别自杀危机

自杀是可以预防的，一般来说，大学生在准备自杀前都有一些迹象出现，因此，识别自杀征兆是预防自杀，保护生命的重要途径。

5. 哪些人容易发生自杀危机

从自杀的个案中可以发现，当大学生遭受以下事件或出现以下状况时容易产生自杀意念和自杀行为。

(1)遭遇突发事件而出现心理或行为异常的学生，如家庭发生重大变故、受到自然或社会意外刺激的学生。

(2)学习压力过大、学习困难而出现心理异常的学生。

(3)个人感情受挫后出现心理或行为异常的学生。

(4)人际关系失调后出现心理或行为异常的学生。

(5)性格过于内向孤僻、缺乏支持的学生。

(6)严重环境适应不良导致心理或行为异常的学生。

(7)家境贫困、经济负担重，深感自卑的学生。

(8)身体出现严重疾病，个人很痛苦，治疗周期长的学生

(9)患有严重心理疾病，如患有抑郁症、恐怖症、强迫症、癔症、焦虑症、精神分裂症、情感性精神病等的学生。

(10)由于身边的同学出现个体危机状况而受到影响，产生恐慌、担心、焦虑、困扰的学生。

6. 自杀危机有哪些征兆

中国台湾地区自杀防治专家林昆辉先生总结了自杀危机的九大征兆："六变三托"。改变的强度愈大，异常的项目愈多，就是已经萌生自杀动机，如果当事人连"三托"都有了，就是已经进入临终安排的高危险期。

(1)性情发生巨大的改变。

外向的人突然变成内向，内向的人突然变成外向；少语的人突然变得多语，反之。个体的个性、气质与情绪行为模式，突然发生巨大改变时，都是自杀的危险征兆。

(2)行为发生巨大的改变。

当个体不按规律习惯作息，该干嘛不干嘛，不该干嘛却去干嘛。或出现持久的反常动作与行为时，都是自杀的危险征兆。例如：翘班逃学，请病假不上班不上课，开始酗酒开始注射或服用毒品，开始自伤自残，一直打电话或一直不接电话，一直缠着人或突然消失无踪

(3)财务发生巨大的改变。

当个体把存款全部提领或乱借钱，把钱胡乱花光或全部捐款给慈善机构，或乱买东西送人，这种突然以各种极端方式花光所有财产的行为，也是自杀的危险征兆。

(4)语言发生巨大的改变。

语言的征兆非常容易辨识，但是也非常容易被忽视，或引为笑谈而不了了之。当个体日常说话的内容，发生以下的改变时，就是自杀的危机征兆。

①突然开始谈论或书写生命的意义。

②突然开始谈论或书写死亡的价值与丧葬的花费。

③突然开始谈论或书写自杀的方式。

④突然谈论或书写一些不在他现在生活范畴的事情。

⑤突然谈论或书写“家庭责任瓦解”“生存信念瓦解”“活不下去”“死了算了”“我想自杀”“我会自杀”等语言。

(5)身体发生巨大的改变。

以下的征兆，在自杀危机中扮演“撞针事件”的角色，可能会直接引发自杀行为，或激发病态行为而自杀致死。

①突然得了不治之症。

②突然遭遇变故，身体伤残。

③罹患精神疾病久治不愈，或近期刚治愈出院。

④罹患重病或慢性疾病不愈。

⑤动机与情绪发生极端或异常的改变，陷入深度焦虑、忧郁失眠、恐惧恐慌、强迫或狂躁之中。

(6)环境发生巨大的改变。

生活环境的异常变故，或成为重大创伤事件，直接引爆死亡意念，或扮演极其敏感的重大“撞针事件”的角色，极易引爆自杀行为。

①天灾人祸、家毁人亡。

②妻离子散，家财散尽。

③重大关键事务严重挫败，如失恋、失婚、失学、失业、大考失败、大业不成…

④家庭或家人或重要他人，发生重大变故或死亡创伤。

⑤托人：突然向亲友嘱咐、要求或委托，加强对某人的照顾。

⑥托事：突然把自己的重大事件，要求或委托他人代为执行或完成。

⑦托物：突然打包身边重要文物、玩物或宠物，要求或委托他人代为照顾或保管。

(7)如何预防和干预。

要全面防治自杀，就必须人人都成为自杀防治的守门人，要当自杀防治守门人，就必须学会自助和助人的方法。

①学会自助，珍爱生命。

学校开设的心理健康课程，开办的心理网站，创办的心理报刊，举办的各种心理讲座、团体辅导和心理健康月活动，都为学生提供了学习心理健康知识的平台。通过积极参加这些活动，可以增强大学生的心理素质，减少心理危机的发生。

当大学生感觉压力过大或自我调节效果不明显时，要积极向外求助，如：向父母亲人、同学朋友、老师求助，还可以向学校心理咨询中心求助，心理咨询老师运用专业知识和技术来帮助来访者，找出引起心理问题的原因，分析问题的症结所在，进而寻求摆脱困境，解决问题的对策，使来访者恢复心理平衡，提高对环境的适应能力。

②帮助他人，守护生命。

在大学里，当其他同学出现心理问题或危机时，你的帮助可以帮他走出困惑，甚至挽救生命。

发现有危机的对象之后，第一个要做的事就是报告。报告辅导员，由辅导员报告学院领导和校心理咨询中心及时进行干预。随即安排“陪同”计划。自杀是一个人最私密的一件事，他必须独自完成。不会当着别人面自杀(除非逼急了!)只要有人出现，自杀行为几乎都会中断而停止。所以制止自杀行为发生，最有效的手法就是“陪在身边”。“陪同计划”是指家长、同学或老师，必须全日陪同，上下学的陪同人员要做好交班的工作，只要一出现独处的空档，当事人可能就会趁机自杀。

陪同的时候，不管当事人是企图自杀(尚未出现自杀行为)？还是自杀未遂(已经出现过自杀行为)？不论是在学校？还是在医院病床旁边？陪同者必须严格遵守以下“三规六禁”：

(1)三规。

三规是指陪同时，提供起居作息与衣食住行的照顾或陪伴。照顾者或陪伴者必须做以下三事，并确实做到三规的要求。

①陪。

陪是指如影随形的陪同，上楼跟后面，下楼挡前面，绝不让当事人离开自己的视线。必须让当事人明白确认——身边有个人。

②听。

听是指陪同的原则是只听不说，不说是指不对当事人提问。陪同者自言自语、唱歌……是可以的，目的是引起当事人注意——有你这个人。陪同者随时要准备好听当事人说话，对方一有说话的征兆，陪同者就要在第一时间转头看对方并做倾听状。通常当事人是不会说话，如果万一对方开口说话，陪同者一定要记着“只能边听边点头示意“我听到了！我知道了!”千万不要边听边回嘴，问东问西，尤其是问原因。

③说。

如果当事人长时间(整天)不说话，陪同者才可以对他说话。但不是提问，而是告知身边人的事，来重建当事人和实体生活现象的“联结”。

(2)六禁。

若陪同者有较长时间陪同或照顾当事人时，陪同者会有机会和当事人互动和对话。对话时，务必严守以下六项禁忌，否则会更加强烈地激怒或伤害当事人。

①不要劝善：诉说人生有多美好。

②不要规过：要求别再做错事。

③不要哀求：责怪他让(害)你伤心哭泣、生病。

④不要责骂：生气辱骂责备当事人。

⑤不要抱怨：责怪他引起大家生活的不便与困扰。

⑥不要质问：逼问事件发生的原委。

陪同只是制止自杀的方法，并无法消除或减弱当事人自杀的念头。只要自杀念头在，随时都可能变成行动，所以还要积极就医。问题是挂哪一科呢？如果已经出事，就先送急诊，再转临床心理科。如果及时挽救而没有死伤，就直接送临床心理科。企图自杀或是自杀未遂者，如果有精神疾病病史或正在服用精神科药物，请送精神科并要求转介临床心理科，接受药物与心理的联合治疗。若不知或没有精神病史，请送临床心理科接受心理治疗。临床心理科会有鉴别诊断，若有需要会转介精神科给予药物治疗。自杀未遂者绝对不可因“劝告”“教育”“辅导”“咨询”“给药”，或立下“不自杀承诺书”之后，就令其回家。

务必启动“陪同计划”，并进行至少三个月的特别心理治疗。自杀企图者或自杀未遂者家属，都必须接受“自杀危机家庭干预训练”，学会家庭干预的技术，否则一返家就会出现危险期。

☞【相关链接】

希望24热线：24小时自杀危机干预免费电话：4001619995

全国青少年免费热线：12355

湖北高校心理专家服务队热线：4007027520

☞【训练营地】

优点大轰炸

目的：学习和发现别人的优点，并且直接表达对他人的欣赏，增强人与人之间的良性互动，同时学习和接纳他人的欣赏，体验被表扬的愉悦感，增强自信心。

操作：5~10人一组围圈坐，请一位成员坐在正中央位置，其他人轮流说出他的优点以及欣赏之处(如性格、相貌、处事等)，然后被称赞的成员说出哪些优点是自己以前觉察到的，哪些是不知道的。每个成员到中央戴一次高帽。

规则：必须说出优点，态度要真诚，努力去发现他人的长处，不能毫无根据的吹捧，这样反而会伤害别人。参加者要说出被别人称赞时的感受如何，怎样用心去发现别人的长处，怎样做一个乐于欣赏他人的人，练习结束时，大家心情愉悦，相互接纳性增高，自信心提高。

临终十事

设计理念：什么时候你最重视“健康”？当你生病的时候！什么时候你最珍惜“青春”？当你发现自己开始衰老的时候！同样的道理，什么时候你才能发现自己最渴望的东西？当你面临“失去”的时候。虚拟即将“失去”的情境，能帮助我们体察自己内心深处的渴望，帮助我们摆脱生活中一系列的“着急事”，找出被一直忽略的“重要事”。

活动目的：澄清自我的价值观。理解人生，珍爱生命。

活动时间：20分钟左右。

活动方法：

(1)暖身与分组：通过游戏活动，将全班学生分成3~5组，每组人数最好在10人以下。

(2)教师引入：“同学们，我们每天过着平静的生活，可能从来没有想过死亡。但今天我们要一起想象一下，如果因为疾病的原因，你发现自己只剩下一个月(或一年、一天、一个星期)的生命，你最希望做的事情是什么？有什么事情如果没有完成会让你觉得遗憾和后悔？按照事情的重要性排序，在纸上写出‘我最希望完成的十件事’”。

学生在纸上写“我最希望完成的十件事。”填写完成后，让每个组的学生围坐成一个圆圈，进行小组讨论，在每轮讨论之后，可以邀请一些学生自愿上台，与全班同学一起分享自己的感受。

最后，留出充足的时间，引导学生想象和体会“临终”时的心理感受，独立记录自己的想法。

(3)讨论与分享。为了帮助学生进一步反思，教师可以邀请学生详细说说：“你为什么觉得这件事情这么重要?”以此帮助学生反思自己的价值观。再进一步讨论“为什么这么重要的事情，你现在却没有着手去做?”以此帮助学生激发当下行为改变的动力。

☞【思考题】

1. 影响大学生人际交往的因素有哪些?

2. 举例说明你所了解的人际交往中的心理效应。

3. 如何提高人际魅力?

4. 提高人际交往的基本技巧有哪些?

5. 如何增强自身对生命危机的预防能力?

6. 如果在生活中你遇到了危机事件，你会怎么做？请选择一种危机类型，举例说明。

7. 案例分析：

小明最近经常说自己不想活了，小明的女朋友小丽觉得很害怕，小明一旦谈论起自杀小丽就会阻止他继续谈论，认为这会促进自杀；而小明的室友小刚则认为谈论会去谈论自杀的人是不会真的自杀的，而且自杀是遗传的，小明家也没有人是自杀的，所以小明没有自杀危险。

(1)请问小丽和小刚的想法对吗？为什么?

(2)什么样的人是自杀的高危人群？自杀的人一般会有什么预兆?

(3)如果你是小明的同学，得知他的情况，你应该怎么做?

第五章　性与生殖健康

☞【名言导语】

人类的性既具有自然属性，也具有社会属性。对人类社会来说，性不仅具有使社会得以生存和延续的意义，同时也具有破坏社会稳定的力量。性道德作为调节人类性行为的规范和准则，是人类要遵守和践行的。大学生是国家的栋梁，从目前我国大学生的性道德现状及性健康教育分析，对大学生进行性健康教育具有必要性和迫切性。大学生个体身心的健康发展、学校校园文明环境的建设、家庭的和谐、社会的稳定都需要性健康教育，重视和加强大学生性健康教育是高校教育的必然发展趋势。

☞【学习目标】

促使大学生树立自我保健意识，掌握维护性与生殖健康的知识和技能，了解大学生性心理，提高维护性与生殖健康的能力。

通过本节内容的学习，了解常见性传播疾病的知识，了解艾滋病传播知识，识别性侵害，掌握性传播疾病预防知识，掌握性侵害预防的方法和技能。

通过本节相关知识的学习，了解旅行医学概念，学会识别旅行相关风险因素，做好旅行前保护健康的相关准备，提高旅行卫生保健意识。重点学习如何在旅途中预防感染性疾病、高原病和潜水病、交通意外及伤害等，如何克服航空旅行、时差、文化差异带来的不适。

第一节　性与生殖健康知识

一、生殖器官的结构与功能

生殖对于种族的繁衍、遗传信息的传递、动物的进化都起着重要的作用。生殖系统的功能是繁殖后代、形成并保持人体第二性征。人体生殖系统包括内生殖器和外生殖器两部分。内生殖器由生殖腺、生殖管道和附属腺组成；外生殖器则以两性交媾器官为主(见表5-1)。

表 5-1 生殖系统分部概况

分部	男性生殖系统		女性生殖系统
内生殖器	生殖腺	睾丸	卵巢
	生殖管道	附睾、输精管、射精管、男性尿道	输卵管、子宫、阴道
	附属腺	精囊、前列腺、尿道球腺	前庭大腺
外生殖器		阴囊、阴茎	女阴

生殖基本过程主要包括男性性腺睾丸产生精子和女性性腺卵巢产生卵子；性交使精子进入女性生殖道，在输卵管与卵子相遇发生受精；受精卵发育成囊胚后植入子宫内膜，即着床；胚胎在母体子宫中发育成胎儿以及胎儿成熟分娩等。生殖功能任何环节异常都可能导致不育、流产或早产。

(一)女性生殖器官的结构与功能

女性生殖系统包括内生殖器和外生殖器。内生殖器由生殖腺(卵巢)、输送管道(输卵管、子宫和阴道)和附属腺(前庭大腺)组成。外生殖器即女阴或外阴。卵巢是产生卵子和分泌雌性激素的器官。卵子成熟后排出经输卵管腹腔口进入输卵管，在管内受精迁徙至子宫，植入内膜，发育成为胎儿。分娩时，胎儿由子宫口经阴道娩出。

1. 女性外生殖器

女性外生殖器指生殖器的外露部分，又称外阴或女阴，位于两股内侧间，包括阴阜、大阴唇、小阴唇、阴蒂、阴道前庭。

阴阜位于耻骨联合前面的皮肤隆起，由大量富含皮下脂肪的结缔组织组成。青春期皮肤生长有阴毛，分布呈尖端向下的三角形。

大阴唇是一对从阴阜向后伸展到会阴、纵长隆起的皮肤皱襞；外侧面颜色较深，前部长有阴毛，内侧面皮下有大量皮脂腺，光滑湿润。大阴唇前端和后端左右互相连合，形成唇前连合和唇后连合。

小阴唇位于大阴唇内侧的一对较薄的皮肤皱襞，光滑无毛。两侧小阴唇向前端延伸形成阴蒂包皮和阴蒂系带，后端汇合形成阴唇系带。

阴道前庭是位于两侧小阴唇之间的菱形区，前部有尿道外口，后部有阴道口；小阴唇中后 1/3 交界处，左、右各有一个前庭大腺导管的开口。

阴蒂由两个阴蒂海绵体组成，后者与男性的阴茎海绵体是同源体，可勃起。露于表面的为阴蒂头，富有神经末梢，感觉敏锐。

2. 女性内生殖器

女性内生殖器包括阴道、子宫、输卵管及卵巢，后二者称为附件。女性生殖器与尿道、膀胱、输尿管、直肠及阑尾相邻。当女性生殖器出现病变时，常会累及邻近器官(见图 5-1)。

阴道是连接子宫和外生殖器的肌性管道，性交器官、月经血排出及胎儿娩出的通道。

在正常阴道菌群中，乳杆菌占优势。阴道内正常存在的乳杆菌对维持阴道正常菌群起着关键的作用。正常情况下女性的外阴护理清洗外阴即可，不应进行阴道内清洗，以防破坏阴道微生态环境。一旦破坏阴道酸碱平衡，可能诱发阴道炎。处女阴道口周围附有黏膜皱襞称处女膜，呈环形、半月形、伞状或筛状，大约 1~2 毫米厚，中间的小孔叫处女膜孔，月经血就是由此孔流出。处女膜的大小、形状、厚薄及弹性等因人而异。如果膜上没有小孔，则为处女膜闭锁。

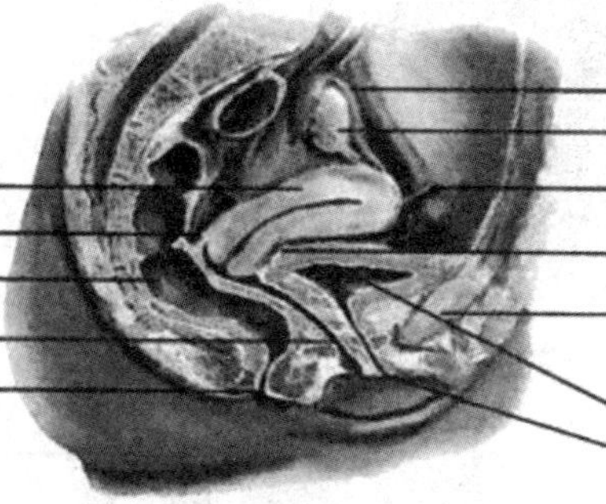

A

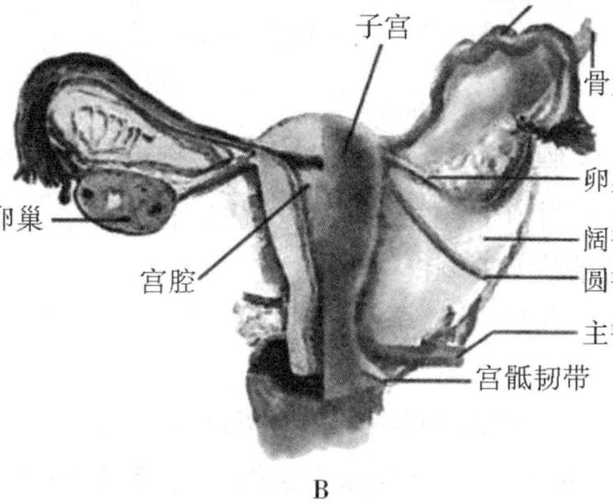

B

A. 失状断面观 B. 后面观

图 5-1 女性内生殖器

子宫是壁厚、腔小、以肌肉为主的器官。腔内覆盖黏膜称子宫内膜，青春期后受性激素影响发生周期性改变并产生月经；妊娠期孕育胎儿。子宫上部较宽为宫体，其上部隆突部分为宫底，两侧为宫角，子宫下部成圆柱形为宫颈。成人未孕子宫前后稍扁、呈倒置的梨形，长 7~9cm，最宽径约 4cm，厚约 2~3cm(见图 5-2)。

输卵管为卵子与精子相遇的场所，也是向宫腔运送受精卵的管道，左右各一，长 10~14cm，从卵巢上端连于子宫底的两侧。

卵巢是一对扁椭圆形的性腺，具有生殖和内分泌功能，产生和排出卵细胞，以及分泌性激素。成年女子的卵巢约为 4cm×2cm×3cm，重 5~6g。幼女的卵巢较小，表面光滑。性成熟期卵巢最大，由于多次排卵，卵巢表面凹凸不平。更年期的卵巢缩小约为 2.0cm×1.5cm×0.5cm，到绝经期卵巢萎缩至 1.5cm×0.75cm×0.5cm。

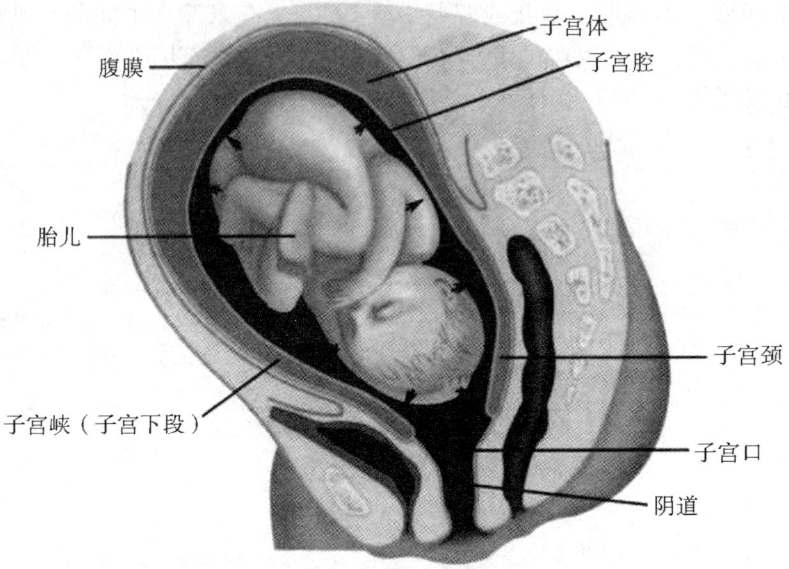

图 5-2　妊娠和分娩期的子宫

前庭大腺或称 Bartholin 腺，位于大阴唇后部，状如豌豆。前庭大腺导管向内侧开口于阴道前庭，分泌液有润滑阴道的作用；如因炎症导管阻塞，可形成囊肿。

(二)男性生殖器官的结构与功能

男性生殖功能主要是睾丸产生精子及分泌男性激素，输精管道和附属腺体使精子成熟、贮存、运输和排放。

男性生殖系统由男性内生殖器和外生殖器两部分组成。内生殖器由生殖腺(睾丸)、输精管道(附睾、输精管、射精管、男性尿道)和附属腺(精囊腺、前列腺、尿道球腺)组成。睾丸产生精子和分泌雄性激素；精子先贮存于附睾内，当射精时经输精管、射精管和尿道排出体外。精囊、前列腺和尿道球腺的分泌物参与精液的组成，供给精子营养和有利于精子的活动。外生殖器包括阴囊和阴茎。前者是男性交媾器官，后者容纳睾丸和附睾。

1. 男性内生殖器

睾丸位于阴囊内，左右各一，一般左侧略低于右侧，是产生精子和分泌雄性激素的器官。睾丸呈微扁的卵圆形，表面光滑。成人睾丸重 10~15g。新生儿的睾丸相对较大，性成熟期以前发育较慢，随着性成熟发育迅速；老年人的睾丸萎缩变小(见图 5-3)。

附睾呈新月形，由睾丸输出小管和迂曲的附睾管组成，紧贴睾丸上端和后缘。附睾分为上端膨大的附睾头，中部的附睾体和下端的附睾尾。睾丸输出小管进入附睾盘曲形成附睾头，而后汇合成一条附睾管；附睾管长约 6m，迂曲盘回形成附睾体和尾；附睾尾向后上弯曲移行为输精管。附睾暂时储存精子，分泌附睾液营养精子，促进精子进一步成熟。

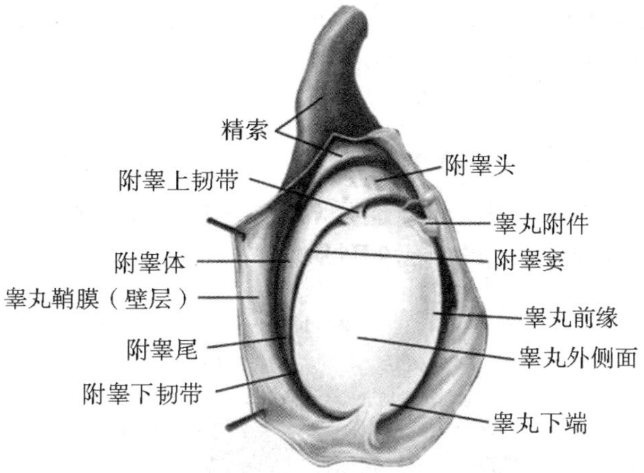

图 5-3 睾丸及附睾(右侧)

输精管是附睾管的直接延续，长度约 50cm，一般左侧较右侧稍长；管壁较厚，肌层较发达；管径约 3mm，管腔窄小。活体触摸时，呈坚实的圆索状。输精管末端变细，穿过前列腺，与精囊的输出管汇合成射精管(见图 5-4)。

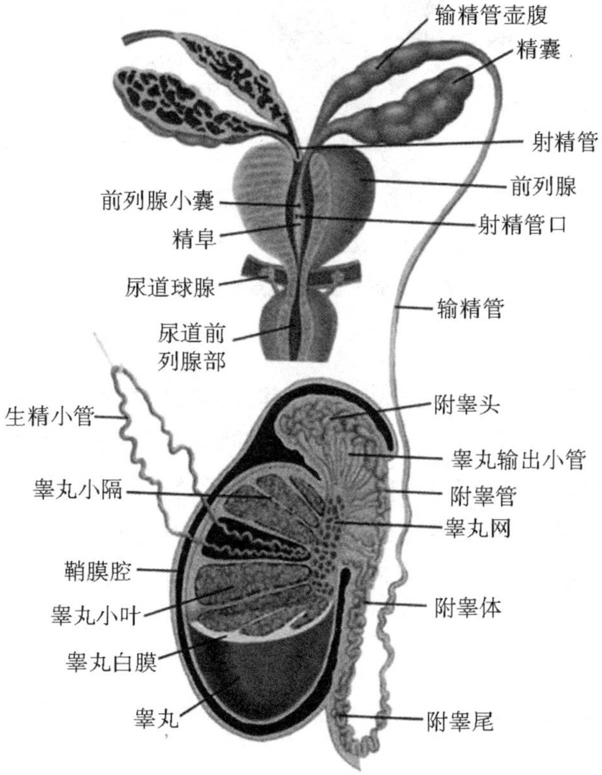

图 5-4 睾丸、附睾的结构及排精径路

射精管由输精管的末端与精囊的输出管汇合而成，长约 2cm，向前下穿前列腺实质，开口于尿道前列腺部。射精管管壁有平滑肌纤维，能够产生有力的收缩，帮助精液的排出。

精囊又称精囊腺，为长椭圆形的囊状器官，表面凹凸不平，位于膀胱底的后方，输精管壶腹的下外侧；左右各一，由迂曲的管道组成，其输出管与输精管壶腹的末端汇合成射精管。精囊分泌的液体参与精液的组成(见图 5-5)。

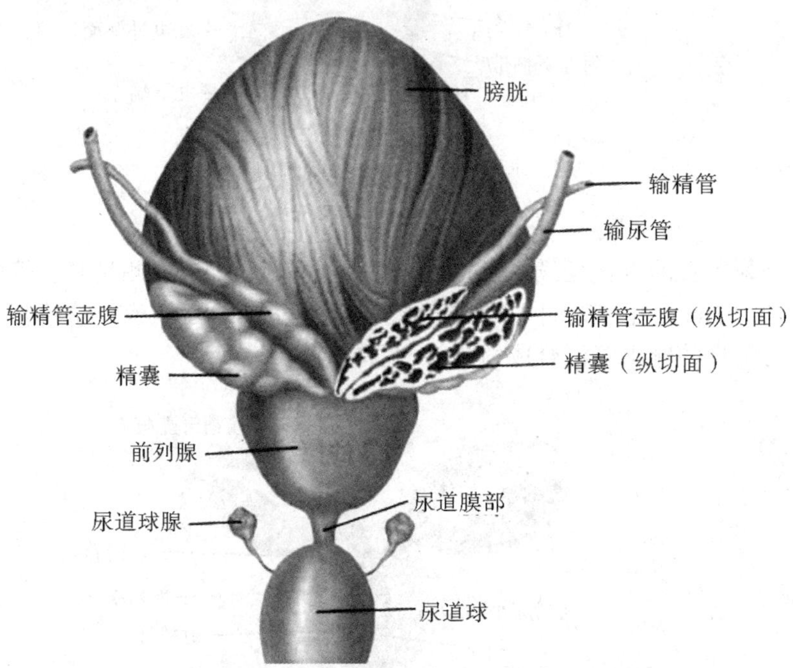

图 5-5　膀胱、前列腺、精囊和尿道球腺(后面)

前列腺的前方为耻骨联合，后方为直肠，其分泌物是精液的主要组成部分。前列腺形似栗子，重 8~20g，质韧，色淡红；上端宽大为前列腺底，下端尖细为前列腺尖，底与尖之间的部分为前列腺体。男性尿道在前列腺底近前缘处进入，经前列腺实质前部下行，由前列腺尖穿出。在近前列腺底的后缘处，射精管穿入前列腺，斜向前下方，开口于尿道前列腺部。小儿前列腺较小，腺部不甚明显；青春期前列腺迅速生长发育成熟。中年以后腺部逐渐退化，结缔组织增生，常形成老年性前列腺肥大。前列腺肥大压迫尿道，造成排尿困难甚至尿潴留。

尿道球腺是一对豌豆大的球形腺体，位于会阴深横肌内。尿道球腺的分泌物参加精液的组成，有利于精子的活动。

精液由输精管道各部及附属腺，特别是前列腺和精囊的分泌物组成，内含精子。精液呈乳白色，弱碱性。健康成年男性一次射精 2~5ml，如果精子总数少于 40×106/ml 是少精症，可致男性不育症。

2. 男性外生殖器

阴茎为男性交媾器官，分为头、体和根三部分。阴茎根埋藏于阴囊和会阴部皮肤深面。中部为阴茎体呈圆柱形，被韧带悬于耻骨联合的前下方，为可动部。阴茎前端膨大称阴茎头，尖端有呈矢状位裂隙的尿道外口。头与体交界的狭窄处称为阴茎颈。阴茎由两条阴茎海绵体和一条尿道海绵体组成，呈圆柱状。海绵体内部由许多海绵体小梁和与血管相通的腔隙组成。当腔隙充血时，阴茎即变粗变硬而勃起。性交后，海绵体内的血液大量回流，阴茎随之疲软。在阴茎颈前方皮肤形成双层游离的环形皱鞭包绕阴茎头，称为阴茎包皮。幼儿包皮较长，包裹整个阴茎头。随着年龄的增长，包皮逐渐向后退缩，包皮口逐渐扩大，阴茎头显露于外。成年后，如果包皮不能退缩完全暴露阴茎头，称为包皮过长；包皮口过小，包皮完全包着阴茎头称为包茎。

阴囊是位于阴茎后下方的皮肤囊袋，由皮肤和肉膜组成。皮肤薄而柔软，颜色较深，有少量阴毛；其皮脂腺分泌物有特殊气味。肉膜随外界温度变化而舒缩，以调节阴囊内的温度，有利于精子的发育与生存。阴囊皮肤表面沿中线有纵行的阴囊缝，对应的肉膜向深部发出阴囊中隔将阴囊分为左、右两腔，容纳两侧的睾丸、附睾及精索等(见图 5-6)。

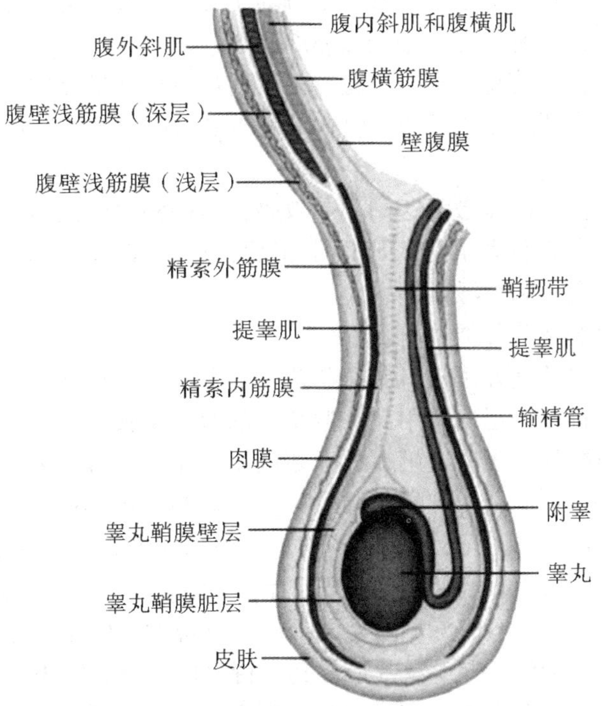

图 5-6　阴囊结构及其内容模式图

3. 男性尿道

男性尿道有排精和排尿功能，起自膀胱的尿道内口，止于阴茎头的尿道外口。成人尿道管径平均5~7mm，长16~22cm。

二、避孕

避孕是计划生育的重要组成部分，是采用科学手段使妇女暂时不受孕。避孕主要控制生殖过程中3个关键环节：①抑制精子与卵子产生；②阻止精子与卵子结合；③使子宫环境不利于精子获能、生存，或不适宜受精卵着床和发育。理想的避孕方法，应符合安全、有效、简便、实用、经济的原则，对性生活及性生理无不良影响，为男女双方均能接受并乐意持久使用。目前常用的避孕方法有宫内节育器、药物避孕及外用避孕等。

(1)宫内节育器。

宫内节育器是一种安全、有效、简便、经济、可逆的避孕工具，为我国生育期妇女的主要避孕措施。包括：

①惰性宫内节育器(第一代)由惰性材料如金属、硅胶、塑料等制成。我国既往常用的金属单环，由于脱落率及带器妊娠率高，1993年已停止生产。

②活性宫内节育器(第二代)内含有活性物质如铜离子(Cu^{2+})、激素及药物等，这些物质能提高避孕效果，减少副作用。分为含铜宫内节育器和含药宫内节育器两大类。

含铜宫内节育器：是目前我国应用最广泛的宫内节育器。在宫内持续释放具有生物活性、有较强抗生育能力的铜离子。从形态上分为T形、V形、宫形等多种形态。临床副作用主要表现为点滴出血。避孕有效率均在90%以上。

含药宫内节育器：将药物储存于节育器内，通过每日微量释放提高避孕效果，降低副作用。目前我国临床主要应用含孕激素宫内节育器和含吲哚美辛宫内节育器。

(2)激素避孕。

激素避孕指女性使用甾体激素达到避孕效果，是一种高效的避孕方法。自20世纪60年代，美国第一个复方口服避孕药Enovid上市后，显示其可靠的避孕效果。甾体激素避孕药的激素成分是雌激素和孕激素。

目前常用的激素避孕药种类如下：

①口服避孕药：包括复方短效口服避孕药、复方长效口服避孕药。复方短效口服避孕药的主要作用为抑制排卵，正确使用此类避孕药的有效率接近100%。使用方法：复方炔诺酮片、复方甲地孕酮片，于月经第5日开始服用第1片，连服药22日，停药7日后服第2周期。复方去氧孕烯片、屈螺酮炔雌醇片和炔雌醇环丙孕酮片，于月经第1日服药，连服21日，停药7日后服用第2周期的药物。屈螺酮炔雌醇Ⅱ内含24片活性药片，4片不含药的空白片。月经第1日开始服药，先服活性片，服完24片后服空白片。服完28日无须停药接着服下一周期。若有漏服应及早补服，且警惕有妊娠可能。若漏服2片，补服后要同时加用其他避孕措施。漏服3片应停药，待出血后开始服用下一周期药物。复方长效口服避孕药由长效雌激素和人工合成孕激素配伍制成，服药1次可避孕1个月。长效雌激素为炔雌醇环戊醚，简称炔雌醚，口服后被胃肠道吸收，储存于脂肪组织内，缓慢释放起长效避孕作用。孕激素促使子宫内膜转化为分泌期引起撤退性出血。避孕有效率达

96%~98%，但复方长效口服避孕药激素含量大，副作用较多，如类早孕反应、月经失调等，市场上已经很少见。

②长效避孕针：有效率达98%以上。尤其适用于对口服避孕药有明显胃肠道反应者。长效避孕针有月经紊乱、点滴出血或闭经等副作用

③探亲避孕药：适用于短期探亲夫妇。有抑制排卵、改变子宫内膜形态与功能、宫颈黏液变稠等作用。探亲避孕药的避孕效果可靠。但是由于探亲避孕药的剂量大，现已经很少使用。

④缓释避孕药：又称缓释避孕系统。缓释避孕药是以具备缓慢释放性能的高分子化合物为载体，一次给药在体内通过持续、恒定、微量释放甾体激素，主要是孕激素，达到长效避孕目的。目前常用的有皮下埋植剂、阴道药环、避孕贴片及含药的宫内节育器。

(3)其他避孕。

其他避孕包括紧急避孕、外用避孕与自然避孕法等。

①紧急避孕：无保护性生活后或避孕失败后几小时或几日内，妇女为防止非意愿性妊娠的发生而采用的补救避孕法，称为紧急避孕，其包括放置含铜宫内节育器和口服紧急避孕药。紧急避孕仅对一次无保护性生活有效，避孕有效率明显低于常规避孕方法，且紧急避孕药激素剂量大，副作用亦大，不能替代常规避孕。

②外用避孕。

阴茎套，也称避孕套，为男性避孕工具。作为屏障阻止精子进入阴道而达到避孕目的。其为筒状优质薄型乳胶制品，顶端呈小囊状，排精时精液储留在囊内。使用前应先行吹气检查有无漏孔，同时排去小囊内空气，射精后在阴茎尚未软缩时，即捏住套口和阴茎一起取出。使用时选择合适阴茎套型号，不宜过大或过小。每次性交时均应全程使用，不能反复使用。正确使用避孕率高，达93%~95%。阴茎套还具有防止性传播性疾病的作用，近年来受到全球重视。

阴道套，也称女用避孕套，既能避孕，又能防止性传播疾病。目前我国尚无供应。

③外用杀精剂：性交前置入阴道，具有灭活精子作用的一类化学避孕制剂。目前临床常用有避孕栓剂、片剂、胶冻剂、凝胶剂及避孕薄膜等，由活性成分壬苯醇醚与基质制成。壬苯醇醚有强烈杀精作用，能破坏精子细胞膜使精子失去活性。基质可使杀精剂扩散覆盖宫口，提高杀精效果。应用时应注意：每次性交前均需使用；片剂、栓剂和薄膜置入阴道后，需等待5~10分钟，溶解后才能起效而后性生活；若置入30分钟尚未性交，必须再次放置。最好选用胶冻剂或凝胶剂，不宜选用其他杀精剂。正确使用外用杀精剂，有效率达95%以上。使用失误，失败率高达20%以上，不作为避孕首选药。

④安全期避孕又称自然避孕。是根据女性生殖生理的知识推测排卵日期，在判断周期中的易受孕期进行禁欲而达到避孕目的。包括日历表法、基础体温法、宫颈黏液观察法。日历表法适用于周期规则妇女，排卵通常发生在下次月经前14日左右，据此推算出排卵前后4~5日为易受孕期。其余时间视为安全期。基础体温法和宫颈黏液观察法是根据基础体温和宫颈黏液判断排卵日期。基础体温的曲线变化与排卵时间的关系并不恒定，宫颈黏液观察需要经过培训才能掌握。因此安全期避孕法(自然避孕法)并不十分可靠，不宜推广。

⑤其他避孕。黄体生成激素释放激素类似物避孕、免疫避孕法的导向药物避孕和抗生育疫苗等，目前正在研究中。

三、性卫生保健

性是人类的本能之一，也是人类生存和繁衍的基础。人类的性是性别认同、性行为及人与人之间性关系的总和。从生物学角度，性是一种自然现象和生理现象。从社会学角度，人类的性不仅是生命实体的存在状态，同时也被赋予精神和文化内涵，所以性也是生命健康和幸福的基本要素之一。

性卫生指通过性卫生保健实现性健康和达到提高生活质量的目的。性卫生包括性心理卫生和性生理卫生。

(一)性心理卫生

性心理卫生是研究人类性心理健康的形成、发展和变化规律，以及维护与增进性心理健康的原则和方法的一门科学。由此可见，性心理卫生学不仅是探讨性心理健康是怎样形成、发展和变化的理论学科，也是研究怎样积极地增进性心理健康的应用学科。同时维护和增进人类性心理健康工作中的种种心理现象及其变化规律也是性心理卫生研究的对象。

健康的性心理是健康性生活的基础和前提。所谓性心理健康是指，通过丰富和完善人格、人际交往和爱情的方式，达到性行为在躯体、情感、理智和社会诸方面的圆满和协调。

性心理健康一般包括三个方面内容：

(1)良好的性认知，指具有科学的性知识，正确认识性的自然属性和社会属性。

(2)正确的性态度，指在两性关系中具有尊重感、社会责任感、分寸感等。

(3)健康的性行为，指性欲的满足应该符合社会的道德规范，做到既具有享受性行为的能力，又具有调管控制性行为的能力。

这就要求双方首先认清性生活是人类心理和生理的正常需求和表现，也是家庭生活不可缺少的组成部分。因此，双方不应为对方的性要求而反感或恐惧，也不应为自身的性要求而内疚或羞愧。女性应该在性生活中扮演主动角色，共享其乐。其次，要充分认识男女双方性反应的差异。女性性唤起常滞后于男性，也可出现于性兴奋之后；可以不以性高潮为最终目的，但性高潮体验比男性强烈，并可连续出现，性消退期比较缓慢，无性不应期；性敏感区分布广泛；视觉不及男性，但对触觉敏感；主观和客观性反应不一致等。充分了解女性性反应的特点，有助于提高女性性反应。更重要的是我们每个人要选择正当健康的性行为方式，预防性传播疾病和消除性犯罪，用社会规范约束自己的性行为，做一个情操高尚的人。

(二)性生理卫生

(1)良好的生活习惯：包括饮食、起居习惯，不酗酒、不吸烟、远离毒品。

(2)性器官卫生：每次性生活之前，清洁双方外生殖器。

(3)性生活卫生：注意月经期、妊娠期、产褥期、哺乳期，合理安排性生活时间、频率和时机。有重要脏器功能不全的患者，应在医师指导下性生活。

(4)避孕：对于没有生育意愿的双方，应予避孕，避免意外妊娠。

(5)预防性传播疾病：应进行使用避孕套和各种性传播疾病危害性的教育。一方患有性传播疾病期间，推荐使用避孕套。

大学生应充分利用学校资源，积极参加学校举办的性教育活动，掌握科学的性知识，包括性生理、性心理以及性道德、性法学等知识。性生理知识包括男女生殖器解剖、生理，性行为特点，避孕，与性有关的疾病、性功能障碍、性传播疾病及其预防等；性心理知识包括男女性心理形成、发展和成熟，性欲和性反应的特点等；性道德知识包括恋爱和婚姻道德、男女平等、尊重女性等；性法学知识包括性犯罪防范等。从而使自己能够更快地适应生理成熟的过程，建立对性的正确态度，确立科学的性观念，纠正与性有关的认识和行为偏差，正确认识月经初潮、性欲和性冲动，崇尚性道德，选择健康的性行为，能够正确、理智地对待“性待业期”出现的性问题和处理两性关系，控制自己性冲动，保持自身性生理和性心理健康。

第二节　性心理卫生

一、大学生性心理

性是构成人类生命健康和幸福的核心要素。性是人类生命的源泉和延续的纽带，影响着人类个体的健康与幸福，也影响着社会的存在和发展，甚至可以说人类社会的历史就是一部性的发展史，性本身就是社会进步与文明状态的标志。但在我国，由于长期受到封建意识的影响，对性讳莫如深、缄口不言，性被视为万恶之源，为人所不齿，对性根本就没有一个正确的认识。美国学者阿兰·格莱格(Alan Gregg)说：“我们在性的问题上要么无知，要么世故；要么压抑、要么刺激；要么矢口否认，要么任意放纵；要么惩处到近乎残忍；要么利用到近乎盘剥；要么遮遮掩掩，要么就是寡廉鲜耻……可以说，只要这种混乱状态一天不结束，性就必然与欺骗、下流联系在一起。什么理智的真诚，什么人类的尊严，都将无从谈起。”为此，正确的认识性，加强性教育是非常重要的。

1. 性的认识

性是一个含义多、涉及范围广的名词，它既具有自然属性也具有社会属性。性是自然属性和社会属性的统一体。作为自然属性的性，是指男女在生理构造上的差异和人生来具有的性的欲望与本能，它是人类生存和繁衍后代的必要基础条件。从生物的形态学和生理学上来理解，性是伴随着性生殖出现的，人的基因与性器官的差异形成了雄性和雌性，性征便是两性特点的表达。作为社会属性的性，是性的本质体现。人的性需要，不仅包括生理性需要，也包括社会性需要。例如，择偶的要求不仅是寻找一位异性，而且还要满足个人审美的需要、爱的需要、个人生活幸福与自我发展的需要，需要考虑对方的兴趣、爱好、学历、职业、家庭等社会因素。人的性行为必须通过婚姻、经济、法律、道德关系的规范才能够实现。恩格斯指出，人类婚姻家庭从群婚到一夫一妻，到现代性爱发展的过程，完全是由生产力的发展状况和生产关系所有制的性质所决定的。

性是一个统一体，这说明性既要受到人发展的生物规律的支配，又要受到人类社会文化发展条件和各种社会需要的制约。两者是有机联系、密不可分的。性的社会属性是人类文明进步发展的本质，人并不仅仅是一个自然人，更是一个社会人。

我们在谈到性时，常用到“性”“性别”或“性别角色”这样一些词。虽然在日常使用时，我们会把这三个词互换使用，但实际上，它们分别从性的三个构成方面反映了性的特质，它们的区分涉及了生物学、心理学和社会学的知识。

(1)性。

性，是生物学上的词汇，常指男女两性在生物学上的差异。它包括男女两性染色体不同，性腺不同，性激素不同，生殖道与外生殖器不同和第二性征不同。性的生理因素是指人类性行为是性器官及其他系统协调活动的生理过程，是人类性活动的基础。性的需要是人的一种自然本能。

(2)性别。

性别，是心理学意义上的性，它是指男女两性在生理差别基础上的心理差异，主要表现在性格、气质、感觉、情感、智能等方面。可以说是指人类性活动，是个体的动机、态度、情绪、人格及行为的综合体现。

(3)性别角色。

性别角色，是社会学上的词汇。它是社会按照人们的性别赋予人们不同的社会行为模式。性别角色是男女两性在生理差异的基础上，由社会期望不同所形成的。男女先天生理解剖上的差异，为性别分化提供了可能。但是，男女在家庭和社会生活中扮演什么角色，则主要由以社会的伦理、道德、风俗、传统等社会文化所决定的。现代人应具有传统男性角色和传统女性角色中所有的一切优良品质。两性角色互化的出现也是社会进步的一大表现。随着社会的发展，男女两性之间的心理和社会期望的差异都在逐步缩小。

2. 大学生性心理特征

进入青春期后，大学生由于性生理日趋成熟，从而导致其心理发生明显变化。因此大学生的性心理主要特征如下：

(1)本能性和朦胧性。

生理上日趋成熟，导致了心理上愿意接近异性的要求，但由于性心理不具有深刻的社会性，基本上是一种由生理上的急剧变化而带来的本能作用。往往是怀着好奇心，秘密地探求性知识，对异性的兴趣、好感及爱慕比较盲目和单纯。

(2)强烈性和不稳定性。

上大学期间的心理发展，由朦胧纷乱的心理变化，逐渐发展为性意识的强烈性。其显著特征是闭锁性，所以导致了其性意识的强烈性与不稳定性。如思维比较活跃，对性问题敏感、好奇，但性意志和性伦理道德观念却相对薄弱。

(3)冲动性和隐蔽性。

青年时期是性欲望和性冲动最强烈的时期，这是正常的心理、生理发育现象，但由于性心理还未完全成熟，还未形成较正确的性道德观和恋爱观，因而性心理发展很容易受外界不良影响而产生冲动。大学生是一个特殊的群体，十分重视自己在异性心目中的形象和价值，往往不轻易吐露心中所思所想。

(4)压抑性和宣泄。

大学生对异性接触的渴望与学校、家长、社会的严格规约发生矛盾，一些人产生了强烈的压抑感，也有一些人的性能量以扭曲的、不良的方式，甚至变态的行为进行宣泄，如“厕所文化”“课桌文学”“窥视癖”等。

3. 大学生性心理状态表现

正处于青春期的大学生在正常的性心理状态下也会出现如下表现：

(1)性渴望。

进入青春期后，大学生由于性成熟而对性知识、生育现象有了探求的欲望和浓厚的兴趣。他们对自己的性器官十分关注，并且对“性”也十分好奇，渴望知道自己某些新生理需求产生的原因和满足的方式，也想知道异性身体的秘密，对性方面的问题有着强烈的渴求。

(2)性冲动。

性冲动是一种对性行为的欲望或者冲动，它不仅限于性器官而且也连及整个身体和整个心灵。性冲动是随生理的发育、性功能的日趋成熟、性意识的产生而产生的。男女从青春期开始，都会产生性冲动，只是引起的原因有所不同。男性的性冲动容易被视觉刺激所引起，如女性形象，或裸体的艺术品、图片等；女性的性冲动虽然也能被各种带有“性”色彩的视觉形象所激起，但她们的性冲动更易被触觉和听觉刺激所引起。性冲动是青少年青春期身心发展的结果，是正常的生理心理现象，但同时也要理性地驾驭自己的行为。

(3)性梦。

性梦是指人在梦中与异性谈情说爱，甚至发生两性关系。性梦的本质是一种潜意识活动，是人类正常的性思维之一。性梦是不由人控制的，梦和现实的巨大差别，不代表人的真正意愿。统计表明，性梦多发生于男性青少年当中，且性梦发生率有明显的年龄差异，一般随青少年年龄增长而增加。男女两性的性梦内容一般不同，男性的性梦常伴有射精，即梦遗。梦中情人多为不认识或仅仅见过面的女性，却很少梦见自己所爱的人，梦中的情景总有几分奇幻、几分恍惚，非普通语言能形容。醒后往往回忆不起梦境的全部细节。未婚女性的性梦往往错落零乱，变化无常，很难有清晰的性梦。女性在醒后能够回忆起梦境的内容。有过性梦体验的大学生，也不必为自己的经历而焦虑和羞怯，应顺其自然，同时要把主要精力放在学习和工作上，避免过多地接受各种性信息和性干扰。

(4)性幻想。

性幻想是指以虚构的与性有关的遐想来满足自己对性的心理需求。是人类最常见的性现象。表现在日常生活中，经常出现无法摆脱的性幻觉。每一个心智健全的人都会有这样那样的性幻想，只不过在出现频率、长短、内容、性质以及对待它的态度等方面存在着较大的差异而已。对于大学生来说，对异性爱慕，常常会想入非非，这种由于性冲动压抑偶尔产生的性幻觉是一种正常现象。性幻想在入睡前及睡醒后卧床的那段时间，还有在闲暇时出现较多。性幻想属于性成熟的正常现象，但不可过分沉溺其中，否则容易给身心健健康造成危害。

(5)自慰。

自慰是指用手或其他工具刺激生殖器官而获得性快感的一种行为。在性冲动较为强烈而且无法找到合适的满足方式时，自慰在一定程度上可以缓解性紧张、宣泄能量、保持身心平衡。自慰属于一种正常现象，适度、节制的自慰对身体是没有害处的，但不可过分沉浸其中，否则也会给身心带来极大危害。

二、性心理障碍

性心理障碍是指以性指向和性行为明显偏离正常，并以这类性偏离作为性兴奋、性满足的主要或唯一方式为主要特征的一组心理障碍。《国际疾病分类(第10版)》中性心理障碍包括3个主要类别，性身份障碍、性偏好障碍与性取向障碍，这类心理障碍的一般心理活动并无其他明显异常，但正常的异性恋受到全部或者某种程度的破坏、影响。

性是人类生存的一种基本需要。人们的性心理和性行为变异很大，人类的性有3种功能：①生殖功能；②人生功能，性体验是人生的一种重要生活体验，它对促进个人成长有重要作用，是人生的一个重要方面或内容，给人带来快感，并满足体验人生的某种意义和价值；③社会功能，即建立和发展人际关系的功能，中国文化强调夫妻为人伦之首。健全的性心理和性行为，应该适当而和谐地完成上述3种功能。

人类性行为的特征受社会化过程的重大作用和影响，还同时体现为性爱的两种感情的结合。这就是人类的爱情，爱情是人类社会生活除了自我保存能力以外，重要性占第二位的根本动力，“性冲动中占优势的虽是为我的，但发展为爱情过程中又成自觉的和无我、利他的”。人类性行为受社会文化的制约，不同国家、种族、社会集团对性行为历来有不同的价值观，即使同一文化的国家，在不同的历史发展阶段对某种性行为的评价也可有很大的不同。如何评价性行为的正常或异常是难以确切做出回答的，因为至今还没有判定正常与否的绝对标准，区别只是有条件的，相对的。下面列出可资区别的3个要点。

(1)凡是符合某一所公认的社会道德准则或法律规定的，并符合生物学需要(如与生殖目的、功能相联系)的，即可看作是正常的性行为，否则即可看作异常的性行为。

(2)某些特殊性行为，可使性对象遭受伤害，病人本人也为这种行为感到痛苦，或在某种程度上蒙受其害。例如受到严重指责，地位名誉受到损害，甚至受到惩罚。所以它被看作是一种不良的行为。

(3)长时间反复、持续发生的，一种极端变异方式的性行为。性行为由正常到异常可以看成一个连续体，其中间存在正常的变异形式，属于正常的变异。只有明显的，极端变异形式才被看作是性变态的类型。正常人可见到某种恋物行为，由于客观困难没有机会和条件接触异性的人，性欲暂时得不到发泄的人，如远离人群的牧人，所偶然发生的一时性的性偏好行为，不能归入性变态之内。性心理障碍，也不包括单纯表现为性欲亢进或减退的性功能障碍。

性心理障碍主要分为以下几类。

(1)性身份障碍，又分为性别改变症、双重角色异装癖和童年性身份障碍三种。

(2)性偏好障碍，主要有恋物癖、异装癖、施虐癖、受虐癖、性窒息癖等。

(3)性取向障碍，主要有同性恋、双性恋。

性心理障碍的原因不明，目前认为是生物因素与心理社会因素共同作用的结果。生物学因素包括性染色体异常和脑颞叶的损害。社会心理因素主要是指儿童期性心理发育障碍，以及成年后一些不良的生活事件的刺激，如恋爱遭受挫折、婚姻不满意、事业不顺利等，从而导致性变态。

1. 同性恋

虽然许多动物中也出现同性之间的性爱活动，但以同性作为唯一性爱活动对象的多见于人类。与异性隔绝的特殊环境下(如远航海员、边防部队、寄宿学校、监狱)出现同性恋行为，转入正常社会环境之后，同性恋行为立即消失，不能视为同性恋者。在人类同性恋者中，表现程度仍有不同，极端的是纯粹同性恋者，只对同性个体产生性爱而对异性毫无性爱。据 Kinsey 统计，这在男性中占 3%，女性中占 1%。另一些同性恋者，既对同性，也对异性产生性爱，只是偏重程度不同而已。Kallman 报道 40 对同卵双生子，一方为同性恋时，另一方 100%均同时表现明显同性恋行为，而 26 对异卵双生子中 12 对有同样的现象，说明遗传有肯定的作用。但后来的研究者未能证实这种显著差别，如 Kolb 研究 7 对同卵双生子，均仅一方有同性恋行为。同性恋者性染色体与神经内分泌功能研究，均未发现任何异常。后天环境的影响亦无肯定证据，但提出过一些假说，如童年与同性伴侣极亲密的接近，异性性爱的发展受到抑制；如家庭的严格限制，以及自幼被父母做异性装扮而以同性伴侣作为性爱对象等。

不同社会文化，对同性恋行为的态度有较大的差别，从相安无事到深恶痛绝。现今多数国家对同性恋者两相情愿，私人交好，不予追究；但对男性同性恋者在公共娱乐场所、公园、公厕寻觅相同嗜癖者，甚至公开集会、表现猥亵行为，有伤风化，则均予取缔；如引诱、拐骗未成年儿童参加同性恋行为，或对不愿意继续保持同性恋关系的对方进行威胁、伤害，破坏对方家庭与婚姻关系，则追究刑事责任。同性恋者在升学、就业、住房、参加社会活动等方面，都受到不同程度的社会歧视、排斥或行政制裁，心理上经常受到压抑。

2. 恋物癖

以异性物体(常为异性贴身用品)作为激发起性欲的惯用和偏好行为，称为恋物癖。此癖初发于性成熟期，几乎均见于男性，多为非同性恋者，偶亦见于同性恋者之中，他们大量窃取、收集所恋物品，达到迫不及待、以求一逞、千方百计、不择手段的程度。搜查时曾发现收藏的女发辫、女鞋数量以数十计。部分少年恋物癖者在成年结婚具有正常两性关系之后，症状自行消失。独身、正常性生活受到阻碍的残疾人、痴呆病人，预后不佳。异性装扮癖通过穿着异性服装引起性快感，属于恋物癖的一个类型。恋物癖者所收集的女性日用品、装饰品的价值达不到一定金额，且显然不是出于经济目的，故不构成盗窃罪，但此种行为扰乱社公秩序，属轻微违法，一般给予行政纪律处分或短期拘役。

三、性心理调适

大学生由于人生观、恋爱观的初步形成，性心理往往表现出矛盾性，解决好性冲动、与异性交往的渴望、恋爱婚姻等性需要是这一时期性教育的主要内容。

1. 正确处理两性交往

在对性的认识上，由于受我国几千年封建社会性愚昧和谈“性”色变的保守观念的影响，又未受到系统、正规的性科学教育，不少大学生对“性”持有不正确的认知，把性看成是下流的、肮脏的、难以启齿的、污秽的东西。这种认知往往导致性情感、性态度的过敏、禁忌、矛盾、冲突，进而影响大学生的自我评价。表现为焦感、烦躁、厌恶以及内心不安、恐惧、自责等。这种性认知的偏差，既是一种不健康性心理的表现，也是引起一系列心理障碍的重要因素。

另外也有极少数大学生对性抱着一种满不在乎、随意为之的态度。他们过于强调性的生物性，受西方"性自由""性解放"的影响把恋爱当作一种时尚、当作一种能力，把自己谈了多次的恋爱作为炫耀的资本，而有些同学竟然也会对他表示倾慕，说他有本事；又如有的人，在恋爱中，只注重情欲，而忽视爱欲，只注重肉体，而无视精神，把人的性与动物的住等同起来，虽然这仅存在于很少数的学生中，但是，它造成的影响是巨大的，是对整个大学生群体的一个玷污。这两类性心理问题，不仅严重影响了大学生的身心健康，同时还给社会带来了一系列的道德问题，乃至法律问题。

性是人的一种本能，是人性的表现。大学生应该学习、掌握性知识，应该具有与年龄和文化程度相吻合的性知识水平和性行为方式；除了要认识性的生物属性外，还要认识到人类性的社会属性。人是社会的动物，人的性观念、性行为应符合社会道德和社会规范。性是自然属性和社会属性的统一体，性禁忌和性放纵都是有害于身心健康、有悖于人性的。

2. 正确对待性冲动

一些大学生常常会因性冲动带来许多困扰。如某位男生，就曾坦言：在和女友在一起时，总会产生一种冲动，想要亲吻她，抚摸她，甚至占有她。这种想法很危险，他深知爱她就要尊重她，就要对她负责任，决不能做伤害她的事，然而虽然拼命地克制自己，但心里总感到很难受，惧怕有一天会做出什么傻事来。这种情感和理智的较量，在每个年轻人身上都可能发生，但只要我们认识了什么是真爱，就能够用坚强的性意志来调控自己的情感，解除内心的躁动和困扰。据有关专家调查，有许多青年对性冲动不具有正常的接受态度，为此感到羞愧、自责、困惑，甚至有罪恶感。性冲动是在性激素和外界刺激的共同作用下所产生的性饥渴需求。性冲动是自然产生的，它既是一种正常的生理反应，又是一种正常的心理反应。青年人大可不必为此而自寻烦恼，性冲动与自己品德、与自己追求纯洁的爱情是不矛盾的。但是，青年人也不要醉心去追求，将这种欲望无约束地变成现实而求得自慰。

产生性意识困扰的大学生大多数都能人为地压抑自己对性的要求。适度的性压抑是社会化的需要，也是性心理成熟度的一个反映。有的大学生为缓解性冲动的困扰，采用性自慰行为来宣泄性的欲望。但是由于对手淫存在不正确的看法，或对手淫存在强烈的罪恶感，或过度手淫而影响了身心健康。一般说来，适度手淫不影响性功能，也不影响未来的生育功能。手淫的危害不在于手淫本身，而在于对手淫的担忧、恐惧、羞愧和罪恶。"手淫有害"的思想使手淫的大学生容易悔恨、焦虑、自责、担忧，在这种负罪感压力下，许多大学生不敢抬头做人，使学习和生活受到极大的影响。为减少手淫带来的危害，可以从这几个方面入手：①积极参加健康的文体活动，使充沛的精力得到有意的释放。作息时间规律，养成晨起锻炼的习惯，不贪床恋床；②努力培养开朗的个性，发展自己的爱好与兴趣，养成关心集体的性格，从而减少自我关注；③平时不穿紧身裤，保持外阴部的清洁，睡前少看或不看与性有关的书刊和影视节目。

3. 解决好恋爱婚姻中的性问题

热恋的大学生，往往会因性爱的激情产生一种难以抑制的性冲动，使情感突破理智的防线，发生性行为。有少数学生错误地认为，如今的社会对贞操已不怎么重视了，而且都是双方自愿的，不存在着谁伤害谁。之所以说这种认识是错误的，其一，在未成为合法的夫妻之前，发生性行为都是轻率的；其二，虽然如今人们已不怎么在乎初夜，但并不等于不重视一个人的贞洁和操行；其三，过早的发生性行为，只能在对方的心目中贬低自己的价值，甚至怀疑自己的品德，怀疑自己是别有用心，对爱情不忠。婚前性行为一旦发生，会给当事人双方造成心理压力和身心痛苦，尤其对未婚先孕的女性来说，同题更严重，这会影响今后正常的婚姻生活和家庭幸福。因此，谈恋爱的大学生们要在道德上有责任感，在心理上要把握住婚前婚后的界线，在言行上要防止挑逗和过分的亲昵，防止婚前性行为的发生。

恋爱是青年性意识觉醒和性选择的过程，通常表现为男女择偶培养爱情的过程，虽然每个人由于人生观和价值观不同，择偶的标准和恋爱的态度也不相同。但每个人都希望恋爱之花能结出美好婚姻的硕果。因此大学生应树立正确的恋爱观和婚姻道德观。择偶应以爱情为基础，理想的对象应当是外在美与心灵美的结合。恋爱态度应严肃，一方面恋爱对象必须专一，防止多角恋；另一方面处于热恋中的大学生应把握好自己的情感，防止婚前性行为。

4. 寻求心理咨询，促进身心健康发展

现在越来越多的高校建立了自己的心理咨询室，这样可以有效及时地解决大学生的心理健康问题。在心理咨询室中，性不再是一个难以启齿的问题，同学们尽情地宣泄心中的郁闷。据不完全统计，在大学生们前来咨询的问题中，其中与异性的交往问题占据了一半以上的比例，其中的大部分都或多或少地涉及有关性的困惑，当你遇到性困扰时，你可以坦然寻求心理咨询。在这里倾诉自己的困惑和真实的情感，可以获得及时的沟通和积极的引导，排解性心理问题，促进身心和谐发展。

第三节 性传播疾病和预防

一、常见的性传播疾病和预防

(一)性传播疾病的认识

1. 什么是性传播疾病

早在 20 世纪 60 年代以前，性病(Venereal Disease，VD)是指通过性行为传染的疾病，主要病变发生在生殖器部位，包括梅毒、淋病、软下疳、性病性淋巴肉芽肿 4 种，称为第一代性病或者“经典性病”，俗称“花柳病”。

1975 年，世界卫生组织对性病范围做了更新和扩展，病种主要包括尖锐湿疣、生殖器疱疹、非淋菌性尿道炎(宫颈炎)、传染性软疣、阴道滴虫病、生殖器念珠菌病以及艾滋病等 20 多种。这些病都是通过性行为而感染的，或由这些病的感染者作为传染源，通过性行为或类似性行为及间接接触而传播。医学上，将这一组传染性疾病统称为性传播疾病(Sexual Transmitted Diseases，STDs)。性传播疾病的病变不仅发生在生殖器部位，也可累及生殖器所属的淋巴结、皮肤黏膜，甚至侵犯全身其他组织器官，给人体健康带来巨大危害。

2. 性病传播历史

在 15 世纪以前，世界上未见过梅毒。1492 年哥伦布发现西印度群岛，水手被染上了梅毒并带回欧洲，首先在西班牙传播起来。1494 年在法国和意大利流行，1497 年蔓延到全欧洲，1498 年传入印度，1505 年传到中国的广州。从这个时期以后，中国古书中开始有梅毒的记载，如李时珍著的《本草纲目》。

淋病在医学文献中记载较早，《黄帝内经·素问》中曾有类似记载。后来张仲景著《金匮要略》、隋代巢元方著《诸病源候论》、唐代孙思邈著《千金要方》中均有叙述和记载。

（二）常见性传播疾病以及治疗和预防

1. 淋病

通常指由淋病奈瑟菌引起的泌尿生殖系统的化脓性感染，也包括眼、咽、直肠、盆腔等其他部位的淋球菌感染和播散性淋球菌感染。

（1）症状。

①男性症状：男性潜伏期为 2～14 日，通常以尿道轻度不适起病，数小时后出现尿痛和旅性分泌物。当病变扩展至后尿道时可出现尿频、尿急。检查可见脓性黄绿色尿道分泌物，尿道口红肿。

②女性症状：女性通常在感染后 7～12 日开始出现症状，虽然症状一般轻微，但有时开始就很严重，有尿痛、尿频和阴道分泌物。子宫颈和较深部位的生殖器是最常被感染的部位，其次依次为尿道、直肠、尿道旁腺管和前庭大腺。子宫颈可发红变脆伴有黏脓性或脓性分泌物。压迫趾骨联合时，可从尿道、尿道旁腺管或前庭大腺挤出脓液。输卵管炎是常见的并发症。

（2）治疗。

淋病主要采取及时、足量、规范应用抗生素治疗，国内目前以第三代头孢菌为主的抗生素进行治疗。在急性期接受正规治疗，可完全治愈，临床上判定淋病治愈的材准是：治疗结束后 2 周内，所有症状和体征全部消失；在治疗结束后 4～7 日，实验室检查结果持续 2 次阴性。

（3）预防。

首先，提倡在性生活中使用安全套，做好个人卫生，防止淋球菌的传播和感染。如果有一方已经感染淋病，应该避免性生活，并严格分开使用毛巾、脸盆、床单等。污染物应该消毒。

其次，做好淋病知识的宣传和教育工作。

2. 梅毒

梅毒是由梅毒螺旋体感染引起的一种慢性全身性传染性疾病。95%的梅毒经性接触直接传播，梅毒可以通过胎盘传染给胎儿，其他传播途径很少见，可见于直接接触患者皮肤黏膜感染等。梅毒根据病程的不同，又可分为早期梅毒和晚期梅毒。早期梅毒一般分为一期梅毒和二期梅毒，晚期梅毒又称三期梅毒。

（1）症状。

①一期梅毒的表现：潜伏期一般为 2～4 周，硬下疳(梅毒入侵部位出现的结节或凌)直径为 1 cm～2 cm，圆形或者椭圆形，边缘稍微隆起，呈肉红色轻度糜烂或潜在溃疡，创面比较干净，分泌物少，不痛不痒(无继发感染时)，触诊时有软骨样硬度。一般单发，也可多发。硬下疳出现 1～2 周后局部淋巴结可肿大，常为数个，大小不等，质硬，不粘连，不破溃，无痛感。硬下疳多在 6～8 周自然消失，转为潜伏梅毒。

男性梅毒多发生于阴茎包皮、冠状沟、龟头或系带部，有些发生于尿道内、阴茎干或其基底部、阴囊上。

女性最多见于阴唇，也可见于阴唇系带、尿道、子宫颈及会阴等处。阴部以外最常见的部位是口唇、舌、扁桃体、乳房、肛门等部位。

②二期梅毒的表现：硬下疳在 6～8 周后自然消失，梅毒螺旋体经淋巴系统进入血液循环而造成全身感染。患者在感染后 9～12 周(硬下疳消失后 3～4 周)出现皮肤梅毒疹皮疹具多形性，各种皮疹和斑疹、斑丘疹、丘疹、麟屑性皮疹、毛囊疹、脓疱疹均可出现，以斑丘疹最常见，常泛发对称，掌足可见暗红色圆形脱屑性斑疹，外生殖器及肛周可见扁平湿疣，部分患者可有脱发。口腔可发生黏膜斑，全身浅表淋巴结肿大，也可出现骨关节、眼、神经系统及内脏损害。

二期梅毒常发生于大小阴唇间、包皮内、肛门周围及会阴，少数可发生于腋窝、乳房下、股内侧及趾间等，二期梅毒血清学试验几乎 100%呈阳性。

③三期梅毒的表现：三期梅毒的损害主要表现为结节性梅毒疹、梅毒性树胶肿、心血管梅毒和神经梅毒等多种损害。

(2)治疗。

梅毒的治疗也应及时、足量 规范。目前以青霉素为主。由于大量被杀灭的梅毒螺旋体释放的异性蛋白质进入血液，可引起患者出现头痛、发热、肌肉疼痛等机体超敏反应，临床上称之为吉海反应。大多数梅毒虽可治愈，但由于晚期梅毒可侵犯多系统，所以不能逆转病原体对器官的伤害。

(3)预防。

首先控制传染源。梅毒患者是最主要的传染源，及早发现、及早治疗是消除传染源的最好方法，体检时应做梅毒血清筛查试验。

其次切断传播途径。绝大多数的梅毒学是通过性传播的，做好宣传和健康教育十分重要。通过宣传和教育使人们认识到梅毒的危害，增强自身的防范意识，发生性交行为时，采取保护措施，减少梅毒的传播。

3. 生殖器疱疹

生殖器疱疹是由单纯疱疹病毒 I 型或 Ⅱ 型感染泌尿生殖器及肛周皮肤黏膜引起的一种常见的、易复发、难治愈的性传播疾病。

(1)症状。

生殖器疱疹由单纯疱疹病毒 I 型和 Ⅱ 型引起，可分为原发性和复发性两种 1 床表现。

①原发性生殖器疱疹：一般潜伏期为 3～14 日，皮疹好发于生殖器及肛门周围，通常表现为红斑、丘疹基础上或外观正常皮肤上出现群集或散在的小水疱，2～4 日后破溃形成窠烂或者溃疡，逐渐结痂。有明显疼痛，腹股沟淋巴结常肿大，有压痛感，可有发热、

头疼、乏力等全身症状。病程 2~3 周。

②复发性生殖器疱疹：原发皮损消退后皮疹反复发作，复发性生殖器疱疹较原发性全身症状及皮损轻，病程较短。起疹前局部有烧灼感，针刺感或感觉异常。好发部位类似，在外生殖器或肛门周围。皮疹一般为群簇小水疱，很快破溃，形成糜烂或浅溃疡，疼痛症状较轻。病程 7~10 日。

(2)治疗。

生殖器疱疹无法治愈，但阿昔洛韦、伐昔洛韦、泛昔洛韦 3 种药物抑制疱疹病毒 DNA 的合成，阻止病毒复制。长期服用可以减少疱疹的复发，减轻复发症状。

(3)预防。

第一，已患有生殖器疱疹的患者要加强对损害部位的护理，坚持用清水清洗外生殖器部位，并保持局部清洁和干燥，防止继发。当出现局部的感染后，要在医生的持导下，用消毒水清洗局部。

第二，患病后需注意预防感冒、着凉、劳累，以减少复发；治疗期间要停止性生活，并动员性伙伴共同检查、治疗；生活洁具分开使用，并且严格消毒。

第三，注意休息，增强体质，睡眠充足。在饮食上，不吃各种辛辣食物，多吃富含维生素、蛋白质的食物有助于疾病的康复。

第四，避免不安全性交。

4. 尖锐湿疣

尖锐湿疣又称生殖器疣或性传播疾病疣，是由人乳头瘤病毒感染引起的皮肤黏膜良性增生性传播疾病，常表现为外生殖器及肛周部位的疣状增生物。尖锐湿疣主要通过性接触传播外，还可通过患者污染的物品间接传播。

(1)症状。

尖锐湿疣潜伏期一般为 3 周至 8 个月，平均为 3 个月，此期感染者是重要的传染源。好发于任何年龄，16 ~35 岁发病率最高。常见于外生殖器湿润处，尖锐湿疣常见于外生殖器湿润处，如男性的冠状沟、龟头、包皮系带两侧或包皮内侧面，有时见于尿道口、阴茎、阴囊等处；女性好发于大小阴唇、尿道口、阴蒂、阴道壁、子宫颈、会阴处等，也可发生于肛周直肠、口腔和乳房等部位。

初发皮疹为淡红色、淡褐色至深褐色带蒂突起或丘疹。逐渐发展为大小不等赘生物，呈乳头样、鸡冠状或菜花样突起，表面凹凸不平，湿润柔软。大多数无自觉症状，有时伴有轻度瘙痒、灼痛感等。多数缺乏自觉症状，少数病人有瘙痒、烧灼感和压迫感。伴阴道损害者可出现白带增多，刺痒或性交后出血现象。发生于肛门、直肠者可有疼痛和里急后重感。

(2)治疗。

尖锐湿疣是由病毒引起的性传播感染，所以目前尚无根治的办法。但可以通过局部药物治疗和物理、手术治疗改善患者的症状和体征。

(3)预防。

一是坚决杜绝性乱。尖锐湿疣患者中主要是通过性接触感染。家庭中一方从社会上染病，又通过性生活传染给配偶，还通过密切生活接触传给家人，既带来生理上的痛苦，又造成家庭不和。因此提高性道德，不发生婚外性行为是预防尖锐湿疣发生的重要方面。确保性伴也获得诊疗。

二是防止接触传染、注意个人卫生。不使用别人的内衣、泳装及浴盆；在公共浴池不洗盆浴，提倡淋浴，沐浴后不直接坐在浴池的坐椅上；在公共厕所尽量使用蹲式马桶；上厕所前后用肥皂洗手。

5. 非淋菌性尿道炎

非淋菌性尿道炎是指通过性交传染的一种尿道炎，几日或几周发生尿道脓性或黏液脓性分泌物，可有尿道刺痒和尿痛，但分泌物镜检和培养均不能发现淋球菌。由于女性常伴有生殖道炎症，所以，又被称为非特异性生殖道感染。

(1)症状。

男性临床表现与淋病相似但程度较轻。常见症状为尿道刺痒，疼痛或灼烧感，少数有尿频、尿痛：体检可见尿道口轻度红肿，尿道分泌物多呈浆液性，量少，有些病人晨起时发现尿道口会有少量分泌物结成的脓膜封住了尿道口或内裤被污染；部分感染者无任何症状或症状不典型，无症状性脓尿或尿道拭子涂片有阳性发现。女性感染者大多无临床症状表现。可出现的症状主要为黏液性宫颈炎，表现为白带增多，体检可发现：宫颈接触性出血、宫颈管脓性分泌物、宫颈红肿等。如果孕妇获得衣原体感染，在新生儿通过产道时，可发生眼部感染，需要及时治疗。

(2)治疗。

临床上，主要用多西环素、阿奇霉素、氧氟沙星、红霉素、米诺环素给药治疗，性伴侣应同时接受治疗。非淋菌性尿道炎可治愈，治愈标准是所有症状消失，尿道无分泌物，尿道拭子涂片或尿常规检查没有发现或偶见白细胞。

(3)预防。

①预防的关键是杜绝不洁性交。此外，公共浴堂的卫生也很重要，不提倡洗盆堂，衣服要单独存放。

②淋病加大了本病发病的机会，故患淋病后要积极治疗，彻底治愈。淋病治愈后要化验检查是否患有非淋菌性尿道炎。

③配偶一方患病后，另一方要做化验检查，发现患病后要积极治疗。

6. 软下疳

软下疳又称第三性病，是经典性传播疾病之一，是由杜克雷嗜血杆菌引起的疾病，主要特征表现为生殖器部位的一个或多个疼痛性溃疡，50%以上的患者合并腹股沟淋巴结肿大。此病在热带及亚热带地区比较多见，但是20世纪80年代性传播疾病在我国再度流行以来，软下疳在我国各地，如广西、四川等地均有报道。软下疳患者绝大部分是男性。

(1)症状。

在感染了杜克雷嗜血杆菌后，通常会在2~5天内出现皮肤损害症状。其特点为圆形或椭圆形的溃疡，溃疡比较浅表，边缘不整齐，上面有脓性分泌物，溃疡的底部较软。另外，大部分患者腹股沟淋巴结肿大，局部潮红，随后化脓、破溃。由于溃疡边缘外翻形北像嘴唇，俗称鱼口，溃疡长好后会形成大块的瘢痕。

好发部位。男性好发于包皮内、外表面、包皮系带、冠状沟、龟头、阴茎体、会阴部及肛周等部位，常伴包皮水肿，女性多见于大小阴唇、阴唇系带、前庭、阴蒂、子宫颈、会阴部及肛周等部位。少数报告偶见于股内侧、乳房、口腔内、手等处。

(2)治疗。

一般用阿奇霉素、头孢曲松钠、红霉素、环丙沙星治疗，局部症状进行对症处理。

(3)预防。

第一，避免发生不安全性行为，要使用安全套。第二，早检查、早治疗，及时就医。

7. 性病性淋巴肉芽肿

性病性淋巴肉芽肿是由沙眼衣原体引起的一种慢性经性传播的疾病。其病程较长，各期表现不同。主要临床表现为外生殖器部位出现一过性疱疹损害、溃疡、局部淋巴结肿大，化脓穿孔和晚期外生殖器像皮肿及直肠狭窄等。

(1)症状。

性病性淋巴肉芽肿的临床表现分为早、中、晚期，需要注意的早期症状是开始感染性病性淋巴肉芽肿病原体后，首先在生殖器部位出现初疮。初疮可有 4 种形式：表现无痛性小丘疹、小丘疹或脓疱、浅溃疡或糜烂、非特异性尿道炎。最常见的损害是在感染部位出现 5 ml~6 ml 的小水疱或丘疹，可形成溃疡，无自觉症状，常不被注意。

男性好发于冠状沟，其次是包皮系带、龟头、包皮、阴茎、尿道和阴囊等；女性好发于阴道后壁，其次是前庭、阴唇、阴唇系带、子宫颈及外阴等部位。指交和口交者发生于手指和口腔。

(2)治疗。

临床上一般用米诺环素、红霉素、四环素中其中任何一种药物治疗。

(3)预防。

一是对可疑患者以及不洁性接触者，应及时诊疗；

二是与所有性病性淋巴肉芽肿患者接触的性生活对象，如果在出现症状之前 30 日内与患者有过性接触，则必须进行检查和治疗；

三是不断提高卫生水平，加强健康教育宣传，避免不安全性交。

(三)性传播疾病的预防

性传播疾病是危害人类最严重、发病最广泛的一种传染病，它不仅危害个人健康，也殃及家庭，贻害后代，同时还危害社会。大学生群体务必引起足够的重视。

性传播疾病的感染主要是经由性接触，尤其是性器官接触而感染，因此，预防性感染的方法就是在性接触的时候采取安全措施。

1. 降低性行为感染风险

保持专一的性行为，多个性伴侣会增加感染风险。正确使用安全套被证明是最为有效的预防性传播疾病的措施。在任何情况下，都坚持正确使用安全套应当成为每个人性生活的最基本原则之一。除非双方经过血液检测确没有感染艾滋病病毒，否则在性交行为中，正确使用安全套可以有效降低性传播疾病的传播。

2. 养成良好个人生活习惯

不要穿别人的游泳衣裤或内衣裤；不要和别人共用毛巾浴巾、洗脚布，或共用脸盆、澡盆、脚盆；尽量避免使用公共厕所的坐式马桶，因为马桶坐圈上可能沾有性传播疾病患者的分泌物；牙刷、刮脸刀、剃须刀都应每人自备，不可互相用；拔牙、打针、针灸治疗都要到正规医院或诊所去进行；不要因好奇而尝试吸毒，静脉注射毒品有可能传染多种性传播疾病。

3. 定期检查

如果性伴数量多、性行为活跃或防护措施不当，不管是否在尿道口、阴道或肛门等出现异常的分泌物、溃疡、水疱或赘生物等情况，都需要定期检查，不要等到异常情况发生了才去检查。每 1～3 个月接受一次检查。就医时，不要隐瞒病史和病情，以免误诊或漏诊。

4. 接受性教育

正确认识性传播感染，掌握预防性传播感染的技能，都可以通过性教育获得。另外，性教育中包含的如何正确面对性传播感染，怎样与伴侣进行有效沟通和交流（比如怎样有效交流彼此的思想、感受、需求、价值观等），并建立健康的亲密关系等，都可以有效预防性传播感染。因此，大学生应主动接受系统的、全面的性教育，这是预防和避免性传播感染的有效途径。

二、艾滋病的传播与控制

（一）认识艾滋病

1. 获得性免疫缺陷综合征

获得性免疫缺陷综合征（Acquired Immune Deficiency Syndrome，AIDS），即艾滋病，是由人类免疫缺陷病毒（Human Immunodeficiency Virus，HIV）引起的性传播感染。HIV 侵入人体，攻击并缓慢摧毁人体免疫系统，导致持续性免疫缺陷，人体最终因多器官感染而死亡。

从获得性免疫缺陷综合征这一病名中可以了解到该病的 3 个特点：第一，获得性。表示它是人出生后获得而不是先天具有的，不具有遗传性。第二，免疫缺陷。表示感染 HT 后人体免疫功能减退，以至于逐渐丧失，其后果可想而知。第三，综合征。表示艾滋病并不是单一的疾病。感染 HIV 后，临床症状体征很多，会出现全身多个系统的多种症状。

2. 艾滋病病毒

艾滋病病毒即人类免疫缺陷病毒（Human Immunodeficiency Virus，HIV），它使人的免疫系统遭到破坏，使人的机体丧失对各种疾病的抵抗力而最终会发病，以致死亡。艾滋病病毒一旦进入人体，就与细胞的基因整合为一体，人体没有能力使其分开更没有力量杀灭它。

艾滋病病毒存在艾滋病病毒感染者和艾滋病病人的血液、精液、阴道分泌物、乳汁和伤口等处，具有很强的传染性。目前，还没有研制出能完全清除人体内艾滋病病毒的药物。但已有药物和疗法可以有效抑制艾滋病病毒在人体内的繁殖速度，从而在延长艾滋病病毒感染者发展到艾滋病病人的时间、改善艾滋病病人的症状和延长他们的寿命等方面发挥了重要作用。

艾滋病病毒离开人体后会变得很脆弱。高温、干燥或者通常用的化学消毒剂（如漂白粉、84 消毒液、碘酒、酒精或医院经常使用的一些消毒药品）均可以杀灭体外的艾滋病病毒。

3. 艾滋病的临床表现

(1)潜伏期。

艾滋病是感染 HIV 的最后阶段，从感染 HIV 到发展成为艾滋病的潜伏期时间长短不一，最短至几个月，长时可达 17 年，平均 8 年左右。

(2)临床 HIV 感染分期。

我国于 1996 年 7 月 1 日起执行的《HIV/AIDS 诊断标准及处理原则》的标准中，将艾滋病分为 3 个阶段：

①急性期：一部分感染者在 HIV 感染初期并没有明显的症状，一部分感染者在 HIV 感染后 1~6 周内可出现类似流感的症状，主要表现为发热、出汗、乏力、肌肉疼痛、全身不适等。个别会出现皮疹、淋巴结肿大、肝脾肿大的现象。这些表现可自行消退，这个阶段 HIV 抗体可呈阴性。绝大多数(95%)感染者体内的 HIV 抗体在 6 个月内出现阳性。从开始感染 HIV 到 HIV 抗体形成的这段时期，称为"窗口期"。尽管窗口期的 HIV 抗体检测呈阳性，但感染者体内的 HIV 感染是存在的，因此，窗口期也具有传染性。

②无症状期：该时期感染者无症状表现。感染者的血液中可以检测到 HIV 抗体，但不易检测到 HIV 抗原。这个时期尽管没有症状，但感染者体内的 HIV 不断复制，数量不断增加，而辅助 T 淋巴细胞的数量逐渐下降。和窗口期一样，无症状期也具有传染性。

③艾滋病期：此时辅助 T 淋巴细胞的数量已明显下降，主要表现为 HIV 相关症状、各系统机会性感染及肿瘤。HIV 相关症状表现为持续 1 个月以上的发热，夜间盗汗，腹泻，体重减轻，持续性淋巴结肿大等。还可出现记忆力减退等精神症状。机会性感染常见卡氏肺囊虫肺炎、巨细胞病毒感染、隐球菌脑膜炎等。肿瘤常见为淋巴瘤、卡波西肉瘤。

(二)艾滋病的传播

根据世界卫生组织和联合国艾滋病规划署的估计，截至 2012 年年底，约有 3530 万 HIV 感染者。同年，约 230 万人新感染了 HIV，160 万人死于艾滋病。

艾滋病传播途径有以下几种。

1. 性传播

这是目前全球最主要的艾滋病传播途径。HIV 感染者的精液或者阴道分泌物中含有大量的 HIV，无论同性、异性，只要是性接触都会导致 HIV 的传播。在性活动时，由于性交部位的摩擦，很容易造成生殖器官黏膜的细微破损。这时，HIV 就会乘虚而入，进入感染者的血液中。

2. 血液传播

输入含有 HIV 的血液或血液制品；静脉吸毒者共用受 HIV 污染的、未经消毒的针头及注射器；医用注射器和针头消毒不彻底或不消毒。特别是儿童预防注射未做到一人一针一管，危险更大。

3. 母婴传播

母婴传播又称为垂直传播或围生期传播。母婴传播是婴儿和儿童感染 HIV 的主要途径，新生儿 HIV 感染约有 90%是通过母婴传播而获得的。如果母亲是 HIV 感染者，婴儿会通过胎盘、分娩和母乳喂养 3 种途径感染 HIV，其中分娩时感染约占 70%。在未经任何综合干预的情况下，艾滋病母婴传播率为 33.3%左右。

除了以上3种主要传染途径外，还有极少数人是通过其他途径被传染的。例如，在使用被 HIV 污染的器官做移植手术的同时，也将 HIV 植入了体内。在人工授精过程中，接受了感染 HIV 的精液也同样会造成感染艾滋病的机会。

①日常生活接触不会传播艾滋病。

HIV 通过血液或体液向体外排出，它不会通过呼吸道随飞沫呼出，也不会通过消化道从粪便中排出。HIV 无法侵入正常的皮肤和黏膜，只有当皮肤和黏膜有破损时，HIV 才可以进入身体。所以，与 HIV 感染者或艾滋病病人的日常生活和工作接触一般不会被感染。

②蚊子叮咬不传播艾滋病。

HIV 一旦进入蚊子体内，就无法存活，所以，蚊子在叮咬下一个人的时候不可能把 HIV 传给此人。

③日常社交行为不传播艾滋病。

与 HIV 感染者或艾滋病患者一起吃饭不会感染 HIV。原因是胃肠道里的酸性消化液会很快将 HIV 杀灭，HIV 不会通过消化道进入人的血液中。

与 HIV 感染者或艾滋病病人礼节性的握手、拥抱，不会涉及血液或体液接触，是安全的，不会传播 HIV。

④公共场所不传播艾滋病。

与 HIV 感染者或艾滋病患者在同一个游泳池游泳，不会感染 HIV。原因是 HIV 要进入人体内才会引起感染，而在游泳池游泳，HIV 不会穿过正常皮肤进入人体内。而且，游泳池的水含有消毒剂，很快杀死 HIV。即使游泳池水中含有 HIV，浓度也很低，并很快失去活性，不会引起感染。

对于蹲式厕所和小便池，因为没有皮肤直接接触，所以，一般情况下是不会传播 HIV 的。但是坐式马桶存在一定的危险，因为皮肤与马桶坐圈有直接接触。一旦坐圈上有 HIV 感染者或艾滋病病人遗留下的精液、月经血或者阴道分泌物，而当其他人接触马桶坐圈的皮肤破损时，HIV 就有可能会通过破损的皮肤进入体内。

⑤共同学习、工作不传播艾滋病。

与 HIV 感染者或艾滋病患者一起工作或学习，不会感染 HIV，原因是 HIV 不会通过空气传播。一般的学习和工作环境不具备 HIV 传播的条件。

（三）艾滋病的预防和治疗

综合以上艾滋病的传播途径，主要从性传播、血液传播、母婴传播等方面进行预防。

1. 性传播的预防

性活动是人类生活的重要组成内容，但是，性活动在给人类带来快乐、帮助人类繁衍的同时，也给人类带来了很多烦恼，其中包括艾滋病等性传播疾病的流行。

目前，在世界范围内被证明最为有效的预防艾滋病性传播的措施就是正确使用安全套。在任何情况下都正确使用安全套，应该成为每个人性生活中必须坚守的原则之一。特别需要指出的是，女性同样有权利要求并坚持使用安全套。学会如何与性伴侣协商使用安全套的技能和技巧，这对保护女性安全尤为重要。同时，要特别注意安全套的正确使用方法，并使用质量合格的安全套，以确保安全套预防艾滋病以及其他性传播疾病的功效。

2. 血液传播的预防

在预防血液传播的过程中，做到使用一次性注射器，拔牙等医疗时，到有严格消毒条件的正规医院。尽量避免不必要的输液或输血。在必须输血时，要确保使用经艾滋病病毒抗体检测过的血液和血液制品。参加正规组织的无偿献血活动，不买卖血液。尽量不文身、不打耳洞等，如果一定要做，要到正规医院使用经过严格消毒的工具。

3. 母婴传播的预防

进行综合干预后，母婴传播率可降到8%~10%。预防艾滋病母婴传播的主要干预措施包括抗病毒药物的应用、选择剖宫产和人工喂养。婚前体检，婚后夫妻双方保持忠诚，孕产期检测并及时服用抗病毒药物可大大降低艾滋病母婴传播的危险。

4. 艾滋病的治疗

新的艾滋病药物和鸡尾酒疗法已经使得艾滋病逐渐成为一种慢性病新近发表的研究数据表明，只要能够得到恰当的治疗和良好的长期管理服务，艾滋病病毒感染后的寿命预期几乎已经达到和未感染者相当的水平。近年来随着新药的出现，药物的副作用已经大大降低。同时，中国政府的“四免一关怀”政策措施也大大降低了治疗费用。

“功能性治愈”的概念(不使用抗病毒治疗也能获得长期健康)已经在一些艾滋病病人中得到实现。用于高危群体的“预防性治疗”方法，也在一些国家中开始使用。

(四)反对歧视，尊重权利

1. 尊重HIV感染者和艾滋病患者的权利

在我国，HIV感染者和艾滋病患者与其他人一样，享有国家法律规定的各种权利。但社会上还是存在对HIV感染者和艾滋病患者歧视的现象，侵犯他们权利的事件时有发生，这都是影响社会和谐发展的不稳定因素。

(1)维护HIV感染者和艾滋病病人的权利。

艾滋病自发现以来，对社会经济和发展造成了严重影响。与此同时，HIV感染者和艾滋病患者的权利也遭到忽视。维护HIV感染者和艾滋病患者的权利有助于推动社会的和平与发展。

①尊重个人权利：艾滋病从一出现就与个人权利紧密相关。这些权利包括：健康权自由选择和人身自由权，工作权，婚姻权，生育权，私生活不受干涉和隐私保护权，以及平等和反歧视等。在我国的相关法律法规中，也已经对HIV感染者和艾滋病患者的权利做了明确的规定。此外，法院已开始审理一些因在治疗中输血或者使用血液制品而感染HIV的赔偿案件，使一些因医源性感染而成为HIV感染者得到了救助。只有尊重HIV感染者和艾滋病患者的各项权利，才能更好地防治艾滋病的流行和传播。

②体现社会公平：保护HIV感染者和艾滋病患者的合法权利体现了社会的公平。现实生活中，许多人将HIV感染者和艾滋病病人等同于吸毒人员或者性乱等人群，不仅从道德上鄙视他们，而且还自觉不自觉地伤害或剥夺他们及其家属的合法权利，对他人生命缺乏起码的尊重。所以，一方面要进行普及预防艾滋病常识和尊重、保护艾滋病病人合法权利的宣传教育，另一方面更有必要在全社会加大尊重生命的宣传教育，使广大公众知道生命的意义和生命的平等，在尊重自己生命的同时也尊重HIV感染者和艾滋病患者的生命，给他们更多的关爱，保护他们的一切合法权利。唯有如此，人类才有可能共同战胜包

括艾滋病在内的所有威胁人类健康的各种疾病。

③利于社会稳定：艾滋病背后隐藏着一系列的社会问题。如卖血、吸毒、性工作者、社会财富分配不公、同性恋人群作为性少数人群的存在与社会价值取向等。这些问题对HIV感染者和艾滋病患者所造成的影响远比医学角度下的艾滋病所造成的伤害要大得多。在艾滋病的预防过程中，有很多社会矛盾凸显出来。我们应从社会发展的视角，站在建设和谐社会、实践科学发展观的高度来认识艾滋病、防治艾滋病，增强每一个公民的社会责任感，为切实消除歧视而努力。因此，可以通过维护HIV感染者和艾滋病患者的权利，进而缓解他们的心理压力，减少社会歧视和不稳定因素。

2. 法律法规中HIV感染者和艾滋病病人的权利体现

HIV感染者和艾滋病患者享有跟所有人一样的权利。目前主要关注其在隐私保护、受教育、劳动及婚姻、就医等方面的权利。

①HIV感染者和艾滋病患者的隐私保护权利。1988年卫生部、外交部等多部门发布并实施的《艾滋病监测管理的若干规定》第二十一条规定，任何单位和个人不得歧视艾滋病病人、HIV感染者及其家属。不得将病人和感染者的姓名、住址等有关个人情况公布或传播，防止社会歧视。

1999年卫生部印发的《关于对HIV感染者和艾滋病病人的管理意见》规定要严格保密制度，保障个人合法权利，履行社会义务和责任，反对歧视。HIV感染者和艾滋病病人及其家属应不应受歧视，他们享有公民依法享有的权利和社会福利。不能剥夺HIV感染者和艾滋病患者工作、学习、享受医疗保健和参加社会活动的权利，也不能剥夺其子女入托、入学、就业等权利。

在2006年通过的中华人民共和国国务院令(第457号)《艾滋病防治条例》第三十九条规定："未经本人或者其监护人同意，任何单位或者个人不得公开HIV感染者、艾滋病病人及其家属的姓名、住址、工作单位、肖像、病史资料以及其他可能推断出其具体身份的信息。"这是法律中对HIV感染者和艾滋病患者的隐私权利的明确规定。

②HIV感染者和艾滋病患者受教育的权利。《中华人民共和国宪法》第四十六条规定"中华人民共和国公民有受教育的权利和义务。"HIV感染者和艾滋病患者与其他健康人一样享有进入各级各类学校接受教育的权利。《艾滋病防治条例》第三条规定："任何单位和个人不得歧视HIV感染者、艾滋病病人及其家属。HIV感染者、艾滋病病人及其家属享有的婚姻、就业、就医、入学等合法权利受法律保护。"另外，《艾滋病防治条例》第四十五条规定："生活困难的艾滋病病人遗留的孤儿和感染HIV的未成年人接受义务教育的，应当免收杂费书本费；接受学前教育和高中阶段教育的，应当减免学费等相关费用。"

③HIV感染者和艾滋病患者的劳动、婚姻权利。我国《宪法》和其他法律法规明确规定了公民有工作权。HIV感染者和艾滋病患者作为公民，法律并没有剥夺他们的工作权利(法律另有规定的除外)，只要他们身体条件允许并且自己愿意的话，任何单位、企业或用工部门，都不得歧视或剥夺他们劳动就业的权利。

《艾滋病防治条例》第四十七条规定："县级以上地方人民政府有关部门应当创造条件扶持有劳动能力的HIV感染者和艾滋病病人，从事力所能及的生产和工作。"在《艾滋病防治条例》第三条中，规定了 HIV 感染者和艾滋病患者的婚姻合法权利受到法律保护。

④HIV 感染者和艾滋病患者就医的权利。《艾滋病防治条例》第四十一条规定："医疗机构应当为 HIV 感染者和艾滋病病人提供艾滋病防治咨询、诊断和治疗服务。医疗机构不得因就诊的病人是 HIV 感染者或者艾滋病病人，推诿或者拒绝对其其他疾病进行治疗。

3. 消除歧视

消除歧视，尊重 HIV 感染者和艾滋病患者的个人权利，是有效遏制艾滋病在中国大规模延延的一项重要对策。

(1)加强艾滋病知识的公众普及教育，创造非歧视的社会环境。

第一，加强宣传，提高公众对艾滋病相关知识的了解和认知度，鼓励公众与 HIV 感染者和艾滋病患者进行正常的接触。

第二，在全社会特别是在医务、科研、警察等相关工作人员中进行艾滋病知识的宣传培训。

第三，结合职业暴露问题，在医务人员中就普遍防护、阻断治疗、自愿咨询和自愿检测等相关知识进行培训，以降低工作中的紧张情绪，消除排斥行为，提高医疗质量。

(2)引导媒体的正确宣传。

在社会多部门共同应对艾滋病方面，媒体承担着重要角色。通过媒体，增进公众的认识、开展预防和教育，是遏制艾滋病最有效的工具之一。媒体在各个领域都有着惊人的渗透力和影响力，在创建信息透明或"知情"型社会及增进公众认知方面起着关键性作用，这不仅关系到疾病本身，也关系到疾病对个人、家庭、社区和社会多方面的影响。

(3)落实有效的干预措施。

切实落实"四免一关怀"政策，提高艾滋病自愿咨询的可及性和保密性，使更多有高危行为的人前去咨询检测，从而为 HIV 感染者和艾滋病患者提供心理支持、关怀等服务，是消除艾滋病相关社会歧视的重要手段；使符合条件的艾滋病患者能够得到及时的治疗，在艾滋病流行重点地区，政府提供免费血液检测，对艾滋病致孤儿童实行免费上学。这些政策的制定与实施，对减少歧视，为 HIV 感染者和艾滋病患者创造一个友善、理解、健康的支持性社会环境起到关键作用。通过在社区开展反歧视的宣传活动和"一帮一"等活动，为 HIV 感染者和艾滋病患者营造良好的生存环境。

(4)构建公正的社会环境。

从宏观角度来讲，艾滋病已经不仅仅是一个医学问题或公共卫生问题，而是一个重大社会问题和影响社会发展的紧迫问题。在呼吁消除社会歧视的同时，要构建公正的社会环境。首先，加大公众宣传力度，让更多的普通群众了解艾滋病，消除对艾滋病的恐惧；其次，消除艾滋病患者在就业、工作、就医、教育、婚姻等方面的歧视和限制，从政策方面得以加强和保护。

构建公正的社会环境最基本的就是要保护感染者和艾滋病患者群体的合法权利，其中最重要的就是要保护他们的隐私权。因此，一方面需要医务人员、科研人员、警察等对艾滋病的认识进一步提高，另一方面就是中国艾滋病的立法之路任重而道远。要保护好 HIV 感染者和艾滋病患者的利益和人格尊严，让 HIV 感染者和艾滋病患者依法享有公民应有的工作、学习、医疗保健和参加社会活动的权利。

三、预防性侵害的方法和技能

性侵害对大学生的身心健康危害极大。不但身体可能遭受巨大伤痛，还会留下难以抚平的心理创伤，并对未来的社会关系带来深远影响。因此，大学生需要认识性侵害，学会识别性侵害，并掌握预防和应对性侵害的知识和能力。

1. 性侵害的界定和内涵

关于性侵害的界定，学界尚无统一的表述。常用的词语有性虐待(sexual abuse)、性暴力(sexual violence)、性侵犯(sexual assault)、性骚扰(sexual harassment)、性猥亵(sexual molestation)等。虽然用词不一，但核心内涵基本一致，主要是指违背当事人的意愿，采用暴力或威胁的手段，通过多种形式挑逗、侮辱和侵犯他人的性权利，引起他人的不悦、不安或伤害的行为。

本节在讨论性侵害时，按照行为特点和危害程度分为三个层次：一般性骚扰、性侮辱/猥亵、性侵犯。性侵犯是一种最严重的性侵害，主要指强奸，触犯我国刑法。性侮辱/猥亵虽未构成强奸，但比一般性骚扰性质更加恶劣，危害更加严重，同样触犯我国刑法。一般性骚扰尚未立法，虽然立法呼声很高，但由于判定困难，依然处于道德评判层面。一般性骚扰可以有三种方式：口头性骚扰、行为性骚扰和环境性骚扰。

2. 识别性侵害

据世界卫生组织调查，全世界30%的妇女曾经遭受亲密关系中伴侣的躯体暴力或性暴力"。全世界6%~59%的女性曾在亲密关系中遭受强迫性交或试图强迫性交"。因此，性侵害的施暴者不仅可以是陌生人，也可以是熟人和亲密关系中的伴侣。青年学生需要提高警惕，本着普遍防备的原则，及时识别潜在危险，及时采取预防和应对措施，远离性侵害，维护自身健康和安全。

识别性侵害有以下三个原则：(1)违背当事人意愿；(2)具有强迫和威胁性质；(3)对当事人造成伤害，如不悦、不安、恐惧、身心摧残。在识别性侵害时需要严格把控上述三个原则。不论你们的关系如何，不论何时何地，只要对方的行为包含上述内容，则构成性侵害。

性侵害发生之前，往往有一些蛛丝马迹，如无理的举止、动手动脚、随便触摸你的身体、讲一些色情语言、用暴力进行胁迫等。当发现这些危险征兆时，应该迅速想办法离开或寻求帮助。

性侵害形式多样，个体千差万别。约会强奸、婚内强奸、乱伦、奸淫幼女、儿童性虐待、男童性侵均被认为是严重的犯罪行为。有些不法分子，假借约会之名，寻僻静之所，实施强奸。有的甚至使用新兴毒品，借毒品的迷幻作用，实施性侵害。有些男性，认为自己的伴侣是他们的性发泄对象，不尊重女性意愿，强迫发生性关系，对伴侣身心造成伤害，构成婚内强奸。有些男孩子，防范意识不强，遭不法分子性侵。因此，不论对方是你的伴侣、丈夫、男朋友、同事、上司还是好朋友，只要他违背了你的意愿，强行发生或意图强行发生性关系，令你感到痛苦、不安，甚至身心摧残，就构成了性侵害，触犯国家刑法，可以按照刑法相关规定，以强奸罪或猥亵罪定罪处罚。

3. 预防和应对性侵害

性侵害的对象不仅仅是女生，也包括男生。每个大学生都应该懂得如何保护自己，避免成为性侵害的受害者。

(1)自尊自爱，对性侵害时刻具有防范意识。施暴者与常人外表上无法区别，可能很丑陋，也可能很和善；可能是陌生人，也可能是你非常熟悉的人；可能是男性，也可能是女性。

(2)不饮酒或避免过量饮酒。酒精会刺激大脑，影响对事物的判断力和控制力，从而做出不负责任的决定。

(3)学会识别性侵害的蛛丝马迹，发现危险时及时离开。

(4)警惕危险情境。不要吃陌生人递过来的食物，不接受陌生人送的钱财、礼物、玩具，不随意搭乘陌生人的便车，遇到驾车的人问路，需要与车身保持一定的距离。

(5)远离危险人物。当你独自在街上或其他地方行走，发现被坏人盯上时，要设法迅速摆脱坏人。除非迫不得已，要尽量避免与坏人正面对抗。这时，重要的是保持头脑冷静，要根据当时的周围环境和自身条件迅速思考对策。如果是晚上，要朝灯光明亮的大街上或行人来往较多的地方跑。不要直接往家里跑。如果被坏人纠缠，要高声喊叫，并迅速跑开。

(6)不与网友秘密约会。尽量不要选择在孤立无援的场所与网友约会。

(7)亲密关系中，如果伴侣试图性侵害，需要保持冷静，明确告知对方自己的意愿，明确告知对方强行将触犯法律。

(8)不论男生、女生，不轻易在陌生人家中留宿，也不要轻易请陌生人到自己家中。

(9)训练自己沉着、冷静、顽强的心理品质，遇事不慌，沉着应对。

4. 如果受到了性侵害，需要这样做

(1)保持冷静，不要惊慌。

(2)寻找适宜的逃脱方式。

(3)及时拨打“110”报警电话，主动、勇敢地向公安部门报案，依法惩治罪犯。

(4)向自己信任的人倾诉。从自己信任的朋友或亲人那里获得情感支持是非常重要的。寻找值得信任的人倾诉，有助于渡过难关，做出正确的判断，采取有效的办法，缓解痛苦，尽快从中恢复。

(5)及时去医院检查、取证。尽早确定有无性病、艾滋病病毒感染、是否会怀孕，以及是否受到其他伤害，及时采取适宜的医疗措施。取证前，不要急于清洗身体。否则容易洗去证据。为避免意外怀孕，在72小时内服用紧急避孕药。如果怀疑可能被迫服用了新型毒品如约会强奸药，在72小时之内尽快做尿检。

(6)如果心灵创伤严重，努力寻求心理援助，要相信自己没有任何过错。

第四节　旅行卫生保健

一、旅行卫生保健基本要求

(一)旅行健康评估

某些国家针对留学、居留、工作许可签证的申请人，制定了相应的法律法规，要求进行证前的身体健康检查。长期驻外工作旅行者的工作单位、学校和健康保险承保公司等，可能会对旅行者的旅行前身体健康评估的形式和内容有具体要求。旅行者可到各地海关

(原出入境检验检疫)国际旅行卫生保健中心或签证使(领)馆指定的医疗机构体检、出具证明。

参加对体能要求较高的旅行时，如长途跋涉、攀登雪山等，尤其是团队出行时，建议出发前到当地国际旅行卫生保健中心或综合性的三级医院做一次全面的健康体检，如心电图、肺功能等项检查，进行体能测试，查看有无疾病或隐匿的脏器功能不良，以免在旅途中突发潜在的疾病。

如果计划在国外驻留较长时间(大于等于 6 个月)，或长期驻外工作、学习，或到艰苦地区做志愿者时，即便是健康人也应该进行系统的身体健康评估，进行口腔科检查，有问题及时治疗。在落后、不发达的地区医疗条件差，尤其是口腔科设备、设施不完善，治疗口腔疾病时容易感染乙肝等血液传播疾病。

一般情况下，急性病患者，严重心脏病、肺病、气喘、癫痫患者，术后尚在恢复中、怀孕初期及待产孕妇、经医师诊断不宜参加剧烈活动者，最好不要参加旅行或推迟旅行。

(二)旅行前预防接种

有些国家在旅行者入境时，要求查看其预防接种证明书，旅行者在出境前可到各地国际旅行卫生保健中心办理、同时可以了解最新传染病疫情并接种相关疫苗。目前使用的疫苗大致分为灭活疫苗和减毒活疫苗两大类，这两类疫苗的共同禁忌证是受种者对疫苗制剂成分有过敏反应史。两剂减毒活疫苗接种需间隔至少 28 天，通常建议间隔时间为 4～6 周。在进行疫苗推荐时还应关注不同疫苗间的相互影响，以及疫苗与免疫球蛋白和药物之间的相互影响。疫苗接种可以概括为以下三类：

1. 计划免疫加强疫苗

旅行者从儿童计划免疫成功率高的地区到成功率低的地区，且当地相关感染性疾病高发时，存在疾病暴露风险。这也是成年旅行者在国际旅行时感染麻疹和水痘等疾病的原因之一。

目前，我国儿童计划免疫Ⅰ类疫苗包括：卡介苗、脊髓灰质炎、甲型肝炎、乙型肝炎、脑膜炎、双球菌性脑膜炎(简称“流脑”)、百白破、乙脑、麻疹、风疹、腮腺炎等疫苗；Ⅱ类苗中包含 B 型流感嗜血杆菌、肺炎球菌性肺炎、水痘、轮状病毒、流感、霍乱等疫苗。如果大龄青少年和成年旅行者的旅行目的地有感染上述疾病的危险，就应该根据年龄进行适当的免疫更新或免疫加强。

2. 法定必须接种疫苗

法定必须接种疫苗是指前往某些目的地国家时，如果不接种目的地国家规定的疫苗，将被拒绝入境或被就地隔离，根据《国际卫生条例 2005》的规定，世界卫生组织要求黄热病疫苗是目前全世界各国唯一要求的法定必须接种疫苗。

黄热病疫区居住或去疫区旅行的人员，都必须提前接种黄热病疫苗，要求到黄热病疫区一岁以上的旅行者均需持有效的黄热病疫苗接种证书，即《疫苗接种或预防措施国际证书》(简称“黄皮书”)，抵达疫区不能出具有效“黄皮书”的旅行者将被隔离 6 天或被拒绝入境。我国指定的各地海关(原出入境检验检疫)国际旅行卫生保健中心，是官方认可的黄热病疫苗预防接种中心。旅行者可浏览各地国际旅行卫生保健中心网站了解黄热病疫苗接种的详情。

黄热病疫苗接种后10天起效，有效期为10年。世界卫生组织专家组的最新指引推介一次黄热病预防接种的免疫有效期长于10年，不再推荐国际旅行者接种10年后加强免疫但是，许多国家包括我国目前暂时仍维持每10年加强一次的接种策略。接种黄热病疫苗后，领取《疫苗接种或预防措施国际证书》，在旅行时需要随身携带此证明。

各国还可以根据本国的法律和具体疾病流行情况，对旅行者提出除黄热病以外的其他疫苗接种要求。如计划前往沙特阿拉伯进行朝觐的旅行者就必须按照要求，在申请签证前接种四价流脑疫苗、口服霍乱疫苗和流感疫苗。

3. 推荐接种疫苗

在推荐接种疫苗时，旅行医生不仅需要参考旅行者的既往预防接种史，也应参考旅行者前往目的地疫苗可预防疾病的流行情况。根据旅行者健康状况、旅行目的地、旅行中在农村的停留时间、饮食习惯、旅行目的和旅行中的行为活动，选择建议接种的疫苗，这类可推荐接种的疫苗包括：口服霍乱疫苗、甲型肝炎疫苗、伤寒疫苗、流脑疫苗、流感疫苗、水痘疫苗、麻腮风疫苗、百白破疫苗等。某些旅行者，如卫生保健工作人员、传教士、志愿者、留学生以及任何有可能与热带或发展中国家的当地居民产生家庭式密切接触或性接触的人，应考虑进行乙型肝炎预防接种。

为旅行者实施的所有预防接种都应该记录于由世界卫生组织认可的《疫苗接种或预防措施国际证书》。该国际证书封面为黄色，内容分黄热病接种记录和其他疫苗接种记录两部分，疫苗接种记录须按照证书格式完成所有内容的记载。该接种证书是接种的连续记录，应该妥善保存。

(三)旅行前准备药品

旅行时为防身体不适，应携带抗生素(口服及软膏)、感冒药、退烧药、止泻药、抗过敏药、眼药水等常用药品。到海边旅行或易过敏的旅行者，一定带上抗过敏药。有真菌感染的旅行者要带上抗真菌药。如果晕车的话还需准备晕车药，如果有慢性疾病如高血压、心脏病、糖尿病、痔疮等，在出门前一定要带足自己常用的药品并记得按时服用。可能的话，应准备两份，一份随身携带，一份放托运行李中，以防行李丢失耽误病情。方便的话还可准备一份英文病历摘要，说明病情及使用药物的名称、用量、用法，随身携带以防急需之用。

除药品外还应准备防晒霜、含DEET驱蚊霜、风油精、抗疟药、体温计、棉签、创可贴、纱布、医用胶布等。

(四)旅行前特殊准备

(1)建议前往非洲、南美洲、东南亚地区的旅行者咨询旅行医生，接种黄热病、霍乱、甲型肝炎、伤寒等其他疫苗。

(2)长期旅行时准备一个“健康记录卡”。将自身情况记录在这张卡上，以便在遭遇意外、意识不清或无法说话时，医生也可以及时施救。卡上的内容应包括：血型、特异体质、药物过敏史、眼镜度数，慢性病史以及相关的药物治疗情况等。

(3)如果携带宠物一同旅行，需要提前了解旅行目的地国家相关要求。不同国家规定不同，如部分国家要求进行严格的较长时间的检疫，而有些国家禁止任何动物入境；但是大部分国家需要具有检疫合格证明和狂犬病疫苗预防接种证书。

二、旅行健康与风险防范

旅行的目的是享受自然、放松身体、愉悦心情、增长阅历，大多数旅行者如果在出发前没有做好充分健康准备，相当多的旅行者在行程中就可能遇到与旅行相关的健康问题。如前往热带地区旅行时感染疟疾、登革热等虫媒疾病；前往印度等卫生条件较差地区旅行时感染旅行者腹泻、伤寒等消化道疾病；前往泰国、南非等地区时感染艾滋病、梅毒等性传播病；及其他一些旅行健康问题，如时差、文化冲击、晒伤、高原病、潜水病、海鲜食物中毒过敏、车祸交通意外等。

(一)旅行中的感染性疾病

旅行中的感染性疾病，与旅行者的旅行行为密切相关，并且会对旅行行为所涉及区域的公共卫生产生一定影响。与旅行相关疾病中，有一部分是疫苗可以预防的疾病，如黄热病、霍乱、甲型肝炎、伤寒、流脑和乙脑等。另有一部分是疫苗不能预防的疾病，下面主要介绍一些虫媒传播、消化道传播的感染性疾病及相关预防措施。

1. 虫媒传播的疾病

虫媒传播的疾病很多，如黄热病、疟疾、登革热、利什曼病、非洲锥虫病和丝虫病等，其中大多数没有可预防的疫苗。

(1)疟疾。

疟疾是一种由蚊虫叮咬传播疟原虫而引发的寄生虫疾病，主要发生于热带和亚热带，以寒战、高热和大汗为主要特点。间日疟、恶性疟、三日疟和卵形疟是四种常见的人类疟疾，其中以恶性疟和间日疟最为常见，恶性疟的致死率最高。近年来，还发生了一些因受到诺氏疟原虫(东南亚一些森林地区发生的猴疟疾)感染而罹患疟疾的病例。

在亚洲和非洲热带地区，特别是撒哈拉以南的非洲地区，疟疾仍然是威胁人们健康的严重疾病之一。据世界卫生组织报告，全球有 109 个国家和地区存在疟疾流行，约有 32 亿人受到疟疾威胁；世界卫生组织《2013 年疟疾报告》的资料显示，2012 年约有 2.07 亿人感染疟疾，90%的死亡病例生活在撒哈拉沙漠以南的非洲地区，77%的死亡病例年龄低于 5 岁。

此外，疟疾在大洋洲的巴布亚新几内亚、所罗门群岛、瓦努阿图、印尼的伊里安查亚及印度等亚洲地区发病率也高。自 1980 年以来，由于与非洲、东南亚、南亚等疟疾高发地区交流频繁，我国输入性疟疾特别是输入性恶性疟疾的发病率呈逐年上升的趋势。2008 年广西、四川、福建、湖南、上海、辽宁、甘肃等省(市、自治区)的输入性疟疾病例占总报告病例数的 80%以上，非洲和东南亚成为我国输入性疟疾的主要疫源地。

传播疟疾的是蚊虫，一天中在黄昏、黎明及夜间活动最为频繁。在西非的 7~10 月尤其在雨季即将结束之时，是按蚊一年中活动最为猖獗的时候，此时感染疟疾的概率最大。建议旅行者尽量避免在这个时间段前往西非，如果要前往，应重点做好防蚊工作。

(2)登革热。

登革热是由登革热病毒引起的急性传染病，主要经蚊叮咬传播。登革热的症状是发热、头痛、恶心、呕吐、皮疹以及眼睛、骨头、关节痛等。被登革热病毒感染的蚊虫叮咬后，疾病潜伏期通常为 5~8 天。病症轻者，一般 1 周可以痊愈，但病症重者，可能出现剧烈胃疼、经常呕吐以及鼻出血或牙龈出血等症状，甚至导致死亡。

前往热带和亚热带地区的旅行者，有感染登革热的风险。这些地区包括加勒比海、中美洲和南美洲、西太平洋群岛、澳大利亚、东南亚和非洲。登革热病毒感染的伊蚊可随时随地叮咬人群。无论白天还是夜晚，室内还是户外，而且伊蚊通常生活在城市的建筑周围，属于城市传染病。旅行者一定注意把居住区域周围容器里的积水倒掉，从而消除蚊子滋生环境。

在过去50年间，登革热发病率增加了30倍。2014年1月14日，北京出入境检验检疫局旅检处在来自非洲的航班上发现了6例登革热，其中1例合并疟疾。2014年3月20日重庆出入境检验检疫局从印度尼西亚、新加坡旅行归国28人团组中检出8人聚集性感染登革热病毒疫情。2014年1~2月印度尼西亚报告病例高达1.8万例，新加坡2764例，疫情呈上升趋势。

(3)黄热病。

黄热病是由黄热病毒引起的急性传染病，经蚊虫(主要为伊蚊)叮咬传播。黄热病有3~6天的潜伏期，之后出现发热、寒战、头痛、背痛和肌肉疼痛等症状。约有15%的患者出现病情加重，引发出血、休克和器官衰竭，甚至死亡等。

南美洲和非洲的部分地区流行黄热病，前往这些地区的旅行者患病风险较高。如果要去这些地区旅行，需要持有《疫苗接种或预防措施国际证书》(简称“黄皮书”)来证明接种过黄热病疫苗。一些国家要求所有旅行者出示黄热病疫苗接种证明才能入境，另有一些国家只要求到达过黄热病流行地区的旅行者出示黄热病疫苗接种证明。所以，如果要到多个国家旅行，旅行的顺序很重要。接种黄热病疫苗10天后产生保护性抗体，可以帮助旅行者有效抗击黄热病。因此，如果前往非洲、南美洲疫区旅行需要提前接种黄热病疫苗。

2. 预防蚊虫叮咬

白天外出时尽量涂抹含DEET的驱蚊剂，保护身体免受蚊虫叮咬，同时也可以有效预防蝇、蚤和蜱虫等其他虫类的叮咬。DEET浓度越高，保护时间越长，浓度达到50%时保护效果达到平衡。涂抹时应注意：涂在暴露皮肤上；伤口、皮肤发炎处不要涂抹；不要接触眼睛、嘴巴，可以用手指在其周围涂抹少量；手上涂抹后不要触摸眼睛、嘴巴；如果是喷剂不要直接喷在脸上，先喷在手上再涂抹面部；儿童应在大人的帮助下涂抹，注意儿童的手上不要抹；进入室内尽快清洗，出现皮疹怀疑过敏时应立即洗掉。如果同时使用驱蚊霜和防晒油，应先用防晒油再用驱蚊霜，驱蚊霜会降低防晒油的效果，可以稍微多抹几次防晒油。

夜间睡在空调房间内将温度调低或使用驱蚊器、蚊帐等，驱蚊器包括电蚊香、驱蚊气雾剂等。如果长期居住在疟疾高发区，需要准备特殊的蚊帐，即由100g/L顺式氯氰菊酯悬浮剂浸泡或喷洒处理的长效驱蚊蚊帐，能驱赶或杀死停落在蚊帐上的蚊虫，这种蚊帐药效持续时间长，在洗涤20次以内有效。

野外旅行者还要注意防范蜂类蜇伤。野外旅行时，应穿浅色的长衣长裤，不要涂抹香味浓郁的护肤品，可以携带一些防蜂类蜇伤的药品和药水。遇到蜂虫时请绕道而行；发现接近蜂巢时，轻轻向反方向移动，千万不要捅蜂窝；一旦遭受攻击，先护住头部，尽快用衣服将头部盖住，向远离蜂虫的方向快速撤离。不要轻易剔除被蜇伤部位的蜂刺，用肥皂水或5%的碳酸氢钠(小苏打)清洗伤口，可减轻疼痛。情况严重时需立即前往医院就诊，以免延误病情。

3. 与饮食饮水相关的疾病

(1)旅行者腹泻。

与旅行行为相关的腹泻性疾病统称为旅行者腹泻，是以发展中国家为目的地的旅行者中常见的健康问题，好发于幼儿、青少年和免疫功能低下的旅行者。旅行者腹泻的主要症状包括每天排便三次或三次以上，大便不成形，以水样便为最常见形式；同时伴有腹痛、恶心呕吐等胃肠道症状。患病后，8%~15%旅行者的症状会持续超过一周，5%~10%持续2周或更长的时间。大多数患者症状轻微，但部分旅行者会出现便中带脓或带血，严重者甚至出现持续高热、严重脱水、剧烈呕吐和意识不清等情况。一旦出现严重情况，请及时就医。

(2)预防旅行腹泻。

外出旅行时，注意饮食、饮水安全，是有效预防腹泻的最为关键的措施。世界卫生组织美国疾病控制中心的统计结果表明，旅行者腹泻在旅行最初两周的发生率高达60%。预防旅行者腹泻最直接的办法是严防“病从口入”，旅行期间严格遵守墨西哥谚语——“吃的和喝的东西一定要煮透，要过滤，要消毒，要削皮，要烧熟，要么就是罐装的……不然就别吃”。具体措施如下：

①抵制美食诱惑：抵达国外尤其是发展中国家72小时内，不要轻率进食。不要吃当的野味和蔬菜沙拉，也不要吃海鲜和半熟的肉，更不要轻易购买街头小贩的食物。吃饭时，一定要保证食物是完全熟透的而且是刚烧熟的。蔬菜水果食用前要用水洗干净，并且注意不要生吃蔬菜，水果削皮后再吃。

②保持手部干净：平时勤洗手，尤其吃东西前一定要洗手，可用肥皂水或含酒精的无水洗手液、消毒纸巾和消毒凝胶也可保持手部卫生。

③将水煮沸：这是最可靠的消毒方法，罐装或瓶装的饮料或水也相对安全。尽量不要向饮料中加入冰块，也不要喝自来水或井水。饮用奶制品时，选择经过巴氏消毒的产品。

(3)出现腹泻症状可采取的措施。

①口服补液：对于多数症状轻微的旅行者腹泻，口服补液即可，最好使用口服补液盐。

②服用止泻药：适当剂量的易蒙停(洛派丁胺)或止泻宁(苯乙哌啶)可以用来缓解腹泻和腹部绞痛。但是禁用于伴有发烧(高于38℃)或便血的腹泻旅行者。碱式水杨酸铋可以缩短腹泻的时间，但是不宜用于有阿司匹林过敏史或正在服用抗凝药的旅行者。

③服用抗生素：抗生素用于治疗细菌感染腹泻。使用2~5天抗生素，可以缩短腹泻病程、降低严重程度。治疗腹泻有效的抗生素包括环丙氟哌酸(盐酸环丙沙星制剂)、诺氟沙星(诺氟沙星片)、复方新诺明(含磺胺甲恶唑-甲氧苄啶)、甲氧苄氨嘧啶(甲氧苄啶)和强力霉素(多西环素)等。

(二)高原病

高原风景吸引了众多旅行者，但并非人人适合前往。随着海拔升高，有旅行者会出现头晕头痛、恶心呕吐、脉搏加快、呼吸短促等情况，严重者甚至危及生命。

1. 高原反应

高原反应指旅行者在短时间内到达海拔 2500 米以上，因不适应高原较低的气压、气温和氧分压，出现缺氧，进而影响脑部和肺部功能的一系列不良反应。与到达的海拔高度、上升的速度以及个人的敏感度有关。高原反应的临床症状包括急性高原反应(AMS)、高原脑水肿(HACE)和高原肺水肿(HAPE)。

(1)急性高原反应(AMS)：以头痛为主要症状，可能伴有头晕无力、恶心呕吐、胸闷气短等呼吸、循环、消化和神经等系统的功能紊乱。不仅会对旅行者的生理产生影响，延误行程，还会对旅行者的心理产生作用，容易引发孤独、恐惧和抑郁等不良情绪。

(2)高原脑水肿(HACE)：影响脑部功能的疾病，是最致命的高原反应，可由急性高原反应发展而来。典型表现为步态不稳、表现怪异。患有高原脑水肿的旅行者通常无法走直线，增加了跌落山崖或掉入冰窟的风险。表现怪异可体现在性情大变，待人谦和的旅行者在患病后可能变得暴躁乖戾。

(3)高原肺水肿(HAPE)：是影响肺部功能的疾病，是导致旅行者因高原反应死亡的普遍原因。主要表现为疲劳、干咳、休息时也气喘吁吁。病情通常在晚上加重，平卧呼吸困难加剧，可能咳白色或粉红色泡沫痰。

需要注意的是，高原脑水肿和肺水肿的早期症状并不典型，若被忽视可能危及生命。当头晕无力、恶心呕吐、胸闷气短等高原反应出现时，需要停下来给身体一个缓冲适应的过程，休息缓解后再继续上行，但是如果出现步态不稳、不能走直线或干咳、咳泡沫痰时应警惕此时很有可能已经处于脑水肿、肺水肿的状态，需要及时下降，否则生命有危险。高原肺水肿的症状主要表现为头痛、呼吸困难、不能平卧、咯白色或粉红色泡沫痰，因症状不典型，很容易被人忽视。前文提到的因高原反应死亡的金某就是因为没有足够重视咳嗽和发烧等症状，执意前往更高海拔地区，最终因肺水肿而死亡。

2. 不宜前往高原地区的旅行人群

由于高原反应在旅行者中的普遍性和严重性，甚至致命性，下列人群不宜到达海拔太高的地方：

(1)慢性心肺疾病患者，如心绞痛、慢性阻塞性气道疾病。

(2)孕妇及年老体弱者，尤其出现妊娠并发症现象时。

(3)感冒尚未痊愈的旅行者。

(4)糖尿病和甲状腺功能亢进患者。

(5)严重贫血、高血压患者。

(6)既往有严重高原病史的旅行者，如高原肺水肿、脑水肿等。

(三)海边旅行防护

海边风景优美，去国内外的海滨城市度假已成为旅行者夏日消暑的好去处。但是在海边生的晒伤、水母蜇伤、海鲜食物中毒过敏、溺水等健康问题时刻提醒着我们，为了更好地享受海滨风光，适当的准备和注意必不可少。

1. 海边旅行注意事项

(1)信息收集：提前了解海滨当地的气候状况，避免在气候恶劣、有雷击风险或台风袭击的时候出行。充分了解海滨的情况，不要贸然下水。

(2)做好防晒：出行前半个小时在暴露的皮肤上涂抹防晒用品，阴天时也不例外。出汗、游泳后需要补擦。尽量不要在紫外线最强的时候(10:00~16:00)出行，出行时佩戴太阳镜、遮阳帽，穿长袖衬衫、携带遮阳伞等。

(3)安全区域游泳：尽量在人多或有救生管理人员的区域游泳，不要超过警示标志界限。若不会游泳，切记不要独自一人随意到深水区游玩。游泳前应做好热身，防止水中抽筋。

(4)食物安全：不吃未熟透的海鲜和死贝，不要同吃鱼虾蟹和维生素 C、水果或啤酒等，以防出现痛风、恶心呕吐等症状，食用海鲜后不要饮茶。对海鲜过敏的旅行者尽量少吃或不吃海鲜食品，以防出现红斑等过敏症状。

(5)预防海鲜中毒：有毒的海鲜食品可引起胃肠道疾病和神经系统疾病。尽量不吃鱼的肝、鱼子、鱼头等毒素聚集的地方。

(6)远离水母：沙滩上的水母会蜇人，最好远离。若不小心被蜇到，立即用海水、醋或稀释的冰醋酸清洗伤口，也可以将尿液洒在伤口上，但是切忌用清水或酒精处理伤口，因为会加快毒素扩散。

2. 潜水病

潜水可以领略水下世界的神奇，感受童话般的浪漫。但是潜水也可能造成气压伤、肺过度压力症候群、外伤等损伤，所以选择潜水活动的旅行者需要注意以下事项：

(1)不适宜潜水的旅行者

因为水下情况不同于陆地，安全起见，建议高血压、心脏病、哮喘、糖尿病或有耳鼻喉疾病的患者，感冒未痊愈、怀孕、醉酒后、外科手术后的旅行者不要潜水。

(2)注意事项

①信息收集：提前了解潜水区域的气候情况，不在气候不佳的时候潜水。

②潜水前准备：潜水初学者应学习掌握基本的潜水技能，潜水前做好热身运动。下水前不宜饱食、饮酒。

③救生设备完善：准确穿好潜水装备，潜水前再次检查潜水装备。

④有人陪同：由技术好的同伴或合格的教练带，切忌单独潜水。

⑤量力而为：身体或精神状态不佳时，不宜强行潜水。

⑥在水下尽量不要做用力的活动。也不要试图碰触海面下的鱼类或贝类，也不要试图摘取珊瑚，这样的行为很危险。

⑦潜水结束时，要缓慢升到水面。不要反复潜水、也不要过深潜水。潜水结束至少12小时以后乘坐飞机，如果反复潜水，18小时以后乘坐飞机，而刚下飞机不可马上潜水。

(四)航空旅行注意事项

1. 航空旅行

飞机的高度、机舱内气压、通风和湿度等，以及飞行的持续时间和乘客的活动度均会对旅行者的身体和精神造成影响。若能做到以下几点，可以有效预防航空旅行的不适：

(1)飞机起飞着陆时，机舱内压力变化可能引发耳部疼痛或不适，可通过喝水、嚼口香糖或者频繁吞咽口水缓解。

(2)机舱内空气干燥，建议多喝果汁和水，以防脱水。但是不要喝酒精性饮料或碳酸饮料。有条件的话，可以带一个小喷壶，不时在皮肤上喷一些水，保持皮肤湿润。

(3)在飞机上不要暴饮暴食，穿着较宽松、透气性好的衣服都有助于缓解腹部胀气等不适，减少对血液循环的阻碍。

(4)每2~3小时在机舱内起立走动一会儿，做一些简单的伸展动作，防止腿部静脉栓塞。而准备一双舒服宽松的平底鞋也有助于缓解腿部和脚部的不适。

(5)平时晕机的旅行者尽量购买机舱中部或靠窗的座位，提前确定呕吐袋的位置，以方便用时可以直接拿出来。必要时，可以服用适量的晕机药缓解症状。

(6)机舱内的气压约等于海拔2400米高度的气压，普通人可以耐受这一高度，不出现高原反应，而对于有慢性呼吸系统疾病的患者，在这一高度可能会因缺氧而不得不吸氧。

(7)出发前好好休息。登机后即把时间调整到旅行当地时间，并随之调整饮食和作息可以缓解时差感带来的不适。

2. 时差

每个人体内都有生物钟，具有一定的调节能力，不同时区居住者的生物钟一般不同。通常来说，穿越一两个时区对旅行者的影响不大，然而在短时间内跨越三个或更多个时区，就会扰乱生物钟的节奏，从而引发失眠、疲劳和食欲改变等饮食和作息方面的问题。有时，旅行者还会因为担心行程和安全而产生焦虑和紧张等不良情绪。

就时差感而言，跨越的时区越多，症状就越严重；而且向东跨越时区要比向西跨越时区的症状更加严重。不同旅行者的时差反应症状不尽相同，但主要包括晚间失眠、白天困倦、脾气暴躁、注意力下降以及就餐时间不饿、非进餐时段饥饿难耐，甚至会诱发或加重精神疾病等。通常情况下，症状可以持续一周甚至更久，需要两周甚至更长的时间恢复有规律的作息生活。总之，时差感对旅行者的影响不可忽视。

时差感并非难以克服，通过适当的准备可以有效减少时差反应：

(1)出发前保持规律作息，不要过度紧张和焦虑。

(2)出发前一天好好休息。若旅行时间小于3天，则不必调整原有的作息习惯；如果旅行时间超过3天，登机后即把时间调整到旅行当地时间，并随之调整饮食和作息，可以缓解时差感带来的不适。

(3)尽量选择白天到达目的地的飞机。这样一下飞机就可以感受当地阳光的照射，有助于调节生物钟；而不必立即强迫自己睡觉也降低了失眠的发生。

(4)旅行途中尽量不要饮用酒精和咖啡，可能会加重失眠，尽量多喝水和果汁，防止脱水。

(5)失眠严重时，可遵医嘱服用短效安眠药。

☞【思考讨论】

1. 女性的生殖系统包括哪些器官及其有何功能？
2. 说出产生精子的部位以及精子成熟后排出的路线。
3. 避孕有哪些方法？
4. 大学生如何正确进行性心理调适？

5. 你认为自己以后的生活中应该如何预防性传播疾病。
6. 如果你获得了性传播感染，会在性行为前告诉你的伴侣吗？为什么？
7. 艾滋病和大学生有什么关系？在哪些情况下大学生面临较高的感染HIV的风险？
8. 我国《刑法》对性侵害有哪些量刑条款？
9. 如果你的朋友遭遇性侵害，你会怎么帮助？

第六章　安全应急与避险

☞【学习目标】

通过对意外伤害相关知识的学习，了解突发事件的共同特征，熟悉突发事件对大学生身心带来的各种影响，掌握处理突发事件和现场急救的方法，进而提高应对突发事件和现场急救的能力。

第一节　突发事件与个人安全防范

一、意外伤害的预防

(一)突发事件以及高校突发事件类型

1. 突发事件

突发事件是指发生突然，可能造成严重社会危害，需要采取应急处置措施的紧急事件。《中华人民共和国突发事件应对法》将突发事件界定为：突然发生，造成或者可能造成严重社会危害，需要采取应急措施予以应对的自然灾害、事故灾难、公共卫生事件和社会安全事件。这里涵盖了突发事件四个方面的含义：一是突发性，事件发生突然，难以预料；二是严重性，事件造成或者可能造成严重社会危害；三是紧急性，事件需要采取应急措施予以应对，否则将出现严重后果；四是类别性，我国把突发事件划分为四类，从而有利于事件的分类管理。

2. 高校突发事件类型

近年来，随着高校招生人数急剧增加和高校社会环境日益复杂，高校突发事件频繁发生，给高校的正常运行和危机管理造成巨大压力。根据高校特点，按照突发事件的性质和诱发因素可以将这些突发事件归纳为以下几个类别。

(1)与某些社会敏感问题有关：大学生具有特有的敏感性、高度的社会责任感和敢想敢干敢于求真的精神，但缺乏政治的敏锐性，理性思考不足，有时没有认清事件实质而采取较激进的行为或表达诉求方式，容易被人利用，从而对学校内外环境可能造成不利影响。

(2)与学校管理有关：此类突发事件，包括学校内部管理中存在的各方面问题，未能得到及时解释和处理，导致冲突发生，最终使学校的人力物力受到损失。

(3)与校园治安有关：这类事件主要来自校内外的暴力侵害、学生斗殴、轻生事件、

盗窃抢劫、群架事件以及性骚扰等

(4)与安全事故有关：包括人身和财产安全，如意外交通事故、校园内的自然灾害和火灾、非常极端报复学校和学生行为等事件。

(5)与公共卫生有关：学校作为公共场所，学生在校学习期间，可能会发生较为严重甚至危及生命的重大疾病事件或传染性疾病暴发流行等影响公众健康的事件，如集体食物中毒、甲流等情况。

(二)常见意外伤害的救治与预防

1. 触电

电是人们日常生活中不可缺少的能源。当人发生触电后，电流对人体的伤害主要有电击和电伤。自然界的雷击也是一种触电形式，其强大的电流瞬间能使人心脏和呼吸立即停止，同时伴有体表的碳化，并造成严重烧伤。触电可引起心室纤维性颤动、心搏骤停等致命性伤害，而心脏除颤、心肺复苏是否及时有效，是抢救成功与否的关键。

(1)立即切断电源。

关闭电闸，或用木棍、竹竿等不导电物体将落在触电者身上的电线挑开。电源不明时，切忌不要直接用手接触触电者。在确定伤病员不带电的安全情况下立即救护。

(2)保护自身安全。

在浴室或潮湿地方，施救者要穿绝缘胶鞋、戴胶皮手套或站在干燥木板上以保护自身安全。

(3)对伤者进行急救处理。

当触电者脱离电源后，施救者应根据触电者的不同伤情，进行急救处理。

①触电者神志清醒，但感心慌、呼吸急迫、面色苍白。此时应让触电者平躺休息，不要走动，并应严密观察脉搏、呼吸等变化。

②触电者神志不清，有心跳，但呼吸停止或呼吸极微弱时，应及时进行口对口人工呼吸，否则将由于缺氧过久引起心跳停止。

③触电者心跳、呼吸均停止时，立即进行心肺复苏抢救，有条件者尽早在现场进行心脏电除颤。

④现场心肺复苏术应进行半小时以上或直到专业医护人员到达现场为止，不要轻易放弃。

⑤对于电烧伤的伤病员，应就地取材进行简易包扎后，再送医院抢救。

2. 溺水

溺水分为干性溺水和湿性溺水两种情况。前者当水进入呼吸道时，首先引起气道的机械性阻塞、反射性喉痉挛和声门紧闭，造成缺氧窒息；后者是水进入到肺内，引起肺损伤导致呼吸、心跳停止。上述两种情况都需争分夺秒进行抢救。

溺水急救可根据溺水者的表现分为在水中和岸上两种情况下的急救。

(1)水中急救。

施救者需具有水中救护能力并做好自我保护情况下方可施救。如不懂得救护知识，不可强行下水救人，应留在岸上，借用救生圈、竹竿、绳子等在岸上援救溺水者。同时高声对外呼救，获得其他人员的帮助。水中急救的主要方法：

①迅速接近落水者，从其后面靠近，不要被慌乱挣扎中的落水者抓住。

②从后面双手托住落水者的头部，尽力将溺水者的口鼻露出水面。

③若溺水者已沉入水底，应迅速潜入水底抢救，从侧面接近溺水者托住其腋窝或下颌部。但不要从正面接近溺水者，以免被抱住，发生意外。

(2)岸上急救。

①清理呼吸道：把溺水者救上岸后，将其头偏向一侧，撬开口腔，除去口、鼻、耳等内泥沙、污物，用手指包纱布(手绢)将舌拉出口腔外，保持呼吸道通畅，防止舌回缩，堵塞呼吸道引起窒息。然后，检查呼吸、脉搏。

②控水：施救者一腿跪地，另一腿屈膝，将溺水者的腹部置于屈膝的大腿上，将头部下垂，用手使劲按压其背部，使其呼吸道、消化道的水倒排出来。

③溺水者若呼吸停止，意识不清，迅速打开气道，口对口吹气 2 次，胸部若无起伏，按气道梗阻的方法救治。

④如呼吸、心搏骤停，立即进行心肺复苏术。

⑤若现场急救有效，溺水者恢复心跳、呼吸，可用干毛巾擦遍全身，自四肢、躯干向心脏方向摩擦，以促进血液循环。

⑥不要轻易放弃抢救，特别是在溺水者体温低的情况下，应抢救更长时间，直到专业医务人员到达现场。

⑦溺水者苏醒后应速送附近医院，途中注意保暖

3. 中暑

中暑是指人体在高温环境或暑天烈日下，受强阳光辐射及高温的作用，热平衡失调使体内热蓄积，致使体温调节中枢功能障碍，水、电解质代谢紊乱及神经系统功能损害的一组急性疾病。临床以高热、意识障碍、无汗为主要症状。根据中暑程度的不同可分为先兆中暑、轻症中暑和重症中暑。重症中暑又包括热射病、热痉挛和热衰竭三种类型。如果救治不及时，可能危及病人生命。现场急救方法如下：

(1)迅速把伤病员移至阴凉通风处或有空调房间，平卧休息。

(2)轻者饮淡盐水或淡茶水，可服用藿香正气水、十滴水、人丹等。

(3)体温升高者，用凉水擦洗全身(除胸部)，水的温度要逐步降低，在头部、腋窝、大腿根部可用冷水或冰袋敷之，以加快散热。

(4)对严重中暑者，应及时拨打急救电话，经降温处理后，及早转到医院进行专业急救。

4. 动物咬伤

疯狗(或健康带毒狗、猫等动物)唾液中的狂犬病毒，会沿咬伤、舔伤或抓伤的创口停入人体神经系统而繁殖，引起严重病变，最终导致患者呼吸循环衰竭而死亡，一旦发病，病死率几乎达 100%，应该给予高度重视。

被犬、猫等宿主动物咬、抓伤后，均应按带毒动物咬伤处理。

立即用肥皂水或流动的清水彻底冲洗伤口至少 20 分钟。冲洗后用 2%~3%碘酒或 5%乙醇涂擦伤口。

只要未伤及大血管，局部伤口不缝合、不包扎、不涂软膏、不用粉剂，以利伤口排

毒。如伤及头面部，伤口大而深，伤及大血管需要缝合包扎时，应在不妨碍引流，保证充分中洗和消毒的前提下，做抗毒血清处理后再缝合。

立即就近到狂犬病免疫预防门诊就医，根据暴露程度和严重程度采取必要的措施按照接种程序，及时、全程、足量接种狂犬病疫苗，受伤严重的还需要注射抗狂犬病毒血清或免疫球蛋白。

接种期间要避免剧烈活动，忌用免疫抑制药物，不食用酒、咖啡、浓茶和辛辣刺激性食物。

伤口较深，污染严重者酌情进行抗破伤风处理和使用抗生素等以控制狂犬病以外的其他感染。

二、自救与互救的基本原则和方法

(一)现场急救的概念及意义

所谓现场急救，是指现场工作人员因意外事故或急症，在未获得医疗救助之前，为防止病情恶化而对患者采取的一系列急救措施。其目的是挽救生命、稳定病情、防止伤势或病情恶化。据世界卫生组织统计资料表明，全世界每年创伤患者有 20%的人员因得不到及时现场救治而死亡，这些死亡的原因并非病情不可挽救，而是由于未能得到早期正确的现场急救。因为急症或创伤最佳抢救时间是在发病最初的几分钟到 1 小时，所以有铂金 10 分钟、黄金 1 小时的说法，因此，现场急救是急诊医疗服务体系(EMSS)的首要环节，是在灾害事故中伤病患者获得救助并减少并发症的基本保证，是医院抢救治疗的基础。而第一目击者是否掌握急救知识和技能是挽救患者生命的极其重要因素之一。

现场急救注重实践操作技能的训练，不涉及太多专业理论知识，普及性、可行性较强适用范围广泛。通过培训，可以提高公民的急救意识和自救互救能力，掌握自救互救技能。一旦发生突发意外或急症，能够运用所学的医学知识，因地制宜，及时而正确地进行施救减轻伤害，为进一步处理赢得宝贵时间，可以真正降低急、危、重患者的死亡率。

(二)现场急救的原则

现场急救的目的是及时采取有效的措施和技术，最大限度地挽救病人的生命，降低致残率，减少死亡率，为安全转送至医院打好基础。要求抢救者沉着大胆冷静，认真观察评估现场，理智科学做出判断，确保自身及伤病员的安全。抢救者可因地制宜，就地取材，充分利用现场一切可利用的人力和物力，并按照以下原则进行处理：

(1)先复苏后固定：即伤病员既有心跳、呼吸骤停又有骨折时，应首先实施心肺复苏待伤病员心跳、呼吸恢复后，再进行骨折固定。

(2)先止血后包扎：是指伤病员既有大出血又有创伤时，为防止伤病员失血过多危及生命，首先立即用指压、止血带或药物等方法止血，再进行创口包扎。

(3)先重伤后轻伤：是指对个体伤病员，先抢救生命再处理创伤；对群体伤病员，先抢救危重患者再抢救轻症患者。

(4)先救后送：既往现场急救对伤病员多是先送后救，致使很多伤病员失去了抢救时机，现在要求先现场抢救，待伤病员情况稍有好转再转送，同时在送往医院途中，继续观察病情变化，不要停止抢救措施。

(5)急救与呼救并重：在实施急救之前，应当拨打急救电话，并陈述清楚简要的情况以求在抢救的同时尽快获得专业救护支持。

(三)现场急救的注意事项

(1)进行现场急救人员应该接受过急救培训，具有处理现场意外事件的能力。

(2)急救志愿人员应迅速对事故现场、意外发生的过程等进行观察和评估。在交通事故、煤气泄漏等现场，要采取措施，确保在安全的情况下进行施救。

(3)对伤病员进行快速的身体检查，主要包括意识、呼吸、脉搏、有无外伤和骨折等方面。

(4)救护者通过看、听、嗅、触等了解伤病员症状和体征，对伤情做出初步判断。

(5)充分发动和利用现场人员拨打急救电话、维持秩序、疏通道路、协助抢救和做一些辅助工作。

(6)尽快拨打急救电话，并向急救中心说明现场的确切地点：伤病员最危重的情况，如昏迷、呼吸困难、出血等；遇灾害事故、突发事件时，说明伤害的性质、严重程度、伤病员人数；求助人的姓名与电话号码；伤病员的性别、年龄等以及现场所采取的救护措施等。当发生火灾、治安事件、交通事故时，还需拨打火警电话、治安报警电话、交通事故报警电话。

(四)心肺复苏

心肺复苏适用于由多种原因引起的呼吸、心搏骤停的伤病员，如心脏病、窒息、触电、溺水、挤压伤、中毒等。判断心搏骤停的主要标志是：意识丧失、呼吸停止、大动脉搏动消失。

(1)判断意识。

轻拍伤病员肩部并高声呼唤，如果对方没有任何反应，即可判断该伤病员意识丧失。

(2)判断有无心跳。

触摸颈动脉搏动判断有无心跳。救护员用一手食指和中指并拢置于伤病员颈前正中线(喉结处)，向外滑行至甲状软骨与胸锁乳突肌之间的凹陷处，稍加用力触摸。非医务人员进行抢救时，可以不用触摸颈动脉直接进行胸外心脏按压。

(3)呼救。

向周围的人发出呼救，请求周围人帮助拨打急救电话和协助抢救。

(4)心肺复苏体位。

伤病员取仰卧位，将上肢置于身体两侧，放在坚硬的平面上。

(5)胸外心脏按压。

①按压部位：胸部前正中线与乳头连线交叉点，胸骨下 1/2 处。

②按压方法：双手掌根重叠，十指相扣，手指翘起，离开胸壁，双臂伸直与伤病员胸部呈垂直方向，用上半身重量及肩臂肌力向下用力按压，均匀而有节律，成人按压深度至少为 5 厘米，频率至少为 100 次/分。

(6)打开气道并清理口腔异物。

迅速解开伤病员的衣领，用“仰头举颏法”打开气道。

①仰头举频法：救护员用一手掌外侧缘(小鱼际)置于伤病员前额，另一手中指和食

指置于伤病员下颚，将下颏骨上提，使下颏角与耳垂的连线与地面垂直成 90°。

②清理口腔异物：将头偏向一侧，液体状的异物可顺位流出，还可用食指包上纱布或手帕等将口腔异物掏取出来，并注意取出伤病员的义齿。

(7)人工呼吸。

立即进行口对口(或口对鼻)人工呼吸。救护员用一只手的手指捏紧伤病员的鼻翼，另一只手扶着病人的下颚，深吸一口气，用双唇包绕病人的嘴外缘，在密封的状态下，向病人口腔用力吹气，使病人胸廓隆起上抬，然后松开捏鼻孔的手，让病人被动呼出气体。

(8)按压与吹气比例。

按压 30 次、吹气 2 次为 1 个循环。按压时救护员应观察伤病员的反应及面色，在施行心肺复苏法 2 分钟后，应在不超过 10 秒钟的时间内检查伤病员脉搏及呼吸，而后每隔 4~5 分钟检查 1 次，每次 5 秒。

第二节　无偿献血保健

无偿献血是指为拯救他人生命，志愿将自身的血液无私奉献给社会公益事业，而献血者不收取超过因献血发生必要的交通、误工等成本额度及报酬的行为。通常情况下，采供血机构会向献血者给予必要的纪念品，表示感谢。

无偿献血是无私奉献、救死扶伤的崇高行为，是我国血液事业发展的总方向。献血是爱心奉献的体现，帮助病人解除病痛、抢救他们的生命，其价值是无法用金钱来衡量的。近半个世纪以来，世界卫生组织和国际红十字与红新月运动一直向世界各国呼吁"医疗用血采用无偿献血"的原则。我国鼓励无偿献血的年龄是 18~55 周岁。

1998 年 10 月 1 日，我国实施《献血法》，确立了我国实行无偿献血制度，标志着我国无偿献血工作进入法制化管理轨道。经过十余年的努力，我国无偿献血工作取得了长足的进步和发展，主要体现在以下 5 个方面：

(1)法律法规标准不断完善，血站管理逐步规范。为深入贯彻落实《献血法》，卫生部先后发布了《血站管理办法》《血站基本标准》《血站质量管理规范》《血站技术操作规程》等一系列规章、规范和技术标准，对加强血站建设，提高规范化、科学化管理水平，保障血液安全发挥了重要作用。

(2)完善采供血服务体系，血液供应得到保障。国家在"十五"期间投入 22.5 亿元加强中西部血站建设，在此基础上逐步建立了横向到边、纵向到底覆盖城乡的采供血服务体系。截至 2012 年，我国共有血站 452 个，其中设在省会城市的血液中心 32 个，设在地级市的中心血站 321 个，设在县级的中心血库 99 个，采供血服务基本满足了临床用血需求。

(3)强化地方政府主导，形成多部门协作机制。无偿献血是社会性工作，需要政府主导、多部门协作和社会各界共同参与。多年来，各省级人民政府深入贯彻《献血法》，通过完善地方立法，切实履行政府职责，把无偿献血作为保护群众健康、提高公民素质、提升城市和地区形象、促进精神文明建设的重要工作纳入议事日程，并与创建全国精神文明城市等活动有机结合起来。中央国家机关及很多省市领导同志都率先垂范，身体力行，积极参加无偿献血。

(4)无偿献血队伍不断扩大，献血量持续增加。1998年，全国无偿献血人次仅为5万，2011年已达1232万；1998年，全国献血总量不足1000吨，2011年已达4164吨。2012年第一季度，采血量和献血人次比2011年同期分别增长6.1%和6.6%。同时，自1988年起，卫生部与中国红十字会总会和原总后勤部卫生部共同开展11次国家级无偿献血表彰，受到表彰的个人和城市不断增加，其中个人奖获得者从1988年的7人，增加到2009年的11万余人。2012年6月14日是第9个世界献血者日，主题是“每个献血者都是英雄”。全世界将举办各种活动，以感谢献血者的无偿奉献，弘扬献血助人的美德和精神。推动无偿献血工作，动员全社会共同关注、参与、支持和推进无偿献血工作健康发展。

(5)血液应急保障能力不断提高。各地形成了以公民自愿无偿献血为基础，社会团体和固定无偿献血者队伍为补充的应急血液保障机制。在严重灾害的医疗救治和重大灾难事故血液保障工作中，确保应急事件临床急救用血的需求和安全，也充分显示出中华民族“一方有难、八方支援”的优良传统和“血浓于水”的友爱温情。

无偿献血是人间传递真情的红色纽带，更是中华民族团结互助传统美德的具体体现，是救死扶伤，利国利民的社会公益事业。按照《中华人民共和国献血法》的规定，我国实行无偿献血制度，作为18~55周岁的健康公民，我们当积极响应国家政府的号召，携起手来，共同参加到无偿献血的行列，用我们的涓涓热血、殷殷深情救助那些危难中的同胞，用我们的爱心，去营造一个充满“人道、博爱、奉献”精神的美丽家园。

一、无偿献血常识

血液是拯救伤病原员生命的重要物质，至今仍无法人工制造，只能依靠人们用爱心提供。每当人们不计报酬地献出自己宝贵而有限的血液，去换取他人生命的延续或新生，我们的社会就多了一份关爱。倡导无偿献血是拯救生命的需要，是社会文明和进步的体现。只有无偿献血，才能从根本上清除有偿供血带来的弊病，血液质量才能得到保证，才能充分保证受血者的安全，才能最大限度地降低血液传播疾病的危险。

(一)献血不会影响健康

正常人总血量约占体重的8%，平时在血管内流动的血液只占总血量的70%~80%，有部分储存在骨髓、肝、脾等“血库”内，以备应急时补充到血循环中。一般情况下，一次失血量不超过总血量10%，不影响健康，例如，体重50公斤的人一次献血200毫升，仅占总血量的5%，献血后，血液中的水分和无机盐类在1~2小时内，由组织渗入血管而得到补充，对健康没有丝毫影响。这个结论是有科学根据的，也被全世界每年数千万个次的献血实践所证实。因此，按规定献血，是不会影响身体健康的。

(二)献血对身体有一定的益处

(1)献血后会刺激造血器官即骨髓加速血细胞的生产，使造血机能更加旺盛，促进机体的新陈代谢，有利于健康。

(2)国内外专家研究表明，定期献血可以降低血液中铁等一些重金属的含量，减轻解毒器官肝脏的负担，增强肝脏的功能。

(3)献血可以降低血脂和胆固醇的浓度，降低血液黏稠度，起到稀释血液，加快血流速度，改善心，脑等器官的供血。

(4)科学规律地献血，由于血脂，胆固醇降低，血流加速，血液中的脂肪，重金属等物质就不容易沉积，黏附于血管壁，可预防血管弹性下降，硬化，起到防治高血压病，血栓性疾病，心脑血管疾病和癌症的作用。

(三)献血有安全正规的程序

为了保证献血者的健康，需要经过五项程序：填写健康咨询表→内科检查→检验→采血→领取无偿献血证。同时在《献血者健康检查标准》中规定，献血者必须做下列体格检查：

(1)年龄：18~55周岁，既往无献血反应、符合健康检查要求的多次献血者主动要求再次献血的，年龄可延长至60周岁。

(2)体重：男≥50千克，女≥45千克。

(3)血压：收缩压12~18。千帕(90~140mmHg)；舒张压8~12千帕(60~90mmHg)，脉压4千帕(30mmHg)。

(4)脉搏：每分钟60~100次，高度耐力的运动员可大于等于每分钟50次。

(5)体温正常。

(6)发育正常，营养中等以上。

(7)皮肤无黄染，无创面感染，无大面积皮肤病，浅表淋巴结无明显肿大。

(8)五官无严重疾病，巩膜无黄染，甲状腺不肿大。

(9)四肢无严重残疾，无严重功能性障碍及关节无红肿。

(10)胸部：心肺正常。

(11)腹部：腹平软、无肿块、无压痛、肝脾不肿大。

(四)献血时紧张的缓解办法

多数人第一次献血都有点紧张，但实际上什么事都没有，不用害怕和紧张，您只要尝试了第一次，第二次就会很自然了，就会体验到这是一个很轻松愉快的过程。通常我们各采血车都播放些音乐，献血时情绪就会放松了。

(五)献血不会传染上疾病

各地的血液中心是经国家卫生行政部门批准的，合法的专业采供血机构。为确保献血者的身体健康，采血人员均为经过培训合格的医务人员，他们会给献血者提供各种安全，卫生，便利的条件。采血所用器材都是经过严格消毒的一次性器材，是由卫生部指定生产厂家提供的，所以献血不会传染疾病，献血者完全可以放心。

(六)献血有年龄、血量等规定

《中华人民共和国献血法》规定：提倡十八岁至五十五周岁的健康公民自愿献血。献血者每次的献血量一般为200毫升，最多不得超过400ml，两次采血间隔不少于6个月。

(七)无偿献血者可享受的优惠条件

(1)我国实行无偿献血制度，提倡十八周岁至五十五周岁(18~55岁)的健康公民自愿献血，推行个人储血、家庭储血、单位储血和社会互助相结合的用血制度。

(2)军队献血管理规定([1999]后卫字第38号)要求，军队人员要在无偿献血活动中起表率作用，军人献血的宣传、动员、计划、组织由军队统一管理，部队应到驻地附近有军队采供血机构的军队医院献血，凡 18~55 周岁的健康军队人员每五年应当献血一次，义务兵在服役期间、院校学员在校期间应当献血一次。献血的军队人员临床需要用血时，优先免费；其配偶、直系亲属临床需要用血时，按当地政府的规定减免费用。

(3)献血者凭本人居民身份证和无偿献血证书，按下列规定在医院免费用血：①献血后五年内，可免费享用献血量三倍的血量；②献血五年后，可免费享用献血等量的血量；③献血量累计满六百毫升以上的，十年内免费享用所需血量；④献血量累计满八百毫升以上的，十五年内免费享用所需血量；⑤献血量累计满一千毫升以上的，终身免费享用所需血量。

(4)献血者自献血之日起十年内，其家庭成员(指献血者的配偶、父母和子女)按献血量等量免费医疗临床用血。

(5)可由医院先供血，再按本规定补办用血手续。公民本人及其家庭成员均不符合献血条件，以及革命荣誉军人、残疾人、见义勇为者，因医疗需要用血凭有关证明免收用血补偿金。

(6)公民在医院医疗临床用血(献血者除外)，有下列情形之一的，应向医院交给用血补偿金(血浆和红细胞为血费的一部，全血为血费的三倍：①单位未完成上年度献血计划的；②无工作单位的；③外地来本市就医的；④年龄在 18~55 周岁用血的人员。

(7)持用外地无偿献血证书的献血者在医院用血，免收用血补偿金，但应支付用血费用，其费用可回的献血地献血办公室报销。

二、无偿献血卫生

首次参加献血的人中极少数人会发生不适反应。主要原因：①对献血缺乏生理知识，精神紧张；②睡眠不足；③献血前过度疲劳；④空腹献血等。

(一)不能参加献血的人群

为了保证献血者和受血者的健康及安全，卫生部颁布的《献血者健康检查标准》规定下列人员不能参加献血：①患有传染病或携带传染病病原体。如乙型肝炎、丙型肝炎、艾滋病、梅毒、疟疾等；②患有不宜献血的疾病。如美尼尔氏综合征，各种结核病、心血管疾病、呼吸系统疾病、消化系统疾病、泌尿系统疾病、血液病、内分泌疾病、代谢障碍性疾病、器质性神经系统疾病或精神病、寄生虫病及地方病、恶性肿瘤及影响健康的良性肿瘤，切除重要内脏器官、慢性皮肤病、眼科疾病等；③易感染艾滋病病毒的高危人群：如吸毒者(尤其是静脉吸毒者)，男性同性恋者、卖淫嫖娼者、性滥交者以及上述人员的配偶或性伙伴。

(二)暂时不能献血情况

出现以下症状者，暂时不能献血：

①半月拔牙或其他小手术者；②妇女月经前后三天，妊娠期、流产后未满六个月，分娩及哺乳期未满一年者；③感冒、急性胃炎病愈未满一周者；④近五年内输注全血及血液成分者；⑤痢疾病愈未满半年者；⑥较大手术后未满半年者；⑦皮肤局限性炎症愈合后未满一周者；⑧医生认定不能献血的其他情况。

(三)献血前后的注意事项

1. 献血前应做的准备

了解献血知识，消除紧张心理；献血前不要服药。如服用阿司匹林在三天内会降低血小板的某些功能；食物应少脂肪。献血前一天和当天可按往常习惯进餐，但以低脂为宜；少饮酒，尤其是不饮烈性酒；充足睡眠，不宜做剧烈运动；务必带上身份证或有效证件。

2. 献血后的注意事项

拔针后应伸直前臂，或前臂伸直后稍稍上抬，用另一只手按压针眼至少 10~15 分钟以上直至止血；献血后要注意保护针眼清洁，不要在针口上搓揉，针眼不要沾水，保持针眼处清洁，防止感染；在献血后当天可以多饮水，适当补充水分；献血后 24 小时内，不要做剧烈运动及重体力劳动，不要从事高空，高温作业；献血后不必长休大补，可适当喝汤或补充一些营养，如瘦肉，猪肝，猪血，鸡等，但切忌暴饮暴食。

三、无偿献血意义

对于献血，很多人存在错误观念，认为献血会伤元气，然而实事并非如此。医学研究发现，一个健康人的总血量约占体重的 8%，一个成年人的总血量为 4000~5000 毫升。平时 80%的血液在心脏和血管里循环流动着，维持正常生理功能；另外，20%的血液储存在肝、脾等脏器内，一旦失血或剧烈运动时，这些血液就会进入血液循环系统。一个人 1 次献血 200~400 毫升只占总血量的 5%~10%，献血后储存的血液马上会补充上来，不会减少循环血容量。献血后失去的水分和无机物，1~2 个小时就会补上；血浆蛋白质，由肝脏合成，一两天内就能得到补充；血小板、白细胞和红细胞也很快就恢复到原来水平。人体的血液在不断新陈代谢，每时每刻都有许多血细胞衰老、死亡，同时又有大量新生细胞生成，以维持人体新陈代谢的平衡。

从血量上看，每个成人全部血量大约在 4800 毫升，献血一次为 200 毫升至 400 毫升，占总血量的 5%~10%。科学测定，健康人一次失血 10%以下不会引起症状。无数献血者实践证明，健康人适量献血是不会损害健康的。

从血循环上看：人体约有 20%的血液存于肝、脾等器官内，遇有失血，这些储存的血液会迅速补充血容量，在短时间内恢复正常，不会影响正常的血液循环和血压。

从新陈代谢上看：同任何生物一样，人的血液是不断新陈代谢的。一般每 4 个月红细胞要更新一次，献血会刺激造血功能，促进新陈代谢。

献血后，由于造血功能加强，失去的血细胞很快得到补充。对于一个健康的人来说，定期适量献血对身体不会产生任何影响，而正是给自己了一个“除旧迎新”的机会。因此，献血不仅不会损伤身体健康，科学、适量献血会促进身体健康，主要体现在以下方面。

1. 可预防、缓解高粘血症

科学家们运用血液流变学与血流动力学对血液与献血的关系作了研究，发现坚持长期适量献血，特别是单献红细胞和血小板等有形成分，可使血液黏稠度明显降低，加快血液流速，脑血流量提高，从而达到缓解或预防高粘血症，使人感到身体轻松、头脑清醒、精力充沛。

2. 可预防、降低心脑血管病的发生

青岛一位专家曾对127名多次献血者、87例高血压者、60例缺血性中风者进行血液流变学的对照研究，结果表明，献血者对减少心脑血管病的发生具有积极的作用；芬兰一研究小组对278名42~60岁的男性进行调查，其中献过血的人5年后患冠心病的比例比未献过血的少86%；另一组研究，对献血1~2次的1532人进行追踪观察，结果仅一人发生急性心肌梗塞，发生率为0.043%，同期未献血的2306人中，有226人发生急性心肌梗塞，发生率为9.8%，明显高于献血组；美国一心血管病研究小组的研究亦表明，在3年中，献血者(男性)患心血管病的危险仅为未献血者的1/2。

3. 男子献血可减少癌症的发生率

体内铁元素含量过低易患缺铁贫血及行动迟缓，过高则适得其反。《国际癌症》曾报道，体内的铁含量超过正常值的10%，罹患癌症的概率就提高，适量献血可以预防癌症。该文还提到，女性因月经周期失血损失了一定量的铁质，故未发现女性的铁含量与癌症发生有明显关系。

4. 可促进、改善心理健康

大量研究表明，健康的情绪可通过神经、体液、内分泌系统沟通大脑及其他组织与器官，使其处于良好的状态，有益于人体免疫力的增强、抵抗力的提高。而献血是救人一命的高尚品行，在助人为乐、与人为善的同时，也使自己的精神得到净化，心灵得到慰藉，工作与生活更加充实。做好事者以德施善，实际上在帮助别人的同时也帮助了自己，这是健康长寿的重要因素。

5. 可延年益寿

国外也曾有学者对66岁以上的332人(献血者)与同年龄、性别的399人(未献血者)作前瞻性对照研究，结果显示：献血组平均寿命为70.1岁，高于未献血组的平均67.5岁；献血组的存活率为67%，高于未献血组的40%；献血组的死亡率为33%，低于未献血组的60%。

6. 献血能净化人的心灵

无偿献血者用自己的献血延续、挽救了他人的生命，使心灵得到慰藉，使人生更加充实。

7. 献血者可获得一定奖励

中国政府对无偿献血者给予无偿献血奉献奖、无偿献血促进奖、无偿献血先进省(市)奖三种奖励，具体如下：

①无偿献血奉献奖：分为金、银、铜奖，分别奖励自愿无偿献血达四十次、三十次、二十次的无偿献血者。(献全血200ml按1次计算，400ml按2次计算；机采血小板每1个治疗单位按1次，2个治疗单位按2次计算。)

②无偿献血促进奖：用以奖励为无偿献血事业捐赠款项人民币50万元以上或捐赠采血车、采血设备价值人民币50万元以上的单位；捐款30万元以上或捐赠采血设备价值人民币30万元以上的个人；长年为无偿献血事业提供公益性服务和宣传的单位及个人；以其他形式为推动我国无偿献血事业作出突出贡献的各界人士及部门。

③无偿献血先进省(市)奖：奖励临床供血达到100%由无偿献血者提供的省(自治区、直辖市及副省级市)。

北京街头的无偿献血车根据北京市政府的相关政策，参加北京市无偿献血的公民，自献血之日起5年内免费使用献血量5倍的血液；5年之后免费使用献血量等量的血液。参加北京市无偿献血公民的配偶和直系亲属，不符合献血条件的，自公民献血之日起5年内免费使用献血量等量的血液。

又如《福建省公民献血条例》规定：献血者累计献血800mL以下的，自献血之日起5年内临床用血，可以累计按其献血量的3倍免费用血；自献血之日起5年后临床用血，可以累计按其献血量等量免费用血。献血者累计献血800mL以上的，可以终生免费临床用血。除献血者本人按上款规定享受的用血优惠外，献血者的配偶和直系亲属临床用血时，可以累计按献血者的献血量等量免费用血。

此外，研究还发现，经常定期适量献血的人，癌症的发病率较低。这主要是由于经常献血，体内产生了大量的年轻血细胞，这些细胞有很强的吞噬、杀灭病毒及毒素的能力，从而能起到防癌的作用。

国外学者曾对居住在芬兰东部的2万余名成年人做了调查统计，结果发现，与经常献血者比较，不献血者的心脏病发病率竟要高出2倍之多。这主要与献血时体内铁质随血液流失有关，因为轻微的铁质不足能够降低心脏病的发病率。

医学专家指出，白领人士更应当提倡定期献血。由于生活水平较高，平时运动较少，不少白领的体内堆积了越来越多的脂肪，“血稠”已经成为他们的健康杀手。“血稠”使得脂肪一层层附着在人们的血管壁上，最后导致动脉硬化，血管弹性降低，形成心脑血管病。通过献血可以减少体内部分黏稠的血液，再通过正常的饮水，补充血容量，血液就被自然稀释，血脂也会随之下降，也就减轻了动脉硬化的隐患。

第三节　现场救护与急救

一、晕厥、休克、骨折等急症的现场救护

(一)晕厥

1. 什么是晕厥?

晕厥就是短暂的，一次性全脑的血流量减少，也就是大脑出现严重的一次性的缺血和缺氧状态。在这种情况下人就会表现为突然的晕倒、意识丧失。但是随着大脑血流量的恢复，缺血缺氧的状态也会改善。人就会慢慢清醒，通常清醒之后不会出现失明、口齿不清，左右侧肢体的瘫痪。很少有后遗症，基本回到和晕厥前一样的状态，这种情况，在临床上称为晕厥。临床上包括心源性晕厥和脑源性晕厥，引起心源性晕厥，常见的疾病有严重心律失常患者可以出现，也可能是由于严重冠心病而导致，主要是由于心脏泵血功能减少，引起脑部低灌注，引起脑供血不足所导致。挠源性的晕厥有可能是脑部血管痉挛所引起，如果患者有严重脑部血管狭窄时，也容易出现。晕厥常见的并发症包括头面部外伤或

骨折，窒息，吸入性肺炎或者肺脓肿。

2. 晕厥的表现

晕厥前期：在晕厥发生前数分钟患者通常会有一些先兆症状，即预示性症状，如出现身体困乏无力、头晕、恶心、面色发白、大汗、看不清东西、精神恍惚感或心跳加快等。

晕厥期：典型表现为意识不清，即不省人事，但发作时间很短，历经数秒至数分。患者往往伴有血压下降、瞳孔会变大、心跳由快转慢。部分患者伴有抽搐，或肢体和面部的针刺感及麻木感。少数患者会出现尿失禁，即不受控制地尿裤子。

恢复期：待患者很快恢复后，常常会留有头晕、恶心、面色发白及身体困乏等症状，但这些症状经休息后可完全消失，不留任何后遗症。

3. 晕厥的处理

发现有病人昏迷的时候，首先，保护脑组织功能，让患者平卧，最大限度地保持大脑血液和氧的供应，避免脑组织缺血过度而产生脑功能损伤，因为突然晕倒，都是各种原因导致脑部供血不足，让病人平卧，可以加快脑部的血液回流，有助于促醒；接着，判断病人是不是真的昏迷了，可以拍打患者的双肩，在患者的双耳大声喊叫，观察患者的反应，如果真的昏迷，要立即拨打 120 急救电话，请求医护人员的帮助，如果旁边有其他人，需要请求他人帮忙；然后，触摸患者的颈动脉或者将耳朵放在患者口鼻处，感受是否有呼吸，一边感受呼吸一边看患者的胸廓有没有起伏，如果没有呼吸，也没有心跳，要立即进行胸外心脏按压。胸外心脏按压，要双臂垂直于两乳头连线，按压频率在每分钟 100~120 次，按压深度要大于 5cm，按压 30 次后要进行口对口人工呼吸，比例为按压 30 次，口对口呼吸 2 次，按压不能停，一直到持续到救护车到达现场为止。

4. 晕厥的预防

晕厥的原因非常多，但是分为几大类，比如最常见的就是神经反射性的晕厥，比如有一些患者会有颈动脉硬化或者斑块的，可能会去按摩动脉窦，刺激颈动脉窦引起迷走神经的过度兴奋，导致晕厥的发作，这些患者就需要避免按摩颈项部，防止再次出现晕厥。还有一些患者是心源性的，比如有一些患者可能会存在阵发性的心房颤，房室传导阻滞，这些需要做相关的检查，然后服用对应的药物来预防晕厥发作。还有一些患者可能血压比较低，迅速起身可能出现这种血压低引起的头晕晕厥发作。

(二)骨折

(1)什么是骨折?

骨折即骨的完整性和连续性的中断，包括明显的骨皮质断裂及骨小梁中断。骨折的病因可以分为两类，即内因和外因。年龄不同，发生骨折的性质和部位亦不同，如幼儿易发生青枝骨折；18 岁以下的青少年因骨骺尚未闭合，关节附近被外力撞击，则易发生骨骺分离；老年人因骨质疏松脆弱亦易发生骨折。另外，骨质本身异常也是发生骨折的一种因素，可造成病理性骨折，如先天性疾病“脆骨病”。

(2)骨折的临床表现有哪些?

全身表现：单纯的骨折可无全身症状。内出血较多时，体温可略升高，通常不超过 38 ℃，可兼口干易心烦、尿赤便秘、夜寐不安、脉浮数或弦紧、舌质红、苔黄厚腻等。

严重骨折及骨折合并重要器官损伤时，会导致全身病理性改变，出现明显的全身症状。如骨折伴有广泛的软组织损伤或合并内脏损伤时，常引起病人休克；肋骨骨折合并肺损伤的病人可出现呼吸困难等。伤后病人因疼痛和精神紧张，常有面色苍白、不安、脉搏加快等，一般经过一些时间后可好转。但骨器官损伤等而发生休克。应密切观察血压、脉搏、呼吸、神智等的变化，注意有无内出血、脏骨折严重的病例，如骨盆骨折、脊柱骨折和股骨骨折等，常因大量出血，剧痛、合并其他组织器或颅脑损伤，并及时进行抢救。局部表现：骨折后局部血管破损，血离经脉，阻塞络道，瘀滞于肌肤腠理而出现肿胀青紫，引起局部出血和软组织水肿，伤后 1~2d 肿胀最明显。以后血液渗至皮下，血红蛋白分解，出现青紫色或黄色皮下瘀斑。肿胀严重时，可出现张力性水泡，甚至引起骨筋膜室综合征。骨折后脉络受损，气血相搏，阻塞经络，不通则痛，故骨折部均有明显的疼痛和压痛。压痛及纵轴叩击痛是诊断无明显移位骨折的重要手段，如腕舟状骨骨折，压痛为主要体征，股骨颈嵌入骨折骨组织时，纵轴叩击痛明显。骨折处一般均有程度不等的自发痛和压痛。一是环形压痛，四肢的完全性骨折，常环绕骨折处周围均有压痛，如肋骨骨折、锁骨骨折、骨盆骨折等。二是纵向叩击痛，如股骨干骨折，在伤膝关节伸直位叩击足跟时，可引起骨折处的轴向冲击痛。骨折后由于肢体内部支架的断裂和疼痛，致使肢体丧失部分或全部活动功能。但不完全骨折可无或仅有较轻的功能障碍。

(3)如何对骨折病人进行急救？

骨折的应急处理：若有皮肤伤口及出血的情况，要清除可见的污物，然后用干净的棉花或毛巾等加压扎。四肢开放性骨折(骨折断端经伤口暴露出来)有出血时，不能滥用绳索或电线捆扎肢体。可用宽布条、橡皮胶管在伤口的上方捆扎。捆扎不要太紧，以不出血为度，并且要隔 1 h 放松 1~2 min。上肢捆扎止血带应在上臂的上 1/3 处，以避免损伤桡神经上肢骨折可用木板或木棍、硬纸板进行固定，然后用绷带或绳索悬吊于脖子上。下肢骨折可用木板或木棍捆扎固定，也可将双下肢捆绑在一起以达到固定的目的。骨盆骨折，用宽布条扎住骨盆，病人仰卧，膝关节半屈位，膝下垫枕头或衣物，以稳定身体，减少晃动。通过以上处置后，可搬运病人送医院。搬运病人动作要轻，使受伤肢体避免弯曲、扭转。搬运胸腰椎骨折患者，须由 2~3 人，同时托头、肩、臀和下肢，把病人平托起来放在担架或木板上。搬运颈椎骨折病人时，要有 1 人牵引固定头部，其他人抬躯干上担架，然后在颈、头两侧用棉衣等固定。上肢骨折者多可自己行走，如果需要搬运时，方法同下肢骨折病人一样。病人经应急处理和送医院治疗一段时间后，需要回家康复，家庭成员除应注意患者用药、营养饮食外，着重加强护理，协助早期功能锻炼。

(4)各部位常见骨折如何防护？

注意日常安全：在运动、日常生活及工作中以安全第一，尽量避免滑倒和撞击。儿童走路不稳，容易摔倒，尤其不能到高处玩耍，要教育和看好儿童，避免摔伤，少年玩耍较多，好奇心强，家长及老要做好教育工作，不要爬墙上树，中青年在工作及骑车时要精力集中，时时处处要注意安全，老年人手脚活动不便，雪雨天及夜晚尽量不外出，外出时要有人搀扶或持拐杖，夜晚外出要有照明工具，上街最好不骑自行车，不要到拥挤的公共场所等。

加强饮食营养指导：骨骼主要由有机物和无机物构成。无机物中占比例最多的是钙，人体内99%的钙集中在骨骼中。注意加强营养，常吃高蛋白、高维生素的食物。常喝骨头汤，以补充钙质，发生骨折后，在治疗骨折的同时可积极补充钙质，同时还要补充维生素D以协助吸收，适当多吃一些西红柿、苋菜、青菜、萝卜等维生素C含量丰富的食物，同时补充充足的矿物质，可以促进骨骼生长和伤口愈合。如果卧床不起，易发生尿路感染和尿路结石，宜适当多饮水利尿。

防治骨质疏松：现代医学认为，骨量的丢失年龄女性为35岁，男性为40岁，骨质疏松的防治特别强调年龄段，越早越好。可定期检查骨密度，防患于未然。另外，长期进行循序渐进的运动，不仅可以减缓骨量的丢失，还可明显提高骨盐含量。经常在户外晒太阳，饮食方面要多吃富有蛋白质与维生素的食物，如牛奶、蛋类、水果及蔬菜等，必要时服用钙片、维生素D，这些都有利于改善骨质疏松的状况。

积极功能锻炼：科学合理的运动有助于减少骨折的发生。如已发生骨折，亦需要在不影响愈合和安全的情况下，积极进行功能锻炼。在身体允许的情况下尽早下床活动，不能下床的病人也要在床上做肢体的运动，以促进血流循环，有利于骨折的愈合和功能的恢复。可配合抬高患肢(如用枕头垫起骨折的肢体)。促进血液循环，防止过度肿胀。长期卧床的病人，应睡木板床，有利于健康，还要注意定时翻身，按摩受压的皮肤，防止发生褥疮。运动时可用保护带和护具加以预防性保护。

(三)脱位

1. 下颌关节脱位及复位

下颌在正常情况下，闭口时骰果状突位于下颌窝内，张口时如讲话、咀嚼、唱歌等均有较大的滑动移位。尤其张口较大时，向前滑动移位更大，当髁状突向前滑至关节结节之上时，即处于不稳定的位置。此时，关节囊被拉长、拉松，但并未破裂，若遭受外力打击，或翼外肌、嚼肌的痉挛和下颌韧带的紧张，都可推动下颌骨向前继续滑移，当髁状突移位超越关节结节的最高峰，即滑移至关节结节之前，不能脱回到下颌窝内时，即形成下颌关节前脱位。下颌关节脱位与内因、外因均有密切关系。当发生新鲜性下颌关节脱位时患者需做靠背椅，助手双手固定患者头部(或头靠墙)；术者站在患者前面，可以先用伤筋药水在颊车穴处揉搽数遍，以缓解咀嚼肌的紧张，必要时还可加用热敷：术者用数层纱布或胶布裹住拇指，防止复位时被患者咬伤，同时叮嘱患者不要紧张，尽量放松面部肌肉，将口张大。可使用以下方法：口腔复位法术者用双手拇指伸入患者的口腔内，指腹分别置一两侧最后下臼齿的嚼面上，其余各指放于口外两侧下颌骨下缘，食指托住下颌角并起固定保护作用，中指、环指、小指扣住下颌体。术者两手下按下颌骨，感觉肌肉松弛时，乘势用力下压、后推，中指、环指、小指向上端提下颌，利用杠杆作用，解除咬肌、颞肌的痉挛，使髁状突下移，迈过关节结节，最后用手向后一送，可听到“咯噔”声响，即已复位。单侧口外复位法，术者与患者的体位同前。如患者左侧脱位，头应向右侧偏斜45°，术者以左手托住患者颏部，右手拇指置于左侧髁状突前缘，其余四指放于颈后。右手拇指向后推挤髁状突，左手协调地向后端送下颊部，当听到滑动响声时，复位即已成功。此方法适用于下颌关节单侧脱位的患者。

陈旧性下颌关节脱位：采用软木塞整复法。因其周围已有程度不同的纤维变性，整复比较困难。整复时，在局麻下将高 1~1.5 cm 的软木塞置于两侧下臼齿咬面上，术者一手扶枕部，一手托下颌部，向上端抬。此时，软木塞为支点，术者上提之手为力点 髁状突为重点，通过杠杆力作用，可将髁状。突向下牵拉而滑入下颌窝内。

习惯性下颌关节脱位：口腔外复位法，手法前的准备同口腔内复位法，但拇指不须纱布包缠，术者双手拇指分别置于两侧下颌角处，其余手指托住下颌体，首先双折指向下按压下颌骨，用力由轻到重，当下颌骨有滑动时，余指协调地向后方推送，保状突可消到下颌关节窝内，常伴有人臼响声，说明复位成功，若手法复位未能成功，可在下颌关节处注入 1%利多卡因 2~3 ml，使咀嚼肌经事解除，再行手法复位才易于成功。

2. 肩关节脱位及复位

肩关节脱位是人体最常见的关节脱位，约占全身关节脱位的 50%，这与肩关节的解剖和生理特点有关，如肱骨头大，关节盂浅而小，关节囊松弛，其前下方组织薄弱，关节活动范围大，遭受外力的机会多等。肩关节脱位多发生在青壮年、男性较多。肩关节脱位按肱骨头的位置上分为前脱位和后脱位。肩关节前脱位者很常见，常因间接暴力所致，如跌倒时上肢外展外旋，手掌或肘部着地，外力沿肱骨纵轴向上冲击，肱骨头自肩胛下肌和大圆肌之间薄弱部撕脱关节囊，向前下脱出，形成前脱位。肱骨头被推至肩胛骨喙突下，形成喙突下脱位，如暴力较大，肱骨头再向前移致锁骨下，形成锁骨下脱位。后脱位很少见，多由于肩关节受到由前向后的暴力作用或在肩关节内收内旋位跌倒时手部着地引起。后脱位可分为肩胛冈下和肩峰下脱位，肩关节脱位如果在初期治疗不当，可发生习惯性脱位。

手法复位：脱位后应尽快复位，选择适当麻醉(臂丛麻醉或全麻)。使肌肉松弛并使复位在无痛下进行。老年人或肌力弱者也可在止痛剂下进行。习惯性脱位可不用麻醉。复位手法要轻柔禁用粗暴手法以免发生骨折或损伤神经等附加损伤。常用复位手法有三种：①手拉足蹬法，患者仰卧，术者位于患侧，双手握住患肢腕部，足跟置于患侧腋窝，两手用稳定持续的力量牵引，牵引中足跟向外推挤肱骨头，同时旋转，内收上臂即可复位。复位时可听到响声。②科氏法在肌肉松弛下进行此法复位容易成功，切勿用力过猛，防止肱骨颈受到过大的扭转力而发生骨折。手法步骤：一手握腕部，屈肘到 90°，使肱二头肌松弛，另一手握肘部，持续牵引轻度外展，逐渐将上臂外旋，然后内收使肘部沿胸壁近中线，再内旋上臂，此时即可复位。并可听到响声。③牵引推拿法，伤员仰卧。第一助手用布单套住胸廓向健侧牵拉，第二助手用布单通过腋下套住患肢向外上方牵拉，第三助手握住患肢手腕向下牵引并外旋内收，三方面同时徐徐持续牵引。术者用手在腋下将肱骨头向外推送还纳复位。两人也可做牵引复位。复位后肩部即恢复正常的外形，腋窝、喙突下或锁骨下再摸不到脱位的肱骨头，搭肩试验为阴性，X 光片检查肱骨头在正常位置上。

3. 肘关节脱位及复位

肘关节是连接上臂与前臂的关节，由肱骨远端和尺骨及桡骨的近端构成，包含了肱尺关节，肱桡关节和近侧桡尺关节。肱骨远端和尺骨及桡骨近端之间发生分离的现象被称为肘关节脱位。肘关节脱位是常见的脱位之一，其发生率仅次于肩关节脱位，患者以青少年为主，成人与儿童也时有发生，多在跌倒后手掌撑地时产生。由于肘关节脱位类型较复杂，常伴有关节囊，韧带等软组织损伤以及肋骨内上髁骨折、尺骨鹰嘴骨折、冠状突骨折等骨性结构损伤，部分情况下可合并血管神经损伤。肘关节脱位多由传导暴力或直接暴力引起，且受到直接暴力作用时，多伴有骨折的发生。从人体局部生理特点来看，肘关节稳定性主要由关节囊，内侧的尺侧副韧带，外侧的机侧副韧带等软组织共同维持，由于肘关节内外侧有侧副韧带保护，且两侧壁厚而紧张，而前方仅靠关节囊包裹，关节囊前后壁薄而松弛，因此较易产生前后方脱位，但肘后方有尺骨嘴限制肘关节后伸角度，在无直接暴力作用下不易发生前脱位，且关节囊后壁最薄弱，因此后脱位发生率较高。

后脱位：后脱位多为传导暴力所致。当人跌倒手掌着地支撑时，若肘关节位于伸直位，前臂位于旋后位，在人体与地面的作用力和反作用力下将引起肘关节过伸，此时尺骨鹰嘴已进入鹰嘴窝，地面的反作用力沿前臂传至肘关节，形成以冠状突为支点的杠杆作用力，使力向后上方传导，引起肘关节后脱位。若跌倒时肘关节不在伸直位，也不是完全屈曲位，此时尺骨半月切迹位于肱骨滑车后上方，鹰嘴未进入鹰嘴窝，冠状突也未进入冠突窝，肘关节的稳定性最小，而地面对人体的反作用力与肘关节不稳的方向在同一直线上，导致肘关节容易向后上方脱出，形成后脱位。发生后脱位时，往往伴有关节囊前、后壁损伤，还可出现肱二头肌腱断裂，内、外侧髁撕脱性骨折或冠状突骨折等情况。此外，由于受伤时姿势、动作不同，受到的传导外力方向也不同，使后脱位时可向内、外侧发生偏移，形成侧后方脱位，导致内、外侧副韧带撕裂。

侧方脱位：若跌倒时，肘关节位于内翻位或外翻位，地面的反作用力沿前臂传至肘关节处，方向发生旋转，导致肱骨下端向尺侧或桡侧移位，引起侧方脱位。此时，脱位方向对侧的关节囊和侧副韧带损伤严重。而脱位侧的损伤侧较轻。若侧方脱位时，肘关节内、外翻的作用力过大，使前臂屈伸肌群强烈收缩，可导致肱骨内、外上髁撕脱性骨折，特别是肱骨内上髁骨折。

复位：脱位后应尽快复位，患者可在局部麻醉 下进行手法复位，如受伤时间较短，可在无麻醉下进行。若有侧方脱位，应先对侧方脱位进行复位，而后再复位前后脱位。若手法复位失败，或合并骨折，神经血管损伤时，可改用手术治疗。

（四）休克

1. 什么是休克

休克是机体遭受强烈的致病因素侵袭后，由于有效循环血量锐减，组织和重要器官血液灌注不足，导致身体内细胞受损、代谢紊乱、器官功能障碍的一种病理状态。

2. 休克的表现

休克早期：在原发症状体征为主的情况下出现轻度兴奋征象，如意识尚清，烦躁焦虑精神紧张，面色皮肤苍白，口唇甲床轻度发绀，心率加快，呼吸频率增加，出冷汗，脉搏细速，血压可骤降，也可略降，甚至正常或稍高，脉压缩小，尿量减少。

休克中期：患者烦躁，意识不清，呼吸表浅，四肢温度下降，心音低钝，脉细速而弱，血压进行性降低，可以低于 50ml 汞柱或者测不到，脉压小于 20ml 汞柱，皮肤湿冷，尿少或无尿。

休克的晚期：主要表现为dic和多器官功能衰竭，包括dic的表现，急性呼吸功能衰竭的表现，急性心功能衰竭的表现，急性肾功能衰竭的表现以及意识障碍，意识障碍的程度反映了脑供血情况，肝衰竭出现黄疸，血胆红素增加，由于肝脏具有强大的代偿功能，肝性脑病的发病率并不高。

3. 休克的处理方法

病因治疗：休克的发生与自身的疾病也是有一定关系的，不管是哪种疾病引起的休克，我们在治疗前一定要了解引起休克的病因，采取有效的处理措施，尽快恢复患者的血液循环能力，尽快对病原灶进行手术处理。

一般紧急处理：患者发生休克，我们在等待120急救的过程中，我们一定要对患者进行紧急救治，最好是让患者处于一个平卧的姿势，尽量不要大幅度的移动患者，保证患者的呼吸顺畅。必要的时候可以20°太高患者的下肢，保证下肢血液的回流。

应用活性血管药物：活性血管药物能适用于各种类型的休克的治疗，但是要注意使用药物时能过多也不能长久的使用。在使用时一定要从小剂量开始，浓度也是从低到高。血管的活性药物主要有两大类，就是缩血管药和扩血管药。

(五)脑卒中

1. 什么是脑卒中

脑卒中又称为中风，是由于脑局部血液循环障碍所导致的神经功能缺损综合征，是引起中老年死亡的主要原因之一。脑卒中可分为出血性卒中(脑出血、蛛网膜下腔出血)和缺血性卒中(脑栓塞、脑血栓形成)两大类。

2. 脑卒中的特点

患者会出现肢体活动不灵活，主要表现为一侧肢体偏瘫，会出现嘴角歪斜、鼻唇沟变浅、流口水、说话不清楚等临床症状。比较轻的患者，表现为精细活动笨拙，严重的患者是需要卧床的。

3. 如何预防脑卒中

脑卒中的预防主要针对有脑卒中高危因素的人群进行。首先，有高血压、糖尿病、高脂血症的患者，应积极给予药物治疗，控制血压、血糖等，需要患者长期规律的服用药物，避免出现血压波动幅度过大。其次，有长期吸烟饮酒史的患者，建议戒烟、戒酒，以减少烟酒对血管的损害。同时要改善生活及饮食方式，适当运动。此外，要定期进行体检，早发现早诊断疾病。最后，辅助检查发现已经有动脉粥样斑块形成的患者，狭窄程度较轻者，可以给予口服药物抗血小板聚集、调脂稳斑等保守治疗。而狭窄程度较大的患者则需要及时给予手术治疗，减少疾病致死率和致残率。

4. 脑卒中的急救原则

(1)将患者安置在一个舒适的位置，防止误吸或气道阻塞。

(2)及时拨打“120”或送医院。

(3)保持通风，如有条件可予吸氧。

(4)观察生命体征，如出现呼吸、心搏停止，应立即进行心肺复苏。

(5)暂时禁止患者进食、进水。

第四节 创伤救护、(止血、包扎、固定、搬运)、心肺复苏等院前急救

一、创伤救护与(止血、包扎、固定、搬运)

(一)创伤救护

创伤是常见的对人体的伤害。严重创伤的应急救护需要快速、正确、有效，以挽救伤员的生命，防止损伤加重和减轻伤员的痛苦。本节重点介绍应急救护创伤的基本原则，止血、包扎、固定、搬运四项基本技术，以及特殊损伤的早期处理原则和基本方法等。

1. 创伤常见原因及特点

创伤主要指机械性致伤因素(或外力)造成的机体损伤。广义的造成创伤的原因还包括物理、化学、生物等因素。创伤常见原因有：撞击、碾压、切割、烧烫、电击、坠落、跌倒等。

创伤的特点是发生率高，危害性大，对严重的创伤如救治不及时，将导致残疾和威胁生命。

2. 创伤主要类型

由于创伤有损伤形态、受伤部位等不同，对创伤可以用不同的方法分类。

(1)按有无伤口分类 可分为开放性损伤和闭合性损伤。

(2)按受伤部位分类可分为颅脑伤、颌面伤、颈部伤、胸部伤、腹部伤、脊柱伤、骨盆伤、四肢伤等。

(3)按受伤部位的多少及损伤的复杂性分类 可分为单发伤、多发伤、多处伤、复合伤等。

在应急救护伤员时，应根据伤员的创伤类型采取相应的救护方法。

3. 创伤应急救护的目的

创伤应急救护的目的是争取在最佳时机、最佳地点、尽最大努力去救治最多的伤员。

4. 创伤应急救护原则

在应急救护中，救护员要遵守救护原则。在有大批伤员等待救援的现场，应突出“先救命，后治伤”的原则、要尽量救治所有可能救活的伤员。

5. 现场伤员的初步检查

对伤员的初步检查和评估。对于较重的伤员，一般在情况较平稳(如止住了活动性出血或解除了呼吸道梗阻)后，应立即检查伤员头、胸、腹是否有致命伤。检查顺序如下：

(1)观察伤员呼吸是否平稳，头部是否有出血。

(2)双手贴头皮触摸检查是否有肿胀、凹陷或出血。

(3)用手指从颅底沿着脊柱向下轻轻、快速地触摸，检查是否有肿胀或变形。检查时不可移动伤员。如果可疑有颈椎损伤，应尽量保持其原体位不动。

(4)双手轻按双侧胸部，检查双侧呼吸活动是否对称，胸廓是否有变形或异常活动。

(5)双手上、下、左、右轻按腹部四个象限，检查腹部软硬，是否有明显包块、

压痛。

此外，还应注意伤员是否有骨盆以及四肢的损伤。

6. 简明检伤分类流程图(见图 6-1)

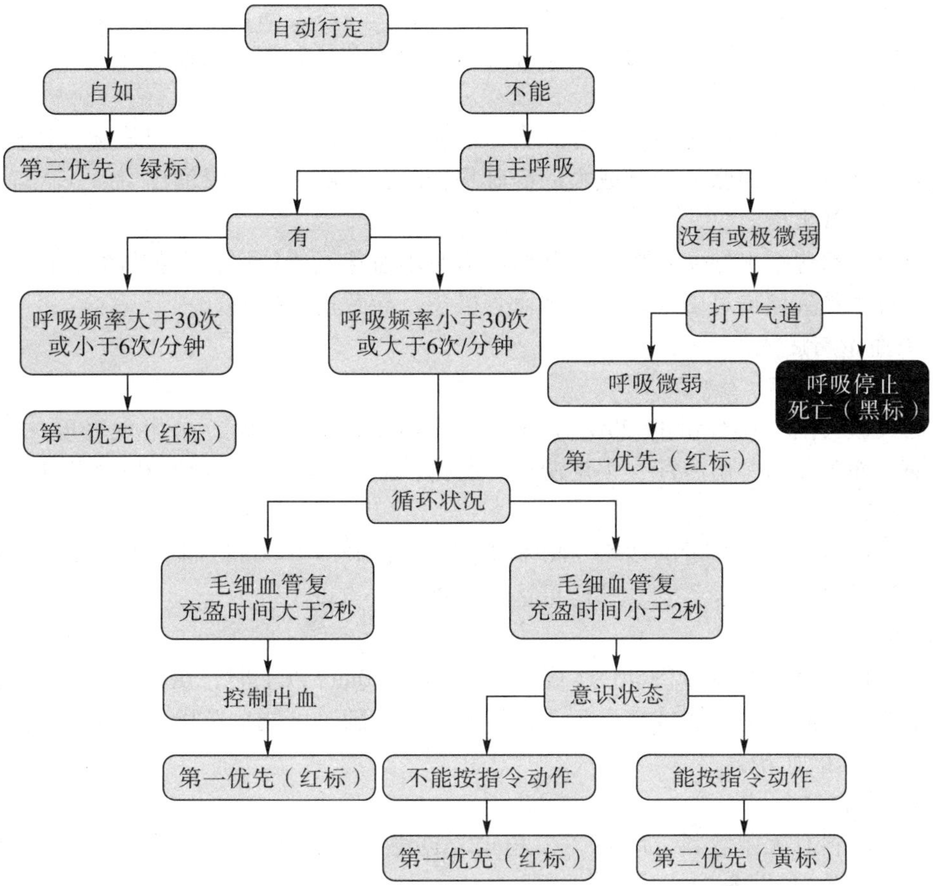

图 6-1 检伤分类流程图

(二)创伤出血与止血

严重的创伤常引起大量出血而危及伤员的生命，在现场及时、有效地为伤。止血是挽救生命必须采取的措施。在医务人员到来之前为伤员止血要根据现场条件，选择可行的止血措施，同时还要避免或尽量减少止血措施给伤员带来不必要的损伤。

1. 出血类型

(1)按出血部位分。

出血是指血管破裂导致血液流至血管外。按其出血部位分为外出血与内出血。外出血是指血液经伤口流到体外，在体表可看到出血；内出血是指血液流到组织隙、体腔或皮下，形成脏器血肿、积血或皮下瘀血。外出血显而易见，严重的内出血常因在体表看不到而隐匿凶险。身体受到创伤可能同时存在内、外出血。

(2)按血管类型分。

血管分为动脉、静脉和毛细血管三种类型，出血根据损伤的血管类型可分为动脉出血、静脉出血和毛细血管出血。

①动脉出血。

动脉血含氧量高，血色鲜红，动脉内血液流速快，压力高，一旦动脉受到损伤，出血可呈涌泉状或随心搏节律性喷射。大动脉出血可导致循环血容量快速下降。

②静脉出血。

静脉血含氧量少，血色暗红。静脉内血液流速较慢，压力较低，但静脉管径较粗，能存有较多的血液，当曲张的静脉或大的静脉损伤时，血液也会大量涌出。

③毛细血管出血。

任何出血都包括毛细血管出血。开始出血时出血速度比较快，血色鲜红，但出血量一般不大。身体受到撞击可引起皮下毛细血管破裂，导致皮下瘀血。

2. 失血量与症状

(1)轻度失血。

突然失血占全身血容量的20%(成人失血约800ml)以上时，可出现轻度休克症状：伤员口渴、面色苍白、出冷汗、手足湿冷、脉搏快而弱，可达每分钟100次以上。

(2)中度失血。

突然失血占全身血容量的20%~40%(成人失血800~1600ml)时，可出现中度休克症状：伤员呼吸急促、烦躁不安，脉搏可达每分钟100次以上。

(3)重度失血。

突然失血占全身血容量的40%(成人失血约1600ml)以上时，可出现重度休克症状：伤员表情淡漠，脉搏细、弱或摸不到，血压测不清，随时可能危及生命。

3. 外出血止血方法

(1)止血材料。

常用的材料有无菌敷料、绷带、三角巾、创可贴、止血带，也可用毛巾、手绢、布料、衣物等代替(见图6-2)。

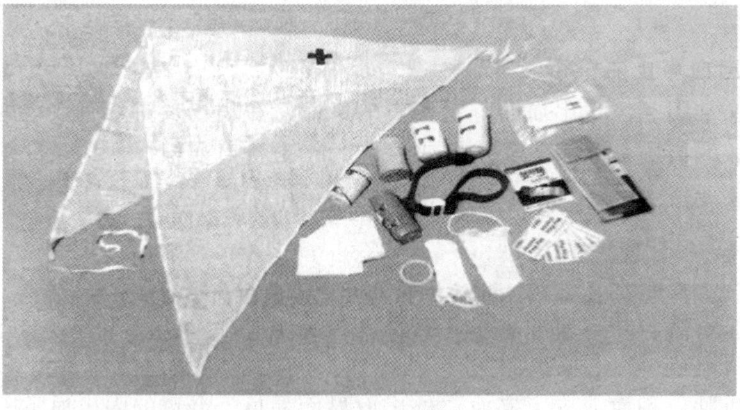

图6-2　止血材料

救护员在为伤员止血时要采取防止感染的措施，如处理伤口前应洗手，尽可能戴医用手套或不透水的塑料手套，戴口罩，必要时戴防护眼镜或防护罩；处理伤口时要保护伤口，防止自身感染和感染扩散；处理伤口后要用肥皂、流动水彻底洗手；如自己的皮肤被划伤，应尽快就医，采取必要的免疫措施。

(2)少量出血的处理。

伤员伤口出血不多时，可做如下处理：救护员先洗净双手(最好戴上防护手套)，然后用清水、肥皂把伤员伤口周围洗干净，用干净柔软的纱布或毛巾将伤口周围擦干。表面伤口和擦伤应该用干净的水冲洗，最好是用自来水，因为水压有利于冲洗。用创可贴或干净的纱布、手绢包扎伤口。注意：不要用药棉或有绒毛的布直接覆盖在伤口上。

(3)严重出血的止血方法。

控制严重的出血，要分秒必争，立即采取止血措施，同时呼叫救护车。

①直接压迫止血法。

最直接、快速、有效、安全的止血方法，可用于大部分外出血的止血。救护员快速检查伤员伤口内有无异物，如有表浅小异物可将其取出。将干净的纱布块或手帕(或其他干净布料)作为敷料覆盖到伤口上用手直接压迫止血。注意，必须是持续用力压迫(见图6-3)。如果敷料被血液湿透，不要更换，再取敷料在原有敷料上覆盖，继续压迫止血，等待救护车到来(见图6-4)。

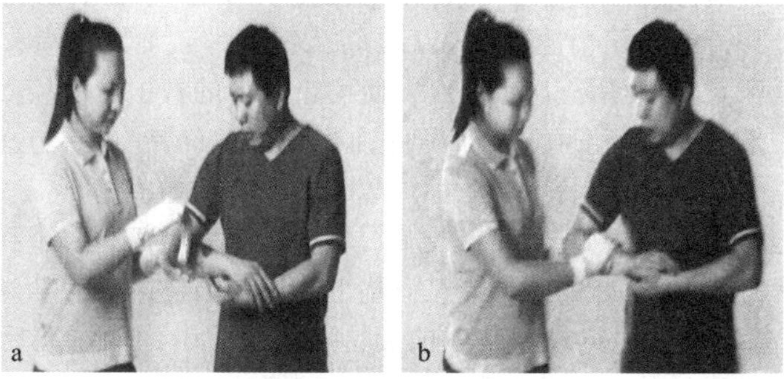

图6-3　直接压迫止血法(1)

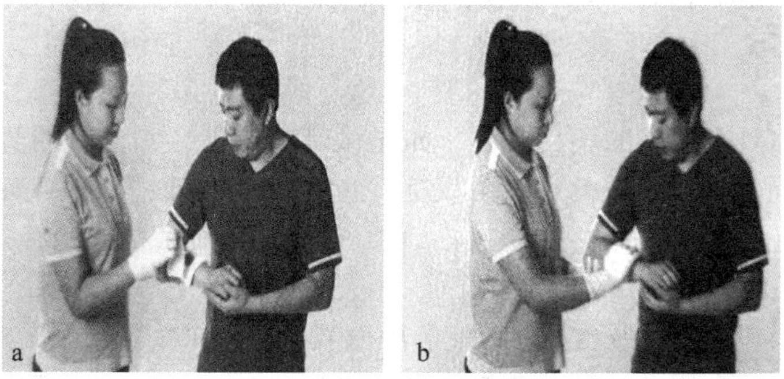

图6-4　直接压迫止血法(2)

②加压包扎止血法。

在直接压迫止血的同时，可再用绷带（或三角巾）加压包扎。救护员首先直接压迫止血，压迫伤口的敷料应超过伤口周边至少3cm。用绷带（或三角巾）环绕敷料加压包扎（见图6-5）。包扎后检查肢体末端血液循环（见图6-6）。如包扎过紧影响血液循环，应重新包扎。

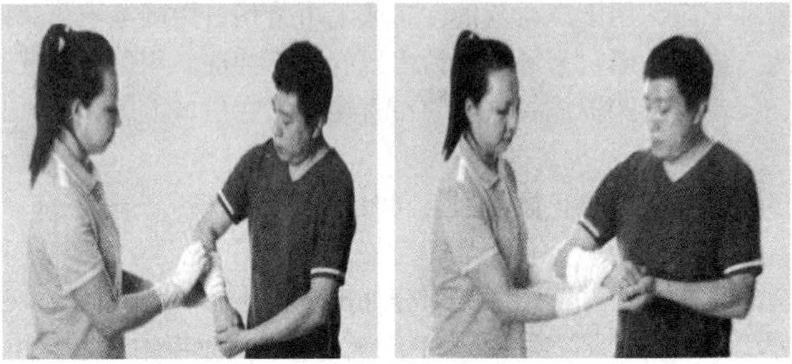

图6-5　加压包扎止血法（1）

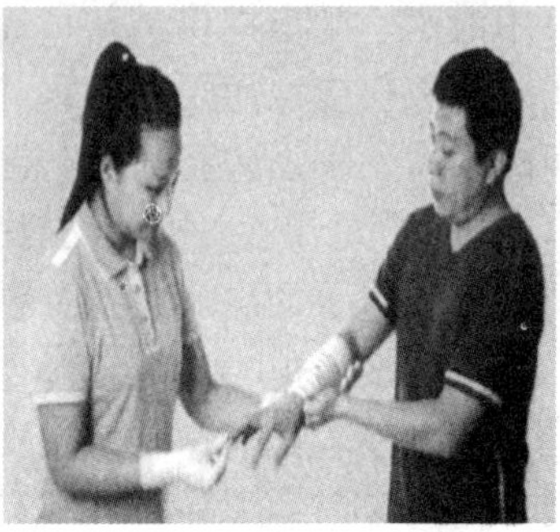

图6-6　加压包扎止血法（2）

③止血带止血法。

当四肢有大血管损伤，直接压迫无法控制出血，或不能使用其他方法止血（如有多处损伤，伤口不易处理，或伤病情况复杂）以致危及生命时，尤其在特殊情况下（如灾难、战争环境、边远地区），可使用止血带止血。使用止血带的救护员应接受过专门的急救训练。常用方法有表带式止血带止血、橡胶管止血带止血、布带止血带止血。

较常用的以三角巾进行止血：将三角巾或其他布料折叠成约5cm宽平整的条状带。如上肢出血，在上臂的上1/3处（如下肢出血，在大腿的中上部）垫好衬垫（可用绷带、毛巾、平整的衣物等）。用折叠好的条状带在衬垫上加压绕肢体一周，两端向前拉紧，打一个活结（也可先将条状带的中点放在肢体前面，平整地将带的两端向后环绕一周作为衬垫，交叉后向前环绕第二周，并打一活结）。将一绞棒（如铅笔、筷子、勺把、竹棍等）插入活结的外圈内，然后提起绞棒旋转绞紧至伤口停止出血为度。将棒的另一端插入活结的内圈固定（或继续打结将绞棒的一端固定）。扎好止血带后，在明显的部位注明结扎止血带的时间。

④注意事项。

用止血带止血具有潜在的不良后果，如止血带部位神经和血管的暂时性或永久性损伤，以及由肢体局部缺血导致的系统并发症，包括乳酸血症、高钾血症、心律失常、休克、肢体损伤和死亡，这些并发症与止血带的压力和阻断血流的时间有关。因此应慎用止血带止血。

上止血带前，应先将伤肢抬高，促使静脉血液回流，以减少血液流失。止血带不要直接结扎在皮肤上，应先用平整的衬垫垫好，再结扎止血带。结扎止血带的部位应在伤口的近端。上肢结扎应在上臂的上1/3处，避免结扎在中1/3以下，防止损伤桡神经；下肢结扎应在大腿中上部。止血带松紧要适度，以伤口停止出血为度。结扎好止血带后，要在明显部位加上标记，注明结扎止血带的时间，应精确到分钟。结扎止血带的时间一般不应超过 2 小时，而且每隔 40~50 分钟或发现伤员远端肢体变凉，应松解一次，以暂时恢复远端肢体的供血。松解时如有出血，可压迫伤口止血。松解约 3 分钟后，在比原结扎部位稍低的位置重新结扎止血带。禁止用细铁丝、电线、绳索等当作止血带。

4. 可疑内出血的现场判断与处理

内出血可由外伤引起，如骨折或物体撞击，也可由非外伤引起，如胃溃疡出血、异位妊娠出血等。重要器官内因积血而受到压迫会危及生命，如胸腔内、心包内以及颅内出血等。严重的内出血常导致失血性(低血容量性)休克。如果伤病员出现休克症状但在体表见不到出血，应怀疑有严重的内出血。

(1)可疑内出血的一般判断。

伤员面色苍白，皮肤出现发绀。口渴，手足湿冷，出冷汗。脉搏快而弱，呼吸急促。烦躁不安或表情淡漠，甚至意识不清。发生过外伤或有相关疾病史。皮肤有撞击痕迹，局部有肿胀。体表未见到出血。

(2)根据体表腔道出血的判断。

有时内出血的症状与出血部位有关，最明显的是通过体表腔道(如耳道、鼻腔、口腔等)流出鲜血或带血的液体，往往预示着相关脏器的损伤或疾病(见表 6-1)。

表 6-1　体表腔道出血的判断

出血部位	出血性状	可能内脏出血原因
口腔	咯出血呈鲜红色、带泡沫	肺及支气管出血
	呕吐出血液呈红色或暗红色	消化道出血
耳道	鲜红血液	内、外耳道损伤或鼓膜穿孔
	稀薄血水	颅脑损伤、脑脊液外漏
鼻腔	鲜红血液	鼻黏膜血管破裂
	稀薄血水	颅脑损伤、脑脊液外漏
肛门	鲜红血液	痔或肛门、直肠损伤出血
	黑色柏油样便	胃肠道疾病或损伤出血
尿道	全程或间断性血尿偶带凝血块	膀胱、肾脏或尿道出血
阴道	鲜红或暗红色血液	月经、流产、损伤或产后出血

(3)可疑内脏出血应急救护措施。

①拨打急救电话或尽快送伤员去医院。

②伤员出现休克症状时，应立即采取救护休克的措施。

③在救护车到来前，应密切观察伤员的呼吸和脉搏，保持气道通畅。

出血救护流程见图 6-7。

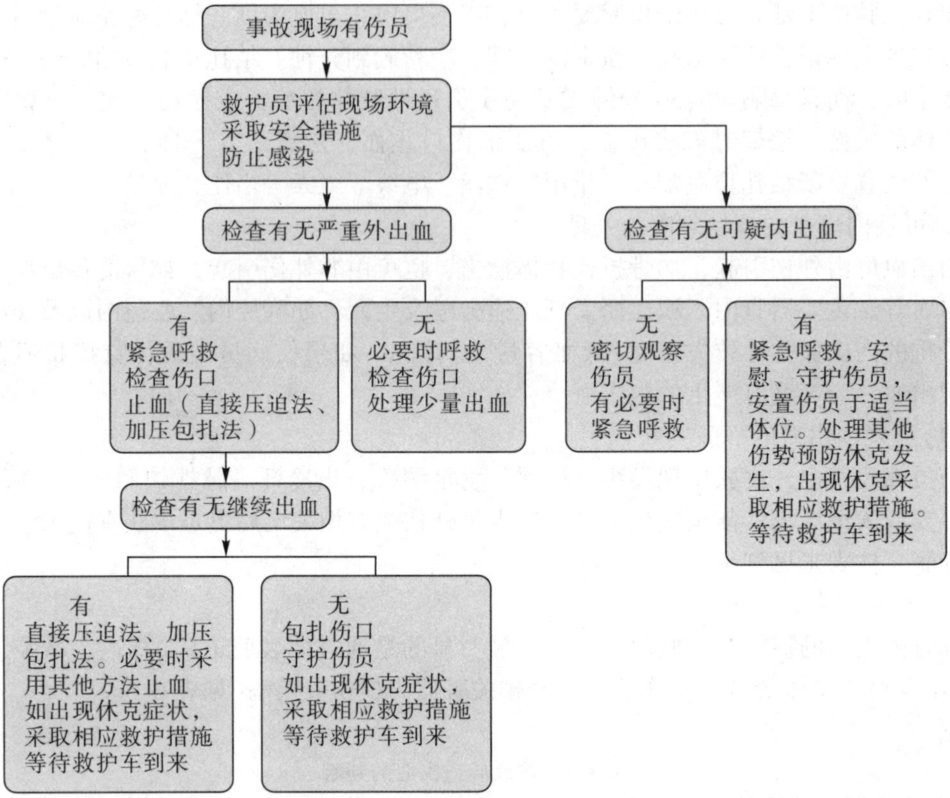

图 6-7　出血救护流程图

(三)现场包扎技术

快速、准确地将伤口用自粘贴、尼龙网套、纱布、绷带、三角巾或其他现场可以利用的布料包扎，是外伤救护的重要一环。它可以起到快速止血，保护伤口，防止进一步的污染，减轻疼痛的作用，有利于运转和进一步的治疗。

1. 概述

伤口是细菌侵入人体的门户之一，如果伤口被细菌感染，就有可能引起局部或全身严重感染并发脓毒症、气性坏疽、破伤风、严重损害健康，甚至危及生命。受伤以后，如果没有条件做清创手术，在现场要先进行包扎。

包扎的目的：保护伤口，防止进一步污染，减少感染机会。减少出血，预防休克。保护内脏和血管、神经、肌腱等重要解剖结构。有利于转运伤员。

2. 伤口种类

伤口种类包括有割伤、瘀伤、刺伤、挫裂伤、枪伤。

3. 检查判断

现场处理时，要仔细检查伤口的位置、大小、深度、污染程度、有无异物及何种异物。

①伤口深，出血多，可能有血管损伤。

②胸部伤口较深时可能有气胸。

③腹部伤口可能有肝脾或胃肠损伤。

④肢体畸形可能有骨折。

⑤异物扎入人体可能损伤大血管、神经或重要脏器。

4. 包扎材料

常用的包扎材料有创可贴、尼龙网套、三角巾、绷带、弹力绷带、胶带及就便器材如手帕、领带、毛巾、头巾、衣服等。

①创可贴：有各种大小不同规格，弹力创可贴适用关节部位损伤。

②绷带：卷状绷带具有不同的规格，可用于身体不同部位的包扎，如手指，手腕，上、下肢等。普通绷带利于伤口渗出物的吸收，高弹力绷带适用于关节部位损伤的包扎。

③就地取材：干净的衣物、手帕、毛巾、床单、领带、围巾等可作为临时性的包扎材料。

④胶带：具有多种宽度，呈卷状，用于固定绷带及敷料。对一般胶带过敏的，应采用纸制胶带。

⑤三角巾(见图6-8)。

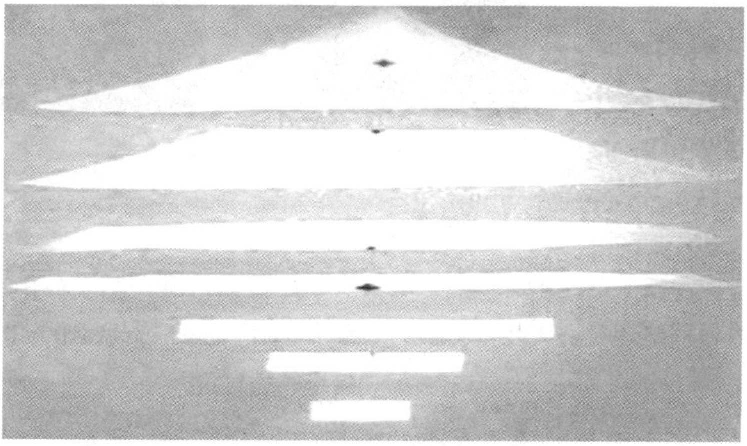

图6-8 三角巾

5. 包扎要求

包扎伤口动作要快、准、轻、牢。包扎时部位要准确、严密、不遗漏伤口；包扎动作要轻，不要碰触伤口，以免增加伤员的疼痛和出血；包扎要牢靠，但不宜过紧，以免妨碍血液流通和压迫神经；包扎前伤口上一定要加盖敷料。

操作要点：尽可能戴医用手套做好自我防护。脱去或剪开衣服，暴露伤口，检查伤情。加盖敷料，封闭伤口，防止污染。动作要轻巧而迅速，部位要准确，伤口包扎要牢固，松紧适宜。较大伤口不要用水冲洗(烧烫伤、化学伤除外)。

不要对获有异物或骨折断端外露的伤口直接包扎，不要试图复位突出伤口的骨折端。不要在伤口上用消毒剂或药物。如必须用裸露的手进行伤口处理，在处理完成后，用肥皂清洗双手。

6. 包扎方法

(1)尼龙网套及自粘创可贴。

这是新型的包扎材料，应用于表浅伤口、头部及手指伤口的包扎。现场使用方便、有效。

①尼龙网套包扎。

尼龙网套具有良好的弹性，使用方便。头部及肢体均可用其包扎。先用敷料覆盖伤口并固定，再将尼龙网套套在敷料上(见图 6-9)。

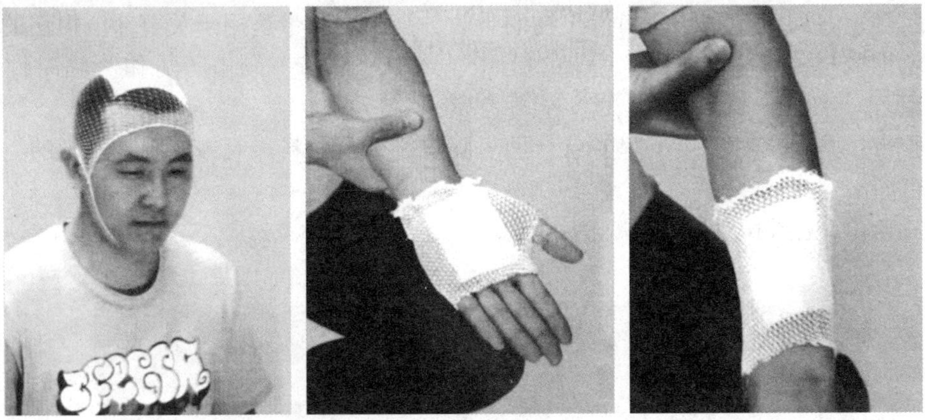

图 6-9　尼龙网套包扎

②各种规格的自粘创可贴包扎。

创可贴透气性良好，具有止血、消炎、止疼、保护伤口等作用，使用方便，效果佳。选择大小合适的创可贴，除去包装，将中央部对准伤口贴上即可(见图 6-10)。

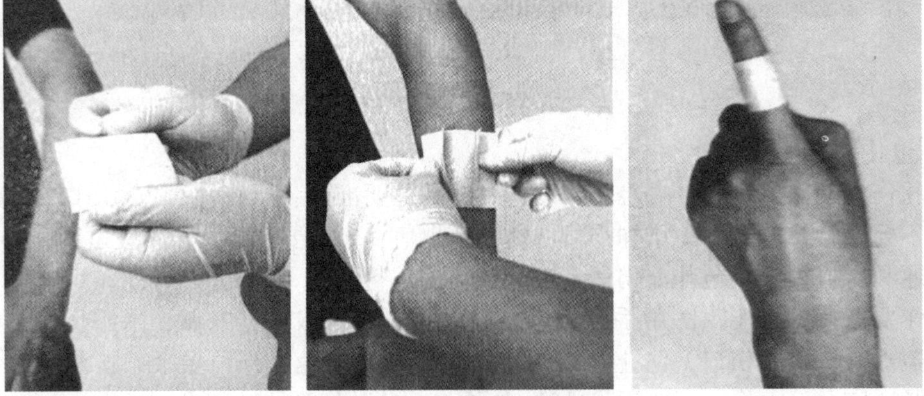

图 6-10　自粘创可贴包扎

(2)绷带包扎。

①环形法。

此法是绷带包扎中最常用的，适用肢体粗细较均匀处伤口的包扎(见图6-11)。方法为：伤口用无菌或干净的敷料覆盖，固定敷料。将绷带打开，一端稍作斜状环绕第一圈，将第一圈斜出一角压入环形圈内，环绕第二圈。加压绕肢体环形缠绕4~5层，每圈盖住前一圈，绷带缠绕范围要超出敷料边缘。最后用胶布粘贴固定，或将绷带尾端从中央纵行剪成两个布条，两布条先打一结，然后再缠绕肢体打结固定。

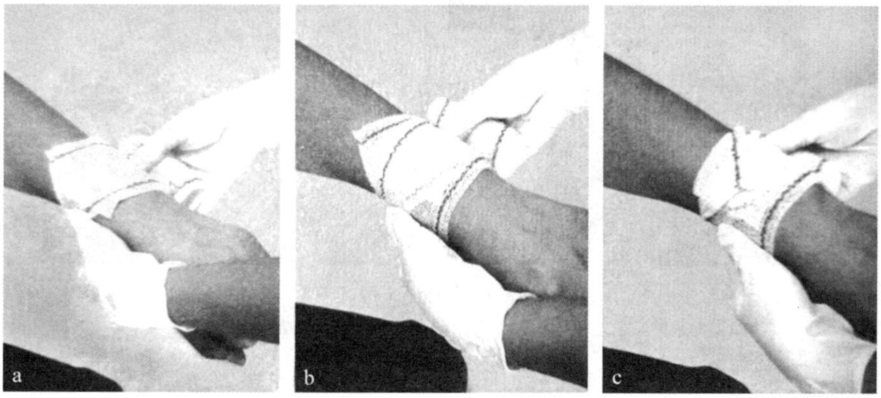

图6-11　环形法

②回返包扎。

用于头部、肢体末端或断肢部位的包扎(见图6-12)。

方法为：用无菌或干净的敷料覆盖伤口。先环形固定两圈，固定时前方齐眉，后方达枕骨下方。左手持绷带一端于头后中部，右手持绷带卷，从头后方向前到前额。然后再固定前额处绷带向后反折。反复呈放射性反折，直至将敷料完全覆盖。最后环形缠绕两圈，将上述反折绷带固定。

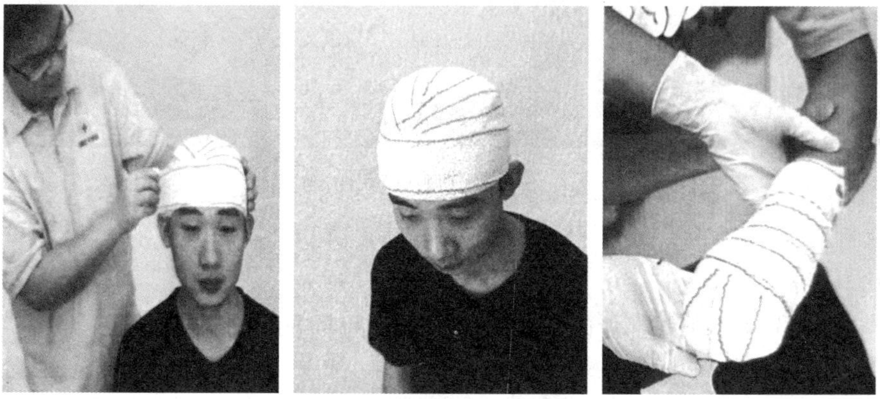

图6-12　回返包扎

③“8”字包扎。

掌、手背、踝部和其他关节处伤口选用“8”字包扎(见图 6-13)

方法为：用无菌或干净的敷料覆盖伤口。包扎手时从腕部开始，先环形缠绕两圈。然后经手和腕“8”字形缠绕。最后绷带尾端在腕部固定。包扎关节时绕关节上下“8”字形缠绕。

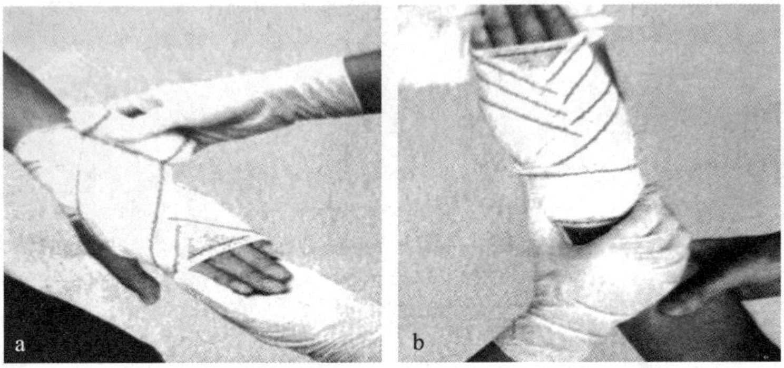

图 6-13 “8”字包扎

④螺旋包扎。

用粗细相等的肢体、躯干部位的包扎(见图 6-14)。

方法为：用无菌的或干净的敷料覆盖伤口，先环形缠绕两圈。从第三圈开始，环绕时压住前一圈的 1/2 或 1/3，最后用胶布粘贴固定。

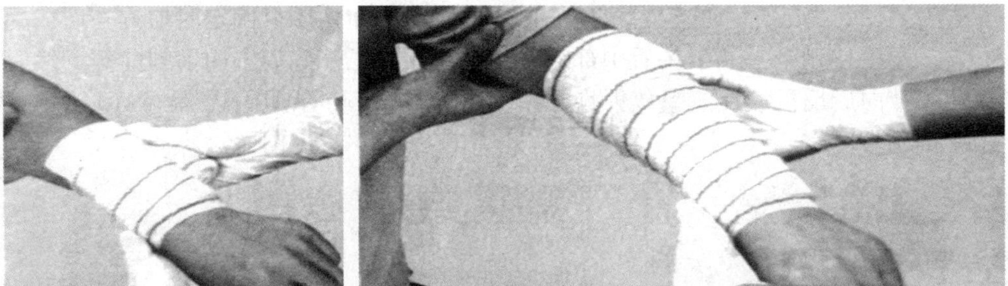

图 6-14 螺旋包扎

⑤螺旋反折包扎。

用于肢体上下粗细不等部位的包扎，如小腿、前臂等(见图 6-15)。

方法为：先用环形法固定始端。螺旋方法每圈反折一次，反折时，以左手拇指按住绷带上面的正中处，右手将绷带向下反折，向后绕并拉紧。反折处不要在伤口上。

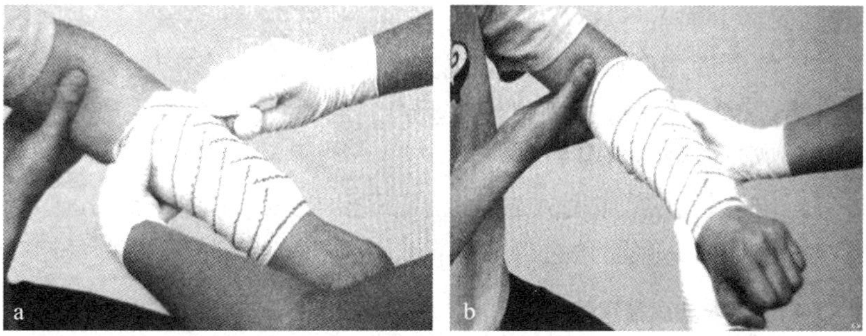

图 6-15 螺旋反折包扎

(3)三角巾包扎。

使用三角巾，注意边要固定，角要拉紧，中心伸展，敷料贴实。在应用时可按需要折叠成不同的形状，适用于不同部位的包扎。

①头顶帽式包扎(见图 6-16)。

方法为：将三角巾的底边折叠 1~2 横指宽，边缘置于伤员前额齐眉处，顶角向后。三角巾的两底角经两耳上方拉向头后部枕骨下方交叉并压住顶角。在绕回前额齐眉打结，顶角拉紧，折叠后掖入头后部交叉处内。

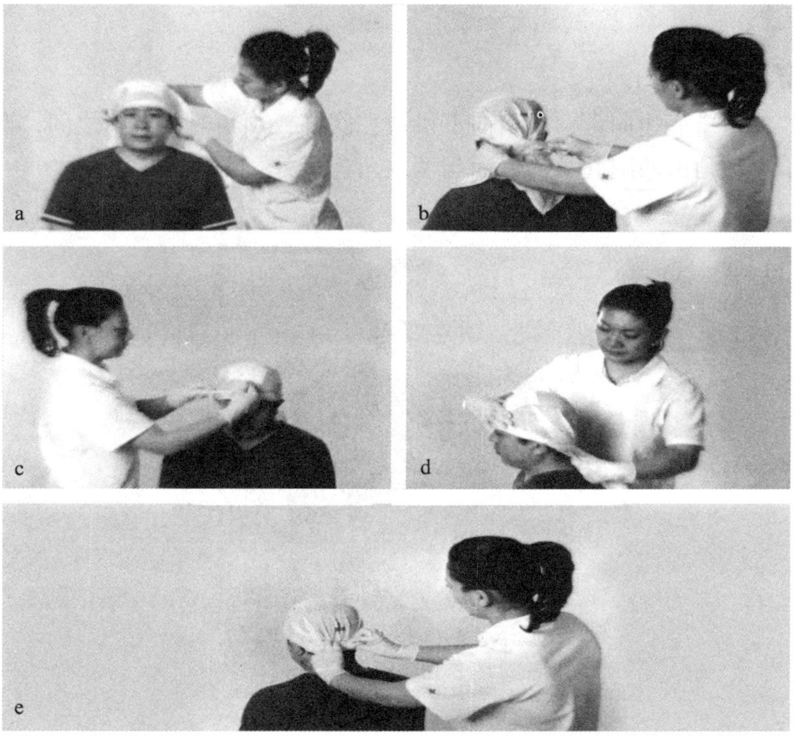

图 6-16 头顶帽式包扎

②肩部包扎(见图 6-17)。

单肩方法：三角巾折叠成燕尾式，燕尾夹角约 90°，大片在后压住小片，放于肩上。燕尾夹角对准伤侧颈部。燕尾底边两角包绕上臂上部并打结固定。拉紧两燕尾角，分别经胸、背部至对侧。腋前或腋后线处打结。

双肩方法：三角巾折叠成燕尾式，两燕尾角相等，燕尾夹角约 100°，披在双肩上，燕尾夹角对准颈后正中部，燕尾角过肩，由前向后包肩于腋前或腋后，与燕尾底边打结。

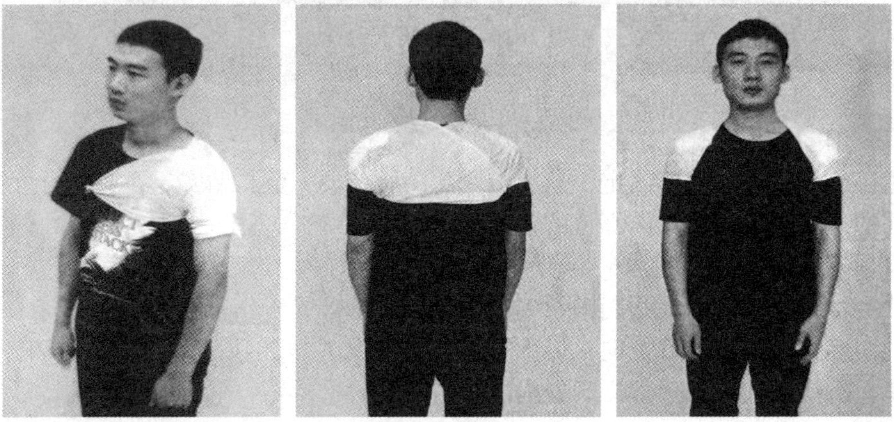

图 6-17　肩部包扎

③腹部包扎(见图 6-18)。

方法为：三角巾底边向上，顶角向下横放在腹部，顶角对准两腿之间。两底角围绕腹部至腰后打结，顶角由两腿间拉向后面与两底角连接处打结。

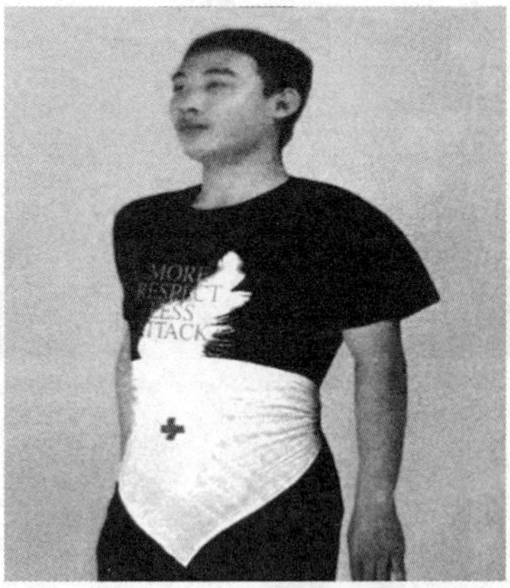

图 6-18　腹部包扎

④手足包扎(见图 6-19)。

方法为：三角巾展开，手指或足趾尖对向三角巾的顶角，手掌或足平放在三角巾的中央。指缝或趾缝间插入敷料，将顶角折回，盖于手背或足背，两底角分别围绕到手背或足背交叉，再在腕部或踝部围绕一圈后在腕部背侧或踝部前方打结。

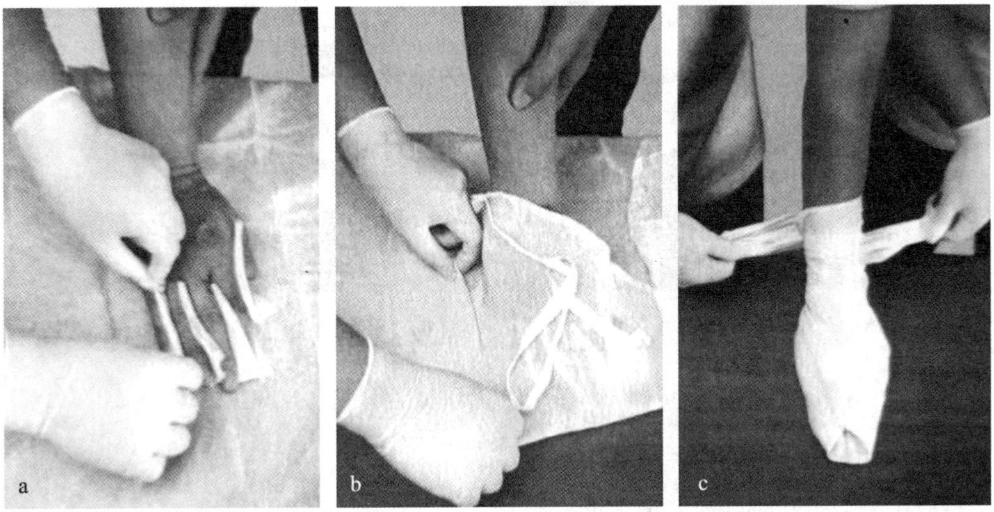

图 6-19　手足包扎

⑤膝部(肘部)带式包扎(见图 6-20)。

方法为：将三角巾折叠成适当宽度的带状，将中段斜放于伤部，两端向后交叉缠绕，返回时分别压于中段上下两边，包绕肢体一周在肢体外侧打结。

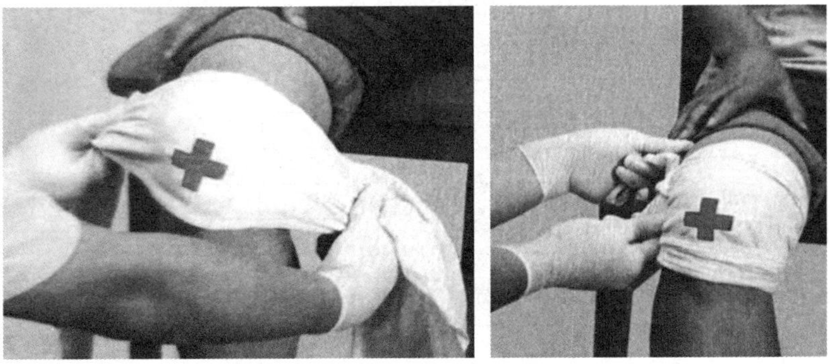

图 6-20　膝部带式包扎

⑥悬臂带：用于前臂，肘关节等的损伤(见图 6-21)。

方法为：三角巾顶角对着伤肢肘关节，一底角置于健侧胸部过肩于背后。伤臂屈肘(功能位)放于三角巾中部。另一底角包绕伤臂反折至伤侧肩部。两底角在颈侧方打结，顶角向肘部反折，用别针固定或卷紧后掖入肘部，也可将顶角系带绕背部至对侧腋前线与底边相系，将前臂悬吊于胸前。

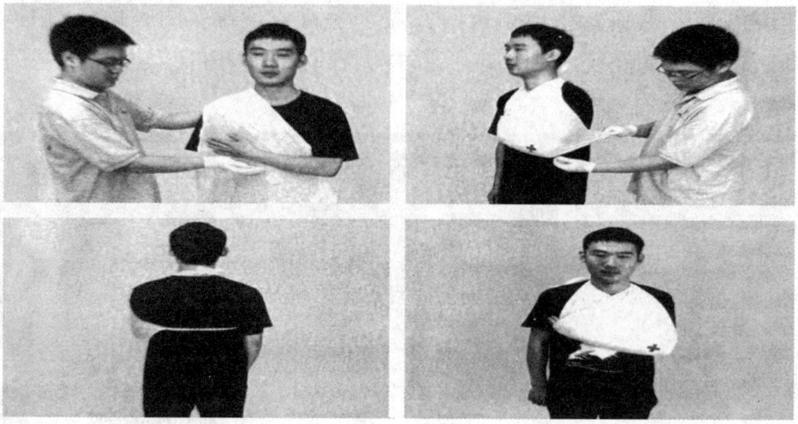

图 6-21 悬臂带

7. 注意事项

(1)伤口上要加盖敷料。

(2)应用绷带包扎时，松紧要适度。

(3)有绷带过紧的现象，如手、足的甲床发紫，绷带缠绕肢体远心端皮肤发紫，有麻木感或感觉消失，严重者手指、足趾不能活动时，立即松开绷带，重新缠绕。

(4)伤口包扎流程图(见图 6-22)。

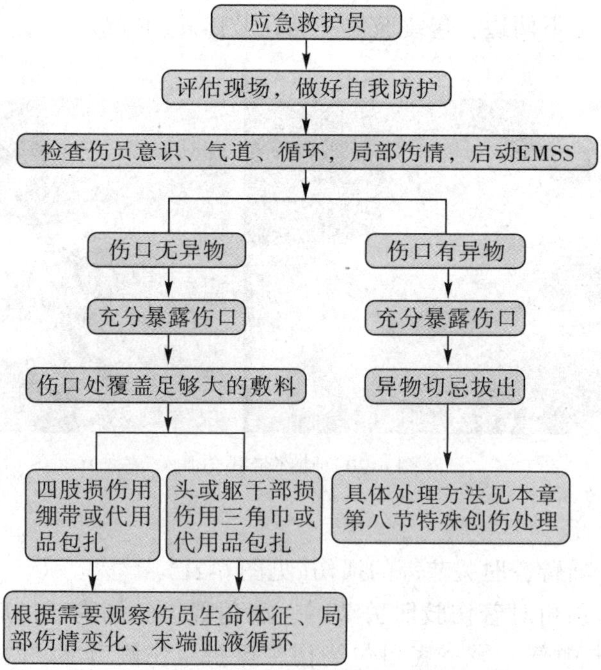

图 6-22 伤口包扎流程图

(四)现场固定技术

现场骨折固定是创伤救护的一项基本任务。正确良好的固定能迅速减轻伤员伤痛，减少出血，防止损伤脊髓、神经、血管等重要组织，也是搬运伤员的基础，有利于转运后进一步治疗。

骨折固定的目的：制动，减少伤员的疼痛；避免损伤周围组织、血管、神经；减少出血和肿胀；防止闭合性骨折转化为开放性骨折；便于搬运伤员。

1. 固定原则

现场环境安全，救护人员做好自我防护。

(1)首先检查意识、呼吸、脉搏及处理严重出血。

(2)用绷带、三角巾、夹板固定受伤部位。

(3)夹板的长度应能将骨折处的上下关节一同加以固定。

(4)骨断端暴露，不要拉动，不要送回伤口内，开放性骨折现场不要冲洗，不要涂药，应该先止血、包扎再固定。

(5)暴露肢体末端以便观察血运。

(6)固定伤肢后，如有可能应将伤肢抬高。

(7)预防休克。

2. 固定方法

根据现场的条件和骨折的部位采取不同的固定方式。固定要牢固，不能过松或过紧。在骨折和关节突出处要加衬垫，以加强固定和防止皮肤损伤。根据伤情选择固定器材，如以上提到的一些器材，也可根据现场条件就地取材。

(1)锁骨骨折。

锁骨骨折多由摔伤或车祸引起，表现为锁骨变形，有血肿，肩部活动时疼痛加重。多采用前臂悬吊固定，现场可用两条三角巾，对伤肢进行固定。一条三角巾悬吊衬托伤侧肢体，另一条三角巾折叠成宽带在伤肢肘上方将其固定于躯干。如无三角巾可用围巾代替，或用自身衣襟反折固定(见图 6-23)。

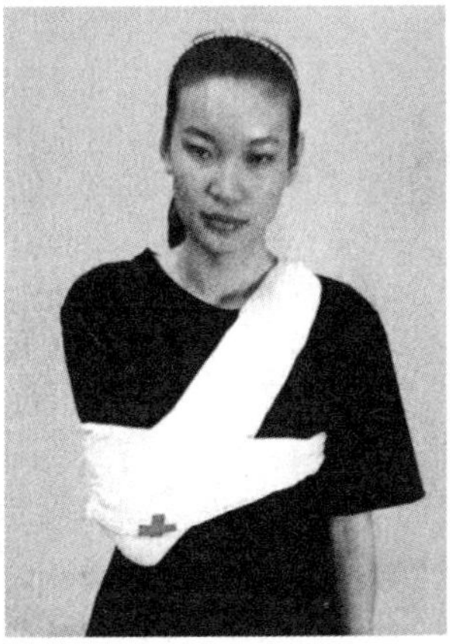

图 6-23　锁骨骨折包扎

(2)上臂骨折(肱骨干骨折)。

上臂骨折由摔伤、撞伤和击伤所致。上臂肿胀、瘀血、疼痛，有移位时出现畸形，上肢活动受限。桡神经紧贴肱骨干，易损伤。固定时，骨折处要加厚垫保护以防止桡神经损伤(见图 6-24)。

躯干固定方法：

①伤员屈肘位，大悬臂带悬吊伤肢。

②伤肢与躯干之间加衬垫。

③用宽带(超骨折上下两端)将伤肢固定于躯干。

④检查末梢血液循环。

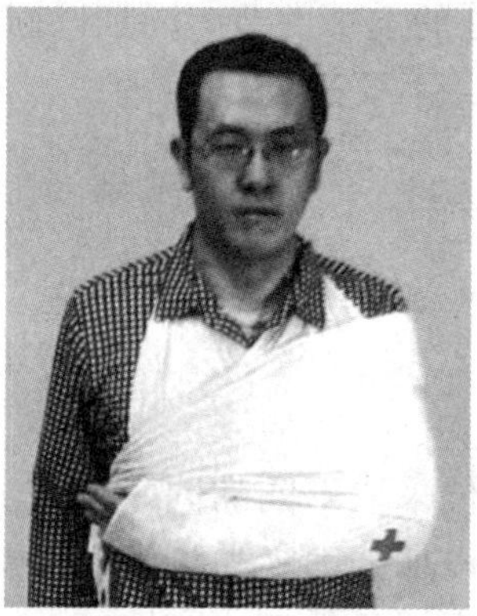

图 6-24　上臂骨折包扎

(3)前臂骨折(桡、尺骨骨折)。

前臂骨折可为桡骨或尺骨骨折，也可为桡、尺骨双骨折。前臂骨折相对稳定，血管神经损伤机会较小。

杂志、书本等固定方法(见图 6-25)：

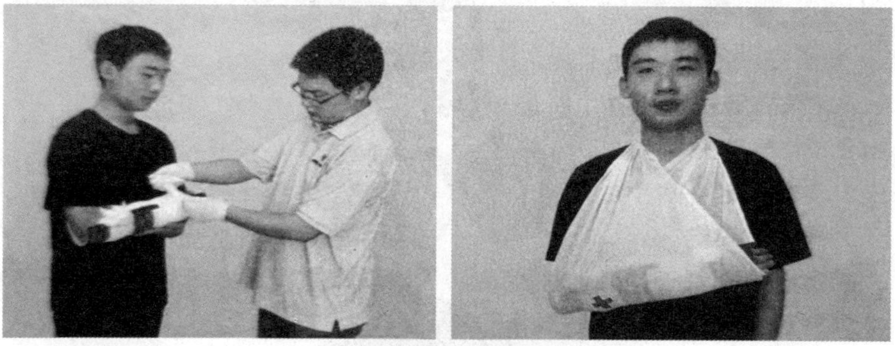

图 6-25　前臂骨折包扎

①可用书本、杂志垫于前臂下方或外侧超肘关节和腕关节，用布带捆绑定。

②屈肘位大悬臂带将伤肢悬吊于胸前。

③指端露出，检查末梢血液循环。

(4)大腿骨折(股骨干骨折)。

大腿骨粗大，骨折常由巨大外力，如车祸、高空坠落及重物砸伤所致，损伤严重，出血多，易出现休克。骨折后大腿肿胀，疼痛、变形或缩短。

木板固定方法：两块木板，一块长木板从伤侧腋窝到外踝，一块短木板从大腿根内侧到内踝，在腋下、膝关节、踝关节骨突部放棉垫保护，空隙处用柔软物品填实。用7条宽带固定。依次固定骨折上下两端，然后固定腋下、腰部、髋部、小腿、踝部。“8”字法固定足踝。将宽带置于踝部，环绕足背交叉，再经足底中部回至足背，在两足背间打结。趾端露出，检查末梢血液循环(见图6-26)。

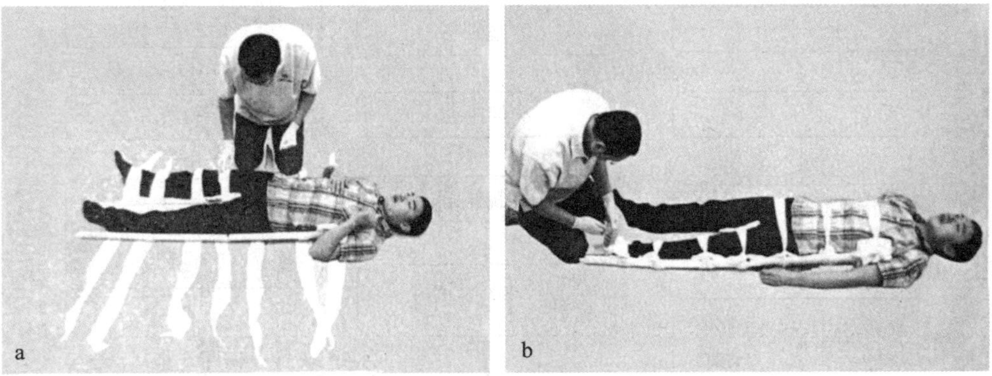

图6-26 大腿骨折包扎

(5)小腿骨折(胫、腓骨骨折)。

小腿骨折，尤其是胫骨骨折，骨折端易刺破小腿前方皮肤，造成骨外露。因此，在骨折处要加厚垫保护。出血、肿胀严重时会导致骨筋膜室综合征，造成小腿缺血、坏死，发生肌肉挛缩畸形。小腿骨折固定时切忌固定过紧。

(6)脊柱骨折。

脊柱骨折可发生在颈椎和胸腰椎。骨折部移位可压迫脊髓造成截瘫、大小便失禁。非专业人员没有经过严格的培训，不主张移动伤员，应该立即拨打急救电话等待专业医护人员进行处理。

(7)开放性骨折。

①敷料覆盖外露骨及伤口。

②在伤口周围放置环形衬垫，绷带包扎固定。

③夹板或健肢、躯干固定骨折部位。

④如出血多需要上止血带。

⑤不要将外露骨还纳，以免污染伤口深部，造成血管、神经的再损伤。

骨折固定流程图见图 6-27。

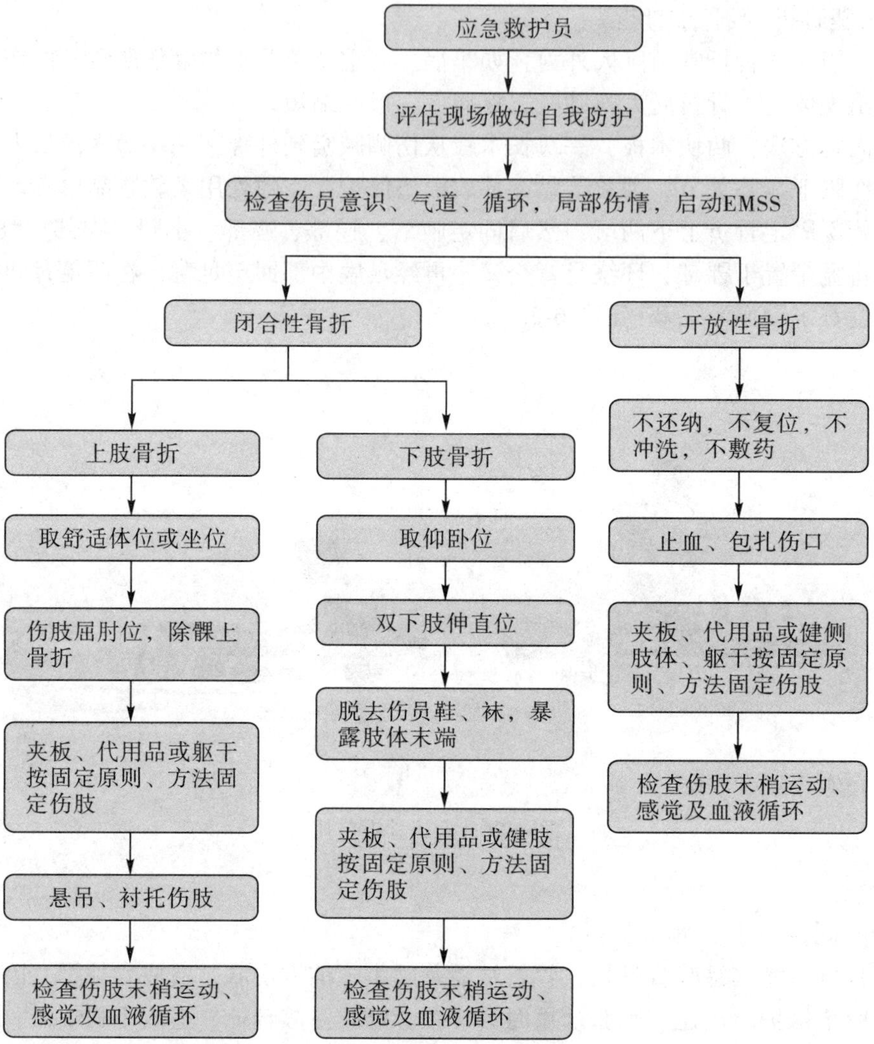

图 6-27　骨折固定流程图

(五)伤员的搬运护送

一般来说，如果现场环境安全，救护伤员应尽量在现场进行，在救护车到来之前，为挽救生命、防止伤病恶化争取时间。只有在现场环境不安全，或是受局部环境条件限制，无法实施救护时，才可搬运伤员。

1. 搬运护送的目的

(1)使伤员尽快脱离危险区。

(2)改变伤员所处的环境，以利抢救。

(3)安全转送到医院进一步治疗。

2. 搬运护送原则

(1)搬运应有利于伤员的安全和进一步救治。

(2)搬运前应做必要的伤病处理(如止血、包扎、固定)。

(3)根据伤员的情况和现场条件选择适当的搬运方法。

(4)搬运前应做必要的准备。

(5)搬运护送中应保证伤员安全，防止发生二次损伤。

(6)注意伤员伤病变化，及时采取救护措施。

3. 搬运护送方法

常用的搬运方法有徒手搬运和使用器材搬运。应根据伤员伤病情况和运送距离远近而选择适当的搬运方法。徒手搬运法适用于伤病较轻、无骨折、转运路程较近的伤员；使用器材搬运适用于伤病较重，不宜徒手搬运，且转运路程较远的伤员。

二、心肺复苏技术与气道异物梗阻

心脏骤停是指心脏有效泵血功能突然丧失，导致血液循环停止，全身各个脏器的血液供应完全中断，如不及时恢复心搏，患者可发生临床死亡。心肺复苏(Cardiopulmonary Resuscitation，CPR)是最基本的抢救呼吸、心脏骤停者生命的方法，通过徒手、应用辅助设备及药物来维持人工循环、呼吸和纠正心律失常。目前认为，高质量 CPR 是自主循环恢复后获得最佳预后的基石。

(一)心肺复苏基础知识

在日常生活中，心脏急症是发生心脏骤停最常见的原因，许多意外伤害如电击、淹溺、中毒及严重创伤等都可导致呼吸、心脏骤停。一旦发现发生心脏骤停者，必须争分夺秒，采取现场心肺复苏，才有可能挽救心脏骤停者生命。

心脏是一个肌性收缩器官，位于胸腔纵隔内，周围裹以心包。心内包含四个腔，即左、右心房和左、右心室。心如同“动力泵”，推动血液定向流动。心肌组织具有兴奋性、自律性、传导性和收缩性四种生理特征。心的传导系统由特殊的心肌细胞构成，其功能是产生并传导冲动，维持心的正常节律，包括窦房结、房室结、房室束及浦肯野纤维。

“生存链”的概念：1992 年美国心脏协会(AHA)心肺复苏指南提出“生命链”的基本概念，具体描述了早期识别求救、早期心肺复苏、早期电除颤以及早期高级生命支持。国际心肺复苏指南继续强调，有效的基本生命支持是高级生命支持成功的基础，复苏开始尽可能减少中断高质量 CPR，在数分钟内对心室纤维性颤动(室颤)和无脉性室性心动过速的患者进行电除颤，并提出成人生存链和儿科生存链，成人心脏骤停生存链中的环节基于心脏骤停是发生在院内还是院外而有所不同，分为院内心脏骤停生存链和院外心脏骤停生存链，本节主要介绍成人院外心脏骤停生存链(见图 6-28)。

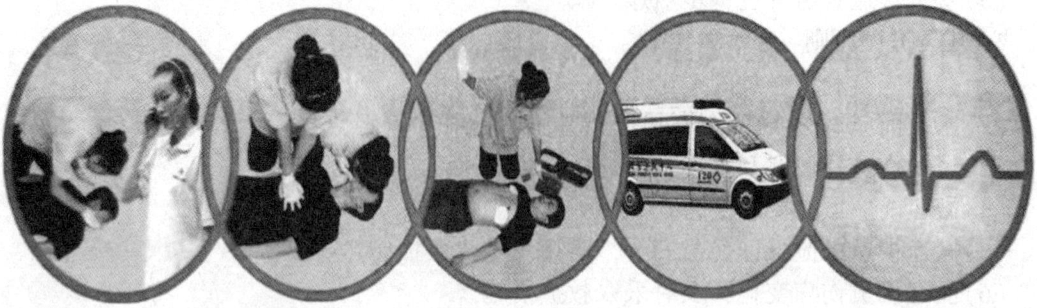

图 6-28　生存链

生存链的 5 个环节：

第一环节——尽早识别、求救

尽早发现心脏骤停的预兆，如胸痛、气短等，一旦发生心脏骤停，必须快速采取行动，及时启动急救系统。

第二环节——尽早心肺复苏

现场救护员发现心脏骤停者后应立即开始心肺复苏，患者生存率会成倍增加。对婴儿和儿童的心肺复苏的意义更大。

第三环节——尽早电除颤

如果可以多些人懂得使用自动体外除颤器（AED），对提高院外心脏骤停者的生存机会起关键作用。

第四环节——尽早高级生命支持

尽早高级生命支持是另一个关键环节。一般需由 2 人以上组成的院前急救小组对心脏骤停者提供更有效的生命支持。

第五环节——心脏骤停后综合救治

即使已出现自主循环恢复，仍要强调多学科综合优化救治，从心脏骤停识别开始，经 CPR 后一系列救治，直至患者存活出院。

（二）现场心肺复苏的程序及操作技术

现场救护员首先对患者有无反应、意识和呼吸做出基本判断。只要发现无意识、无呼吸（或叹息样呼吸），立即向急救系统求救后开始 CPR。

1. 识别判断

（1）判断意识：现场救护员在患者身旁快速判断其有无损伤和反应，判断成人意识可轻拍患者双肩，并大声呼叫："你怎么了？"判断婴儿意识可用手指轻弹或拍其足底。患者无动作或应声，即判断为无意识。

（2）判断呼吸：如患者无意识，应立即检查患者有无呼吸。如果患者为俯卧位，先将其翻转为仰卧位再检查呼吸。保持患者呼吸道通畅，采用"听、看、感觉"的方法判断呼吸，检查时间约 10 秒。

2. 呼叫、求救

发现患者无意识、无呼吸(或叹息样呼吸)，应立即高声呼叫：

(1)快来人呀，有人晕倒了！

(2)我是救护员。

(3)请这位先生(女士)帮忙拨行“120”，附近如果有 NED 请取来。

(4)有会救护的请帮忙。

在拨通急救电话后，要清楚地回答接线员的询问，并进行简要说明。

3. 心肺复苏体位

如果救护员判断患者无意识、无呼吸(或叹息样呼吸)，将患者置于心肺复苏体位。

(1)救护员位置。

救护员位于患者的一侧，宜于右侧，近胸部部位(见图 6-29)。

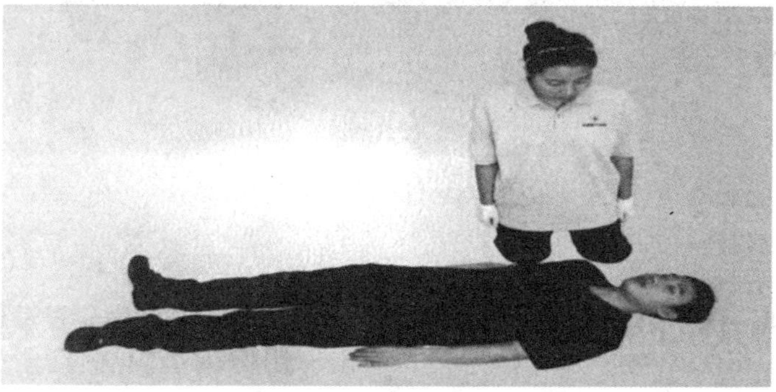

图 6-29　救护员位置

(2)心肺复苏体位。

如果患者处于俯卧位或其他不宜复苏的体位，救护员应将患者翻转为复苏体位。

(3)复原体位。

如果在心肺复苏中或心肺复苏之后患者恢复呼吸和循环体征(有脉搏、正常呼吸、咳嗽或活动)，应继续维持呼吸道通畅，此时，患者应放置于复原体位(见图 6-30)。

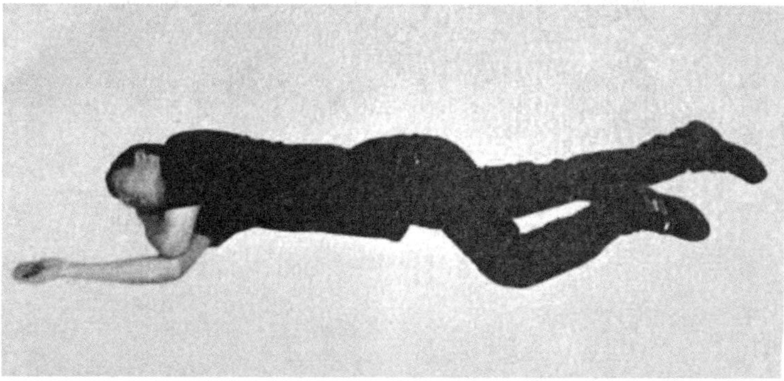

图 6-30　复原体位

4. 徒手心肺复苏

(1)胸外心脏按压。

如果急救人员判断患者无反应、无呼吸或异常呼吸，先将患者放置心肺复苏体位后，即先行 30 次胸外心脏按压，再行开放气道(见图 6-31）。

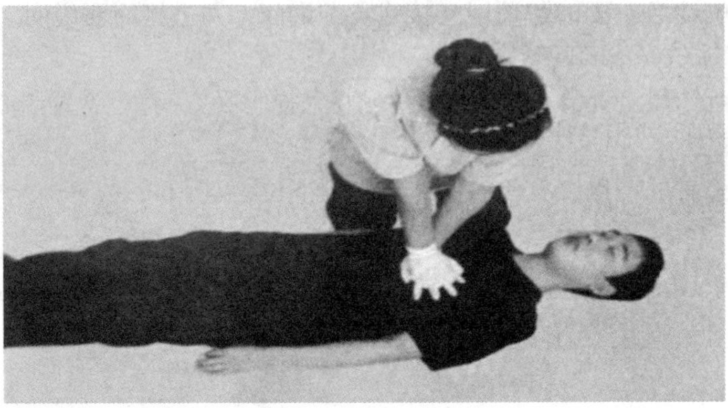

图 6-31　徒手心肺复苏

(2)开放气道。

检查患者口中有无异物，如有异物将其取出，用仰头举颏法打开气道，使患者下颌角、耳垂连线与地面垂直。采用仰头举颏法打开气道，下颌角及耳垂连线与平卧面约呈 90°角(见图 6-32)。

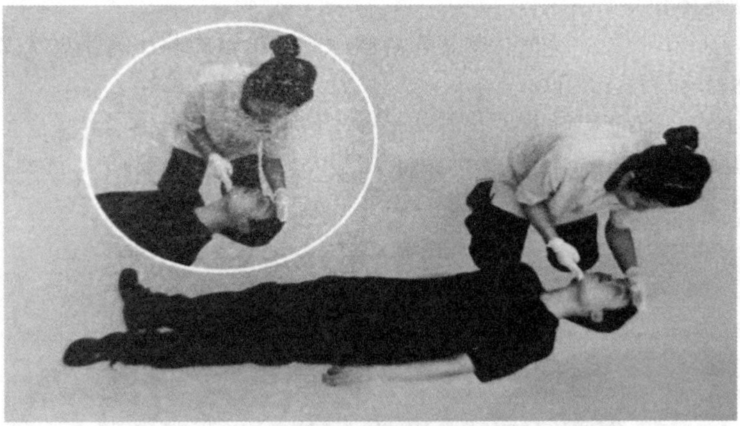

图 6-32　开放气道

(3)人工呼吸。

在有条件的情况下，人工呼吸时应使用人工呼吸面膜。人工呼吸面膜是一种方便携带及使用的人工呼吸辅助工具，可以避免直接接触患者的口鼻，以利于保护自己，减少感染

(见图 6-33)。

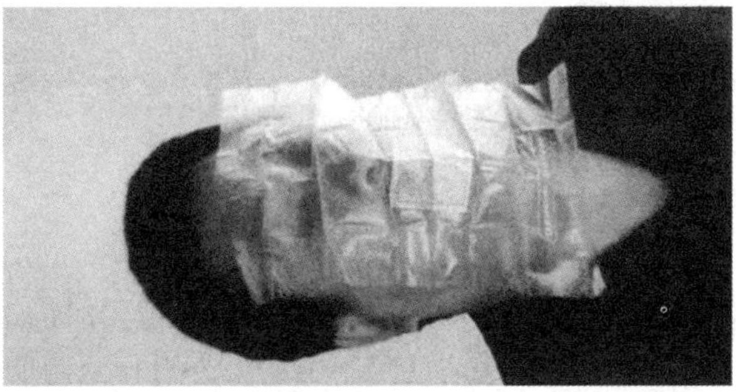

图 6-33　人工呼吸

采用人工呼吸时，每次通气必须使患者的肺脏能够充分膨胀，可见到胸廓上抬，每次通气时间应持续约 1 秒钟，连续 2 次通气。

(4)循环支持。

检查脉搏：如果发现无反应、无自主呼吸即可行胸外按压。如果检查脉搏，时间不能超过 10 秒钟，不能确定有无脉搏，立即进行 CPR。

检查颈动脉的方法：患者仰头后，急救人员一手按住前额，用另一手食、中指找到喉结，两指下滑，到气管与颈侧肌肉之间沟内即可触及颈动脉(见图 6-34)。

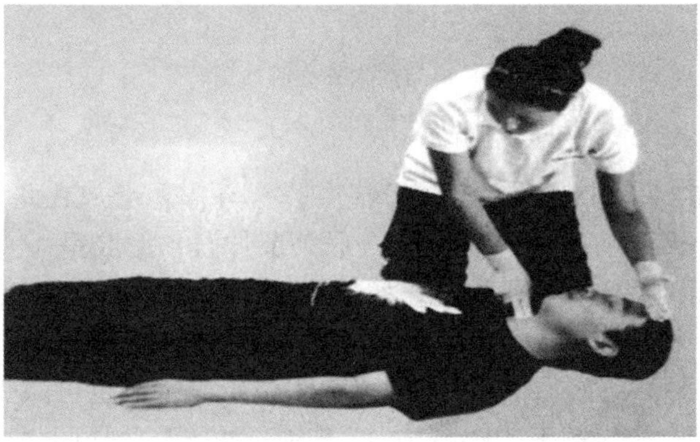

图 6-34　循环支持

检查循环体征：评价循环体征，对非专业人员来说是指以下内容：评价患者有无呼吸或异常呼吸、咳嗽情况，以及对急救通气后的活动反应。

成人胸外心脏按压：有效的胸外心脏按压，可产生 60~80mmHg 收缩期峰压，通过增加胸腔内民或直接按压心脏产生血液流动，通过胸外按压使血液流向肺脏，并辅以适当的吸，经过氧交换为脑和其他重要器官提供充足的氧气。

高质量心肺复苏的标准

1. CPR 时为保证组织器官的血流灌注，必须实施有效的胸外按压。有效的胸外按压必须快速、有力。

2. 成人按压频率 100~120 次/分钟按压深度 5~6cm。

3. 每次按压后胸廓完全回复，按压与放松比大致相等尽量避免胸外按压的中断同时，应避免过度通气。

(5)胸外心脏按压要点。

确定按压部位：两乳头连线中点；难以准确判断乳头位置时(如体型肥胖、乳头下垂等)，可采用滑行法，即一手中指沿患者肋弓下方向上方滑行至两肋弓交汇处，食指紧贴中指并拢，另一手的掌根部紧贴于第一只手的食指平放，使掌根横轴与胸骨长轴重合，即胸骨下半部(见图 6-35)。

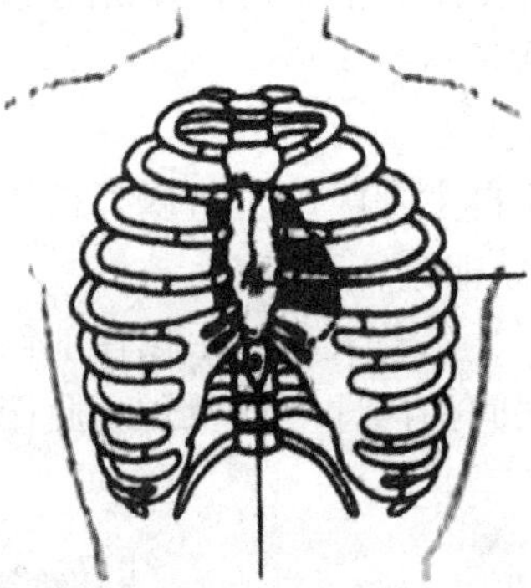

图 6-35　胸外心脏按压

将双手十指相扣，一手掌紧贴在患者胸壁，另一手掌重叠放在此手背上，手掌根部长轴与胸骨长轴确保一致，有力压在胸骨上。肘关节伸直，上肢呈一直线，双肩位于手上方，以保证每次按压的方向与胸骨垂直。如果按压时用力方向不垂直，影响按压效果。

每次按压后，放松使胸廓恢复到按压前位置，血液在此期间可回流到心脏，放松时双手不离开胸壁。连续 30 次按压，按压应保持双手位置固定，也可减少直接压力对胸骨的冲击，以免发生骨折。按压频率 100~120 次/分钟。按压与放松间隔比为 1∶1，可产生有效的脑和冠状动脉灌注压。只有按照标准进行按压，才能达到最理想的按压效果。

5. 婴儿心肺复苏：婴儿在进行 CPR 时要有所区别。

(1)操作步骤：用手拍打足底或足跟，判断有无意识或反应，判断有无呼吸。

无意识、无呼吸或有异常呼吸，先行 2 分钟的 CPR，按压/通气为 30∶2，每次按压后胸廓充分复位。行 5 组 CPR 评估一次效果。再呼救 EMSS，继续 CPR。

(2)婴儿 CPR 操作流程：开放气道采用仰头举颏法打开气道，不要过度后仰头部，宜下颌角与耳垂连线与平卧面呈 30°角。观察口腔，如有异物，进行清除。心脏按压部位为紧贴胸部正中乳头连线下方水平，采用双指按压法，频率至少 100 次/分钟，按压幅度至少为胸廓前后径的1/3，每次按压后胸廓复位。按压/通气比例在新生儿为3∶1，婴儿为30∶2。人工呼吸可采用口对口鼻或气囊-面罩人工呼吸，通气频率为12~20次/分钟，每次通气1秒钟，可见胸廓起伏。行2分钟CPR评估一次复苏效果。

6. 自动体外除颤器(AED)

早期电除颤对救治心脏骤停的患者至关重要，因为心脏骤停最常见的心律失常是心室纤维性颤动(室颤，VF)或无脉性室速(VT)；室颤的严重后果是心脏骤停；治疗室颤最有效的方法是电击除颤；成功除颤的机会转瞬即逝；未及时进行电击除颤者在数分钟就可能出现心脏停搏。

自动体外除颤器(AED)包括自动心脏节律分析系统和电击咨询系统，可自动提出实施电击的指令，由操作者判断后，按"SHOCK"键钮完成电除颤。早期电除颤是"生存链"各环节中可能提高生存率的有效手段，对提高院前心脏骤停患者的生存机会起到关键作用。室颤后每延迟电除颤1分钟，其死亡率会增加7%~10%。在人口稠密的社区和人员活动大的场所，装备自动体外除颤器(AED)，并培训现场急救人员使用，对挽救心脏骤停患者生命意义重大(见图6-36)。

图6-36　自动体外除颤器

(三)气道异物梗阻

气道异物梗阻是一种急症，如不及时治疗，数分钟内即可导致窒息甚至死亡。

1. 气道异物梗阻的病因和判断

成人通常在进食时发生气道异物梗阻，肉食类是造成梗阻最常见的原因。发生梗阻的诱因有：试图吞咽大块难以咀嚼的食物、醉酒后。有义齿和吞咽困难的老年患者也易发生气道异物梗阻。婴儿和儿童的窒息多发生在进食中，或由于非食物原因，如硬币、果核、果冻或玩具等。

气道异物梗阻的识别是抢救成功的关键，异物可以引起气道部分或完全梗阻。患者表现为突然的剧烈呛咳、反射性呕吐、声音嘶哑、呼吸困难、发绀，常常不由自主地以一手紧贴于颈前喉部。

2. 现场急救原则

重要的是询问意识清楚的患者："你被卡(呛)了吗?"清醒的患者会点头示意，同意实施救治。救护员现场即刻实施救治，同时尽快呼叫，寻求帮助拨打急救电话。

3. 气道异物梗阻急救方法

(1)背部叩击法：适用于意识清楚，有严重气道梗阻症状患者。

救护员站到患者一边，稍靠近患者身后，用一只手支撑胸部，排除异物时让患者前倾，使异物能从口中出来而不是顺呼吸道下滑。用另一只手的掌根部在两肩胛骨之间进行5次大力叩击。背部叩击法最多进行5次，但如果通过叩击减轻梗阻，不一定每次都要做满5次(见图6-37)。

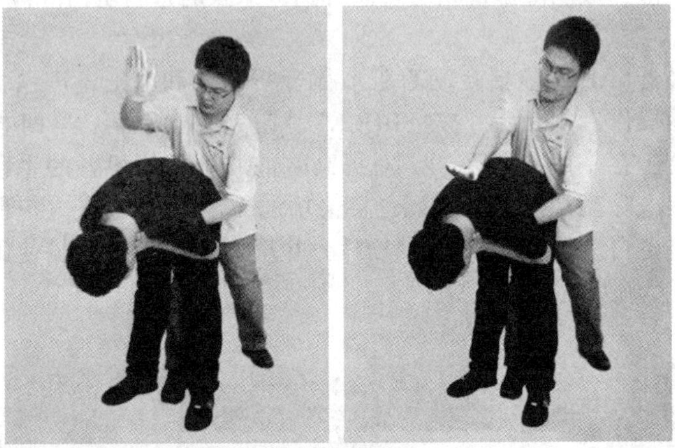

图6-37　背部叩击法

(2)腹部冲击法(海氏冲击法)：适用于意识清醒，伴严重呼吸道梗阻症状，5次背部叩击法不能解除气道物梗阻的患者。

患者立位或坐位，救护员站在患者身后，双臂环绕患者腰部，令患者弯腰，头部前倾。救护员一手握空心拳，握拳手的拇指侧紧抵患者剑突和脐之间。另一手握紧此拳头，用力快速向内、向上冲击。重复5次，如果梗阻没有解除，继续交替进行5次背部叩击法(见图6-38)。

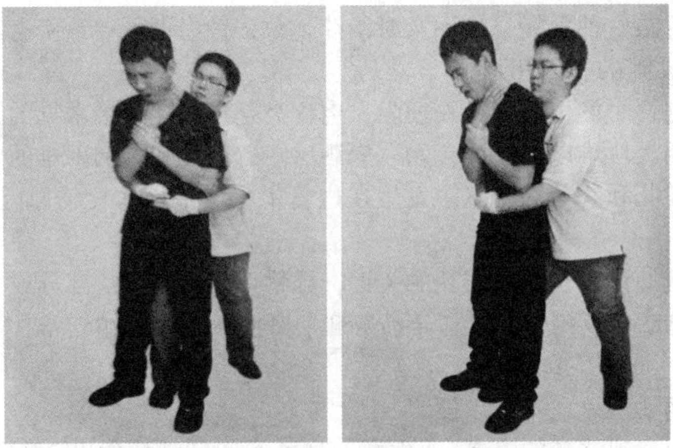

图6-38　腹部冲击法

注意事项：

1. 尽早、尽快识别气道异物梗阻的表现，迅速作出到断。

2. 实施腹部冲击，定位要准确，不要把手放在购骨的剑突上徵的深不。

3. 腹部冲击时要注意胃反流导致误吸。

4. 预防气道异物梗阻的发生，如将食物切成小条，缓慢完全限喷、儿鱼口包食物时不要跑步或玩耍等。

5. 气道异物梗阻的救治方法适用于医务工作者或经过红十字会教护技术地具有救护技能的救护员在现场对患者的救。

第五节　动物抓伤、咬伤后的应急处理

(一)犬咬伤

1. 犬咬伤定义

犬的上下颌牙齿咬合所致的损伤。常发生假单胞菌、葡萄球菌、链球菌及巴氏杆菌等感染，但最致命的是狂犬病毒感染，病死率极高，接近100%(见图6-39)。

图6-39　犬咬伤

2. 犬咬伤的一般症状

狗咬伤会有局部的疼痛，也可能造成伤口的感染，有可能得狂犬病，狂犬病发病后死亡率是100%。人被狂犬病病毒感染的动物咬伤后，潜伏期无任何症状，缓慢渐进，临床症状很少在20天内发生，多数病例在30天后甚至4~6个月后才发病。狂犬病的早期病人多有低热、头痛、全身发懒、恶心、烦躁、恐惧不安等症状，病人对声音、光线或风之类的刺激异常敏感，稍受刺激立即感觉咽喉部发紧，被病兽咬伤的伤口周围有麻木、疼痛的异常感觉，四肢仿佛有蚂蚁爬，2~3天后病情进入兴奋期，病人处于高度兴奋的状态，

突出表现为极度的恐水、怕风，遇到声音、光线、风等都会出现咽喉部肌肉严重痉挛，病人非常渴但不敢喝水，喝水也无法下咽，甚至听到流水的声音或别人说到水也会出现咽喉痉挛，严重时有全身疼痛性的抽搐，导致呼吸困难。狂犬病的病人神志大多数是清醒的，但也有部分病人精神失常，兴奋期2~3天后病人变得安静，但是随之出现全身瘫痪，呼吸和血液循环系统功能衰竭，迅速陷入昏迷，十几个小时以后出现死亡，狂犬病的病程一般不超过6天。

3. 犬咬伤的应急处理原则

及时、彻底清创消毒，越早越好。一般不宜缝合。

4. 犬咬伤的应急救护原则

(1)戴双层橡胶手套进行伤口处置。

(2)冲洗：用肥皂水及清水反复交替冲洗患者被咬伤处，至少冲洗15分钟，禁止用嘴吮吸咬伤处的血液。(注意：如果被狗咬伤动脉，发生危及生命的大出血，需立即拨打急救电话120)

(3)消毒：用碘或酒精由内向外对伤口及伤口周围进行两遍消毒，需注意伤口较深较大时，不要用酒精对伤口内消毒。

(4)包扎：不包扎伤口(伤口较小，没有伤及动脉，且流血量较小)，立即到就近的医疗卫生机构注射狂犬病疫苗和破伤风抗毒素。(如果伤口较深，且伤及动脉，血液大量涌出，可以先对伤口进行包扎)。

(5)就医：尽快前往医院或附近的卫生防疫站就医，由专业的医生判断，是否需要注射狂犬疫苗，需注射狂犬病疫苗应尽早注射。(注意无论伤口大小，都应及时前往医院，请医生判断是否需要注射狂犬病疫苗)。

(6)如果需要注射疫苗，那么在注射疫苗期间，要严格遵照医嘱，保证及时、全程、足量注射，规律作息，避免剧烈运动，禁食烟、酒、浓茶、咖啡和辛辣刺激食物。

5. 风险预防

(1)日常生活中，避免挑逗和激惹狗，尤其是流浪狗。

(2)万一在路上遇到想攻击你的恶犬，不要慌张，冷静下来，大声呼救，千万不要拔腿就跑。

(3)不幸被狗扑倒在地，这个时候要立刻保护好头颈部，防止被狗攻击这些要害部位。

(二)蛇咬伤中毒

1. 定义

蛇毒中毒即当毒蛇咬伤人体时，其毒液由沟牙或管牙注入人体，通过血液循环，分布至全身而引起各种不同的局部和全身中毒症状。

2. 蛇中毒临床症状

由于蛇类的不同，引起的中毒症状也是不一样的。有的可以是神经毒素损害，比如会出现四肢无力，恶心，晕厥，瞳孔散大，咽下困难，呼吸衰竭。也有的会出现心脏毒和凝血障碍毒性损害，这种主要引起，大量溶血，从而引起血红蛋白尿，出现血压下降，心律失常。也有的会出现肌肉毒性损害。

3. 毒素的分类

蛇毒是由多种酶和多肽组成的混合物，可分为神经毒、血循毒、混合毒及细胞毒。

4. 不同类型蛇毒的中毒症状

(1)神经毒素。

神经毒素的蛇类咬伤动物后，会导致动物的神经系统失去工作能力，特别是呼吸麻痹，会让咬伤动物出血呼吸衰竭、停止的严重后果。其中，典型的神经毒毒蛇有金环蛇、银环蛇等蛇分泌的毒素。被神经毒蛇咬伤后，从局部症状不明显，流血少，红肿热病轻微。但是伤后数小时内出现急剧的全身症状，病人兴奋不安，痛苦呻吟，全身肌肉颤抖，吐白沫，吞咽困难，呼吸困难，最后卧地不起，全身抽搐，呼吸肌麻痹而死亡。

(2)血液循环毒素。

血液循环毒素是毒性会导致患者高度肿胀，出血，对血液循环系统造成伤害，比较常见的毒蛇品种有蝰蛇、蝮蛇、竹叶青、五步蛇等。给这些血循毒蛇咬伤后，造成被咬伤处迅速肿胀、发硬、流血不止，剧痛，皮肤呈紫黑色，常发生皮肤坏死，淋巴结肿大。经6-8小时可扩散到头部、颈部、四肢和腰背部。伤者战栗，体温升高，心动加快，呼吸困难，不能站立。鼻出血，尿血，抽搐。如果咬伤后4小时内未得到有效治疗则最后因心力衰竭或休克而死亡。

(3)混合毒素。

混合毒素毒蛇就是指既有神经毒也有血循毒，比较常见的毒蛇有短尾腹、眼镜蛇和眼镜王蛇的蛇毒属于混合毒素。被混合毒素毒蛇咬伤后，局部和神经系统都有中毒的特征。局部伤口红肿，发热，有痛感，可能出现坏死。毒素被吸收后，全身症状严重而复杂，既有神经症状，又有血循毒素造成的损害，最后，全死于窒息或心力衰竭。

(4)细胞毒素。

细胞毒素是一种特殊的毒性，和神经毒中毒有很多相似的地方，这种蛇毒主要是属眼镜蛇近亲的海蛇属于细胞毒素。海蛇毒液对人体损害的部位主要是随意肌，而不是神经系统。海蛇咬人无疼痛感，其毒性发作又有一段潜伏期，被海蛇咬伤后30分钟甚至3小时内都没有明显中毒症状，然而这很危险，容易使人麻痹大意。实际上海蛇毒被人体吸收非常快，中毒后最先感到的是肌肉无力、酸痛，眼睑下垂，颌部强直，有点像破伤风的症状，同时心脏和肾脏也会受到严重损伤。被咬伤的人，可能在几小时至几天内死亡。多数海蛇是在受到骚扰时才伤人。

5. 蛇中毒的应急处理原则

(1)避免剧烈奔跑加快毒素扩散，同时给予布条或者橡皮带捆扎咬伤的肢体，但同时要注意定时松解，避免造成二次的损伤水肿(见图6-40)。

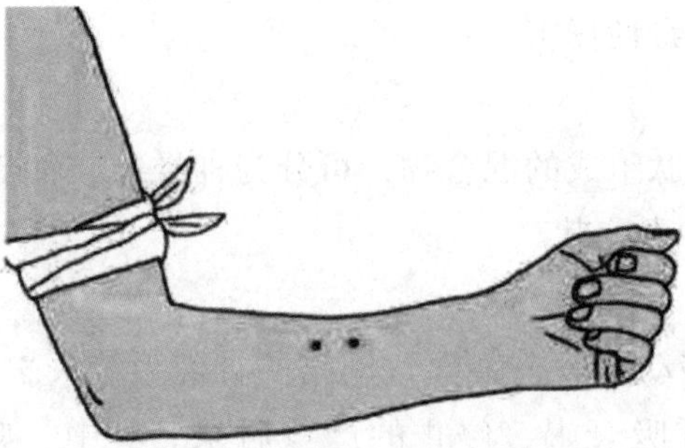

图 6-40 蛇中毒应急处理(1)

(2)冲洗咬伤的创面，通过流动性的活水，同时轻轻挤压创面排出毒素，避免毒素吸收，必要时还可以用小刀或者锐利的瓦片、玻璃，划开皮肤，予以清洗排毒，避免毒物、毒素的进入(见图 6-41)。

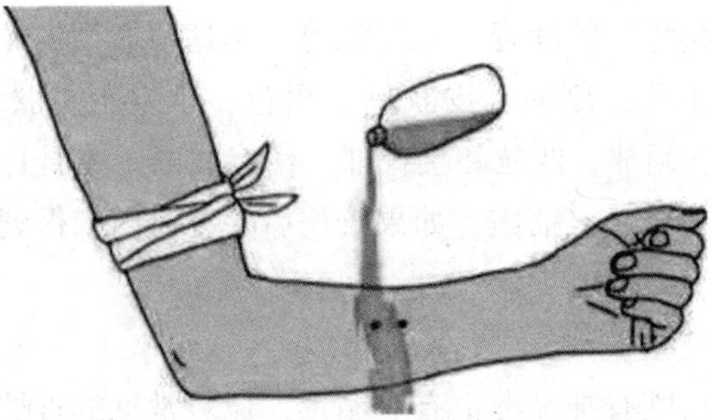

图 6-41 蛇中毒应急处理(2)

(3)迅速到医院就诊，而治疗措施主要包括：

①主要根据毒蛇的种类，选择不同的血清，不同的蛇有不同的血清，眼镜蛇、五步蛇、银环蛇、蝮蛇，均有其专门的血清，所以要根据不同的蛇选择不同的血清；

②为患者进行抗感染治疗，注射破伤风，同时给予消肿，甘露醇、硫酸镁等外敷促进毒素的排毒。

6. 如何判断蛇是否有毒？

(1)毒腺：有毒蛇具有毒腺(见图 6-42)，无毒蛇不具有毒腺。毒腺是由唾液腺演化而来。位于头部两侧、眼的后方，包藏于颌肌肉中，能分泌出毒液。当毒蛇咬物时，包绕着毒腺的肌肉收缩，毒液即经毒液管和毒牙的管或沟，注入被咬对象的身体内使之发生中毒，无毒蛇无这一功能；

(2)毒液管：是输送毒液的管道，连接在毒腺与毒牙之间。只有毒蛇才具备有毒液管；

(3)毒牙：毒蛇具有毒牙，它位于上颌骨无毒牙的前方或后方，比无毒牙既长又大。

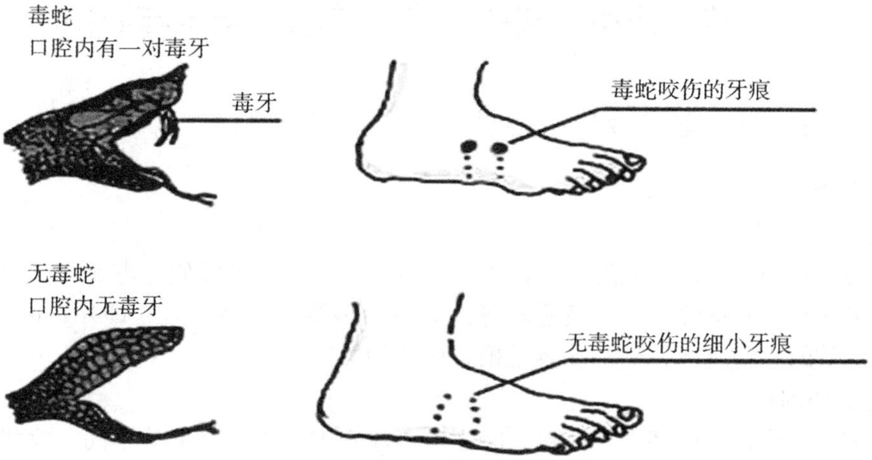

图 6-42　判断蛇是否有毒

(4)颜色：色斑与毒蛇容易混淆的无毒蛇黄链蛇(又叫黄赤链)，由于背面有黑黄相间的横纹，常被误为是金环蛇。

(5)外形：体粗尾短，头部大多略呈三角形。

7. 科学预防蛇咬伤

(1)利用鞋子和长裤。

大多数咬伤发生在下肢尤其是足踝，田间、草丛或灌木丛中行走时，建议不要穿凉拖鞋和短裤，要穿结实无网眼的鞋子和长裤。高发地区高危职业建议使用防护服以降低蛇咬伤风险。

(2)利用照明灯和棍子。

蛇大多情况不喜欢面对人类，晚上外出活动要用灯光照明，路过树丛灌木丛要先用棍子敲击，用来避开和驱走蛇。

(3)减少接触机会。

所有触摸、威胁或攻击蛇的行为都是有风险的，比如玩蛇、捉蛇、在路上开车或骑自行车时故意碾压毒蛇，渔民应避免接直接触网中的海蛇。

(4)改掉不良生活习惯。

在蛇出没的地方，露营、睡在地上、夜间拾柴、露天大小便等习惯会明显增加被蛇咬伤的风险，提倡睡在床上和扎好的蚊帐下面。蛇容易被食物吸引，建议休息区和餐饮粮食储备区域分开。

(5)不要忽视偶发事件。

长期被酒浸泡的毒蛇可能只是假死，处理死亡的毒蛇时也要小心，比如被切断的蛇头也可能会喷射出毒液，这个信息对宰杀毒蛇的人员非常必要。

第六节　网络、实验、实习等场所安全与防护

一、室内场所安全与防护

(一)电击伤

1. 电击伤含义

电击伤是指一定量的电流通过人体引起的机体损伤和功能障碍。电流对人致命的伤害是引起心室颤动、心搏骤停、呼吸肌麻痹，其中心搏骤停是触电后立即死亡的主要原因。因而及时有效的心肺复苏、电击除颤是抢救成功的关键。

2. 电击伤的症状

电击伤患者症状多种多样，因接触时间、电流强度、电压高低等不同。症状轻时出现惊吓、心悸、面色苍白、头晕、乏力，一般可以自行恢复。症状重时出现昏迷、强直性肌肉收缩、休克、心律失常、心脏骤停、呼吸停止、死亡。可能伴发皮肤的电灼伤、组织焦化或炭化，如从高处跌落，可伴有头颅、胸腹部伤或四肢骨折(见表6-2)。

表6-2　电击伤的症状

电流(mA)	50Hz交流电	直流电
0.6~1.5	手指开始感觉发麻	无感觉
2~3	手指感觉强烈发麻	无感觉
5~7	手指肌肉感觉痉挛	手指感灼感和刺痛
8~10	手指关节与手掌感觉痛，手已难以脱离电源，但尚能摆脱电源	灼热感增加
20~25	手指感觉剧痛，迅速麻痹，不能摆脱电源，呼吸困难	更加灼热，肌肉开始痉挛
50~80	呼吸麻痹，心房开始震颤	强烈灼痛，肌肉痉挛，呼吸困难
90~100	呼吸麻痹，持续3min后或更长时间后心脏麻痹，或心脏停止跳动	呼吸麻痹

3. 电击伤发生的原因

(1)电气线路、设备安装不符合安全要求。

(2)非电工任意处理电气事务。

(3)移动长、高金属物体碰触电源线、配电柜及其他带电体。

(4)操作漏电的机器设备或使用漏电电动工具(见图6-43)。

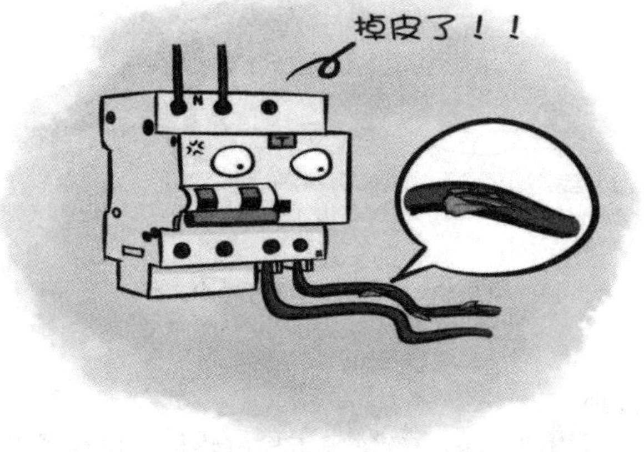

图 6-43　操作漏电的机器设备

(5)电动工具电源线破损或松动。

(6)电焊作业者穿背心、短裤，不穿绝缘鞋；汗水浸透手套；焊钳误碰自身。

(7)湿手操作机器开关、按钮等(见图 6-44)。

图 6-44　湿手操作机器开关、按钮

(8)临时使用电器或管理不善。

(9)配电设备、架空线路、电缆、开关、配电箱等电气设备，在长期使用中，受高温、高湿、粉尘、碾压、摩擦、腐蚀等，使电气绝缘损坏，接地或接头保护不良而导致漏电。

(10)接线盒或插头座不合格或损坏(见图 6-45)。

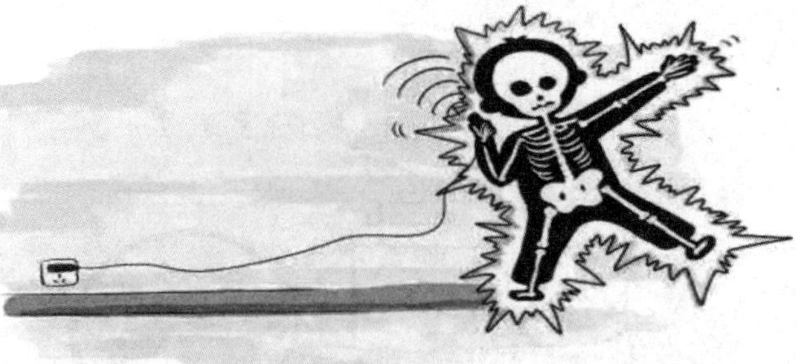

图 6-45　接线盒或插头座不合格

4. 遇到电击后的处理

(1)迅速切断电源，或用干木棍、竹竿等不导电物体将电线挑开。电源不明时，不能用手直接接触伤员，在确定伤员不带电的情况下立即救护(见图 6-46)。

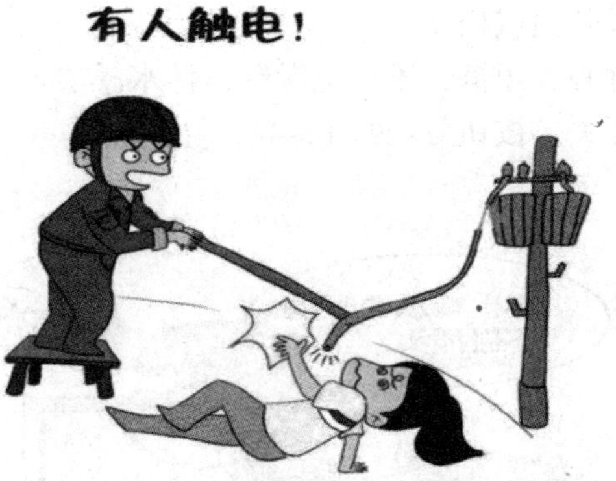

图 6-46　遇到电击的处理

(2)在浴室或潮湿地方，救护员要穿绝缘胶鞋，戴胶皮手套或站在干燥木板上以保护自身安全。

(3)紧急呼救，启动急救系统。

(4)立即给呼吸、心搏骤停者进行心肺复苏，有条件时尽早使用 AED 进行心脏电除颤。

(5)烧伤局部应进行创面的简易包扎。

5. 电击的预防：

(1)不要用沾了水的手触碰电线。

(2)破损的电线要及时地修补及更换，不要将衣物搭放在电线上面。

(3)定期对电线以及用电设备进行维修。并且安装符合国家标准的用电线路，检修电器时一定要请专业的人员。

(4)多学习安全用电的知识，牢记用电常识。

(5)注意雨天不要外出，以免高压设备有漏电的危险。

(二)烧烫伤

(1)什么是烧烫伤?

烧烫伤是生活中常见的意外伤害，由火焰、沸水、热油、电流、热蒸气、辐射、化学物质(强酸强碱)等引起。

(2)烧烫伤的症状和分类：

在出现了烧伤的情况之后，烫伤对局部会有明显的疼痛感出现，在皮肤的表面还会有水泡以及死皮出现，若是烧伤部位在头面颈部时，特别是口鼻周围有深度烧伤的情况时，患者会有呼吸困难的表现。在发生了烧烫伤之后会有创面出现大量的渗液表现，此时患者会有严重口渴的感觉，此时体内有效循环血容量严重不足。部分患者会有神经系统表现，如烦躁，甚至意识障碍等。

烧伤对人体组织的损伤程度一般分为三度(见表 6-3)

表 6-3　烧烫伤三度四分法

Ⅰ度烧伤(红斑性烧伤)		轻度红、肿、热、痛，感觉敏感，表面干燥无水疱
Ⅱ度(水疱性烧伤)	浅Ⅱ度	剧痛，感觉敏感，有水疱，疱皮脱落后，可见创面均匀发红、水肿明显
	深Ⅱ度	感觉迟钝，有或无水疱，基底苍白，间有红色斑点，创面潮湿
Ⅲ度		痛感消失，无弹性，干燥，无水疱，如皮革状，蜡白，焦黄或炭化；严重时可伤及肌肉，神经、血管、骨骼和内脏

(3)烧烫伤的处理(口诀：冲 脱 泡 盖 送)。

①除去伤因，脱离现场，保护创面，维持呼吸道通畅(见图 6-47)。

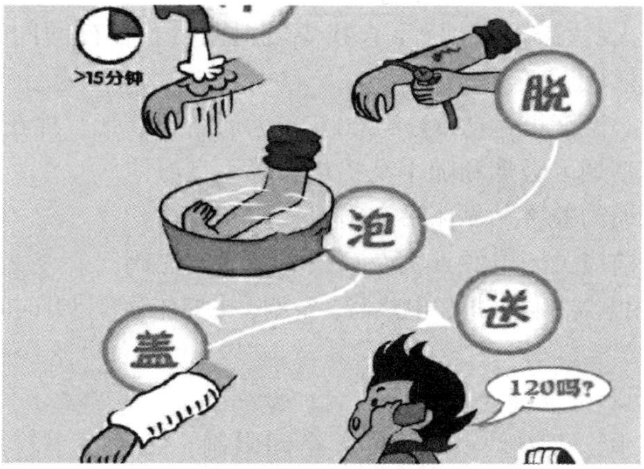

图 6-47　烧烫伤的处理(1)

②立即用冷的自来水(15℃～25℃)持续冲洗(或浸泡伤处)降温直至疼痛缓解；烧伤面积较大时(20%以上)，同时紧急呼救，启动急救系统(见图 6-48)。

图 6-48 烧烫伤的处理(2)

③迅速剪开取下伤处的衣裤、袜类，切不可强行剥脱，并且将受伤处的饰物取下。

④一度烧烫伤可涂外用烧烫伤药膏。

⑤二度烧烫伤，表皮水疱不要刺破，不要在创面上涂任何油脂或药膏，应用清洁的敷料或保鲜膜覆盖伤部，并立即送医院。

⑥严重口渴者，可口服少量淡盐水或淡盐茶水，条件许可时可用烧伤饮料。

⑦窒息者，进行 CPR。

(4)烧烫伤的预防。

①电热沐浴器、电褥等使用时要格外小心，最好安装漏电保护器。

②使用电熨斗、电热杯、电吹风等器具必须切断电源后再离开。

③不能用大功率灯泡取暖或烘烤衣服。

④千万不能用明火(火柴、蜡烛等)查找煤气泄漏，若在夜间闻到煤气、液化气气味时，先打开门窗通气散风后，再去开灯。

⑤燃着的香烟中心温度可达 700℃~800℃，远远高于纸张、棉花、木材等易燃物的燃点。改掉卧床吸烟、禁烟区吸烟和随手乱扔烟头等不良习惯。

⑥夏天不要将点燃的蚊香贴靠床沿、窗帘放置。

⑦外出时、临睡前应关闭电源开关及煤气、液化气总阀门。

⑧使用大功率家用电器和微波炉、电热器、空调、电熨斗等要错开时间，以防电线过载。

(三)火灾

1. 火灾的定义

在各类自然灾害中，火灾是不受时间，空间限制，发生频率较高的灾害，也是最经常、最普遍的威胁公众安全和社会发展的主要灾害之一。

2. 火灾特点

火势猛烈，蔓延迅速。烟雾浓毒性大，易造成人员伤亡。扑救火灾难度大。人员疏散困难。

3. 火灾避险原则

报警、扑救、撤离。

(1)报警。

不论何时何地，一旦发现火灾，立即向“119”报警。报警内容：单位、地址、起火部位、燃烧物质、火势大小，有无人员被困，周围有无易燃易爆物品、进入火场路线以及联系人姓名、电话等，并派人到路口接应消防车进入火场(见图 6-49)。

图 6-49　报警

(2)扑救。

电器着火要立即切断电源，用干粉或气体灭火器灭火，不可泼水。油锅着火迅速关闭燃气阀门，盖上锅盖或湿布，还可以把切好的蔬菜倒在锅里。室内的沙发、棉被等物品着火可立刻用水浇灭。液化气罐着火立即关闭阀门，可用浸湿的被褥、衣物等捂盖。身上着火不要奔跑，立即躺倒，翻滚灭火或跳入就近的水池，其他人也可用厚重衣物或被子覆盖着火部位灭火(见图 6-50)。

图 6-50　扑救

(3)撤离。

如果火势较大，超过自己的扑救能力，应想方设法尽早撤离。保持镇静，简易防护，低姿逃生，也可利用阳台、窗口逃生，建立避难场所，等待救援，必要时发出信号，寻求援助，万不得已被迫跳楼时要缩小落差(见图 6-51)。

图 6-51 撤离

4. 火灾时自救原则

(1)开门时，先用手背碰一下门把。如果门把烫手，或门隙有烟冒进来，切勿开门。用手背先碰是因金属门把传热比门框快，手背一感到热就会马上缩开。

(2)若门把不烫手，则可打开一道缝以观察可否出去。用脚抵住门下方，防止热气流把门冲开。如门外起火，开门会鼓起阵风，助长火势，打开门窗则形同用扇扇火，应尽可能把全部门窗关上。

(3)弯腰前行，浓烟从上往下扩散，在近地面 0.9m，浓烟稀薄，呼吸较容易，视野也较清晰。

(4)如果出口堵塞了，则要试着打开窗或走到阳台上，走出阳台时随手关好阳台门。

(5)如果居住在楼上，而该楼层离地不太高，落点又不是硬地，可抓住窗沿悬身窗外伸直双臂以缩短与地面之间的距离。这样做虽然可能造成肢体的扭伤和骨折，但却可以主动求生。在跳下前，先松开一只手，用这只手及双脚撑一撑离开墙面跳下。在确实无其他办法时，才可从高处下跳。

(6)如果要破窗逃生，可用顺手抓到的东西(较硬之物)砸碎玻璃，把窗口碎玻璃片弄干净，然后顺窗口逃生。如无计可施则关上房门，打开窗户，大声呼救。如果在阳台求救，应先关好后面的门窗。

(7)如没有阳台，则一面等候援救，一面设法阻止火势蔓延。用湿布堵住门窗缝隙，以阻止浓烟和火焰进入房间，以免被活活烧死。

(8)向木质家具及门窗泼水防止火势蔓延。

(9)失火时，如携婴儿撤离，可用湿布蒙住婴儿的脸，用手挟着，快跑或爬行而出。

5. 应急救护要点

做好自我保护。迅速转移伤员。立即抢救生命保持呼吸道通畅(判断伤员是否有呼吸道烧伤)，对呼吸，心搏骤停者实施心肺复苏。保护烧伤创面。伤员转运应急救护后，应立即送往医院救治(见图6-52)。

图6-52　应急救护要点

6. 防火安全常识

(1)在家中尽量不吸烟，学生也要劝阻家长不吸烟，非要吸烟者不在酒后和临睡前躺在床上吸烟

(2)外出时、临睡前应关闭电源开关及煤气、液化气总阀门；

(3)使用大功率家用电器和微波炉、电热器、空调、电熨斗等要错开时间，以防电线过载；

(4)不要玩火，要远离电器设备；

(5)要在规定的区域内燃放爆竹；

(6)使用电熨斗、电热杯、电吹风等器具必须切断电源后再离开

(7)不将未引用完的矿泉水瓶丢弃在森林；

(8)千万不能用明火(火柴、蜡烛等)查找煤气泄漏，若在夜间闻到煤气、液化气气味时，先打开门窗通气散风后，再去开灯

二、室外灾害安全与防护

(一)地震

1. 什么是地震?

地震在自然灾害中属于受灾面积广、破坏性强、死伤人数多的地质灾害，往往会在瞬间给人类和社会造成巨大损失。

2. 地震特点

(1)突发性强。

地震发生十分突然，持续时间只有十几秒、几十秒钟，但在这短暂的时间内会造成建筑物倒塌，桥梁断裂，人员伤亡等灾害，人们从思想上到物质上都没有准备时间，来不及采取任何措施，灾难就降临了，所以预防难度大，后果严重。

(2)破坏性大。

发生在人口稠密和经济发达地区的大地震往往可造成大量人员伤亡和巨大经济损失。例如1976年唐山7.8级大地震造成24余万人死亡，使整个城市变成一片废墟。

(3)影响面广。

强烈地震发生后，不但人员伤亡惨重、经济损失巨大，严重影响人们的正常生活和经济活动，而且对人们的心灵也造成巨大创伤，这种创伤不是短时间能够愈合的。

(4)连锁性强。

地震发生后，除了因建筑物破坏引发的灾害外，还会引起一系列次生灾害，如火灾、水灾、海啸、山体滑坡、泥石流、毒气泄漏、疾病流行、放射性污染等。特别是现代化城市地区，一旦地震发生，会造成供电系统破坏，交通中断，通信系统、网络系统瘫痪，供水、煤气、输油管道破裂，造成更加严重的灾害和损失，直接影响到社会安定和人们正常生活。

3. 如何在不同场合避震？

(1)室内避震。

迅速躲在低矮、坚固的家具旁或内承重墙墙角等易形成避震空间的地方。躲进开间小，有支撑物的房间，如卫生间、储藏室等。千万不要轻易跳楼，也不要滞留在床上。不要到外墙边、窗边或阳台上避震。不要躲在楼梯处和电梯里(见图6-53)。

图6-53 室内避震

（2）学校避震。

上课时发生地震，要在老师指挥下迅速抱头、闭眼，躲在各自的课桌旁边，震后迅速有序撤离，在操场或室外时，可原地蹲下，双手保护头部，注意避开。要跳窗，跳楼或在楼梯处停留。

（3）公共场所避震。

震时就近在牢固物旁蹲伏，震后有序撤离，避免拥挤。不要乘坐电梯，不要在楼梯处停留。避开高大建筑物，特别要避开有玻璃幕墙的建筑，过街天桥、立交桥、高大的烟囱、水塔等。在商场、展览馆、饭店等处，要选择内墙角，柱子旁，结实的柜台、商品（如低矮家具等）旁，迅速蹲下。避开玻璃柜台、门窗和橱窗等（见图 6-54）。

图 6-54　公共场所避震

（4）户外避震。

就地选择开阔地蹲下或趴下，不要立即返回室内。避开高大建筑物，特别要避开有玻璃幕墙的建筑，过街天桥、立交桥、高大的烟囱、水塔等。避开危险物，如变电器、电线杆，路灯、广告牌等。避开其他危险场所，如生产危险品的工厂、储藏易燃易爆品的仓库等。如果在野外，不要在山脚下，悬崖边停留。遇到山崩、滑坡，要向垂直于滚石前进的方向跑。要避开河边、湖边、海边，以防河堤坍塌、溃坝、洪水或出现海啸。避开桥面或桥下，以防桥梁坍塌。

（二）踩踏伤

1. 踩踏伤定义

踩踏事件是指在某一事件或某个活动过程中，因聚集人群过度拥挤，致使部分人因行走或站立不稳而跌倒未能及时爬起，被人踩在脚下或压在身下，短时间内无法及时控制的混乱场面（见图 6-55）。

图 6-55　踩踏

2. 踩踏伤症状

踩踏事故发生后，往往造成大量人员的伤亡，踩伤的伤情与受到踩踏用力及受力部位有关。实际上，踩踏伤造成的内伤比外伤多。很多伤员表面并无伤口，但是内伤严重，常常伤及重要的器官和组织，造成受伤者发生昏迷、呼吸困难、窒息等严重情况。

3. 踩踏伤避险原则

不要在人群拥挤的地方停留。在公共场所发生意外情况时，要听从工作人员的指挥，有序撤离。发现慌乱人群向自己方向涌来时，要快速躲到一旁，或在附近的墙角蹲下，等人群过后再离开。万一被卷入拥挤的人群，要保持镇静，顺人流方向走。不要弯腰提鞋、系鞋带或拾物。发现前面有人突然摔倒，立即停下脚步，同时大声呼救，告知后面的人不要向前靠近。在拥挤混乱的情况下，要双脚站稳，保持身体平衡，抓住身边的栏杆、柱子或看台的椅子等物。被人群拥着前行时，要撑开手臂放在胸前，背向前弯，形成一定的空间，以保持呼吸道畅通。一被人挤倒在地，不要惊慌，设法使身体蜷缩成球状，双手紧扣置于颈后，保护好头、颈、胸、腹部重要部位。如有可能，要设法靠近墙壁或其他支撑物，并尽一切可能在最短的时间内站起来。

4. 应急救护原则

踩踏事故发生后，立即报警。要听从统一指挥，有秩序地撤离。检伤分类，先重伤后轻伤。呼吸、心搏骤停的患者立即实施心肺复苏。

5. 踩踏伤避险原则

不要在人群拥挤的地方停留。在公共场所发生意外情况时，要听从工作人员的指挥，有序撤离。在楼梯通道内，上下楼梯都应该举止保持文明，人多的时候不拥挤、不起哄、不打闹、不故意怪叫制造紧张或恐慌气氛。尽量避免到拥挤的人群中，不得已时，尽量走在人流的边缘。发觉拥挤的人群向自己行走的方向来时，应立即避到一旁，不要慌乱，不要奔跑，避免摔倒。顺着人流走，切不可逆着人流前进，否则，很容易被人流推倒。若自己不幸被人群拥倒后，要设法靠近墙角，身体蜷成球状，双手在颈后紧扣以保护身体最脆弱的部位。在人群中走动，遇到台阶或楼梯时，尽量抓住扶手，防止摔倒。拥挤的人群中，要时刻保持警惕，当发现有人情绪不对，或人群开始骚动时，就要做好准备以保护自己和他人。当发现自己前面有人突然摔倒了，马上要停下脚步，同时大声呼救，告知后面的人不要向前靠近。

☞【思考题】

1. 请描述什么是晕厥？晕厥后的表现是什么？
2. 脑卒中的急救原则是什么？
3. 高质量心肺复苏的标准是什么？
4. 请问如何预防犬咬伤？
5. 如何区分烧烫伤三度四分法？其具体的临床表现是什么？

参考文献

中文图书

王滨有. 性健康教育学[M]. 北京：人民卫生出版社，2011.

杨跃进，梁晓夏. 校园艾滋病及重大疾病防治教程 [M]. 开封：河南大学出版社，2010.

黄明豪，李小宁. 性病艾滋病社区健康教育手册 [M]. 北京：化学工业出版社，2010.

曾毅. 警惕艾滋病 [M]. 北京：清华大学出版社，2010.

刘文利. 大学生性健康教育读本[M]. 北京：清华大学出版社，2013.

余小鸣. 大学生健康教育[M]. 北京：高等教育出版社，2018.

陈亮恭. 健康出游——出国旅游必备医学常识[M]. 北京：科学出版社，2003.

曾意灵. 旅行与热带医学手册[M]. 张敏，译. 北京：北京大学医学出版社，2011.

世界卫生组织国际旅行卫生[M]. 张敏，译. 北京：北京大学医学出版社，2013.

马克·怀斯. 带上医生去旅行[M]. 路旦俊，黄红跃，译. 长沙：中南出版传媒集团，湖南人民出版社，2010.

徐峰，叶玉清，田伟，大学生安全教育读本[M]. 沈阳：东北大学出版社，2010.

陈少平. 大学生伤害事故管理的理论与实务[M]. 厦门：厦门大学出版社，2013.

余小鸣. 大学生健康教育[M]. 北京：高等教育出版社，2018.

期刊

中国疾控中心性艾中心政策信息室. 对六省艾滋病疫情及防治状况数据的社会性别分析报告 [R]. 2010(11)：1-2.

王文明，薛黎坚，陈彦卿. MSM 人群感染性病/艾滋病的脆弱性构成及预防控制研究 [J]. 中国热带医学，2011(3).

孙国新. 论艾滋病患者的合法权益保护[J]. 云南警官学院学报，2004(3)：89.

曹晓斌，庞琳，吴尊友，AIDS 相关歧视产生的原因、表现形式及消除策略[J]. 中国艾滋病性病，2005(6)：235.

唐琪，卢洪洲. 艾滋病流行现状及防治策略探讨[J]. 复旦大学(医学版)，2017.

杨春红，张倩，刘辉，高校突发事件预警机制的构建[J]. 世纪桥，2012(1).

吴宏伟，浅析大学生突发事件的特点及处理原则[J]. 教育理论研究，2011(32).

朱韫. 高校突发事件应对机制初探 [J]. 高教研究，2013(3).

李文钰，陈华平. 提高大学生应对突发事件能力的对策思考[J]. 兰州教育学院学报，2012，4(2).

张春，张芬，大学生实习期间意外伤害事故的防范及处理机制探究[J]. 上海青年管理干部学院学报，2012(1)：32-34.

中国营养学会. 中国居民膳食指南(2022). 北京：人民卫生出版社，2022.